中亚国家宪法变迁研究

董和平 著

中国社会科学出版社

图书在版编目（CIP）数据

中亚国家宪法变迁研究/董和平著. —北京：中国社会科学出版社，2020.12

ISBN 978-7-5203-6981-7

Ⅰ.①中… Ⅱ.①董… Ⅲ.①宪法－法制史－研究－中亚 Ⅳ.①D936.01

中国版本图书馆CIP数据核字（2020）第145616号

出 版 人	赵剑英
责任编辑	许 琳
责任校对	季 静
责任印制	郝美娜

出　　版	中国社会科学出版社
社　　址	北京鼓楼西大街甲158号
邮　　编	100720
网　　址	http://www.csspw.cn
发 行 部	010-84083685
门 市 部	010-84029450
经　　销	新华书店及其他书店

印　　刷	北京君升印刷有限公司
装　　订	廊坊市广阳区广增装订厂
版　　次	2020年12月第1版
印　　次	2020年12月第1次印刷

开　　本	710×1000　1/16
印　　张	26
字　　数	373千字
定　　价	148.00元

凡购买中国社会科学出版社图书，如有质量问题请与本社营销中心联系调换
电话：010-84083683
版权所有　侵权必究

前　言

中亚国家脱胎于苏联的加盟共和国，自20世纪90年代开始，经历了国家独立和宪法转型的历史过程。由于这一地区民族构成复杂，宗教交汇融合，文化传统多元，政治体制特殊，转型过程又伴随着东西方政治势力、民主理念和制度设计的激烈冲突，所以对其宪法变迁和宪法治理的研究既是众所瞩目的理论课题，也是我国宪法学界的研究空白。特别是中亚国家与我国地域相连，民族与文化的历史联系深厚绵长，经济与政治的现实需要错综复杂；与我国"一带一路"倡议的实施关系密切；加之彼此之间都有同受苏联体制影响的相似传统，现在的国家治理中又共同面对着许多同样的政治社会问题，因而对中亚地区宪法变迁与宪法治理的研究具有极为重要的地缘政治意义。

本书为2011年度国家社会科学基金项目（批准号11BFX093）成果，全书分为上、下两篇。上篇为中亚国家宪法体制之演进。通过还原中亚五国政治制度变革和宪法治理转型的历史，梳理出其宪法理念和宪法制度变迁的规律；然后重点分析中亚国家宪法治理的制度体系，研究其设计特点和运行问题，以说明其宪法变迁的民主效果和社会代价，以及未来制度改进的建议；最后针对我国宪法治理和社会管理中的问题，结合中亚宪法变迁过程和宪法治理中的经验教训，进行深入的理论思考，提出可以借鉴和参考的意见。下篇为中亚国家宪法文本之分析。通过对特定国家宪法文本从修宪背景、修宪内容、修宪特点等方面进行比较分析，研究其宪法立法体系和立法内容变化的基本状况、基本脉络和基本规律，总结出中亚国家宪法立法变化的法律特点和政治特点。同时，在全书最后还编有附录，将中亚国家所有的宪法文本的原文收集进来，以为相关研究提供资料帮助。

关于中亚国家宪法变迁的历史规律，本书的研究主要是对其历史过程、转型特点和影响因素进行研究。中亚国家宪法变迁的基本轨迹，是从苏联"党政合一"、权力集中的宪法治理，转向现代西方分权制衡、政教分离的代议制模式。中亚宪法变迁的历史充满了不同政治势力的争斗和东西方宪法观念的较量，频繁修宪和围绕总统权力的平衡是其最主要的表现。同时，从宪法变迁的历程，也可以看出民族、宗教和俄罗斯因素的复杂作用，以及西方民主概念和民主体制与中亚国家民族特点和政治需要之间的矛盾，体现出从狂热盲从逐步走向务实理性的立宪特点。

中亚国家转型后的宪法体制，仿照西方权力分立的宪政模式，形成了总统、议会、政府和司法机关依法参与国家治理的基本架构，并普遍实行了多党制和普选制，特别是全民公决被广泛采用，体制上的民主进步是显而易见的。中亚国家的宪法体制也有自己的特色，强总统、弱议会、小政府是各个国家宪法设计的共同特点。然而，新宪法模式在中亚国家的实践运作中，存在着明显的变异和"水土不服"，个人独裁、党派专制和多党混乱同时存在，现代民主的弊端与以往专制的传统和大变革时代的现实集权需要相结合，民主的实际效果并不理想。当然，这种"政治磨合"也是新旧交替历史进程中的必然现象，如果以高度的智慧和适当的耐心进行宪法政治运作，也能走向良性的宪法治理。

中亚国家宪法变迁对中国宪法治理的启示，我认为主要表现在以下几个方面。一是宪法体制的选择要符合本国的国情和现实条件，既不能只追求理论上的民主进步，也不能简单照搬外国的经验；二是政治转型要循序渐进，要有整体设计和特殊考虑，要着力引入先进民主机制与传统文化的优点相结合，尽量避免民主形式为负面传统所同化和利用而走向民主宪法的反面；三是国家宪法治理中要维护相对的中央权威，以确保在政治、社会、民族、宗教因素复杂的情况下民主制度的有效实施；四是要高度重视民族问题的宪法治理，民族治理既要有制度措施，更要注重民族的文化治理和国际治理；五是宪法制度建设要树立中国品牌，要致力于中国宪法治理的民主化、规范化、理论化。

特别需要说明的是，本书的研究区间，是对2015年以前的中亚地区宪法制度发展变化的分析说明，主要资料也以当时所能看到的资料为准。同时，为了使我们的研究有所佐证，也为了给我们和未来的研究者提供进一步研究的资料，我们原来还特别制作了本书的附录，将中亚五个国家自独立以来每个国家所有的历次修改的宪法文本设法搜集整理，进行文本比对，组织专业翻译，力求提供完整系统的专业参考文献，这在国内学术界还是首次。当然，由于出版篇幅所限，最后只收录了每个国家当时宪法的最新文本，实为遗憾。由于时间和语言水平、专业水平的限制，写作和翻译中的错漏在所难免，希望各位读者和专家多多指正。

本书的写作时间跨度较长，得到了来自各方面的关心、支持和帮助，是大家共同努力的成果。西北政法大学研究生惠春安、黄明、宋雯、陈伟航、季凌飞，青岛大学法学院研究生孙东阳、李燕林、杜威、张跃、黄涛周，参与了本书写作过程中的资料搜集和调研工作；青岛大学教师刘炼女士为本书附录搜集了中亚国家的宪法文本并承担了繁重的文本翻译工作；中国社会科学出版社责任编辑许琳老师为本书的出版付出了辛勤劳动，在此向他们致以衷心的感谢！

国家社会科学基金资助了本项目的研究，青岛大学法学院"青大法学文库"基金为本书的出版提供了资金支持，对此作者将铭记不忘！

期待本书的出版，能为现阶段中亚国家宪法和法律的研究提供参考，对广大读者了解中亚国家的法律制度和法律文化有所帮助，为推进"一带一路"建设的发展尽一份绵薄之力。同时，也希望大家不吝赐教提出使用中发现的问题，以便在以后的修订中继续完善。

董和平
2020年3月19日

目　　录

上篇　中亚国家宪法体制之演进

第一章　中亚国家独立后的立宪选择 … 3
第一节　中亚五国的历史与现状 … 3
　　一　哈萨克斯坦的历史与现状 … 3
　　二　乌兹别克斯坦的历史与现状 … 5
　　三　土库曼斯坦的历史与现状 … 6
　　四　吉尔吉斯斯坦的历史与现状 … 7
　　五　塔吉克斯坦的历史与现状 … 8
第二节　中亚国家的第一部宪法 … 9
　　一　土库曼斯坦第一部宪法的制定 … 9
　　二　乌兹别克斯坦第一部宪法的制定 … 11
　　三　哈萨克斯坦第一部宪法的制定 … 13
　　四　吉尔吉斯斯坦第一部宪法的制定 … 15
　　五　塔吉克斯坦第一部宪法的制定 … 17
第三节　中亚五国的立宪原则 … 19
　　一　民主法治 … 19
　　二　权力分立 … 20
　　三　主权在民 … 21
　　四　政教分离 … 22

五　和平原则 ………………………………………………… 23

第二章　中亚五国的宪法转型 ……………………………… 25
第一节　哈萨克斯坦的宪法转型 …………………………… 25
　　一　哈萨克斯坦1995年宪法的制定 ……………………… 25
　　二　哈萨克斯坦1995年宪法的第一次修改（1998年）…… 26
　　三　哈萨克斯坦1995年宪法的第二次修改（2007年）…… 27
　　四　哈萨克斯坦1995年宪法的第三次修改（2010年）…… 27
第二节　吉尔吉斯斯坦的宪法转型 ………………………… 27
　　一　吉尔吉斯斯坦1993年宪法的前四次修改 …………… 28
　　二　吉尔吉斯斯坦1993年宪法的第五次修改（2006年）… 29
　　三　吉尔吉斯斯坦第二部宪法的通过（2010年）………… 29
第三节　土库曼斯坦的宪法转型 …………………………… 30
　　一　永久中立国写入宪法 ………………………………… 30
　　二　土库曼斯坦政治形势的发展与宪法的若干修改 …… 31
　　三　土库曼斯坦第二部宪法的通过与修改 ……………… 32
　　四　土库曼斯坦第三部宪法的制定 ……………………… 33
第四节　乌兹别克斯坦的宪法转型 ………………………… 33
　　一　以议会结构变化为主导的修宪 ……………………… 33
　　二　宪法改革的持续深入 ………………………………… 35
第五节　塔吉克斯坦的宪法转型 …………………………… 35
　　一　宪法性法律的出台 …………………………………… 36
　　二　塔吉克斯坦宪法的第一次修改 ……………………… 36
　　三　塔吉克斯坦宪法的第二次修改（2003年）…………… 37

第三章　中亚国家宪法体制变迁的特点 …………………… 39
第一节　宪法稳定性差、制宪修宪相当频繁 ……………… 39
第二节　宪法变迁的核心内容：总统权力 ………………… 40
　　一　总统制的确立 ………………………………………… 40

二　总统权力的变迁 …………………………………………… 41
第三节　从西化到务实 ………………………………………………… 45
　　一　西式民主的理想与现实 ………………………………… 46
　　二　民主在运行轨道上的转向 ……………………………… 47
第四节　共性与差异并存 ……………………………………………… 49
　　一　都选择了集权总统制，但各国的情况不同 …………… 50
　　二　都坚持政教分离，但宗教对各国的影响不同 ………… 51
　　三　政府都面临反对派的挑战，但各国反对派力量悬殊 … 52
　　四　各国将继续呈现多元化趋势 …………………………… 54

第四章　中亚国家宪法体制的基本架构 …………………………… 56
第一节　中亚五国的总统 ……………………………………………… 56
　　一　绝对集权的总统制政体 ………………………………… 56
　　二　总统的产生与替补 ……………………………………… 59
　　三　总统在中亚五国宪政体制中的地位 …………………… 63
第二节　中亚五国的议会 ……………………………………………… 65
　　一　中亚五国议会制度的演变 ……………………………… 65
　　二　中亚五国议会的组织体制 ……………………………… 67
　　三　中亚五国议会的法定权限 ……………………………… 69
　　四　中亚五国议会的议员制度 ……………………………… 72
第三节　中亚五国的政府 ……………………………………………… 74
　　一　中亚五国政府的组成 …………………………………… 74
　　二　中亚五国政府与其他机关、部门之间的关系 ………… 77
　　三　中亚五国政府的职能 …………………………………… 78
第四节　中亚五国的司法机关 ………………………………………… 80
　　一　司法原则 ………………………………………………… 80
　　二　中亚五国的司法体系 …………………………………… 82
　　三　中亚五国司法体制的完善 ……………………………… 85
第五节　中亚五国的政党制度 ………………………………………… 86

一　中亚五国的多党制合法化进程 ················ 87
　　二　中亚政党政治的特点 ······················ 91
第六节　中亚五国的选举制度 ······················ 98
　　一　中亚国家选举制度的历史发展进程 ·············· 98
　　二　中亚选举制度的宪法确认 ··················· 101
　　三　全民公决 ····························· 103

第五章　中亚国家现行宪法体制的特点 ················ 104
第一节　强总统、弱议会、小政府 ··················· 104
　　一　权力分立的普遍实施 ····················· 105
　　二　权力运行的中亚特色 ····················· 108
第二节　别具特色的多党制 ······················· 111
　　一　哈萨克斯坦——一党主导的多党政治 ············ 111
　　二　乌兹别克斯坦——典型的有限多党制 ············ 112
　　三　吉尔吉斯斯坦——无主导普遍多党制 ············ 113
　　四　土库曼斯坦——名为多党制实为一党执政 ········· 113
　　五　塔吉克斯坦——允许宗教性政党的合法存在 ········ 114
第三节　选举制度缺乏广泛性与公正性 ················ 115
　　一　差额选举流于形式 ······················· 115
　　二　全民公决成为工具 ······················· 116
　　三　选举实施并非平等 ······················· 116
　　四　选举细节需要改善 ······················· 117

下篇　中亚国家宪法文本之分析

第六章　哈萨克斯坦宪法文本分析 ··················· 121
第一节　1995年哈萨克斯坦宪法 ···················· 121
第二节　1998年哈萨克斯坦宪法 ···················· 124
第三节　2007年哈萨克斯坦宪法 ···················· 128

第四节　2011年哈萨克斯坦宪法 ………………………………… 130

第七章　吉尔吉斯斯坦宪法文本分析 ………………………………… 132
　　第一节　1994年吉尔吉斯斯坦宪法 ……………………………… 132
　　第二节　1996年吉尔吉斯斯坦宪法 ……………………………… 133
　　第三节　1998年吉尔吉斯斯坦宪法 ……………………………… 139
　　第四节　2003年吉尔吉斯斯坦宪法 ……………………………… 140
　　　一　修宪背景 ………………………………………………… 140
　　　二　主要内容 ………………………………………………… 141
　　　三　主要特点 ………………………………………………… 144
　　第五节　2007年吉尔吉斯斯坦宪法 ……………………………… 144
　　　一　修宪内容 ………………………………………………… 145
　　　二　修宪特点 ………………………………………………… 153
　　第六节　2010年吉尔吉斯斯坦宪法 ……………………………… 154
　　　一　修宪内容 ………………………………………………… 155
　　　二　修宪特点 ………………………………………………… 165
　　第七节　2016年吉尔吉斯斯坦宪法 ……………………………… 167
　　　一　修宪内容 ………………………………………………… 168
　　　二　修宪特点 ………………………………………………… 172

第八章　塔吉克斯坦宪法文本分析 …………………………………… 174
　　第一节　1994年塔吉克斯坦宪法 ………………………………… 174
　　　一　制宪背景 ………………………………………………… 174
　　　二　主要内容 ………………………………………………… 175
　　　三　主要特点 ………………………………………………… 177
　　第二节　1999年塔吉克斯坦宪法 ………………………………… 178
　　第三节　2003年塔吉克斯坦宪法 ………………………………… 180
　　第四节　2016年塔吉克斯坦宪法 ………………………………… 182

第九章　土库曼斯坦宪法文本分析 …… 184
第一节　1992年土库曼斯坦宪法 …… 184
一　主要内容 …… 184
二　主要特点 …… 196
三　总体评价 …… 198
第二节　1995年土库曼斯坦宪法 …… 198
一　主要内容 …… 199
二　主要特点 …… 203
三　总体评价 …… 205
第三节　1999年土库曼斯坦宪法 …… 206
一　主要内容 …… 206
二　主要特点 …… 209
三　总体评价 …… 210
第四节　2003年土库曼斯坦宪法 …… 211
一　主要内容 …… 212
二　主要特点 …… 215
三　总体评价 …… 216
第五节　2005年土库曼斯坦宪法 …… 217
一　主要内容 …… 217
二　主要特点 …… 218
三　总体评价 …… 219
第六节　2008年土库曼斯坦宪法 …… 220
第七节　2016年土库曼斯坦宪法 …… 222

第十章　乌兹别克斯坦宪法文本分析 …… 227
第一节　2003年乌兹别克斯坦宪法 …… 227
第二节　2007年乌兹别克斯坦宪法 …… 232
第三节　2008年乌兹别克斯坦宪法 …… 233
第四节　2011年乌兹别克斯坦宪法 …… 233

第五节　2014年乌兹别克斯坦宪法 ………………………… 235

参考文献 ………………………………………………………… 237

附　录

附录一　中亚五国宪法制定与修改简表 ……………………… 247
附录二　哈萨克斯坦共和国宪法 ……………………………… 248
附录三　吉尔吉斯斯坦共和国宪法 …………………………… 282
附录四　土库曼斯坦共和国宪法 ……………………………… 322
附录五　乌兹别克斯坦共和国宪法 …………………………… 346
附录六　塔吉克斯坦共和国宪法 ……………………………… 376

上篇

中亚国家宪法体制之演进

第一章

中亚国家独立后的立宪选择

第一节 中亚五国的历史与现状

"中亚"不是一个界定很明确的概念,它既是一个地理概念,又是一个文化概念。本书所叙述的中亚是从苏联独立出来的当代中亚五国,即哈萨克斯坦、乌兹别克斯坦、吉尔吉斯斯坦、土库曼斯坦和塔吉克斯坦。当代中亚五国位于亚欧大陆连接之处,东与我国新疆相邻,南与伊朗、阿富汗接壤,北与俄罗斯相邻,西与阿塞拜疆、俄罗斯隔里海相望。五国领土总面积近 400 万平方公里,2011 年总人口数约 7295.82 万人[①]。

一 哈萨克斯坦的历史与现状

哈萨克斯坦共和国,通称为哈萨克,国名取自国内最大的民族哈萨克族。该国位于中亚中部,国土面积 272.49 万平方公里,排名世界第九位,是中亚地区幅员最辽阔的国家。截至 2018 年 5 月,人口 1821.22 万。原首都位于阿拉木图,在 1997 年迁到阿斯塔纳(2019 年改名努尔苏丹)。独立前哈萨克斯坦共和国为苏联加盟共和国之一,

---

[①] 数据来自中华人民共和国外交部,2018 年 7 月 19 日,http://www.fmprc.gov.cn/web/。

1991年12月16日宣布独立，成为"独立国家联合体"①成员国，并且是独联体第二大经济体，综合国力仅次于俄罗斯，属于中高收入国家。哈萨克斯坦国土横跨亚欧两洲，大部分领土位于亚洲中部，少部分领土位于东欧，是世界上最大的内陆国家。

中亚自古就是哈萨克和突厥民族的神圣之地，"哈萨克"这个名字是斯拉夫语KAZAKH，是游牧战士的意思。哈萨克民族是随着15世纪哈萨克汗国的建立形成的，19世纪中叶以后哈萨克全境处于俄罗斯沙皇统治之下。1918年俄国十月革命后，哈萨克成立苏维埃政权，1920年8月26日建立归属于俄罗斯联邦的吉尔吉斯苏维埃社会主义自治共和国。1925年4月19日改称为哈萨克苏维埃社会主义自治共和国。1936年12月5日改称为哈萨克苏维埃社会主义共和国，并加入苏维埃社会主义共和国联盟（以下简称"苏联"），成为苏联15个加盟共和国之一。

1986年12月，因反对苏联当局撤销哈萨克人库纳耶夫的共和国党第一书记职务，哈萨克斯坦首都阿拉木图爆发了大规模群众示威游行，遭到当局的镇压，引起了苏联和世界的震惊，人们称为"阿拉木图事件"。自此国内要求独立的呼声日渐高涨。1990年10月25日哈萨克斯坦最高苏维埃通过了主权宣言，向国家独立迈出了重要的一步。1991年11月，哈萨克斯坦开始了总统竞选活动，原共和国总统纳扎尔巴耶夫以绝对优势当选，是哈萨克斯坦历史上第一位全民直选总统。1991年12月10日，哈萨克国家名称由哈萨克苏维埃社会主义共和国改为哈萨克斯坦共和国。12月16日，哈萨克斯坦议会通过了《哈萨克斯坦

---

① 独立国家联合体（Commonwealth of Independent States—CIS），是由苏联大多数共和国组成的进行多边合作的独立国家联合体，简称"独联体"。成立时，除波罗的海三国外，其他12个苏联加盟共和国阿塞拜疆、亚美尼亚、白俄罗斯、格鲁吉亚（1993年12月起）、吉尔吉斯斯坦、摩尔多瓦（1994年4月起）、哈萨克斯坦、俄罗斯、乌兹别克斯坦、乌克兰、塔吉克斯坦和土库曼斯坦均为独联体正式成员国。2005年8月，土库曼斯坦宣布退出独联体。2008年8月14日，格鲁吉亚宣布退出独联体；2009年8月18日正式退出。2014年3月，因为克里米亚独立入俄问题，乌克兰也正式启动退出程序。

独立法》，宣布独立，在此之前中亚其他四国皆已独立，哈萨克斯坦成为中亚五国最后一个宣布独立的国家。

二　乌兹别克斯坦的历史与现状

乌兹别克斯坦共和国是位于中亚中部的内陆国家，国土面积44.74万平方公里，人口3265万（截至2018年1月），是中亚人口最多的国家。1991年9月1日脱离苏联独立，同年12月21日加入独立国家联合体。乌兹别克斯坦气候干旱，属于典型的大陆性气候。该国有丰富的自然资源，矿产资源储量总值约为3.5万亿美元。得益于其丰富的自然资源，乌兹别克斯坦经济发展水平相对较高，属于中亚五国中经济实力较强的国家，仅次于哈萨克斯坦。乌兹别克斯坦民族众多，是一个由130多个民族组成的多民族国家，其中乌孜别克族占大多数，俄罗斯族、塔吉克族、哈萨克族、卡拉卡尔帕克族、鞑靼族、吉尔吉斯族、朝鲜族各占一小部分，土库曼、乌克兰、维吾尔、亚美尼亚、土耳其、白俄罗斯族等少数民族所占的比例更小。

乌兹别克斯坦位于中亚的中心地带，地处阿姆河、锡尔河之间，具有悠久且多彩多姿的历史传承，古代贯通欧、亚文明的丝绸之路上许多最重要的历史名城都在乌兹别克斯坦境内。乌兹别克斯坦文明的历史可以追溯到公元前1000年左右，乌兹别克斯坦族发源于古伊朗游牧民族，是由其中的粟特人和突厥人融合而成。乌兹别克的意思，就是"自己的领袖"。乌兹别克斯坦的历史比较复杂，历经伊斯兰化时期、突厥化时期、蒙古化时期、乌兹别克汗国时期，19世纪后期沦为俄罗斯统治之下。

1918年苏俄革命后，乌兹别克斯坦被划归突厥斯坦苏维埃社会主义共和国。1924年，中亚民族国家划界，突厥斯坦苏维埃自治共和国、布哈拉苏维埃人民共和国和花剌子模苏维埃人民共和国中的乌兹别克人居住区，组成乌兹别克苏维埃社会主义共和国，加入苏维埃社会主义共和国联盟。1929年6月苏联政府又将其中塔吉克苏维埃社会主义自治共和国升格为加盟共和国，并于同年10月脱离乌兹别克共和国建制。

苏联统治末期，乌兹别克斯坦是中亚五国中最先脱离苏联宣布独立的国家。1990年3月乌兹别克共和国举行最高苏维埃选举，乌兹别克共产党中央第一书记伊斯拉姆·卡里莫夫被选为最高苏维埃主席。3月24日，乌兹别克最高苏维埃对共和国宪法做了相应修改，通过了建立总统制的决议。6月20日，乌兹别克最高苏维埃经过激烈辩论后，通过了《在革新的苏维埃联邦中乌兹别克苏维埃社会主义共和国的主权宣言》。主要内容有：宣布共和国的主权在共和国境内具有至高无上的地位；苏联的法律须经共和国最高苏维埃批准后方可生效；共和国领土不可侵犯；国内政策和对外政策问题属于乌兹别克国家当局的管辖范围。1991年8月31日乌兹别克最高苏维埃发布了《乌兹别克斯坦共和国独立声明》和《乌兹别克斯坦共和国独立原则法》，宣布从1991年9月1日起乌兹别克斯坦正式脱离苏联，成为独立的主权国家，改国名为乌兹别克斯坦共和国，并把这一天定为国家独立日。

三 土库曼斯坦的历史与现状

土库曼斯坦是位于中亚西南部的内陆国家，1991年10月27日从苏联独立。土库曼斯坦是世界上最干旱的地区之一，但矿产资源尤其是能源资源储量丰富，主要有有色及稀有金属、石油、天然气、碘、芒硝等。土库曼斯坦人口为700万（截至2018年7月），其中土库曼族占90%以上。

"土库曼"为"突厥人的地区"之意。土库曼的先民可追溯到古代操伊朗语的达哈·马萨盖特人、萨尔马特·阿兰人和古代马尔基安纳、花剌子模等国的部分居民。5世纪前后，并入了里海沿岸草原地带的突厥人以及后来的乌古斯人等。15世纪基本形成土库曼民族，16世纪建立加希瓦汗国和布哈拉汗国，19世纪60年代末至80年代中期被沙俄兼并。

1917年十月革命后，土库曼建立了苏维埃政权。1918年4月，成立了突厥斯坦苏维埃社会主义自治共和国，土库曼大部分领土属于该共和国。1921年8月7日，土库曼作为一个州加入突厥斯坦苏维埃社会主义自治共和国。划定民族管理区后，在 1924 年成立了土库曼苏维埃社会主义共和国，次年作为一个加盟共和国加入苏联。1990 年 8 月 22 日，土库曼最高苏维埃通过了国家主权宣言，10 月，土库曼改行总统制，土共第一书记萨帕尔·穆拉德·尼亚佐夫当选为第一任总统。次日，土库曼最高苏维埃通过《关于土库曼独立和国家制度原则》的法律和土库曼国家标志的决定，改国名为土库曼斯坦，正式宣布独立。同年 12 月宣布加入独立国家联合体，土库曼斯坦在 2005 年又第一个退出了独联体。

四　吉尔吉斯斯坦的历史与现状

吉尔吉斯共和国简称吉尔吉斯斯坦，为中亚东北部的内陆国，语言属于阿尔泰语系突厥语族，国土面积 19.85 万平方公里。1991 年 8 月 31 日从苏联独立，成为独联体成员国，2009 年起为突厥议会成员国。截至 2017 年 12 月 1 日，吉尔吉斯斯坦人口为 613 万。全国有 80 多个民族，吉尔吉斯族为主体民族，大多数居民信仰伊斯兰教，其中多数属逊尼派。

吉尔吉斯的历史最早可以追溯至西元前 201 年。"吉尔吉斯"意为"草原上的游牧民"。公元 840 年，吉尔吉斯人攻灭回纥，建立吉尔吉斯汗国。18 世纪乾隆帝平定准噶尔蒙古之后，整个吉尔吉斯地区都进入了清朝的势力范围内。1876 年，吉尔吉斯地区落入沙俄统治范围。

1917 年俄国十月革命取得胜利，从 11 月起吉尔吉斯斯坦的克孜勒基亚、比什凯克、奥什、贾拉拉巴德、纳伦和卡拉科尔等地都宣布建立苏维埃政权。1926 年 2 月 1 日，该自治州改名为吉尔吉斯自治共和国。

1990 年 10 月，吉尔吉斯苏维埃社会主义共和国最高苏维埃通过法令，规定总统为国家元首，内阁取代部长会议，由总统直接领导。同年 10 月，阿卡耶夫当选为该共和国首任总统。12 月 13 日，吉尔吉斯斯坦将国名由吉尔吉斯苏维埃社会主义共和国改为吉尔吉斯共和国。12 月 15 日吉尔吉斯斯坦发表国家主权宣言，这一天被宣布为吉尔吉斯斯坦共和国日。吉尔吉斯斯坦虽发表了国家主权宣言，但仍愿意留在联盟之内，也愿意加入当时的苏联总统戈尔巴乔夫倡导的主权国家联盟。1991年"八·一九事件"之后，吉尔吉斯斯坦通过国家独立宣言，宣布吉尔吉斯斯坦为独立的、享有主权的民主国家，呼吁世界各国承认吉尔吉斯斯坦的独立。

五 塔吉克斯坦的历史与现状

塔吉克斯坦共和国简称塔吉克斯坦，位于中亚东南部。国土面积为14.31万平方公里，是中亚诸国之中国土面积最小的国家。1991年9月9日宣布独立，首都位于杜尚别。全国人口896.6万（2018年1月），由86个民族组成，其中塔吉克族是主体民族，占79.9%；乌孜别克族占15.3%；俄罗斯族约占1%。居民多信仰伊斯兰教，多数属于逊尼派。

塔吉克族是中亚一个古老民族。公元9世纪，塔吉克人建立了历史上第一个以布哈拉为首都的幅员辽阔、国力强盛的萨马尼德王朝，塔吉克民族文化、风俗习惯正是在这一长达百年的历史时期形成。13世纪被蒙古人征服。16世纪起加入布哈拉汗国。1918年十月革命胜利后不久，苏维埃政权在塔北部即费尔干纳地区建立，从属于苏俄的土库曼自治共和国，南部地区则在1920年后成为布哈拉苏维埃人民共和国的一部分。1924年10月建立了塔吉克苏维埃社会主义自治共和国，属于乌兹别克苏维埃社会主义共和国。1929年6月苏联政府将塔吉克苏维埃社会主义自治共和国升格为加盟共和国。

1990年，在苏联共产党放弃了在政治体制中的领导地位和俄罗斯联邦议会通过《国家主权宣言》之后，8月24日，塔吉克最高苏维埃通过了主权宣言，宣布塔吉克拥有主权。11月29日，塔吉克决定实行总统制，并选举卡哈尔·马赫卡莫维奇·马赫卡莫夫为共和国第一任总统。1991年"八·一九"事件以后，塔吉克最高苏维埃决定将国名改为塔吉克斯坦共和国，同年9月9日塔吉克斯坦共和国宣布独立，该日被定为共和国独立日。

第二节　中亚国家的第一部宪法

一　土库曼斯坦第一部宪法的制定

土库曼斯坦共和国仅独立后半年多时间就通过独立后第一部宪法，是中亚最早通过新宪法的国家。

1991年年末，土库曼斯坦最高苏维埃成立了由总统尼亚佐夫领导的宪法委员会，并由其负责国家独立后的第一部宪法。尼亚佐夫强调，未来的宪法要满足三个基本标准：一是建立一个新的政治和法律秩序；二是服务于市场经济的发展；三是带有与土库曼民族特色的地区合作，并遵循国际法的标准。[①]

1992年2月19日，第一个宪法草案在土库曼斯坦最高苏维埃会议上被提出，但却被国会议员们否决了，原因是其草创者均为与总统较为亲近的人，因此国会指责宪法委员会没有将草案提交国家辩论。2月底，尼亚佐夫决定召集有关宪法草案的辩论，尽管仍然是由与总统亲近的官员操控着，但是对刺激反对党的活动产生了一定的影响。一些政治团体在论辩中，要求修改和补充宪法草案，包括权力分立、总统权限、公民权利和自由、公民权高于国家认同等。

最终花费了六个月的时间草拟的宪法，在1992年5月18日的土库曼斯坦最高苏维埃会议上表决通过。尽管此间草案没有在国会会议上提交讨论，但却获得了175名国会议员的支持。同时，会议还公布了有关宪法实施的法律规定，对有关政府机关重组的问题进行了规定，并要求各国家机关和行政部门在新选举之前，继续履行他们的责任。

这部中亚地区篇幅最短的新宪法由序言和八部分116条组成，在宪法前言中表明："我们土库曼斯坦人民，根据自己不可剥夺的自决权，从对祖国的现在和未来负责出发，为表示对先辈的团结一致、和

[①] Tadeusz Bodio, Tadeusz Moldawa, *Constitutional reforms in Central Asian States*, Warszawa: Dom Wydawniczy "ELIPSA", 2009, p.204.

睦相处和休戚与共的遗训的忠诚，抱着维护土库曼人民的民族财富和利益，巩固他们的主权的目的，为保障每个公民的权利和自由，竭力保证公民和睦与民族和谐，确立人民政权和法制国家的准则，通过本宪法——土库曼斯坦的根本法。"

第一部分为"宪法制度原则"。规定土库曼斯坦为民主、法制的世俗国家，实行总统制；国家权力分立法、行政和司法三权；人是社会和国家的最高价值；国家及其所有机关和公职人员均受法律和宪法制度的约束；国籍；财产权；宗教信仰自由；武装力量；国语等。

第二部分为"人和公民的基本权利、自由和义务"。包括具体的个人权利、政治权利、经济和社会的权利以及公民的基本义务等内容。

第三部分是"权力机关和管理机关体系"。包括《总则》《土库曼斯坦人民会议》《土库曼斯坦总统》《土库曼斯坦议会》《内阁》《地方执行机关》。人民委员会为土库曼最高国家权力机关，人民委员会主席由总统或由人民委员会从其成员中选出的某人担任。总统是国家元首，由人民直接选举产生；内阁由总统领导。在章节设置中总统虽位于议会之后，但同其他中亚国家相似的，新宪法确立的总统制中，总统有着独一无二的领导地位。因而土库曼反对党就曾认为，由于缺乏民主国家的基本标准，总统超越原宪法赋予的职权范围，成了一个"超级总统"，因而这部宪法是"独裁主义的宪法"。

第四部分"地方自治"，对地方自治的体系、地方会议的管理范围、市政会议主席的选任等作了规定。

第五部分"选举制度，全民公决"，则对选举的范围、原则、选民资格，公决的事项要求、方式等作了规定。

第六部分"司法权力"对司法权、法官、法院和诉讼原则加以规定。

第七部分"检察机关"则对检察机关进行规定，这两机关的分立，表明制宪者并不以为检察机关应属司法机关之列。

第八部分为"最后条款"，声明了宪法的最高效力，并表示宪法原则不得被改变，而且还对修改宪法的议会法定人数加以规定。

二 乌兹别克斯坦第一部宪法的制定

1990年3月,乌兹别克最高苏维埃会议决定开始乌兹别克宪法的起草工作,随后任命了由总统卡里莫夫领导的宪法委员会。该委员会的64名成员,包括国家机关领导人、社会组织代表、卡拉卡尔帕克人代表、科学家和专家等。

1991年4月12日举行委员会第一次会议,由六个工作组分别起草宪法的某些章节。参与工作的工作组是50名科学家和专家。起初,他们起草的宪法遵循着苏维埃宪法模式,谁都没有预见到,在《独立宣言》和《独立原则法》出台后,宪法委员会及其工作组会开始转向制定独立宪法。[①]

最早拟订的宪法草案有三个,分别由哲学研究所和乌兹别克法律科学院、总统国家法务部、政治科学研究所起草。在此基础上,宪法文本于1991年11月形成,后经过两次修改,于1992年7月2日提交乌兹别克最高苏维埃,由其辖下的宪法委员会讨论修改。9月8日,宪法委员会批准了宪法草案,并任命一个工作组负责最后的编辑。草案于9月26日公布,开启了一场针对宪法的全国性争论,形成了几十个修正案和增补条款。修正后的草案于11月21日再次公布,继续征求共和国公民的意见。期间,一些外国专家也积极参与宪法制定和修改,并发挥了重要的作用。[②]

1992年12月8日,乌兹别克斯坦第十二届最高苏维埃第十一次会议通过了新宪法。会议还通过了宪法实施进程,并将十二月八日设为全国性的宪法纪念日。用卡里莫夫的话来说,这部宪法"是我们主权国家立法—法律基础形成的根基,是我们独立的国家制度的奠基石"[③]。

[①] Tadeusz Bodio, Tadeusz Moldawa, *Constitutional reforms in Central Asian States*, Warszawa: Dom Wydawniczy "ELIPSA", 2009, p.278.

[②] Ibid., 2009, p.279.

[③] [乌]伊斯拉姆·卡里莫夫:《临近21世纪的乌兹别克斯坦:安全的威胁、进步的条件和保障》,王英杰等译,国际文化出版公司1997年版,第121页。

《乌兹别克斯坦共和国宪法》由序言和六部分128条组成,其中序言部分作出了和土库曼斯坦宪法相似的描述:"乌兹别克斯坦人民,庄严宣布忠于人权和国家主权原则,意识到对当代和后代的崇高责任,依靠乌兹别克国家制度发展的历史经验,确认自己对民主和社会正义理想的忠诚,承认公认的国际法准则优先,力求保证共和国公民当之无愧的生活,以建立人道的民主的法治国家为己任,为保证国内和平与民族和谐,由自己的全权代表通过本部乌兹别克斯坦共和国宪法。"

第一部分"基本原则"包含四章,即《国家主权》《人民政权》《宪法和法律高于一切》《对外政策》。第一章规定了共和国为主权国家、国界和领土、国家标志、国语等内容,第二章则阐述了人民主权、全民公决、三权分立并否认国家意识形态,第三章规定了宪法的最高效力,第四章阐述对外基本政策方针。

第二部分"人和公民的基本权利、自由和义务"有七章内容,分别是《总则》《国籍》《个人权利和自由》《政治权利》《经济和社会权利》《保障人的权利和自由》《公民的义务》。这样细致的几近于学理化的篇目划分,算是乌兹别克斯坦宪法的一个特色。

第三部分"社会与个人"是其宪法的另一个特色。包含《社会的经济基础》《社会团体》《家庭》《舆论工具》,其实是将宪法原则或基本制度等中规定的相关问题单列。

第四部分"行政区域结构与国家结构",包括规定行政区划一般原则的《乌兹别克斯坦共和国的行政区划体制》,和《卡拉卡尔帕克斯坦共和国》这个民族自治共和国的地位与政权组织形式等。

第五部分"国家政权组织"所占篇幅最多,也是遗留有苏维埃体制痕迹最明显的一部分。其章节包括《乌兹别克斯坦共和国议会》《乌兹别克斯坦共和国总统》《内阁》《地方国家权力机关的基础》《乌兹别克斯坦共和国的司法权》《选举制度》《检察机关》《财政与信贷》《国防与安全》。将后两章也列入本部分,反映出乌兹别克斯坦建国初期对国家稳定和安全的重视。

第六部分为"宪法的修改程序",对宪法修改的法定人数和修宪议案作了规定。

另外,卡拉卡尔帕克斯坦共和国宪法也于1993年4月9日通过,包括序言和六部分共119条。自治共和国实行三权分立体制,并拥有自己的国徽、国旗和国歌。

三 哈萨克斯坦第一部宪法的制定

在1990年哈萨克斯坦共和国的主权宣言公布不到两个月后,12月15日在哈萨克斯坦最高苏维埃的领导人之一阿桑巴耶夫的领导下,成立了一个由35名成员组成的宪法委员会。由于对当时的政治局势缺乏明确的目标,所以该委员会没有制定出一部反映主权国家的宪法。到1991年12月15日后,情况发生了变化,国家的独立迫切需要一部宪法来稳定局势。总统纳扎尔巴耶夫开始负责宪法委员会,阿桑巴耶夫辅助总统工作。

在纳扎尔巴耶夫的领导下,宪法委员会的工作很快开展。宪法委员会和政府宪法委员会首先做了大量的调查工作,尤其是对其他独立国家的第一部宪法草案的实施,及在其国内的影响。1992年6月1至2日,最高苏维埃第一次对宪法草案进行审阅。1992年7至8月,宪法草案向全国公布,由此展开了热烈的辩论,包括议会制和总统制的选择、建立两院制或一院制议会、是否继续引入了三权分立、是否需要无核化以及司法改革等,共收到18000多份建议和意见。[①] 根据收到的意见和建议,1992年10月宪法委员会对宪法草案的文本进行完善和修改。1992年12月9至11日,宪法草案的新文本经历了最高苏维埃的第二次审阅。期间,因宪法草案条文分歧而爆发的严重冲突,甚至导致有议员退席抗议。作为制宪委员会负责人,纳扎尔巴耶夫努力通过自己的行动对代表们施加影响,经常就哈萨克斯坦宪法草案的每一章以及涉及共和国人民和民族利益的法律发表讲话。[②] 到1993年1月25

[①] Tadeusz Bodio, Tadeusz Moldawa, Constitutional reforms in Central Asian States, Warszawa: Dom Wydawniczy "ELIPSA", 2009, p.46.

[②] [哈] 奥莉加·维多娃:《中亚铁腕:纳扎尔巴耶夫》,韩霞译,新华出版社2002年版,第255页。

至 28 日，最高苏维埃对宪法草案进行了最终的辩论。狂热的争论仍然存在，但分歧已经减少，1993 年 1 月 28 日宪法通过。

1993 年 1 月 28 日，第十二届哈萨克斯坦最高苏维埃会议颁布了《哈萨克斯坦共和国宪法》，包括序言和五篇 131 条，以及过渡条款 13 条。

其序言首先指出："我们，哈萨克斯坦人民，作为世界共同体不可分割的一部分，从哈萨克斯坦国家稳固出发，承认满怀决心创建民主社会和法治国家的人权利与自由优先，希望保证公民和睦与族际和谐，保证自己和自己的后代过上当之无愧的生活，特通过本宪法。"之后通过类似于一般宪法原则内容的八个方面，宣告了哈萨克斯坦共和国宪法的基础，包括哈萨克斯坦共和国是民主、世俗的单一制的国家，公民的平等权利，领土完整，人的生命、自由和不可剥夺的权利为最高价值，人民是共和国国家权力的唯一来源等。

第一部分"公民及其权利、自由和义务"包括 7 章，分别是《总则》《国籍》《公民的权利和自由》《政治权利和自由》《经济和社会权利》《基本义务》《权利和自由的保障》。这一部分内容较为庞大，将其作为第一部分，充分显示了哈萨克斯坦共和国制宪者，对这一构成国家政治活动的重要支柱的认识。

第二部分题为"社会及其结构基础"，包含了三个比较小但又很重要的章节，即《所有制与企业活动》《家庭》《社会团体》。宪法这一部分规定了多种所有制、私有财产、经济自由以及家庭权益和对社会团体的规范。

第三部分"国家、国家机关与机构"是最大的一部分，包括《总则》《最高苏维埃》《总统》《内阁》《法院》《检察院》《选举》《财政》《国防安全》9 章。其内容广泛地包括了哈萨克斯坦共和国的国家权力、国家机关的组织运行以及选举、国家财政和领土安全等。

第四部分为"遵守宪法的保障"，包含《保障宪法的稳定性》《捍卫宪法规范》两章。这是中亚其他国家新宪法所没有的。

最后还设有一个仅有标题的独立部分，即《过渡性条款》，分《总则》《立法》《国家、国家机关与机构》三节,其目的在于保证过渡期间充分实现宪法条文的规定。

四 吉尔吉斯斯坦第一部宪法的制定

1990年10月24日,吉尔吉斯社会主义共和国最高苏维埃颁布关于确立总统地位、改行总统制和对共和国宪法作某些修改的法令。27日,最高苏维埃决定设立由30名代表组成的宪法委员会,对旧宪法进行修改,以应对频繁变化社会政治问题。宪法委员会由最高苏维埃主席团主席领导。

1991年5月15日,已经更名的吉尔吉斯斯坦共和国最高苏维埃主席团决定任命一个工作组负责拟订宪法草案。其成员有来自吉尔吉斯斯坦科学院、吉尔吉斯国立大学的律师,也有司法部的专家。6月13日,工作组制订的宪法草案提交给司法部讨论。10月1日,该工作组推出了修改后的最终宪法文本,两天后,工作组对该草案又进行了讨论。

由于随后吉尔吉斯斯坦独立,为了适应国内政治形势的发展,工作组决定针对新的社会基础制定新宪法。11月11日,新宪法草案提交吉尔吉斯最高苏维埃。1992年6月6日,最高苏维埃会议讨论了宪法草案,并决定发起全国性的讨论,而且任命了一个工作组,来整理在辩论中提出的建议。7月12日,新宪法草案经整理和更新后定型。草案交外国专家咨询后,被提交宪法委员会。

宪法委员会正式提出的宪法草案,于7月4日和25日在吉尔吉斯最高苏维埃会议上讨论,而全国性的争论持续了三个月,直到12月12日的最高苏维埃会议,期间宪法的修改条文多次被介绍和解释。这个最终的宪法草案在1993年4月和5月进入了表决议程。[①]

1993年5月5日第十二届吉尔吉斯斯坦共和国最高苏维埃第十二次

---

① Tadeusz Bodio, Tadeusz Moldawa, *Constitutional reforms in Central Asian States*, Warszawa: Dom Wydawniczy "ELIPSA", 2009, p.108.

会议通过了吉尔吉斯共和国宪法，苏联时期的宪法同时失去其效力。

吉尔吉斯斯坦独立后第一部宪法由序言和八章97条构成。宪法在序言中指出："我们吉尔吉斯斯坦人民，遵循先辈团结友好及和睦相处的遗训，努力保证言尔吉斯斯坦人的民族振兴，保证捍卫和发展同吉尔吉斯斯坦人一起组成吉尔吉斯斯坦人民的各族人士的利益；重申忠于人的权利和自由及民族国家的思想；决心发展经济、政治和法律制度、文化，以保证所有的人都具有合理的生活水平。宣布自己忠于全人类道德准则和民族传统的精神财富；希望在世界各族人民中间将自己建成自由民主的公民社会；经自己的全权代表，通过本宪法。"

第一章"吉尔吉斯共和国"，由《总则》《国家的体制与活动》两节组成，重点阐述了吉尔吉斯斯坦共和国的宪法原则。

第二章"公民"，则由《国籍》《人的权利和自由》《公民的权利和义务》共29条组成。本章除了规定一般的国籍和公民权利义务外，比较有特色的在于，第二节描述"人"的权利和自由，第三节进而描述"公民"的权利和义务。这种从人权到公民权利的立法结构，显示出了吉尔吉斯制宪者对人权普遍性的认识。

第三章"总统"则是吉尔吉斯宪法所要确立的一个核心，由《总统选举》和《总统职权》两部分组成，比较完整地阐释了总统作为国家体制的核心，所应遵循的履职条件和范围。

第四章为"最高苏维埃"，与前一章类似的包含有《最高苏维埃的选举》和《最高苏维埃的职权》，并且通过《最高苏维埃的立法活动》阐明了作为立法机关的最高苏维埃的权限。

第五章"行政权"，将《政府》《地方国家行政机关》两节对立单列，对各级政府职能进行阐释。

第六章"法院与司法权"，强调了司法独立、法院设置、法官任免等。

第七章为"地方自治"，重点对地方行政权的实施主体进行规范。

第八章"吉尔吉斯共和国宪法修改和补充程序"，和其他中亚国家相关规定相似，阐明了修宪的条件。

五 塔吉克斯坦第一部宪法的制定

塔吉克斯坦1991年9月9日宣布独立，次年3月陷入长达5年之久的内战。期间，1992年11月起，在俄罗斯和乌兹别克斯坦等国的帮助下，塔吉克斯坦开始恢复基本国家秩序。塔吉克斯坦最高苏维埃第十六次非常会议，于11月16日至12月3日在北部城市苦盏召开，会议通过了塔吉克斯坦新的宪法草案，并选举拉赫莫诺夫为最高苏维埃主席，决定取消总统制，实行议会制，建立民主、法制、世俗国家。

随后，在第十七次非常会议上，苏维埃代表们又开始着手酝酿起草和通过新宪法。会议通过了关于宪法的修正案和补充条款，设立了新的宪法起草委员会。1993年11月，最高苏维埃成立了起草宪法工作组。六个月后，工作组草拟的两份宪法草案问世，分别以总统制和议会制为其设计的基本制度架构。前者被宪法委员会推荐给最高苏维埃。

1994年4月到6月，宪法草案前后三次公布并在全国进行辩论，共收到8500多条修改和建议意见。论辩的焦点在是否实行总统制、是否采纳联邦制、是否保证政教分离、是否保留意识形态等等[①]，反映出了在思想和内战双重冲击下，塔吉克斯坦人民对建立一个受人期待的稳定的国家的强烈愿望。

进入7月，第十九次非常会议通过了关于宪法改革和关于批准与保障宪法实施的决议。其内容包括以全民公决的方式来确定新宪法草案的通过、总统选举与宪法草案的全民表决同时进行、各现行职务均保留至对应的新机构和新议会的成立、宪法监督委员会在选举和宪法法院成立之前保留相关权力等。

1994年11月6日，塔吉克斯坦以全民公决方式通过了独立后的第一部宪法，恢复了总统制，总统为国家元首、政府首脑和武装部队统帅。宪法由序言和十章100条组成，其序言宣称"我们，塔吉克斯坦

[①] Tadeusz Bodio, Tadeusz Moldawa, *Constitutional reforms in Central Asian States*, Warszawa: Dom Wydawniczy "ELIPSA", 2009, p.159.

人民，是国际社会不可分割的一部分，意识到自己对先辈、当代人和后代人的义务和责任，懂得保障自己国家的主权和发展的必要性，承认人的不可动摇的自由与权利，尊重所有民族的平等和友谊，以建立公正的社会为己任，通过并宣布本宪法"。

第一章"宪法的基本制度"，规定了塔吉克斯坦为主权、民主、法治、世俗和单一制国家，并对基本人权、人民主权、领土完整、政教分离、三权分立以及经济基础等内容进行了阐述。其中，第八条分四款分别规定了政治和意识形态的多元化、意识形态（包括宗教意识形态）不得被确立为国家意识形态、社会团体依法活动、政教分离以及禁止鼓吹种族或宗教等敌对与暴力活动，这也是塔吉克斯坦独立后多年战乱的血的教训。

第二章"人和公民的权利、自由和基本义务"则主要对公民权利义务加以规定。其中包括普遍人权关怀和对国内公民权利保护的两大板块权利体系，并且和其他中亚国家一样承续了苏联改革的民主成果，如禁止书报检查、个人交往秘密保障等。

第三章"国民议会"，设立国民议会作为塔吉克斯坦最高代表机关和立法机关，并对其职权范围、会议形式、立法动议与程序等进行了规定。

第四章"总统"规定，总统是宪法和法律、人与公民权利和自由、民族独立、国家的统一和领土完整、国家的继承发展和长治久安，国家机关协调一致地发挥作用和互相配合，遵守塔吉克斯坦国际条约的保证人。并且，对总统的选任资格、职权范围等作了明确限定。由本章所规定的条款内容，构架了塔吉克斯坦总统制的核心体系。

第五章"政府"，对政府的组成、职能等进行了规定。政府保证使经济、社会和精神领域有效地发挥作用，保证执行法律、最高议会决议、塔吉克斯坦总统令和指示。对于政府组织，活动程序和权限，则交由宪法性法律规定。

第六章"地方机关"主要对地方权力机关、行政机关的组成和职权等加以规定。并且通过专设条款，阐明地方权力机关和行政机关的决定同宪法和法律相抵触时，上级机关和上级法院可将其废除，从而维护宪法权威。

第七章"戈尔诺—巴达赫尚自治州"，规定了戈尔诺—巴达赫尚自治州为塔吉克斯坦共和国不可分割的组成部分，非经人民代表会议同意，禁止变动其疆界；戈尔诺—巴达赫尚自治州代表根据法定名额选出；戈尔诺—巴达赫尚自治州的职权由宪法法律规定。

第八章"法院"对法官任职、审判原则等进行了规定，并且设立宪法法院确定法律及各国家机关的命令和决定、协议等是否符合宪法，解决国家机关间有关管辖范围的争端等。

第九章"检察院"设立检察机关对法律的执行是否准确和统一实行监督。

第十章"宪法的修改程序"明确规定宪法的修改和补充通过全民公决进行，并规定政体、领土，以及民主、法制、非宗教的性质不可改变。

第三节 中亚五国的立宪原则

一 民主法治

苏联改革时期，民主法治的理念开始在中亚国家和地区传播，但由于意识形态等因素，未能形成主导潮流。中亚各国踏上独立道路以后，便相继通过宪法和法律，确立了民主、法制的国家政治架构和发展方向。

哈萨克斯坦在独立后第一部宪法在开篇"宪法制度基础"中首先强调："哈萨克斯坦共和国（哈萨克斯坦）是民主的、世俗的和单一制的国家。"1995 年的新宪法，再次确认这一原则，其第一条第 1 款中规定："哈萨克斯坦共和国是民主的、世俗的、法制的和社会的国家，其最高价值为人、人的生命、人的权利和自由。"吉尔吉斯斯坦第一部宪法第一条第 1 款规定："吉尔吉斯共和国（吉尔吉斯斯坦）是根据法制、世俗国家原则建立起来的享有主权的单一制民主共和国。"土库曼斯坦宪法第一条规定："土库曼斯坦是民主的、法制的世俗国家，以总统制共和国的形式进行国家管理。"塔吉克斯坦 1994 年宪法在第一章第一条规定："塔吉克斯坦共和国是主权的、民主的、法制的、非宗教的单一制国家。"乌兹别克斯坦宪法在第一部分"基本原则"第一章第一条中规定："乌兹别克斯坦是主权的民主共和国。"同时，在第七条中规定："乌兹别克斯坦共和国的国家权力只能由乌兹别克斯坦共和国宪法和以此为基础而通过的立法文件授权的机关根据人民的利益来行使。"

同样，中亚国家也在其宪法中，强调了宪法和法律至上，实行"依法治国"。哈萨克斯坦宪法在基本制度第七点中指出："哈萨克斯坦共和国宪法具有最高法律效力，其规范具有直接效力。违反宪法条文的法律和其他文件不具有法律效力。"吉尔吉斯斯坦宪法第十二条也规定了："宪法具有最高法律效力和直接作用。"塔吉克斯坦宪法第十条规定："塔吉克斯坦宪法具有最高法律效力，它的准则具有直接作用。一切同宪法相抵触的法律和其他法规文件都无法律效力。国家和一切国家机关、公职人员、公民及其团体都必须遵守和执行共和国宪法和法律。"这三国均规定了宪法的"直接"效力和作用，亦即宪法的司法化，如哈萨克斯坦宪法第一百三十条指出："哈萨克斯坦共和国宪法法院受托对宪法实行司法保护并保证其至高无上地位。"另外，土库曼斯坦宪法第五条规定："国家及其所有机关和公职人员均受法律和宪法制度的约束。土库曼斯坦宪法是国家的最高法律，载入其中的准则和原则具有直接作用。凡同宪法相抵触的法律及其他文件不具有法律效力。"乌兹别克斯坦宪法第十五条和第十六条，分别规定了："乌兹别克斯坦共和国宪法和法律在乌兹别克斯坦共和国绝对至高无上。""任何一项法律或其他规范性法律文件都不得违背宪法的规范和准则"等内容。

二 权力分立

三权分立也是在苏联实行政治体制改革时被引入中亚的，然而一开始便水土不服，主要原因在于和长期以来的最高苏维埃的议行合一体制相冲突。因此，在中亚国家尚未宣布独立时，三权分立体制还未成气候。但是，当苏联解体后，国内复杂的局势和强势领导人的出现，共同促使中亚国家积极选择实行三权分立，以求改善长期以来的积习。

哈萨克斯坦1993年宪法在"宪法制度基础"第六点中指出："哈萨克斯坦共和国的国家权力以立法权、行政权和司法权分开原则为基础。根据这一原则，国家机关在其权限范围内独立并利用制衡机制而协同动作。""立法者的出发点在于宪法制度的基础不可动摇。国家权力的行使以共和国宪法和法律为基础。"吉尔吉斯斯坦宪法第七条规定："把权力划分为立法权、行政权和司法权。""最高苏维埃代表和行使立法权；政府和地方国家行政机关代表和行使行政权；宪法法院、最高法院、最高仲裁法院以及司法审判机关系统的法院和法官代表和行使司法权。立法、行政和司法机关独立活动，又互相配合。"其内容还保有一些加盟共和国时期的内容。土库曼斯坦宪法则在第四条中规定："国家以权力分立原则为基础，即立法权、行政权和司法权在互相制约和平衡的条件下独立行使。"乌兹别克斯坦宪法第十一条也有类似表述："乌兹别克斯坦共和国的国家政权体系建立在立法、行政和司法三权分立的原则上。"塔吉克斯坦1994年宪法将三权分立认为是宪法制度的基础，其第九条为："国家权力的确立以其划分为立法权、行政权和司法权为原则。"

尽管中亚国家存在强人政治这一现实，但三权分立的体制却得到了较好的维护，并在五国的政治生活和社会发展中起到了重要作用。

三　主权在民

苏联时期，中亚五国尽管在法律上均为主权国家，但事实上却仅是苏俄的附庸，高度集权的联盟中央极大地侵害了中亚共和国的主权。当苏联解体前夜，中亚国家陆续发表《主权宣言》等文件时，才真正脱离了苏联的控制。中亚国家鉴于苏联时期存在的独裁现象，先后在其独立后通过的宪法中，将主权交还给人民。

哈萨克斯坦宪法"制度基础"第四点表明："哈萨克斯坦人民是共和国国家权力的唯一来源。人民直接或通过其代表行使国家权力。人民的任何部分或组织、或单独的个人,均不能将行使国家权力的权利据为己有。"吉尔吉斯斯坦宪法第一条第 2 到 5 款先后规定:"吉尔吉斯共和国的主权在它的整个领土上不受限制并普遍适用。""吉尔吉斯斯坦人民是吉尔吉斯共和国主权的代表者和国家权力唯一根源。""吉尔吉斯斯坦人民依照本宪法和吉尔吉斯共和国法律,直接地和通过国家机关体系行使其权力。""为表达人民的意愿,一些法律和其他有关国家生活的问题可提交全民公决。"乌兹别克斯坦宪法第七条、第九条规定:"人民是国家权力的唯一源泉。乌兹别克斯坦共和国的国家权力只能由乌兹别克斯坦共和国宪法和以此为基础而通过的立法文件授权的机关根据人民的利益来行使。""最重要的社会和国家生活问题交付人民讨论和提交全民表决(公决)。实行公决的程序由法律规定。"土库曼斯坦宪法中的类似规定是在第二条:"人民是土库曼斯坦主权的代表者和国家权力的唯一源泉。土库曼斯坦人民直接地或者通过代表机关行使自己的权力。任何一部分人、任何组织或者个人均无权攫取国家政权。"塔吉克斯坦宪法第六条也有相似规定:"塔吉克斯坦人民是国家主权的体现者和直接或者通过自己的代表行使国家权力的唯一源泉。任何一个社会团体、集团或个人都无权攫取国家权力。"

四 政教分离

近 1200 多年来的中亚史,是伴随着伊斯兰教的传播、发展、冲突、调适的历史过程。苏联时代,中亚伊斯兰教先后经历了初期的宽松活跃、国内战争时期的紧张、社会主义建设时期的世俗化革命、卫国战争时期的再次宽松以及战后的极"左"反宗教运动等阶段。伴随着社会改革的复兴,受压制的伊斯兰教重新再中亚地区展现其蓬勃的生命力。但是,约占人口 70% 的穆斯林中,有一部分信奉伊斯兰原教旨主义,他们以"伊斯兰复兴党"为代表,目的在于建立起效法伊朗的政教合一的伊斯兰共和国。而且,在塔吉克斯坦共和国,这一原教旨主义引发的还有长达十年的内战和冲突,给国家建设带来难以估量的损失。

为了避免宗教对国家政治的影响,中亚国家建国伊始,就纷纷在宪法中宣布实行政教分离，建立世俗国家。哈萨克斯坦宪法在第十章"社会团体"第五十八条中规定："宗教团体与国家分离。国家不得为任何宗教或无神论提供优先地位。""不允许以宗教为基础成立政党。宗教团体不应追求政治目的和任务。"吉尔吉斯斯坦宪法第八条中规定："在吉尔吉斯共和国不允许……以宗教为基础建立政党，宗教组织追求政治目的和任务；宗教组织工作人员和宗教人士干预国家机关的活动……"土库曼斯坦宪法先在第十一条中规定："宗教组织同国家相分离，且不得行使国家职权。国家教育系统同宗教组织相分离，并具有世俗性。"又在第二十八条中指出禁止："以暴力改变宪法制度，在自己的活动中允许使用暴力，反对公民的由宪法规定的权利和自由，宣传鼓动战争以及种族、民族、社会和宗教仇视情绪，企图损害人的身体健康和道德品质；也禁止按照民族或宗教特征建立军事团体和政党。"乌兹别克斯坦宪法第五十七条中，有着和土库曼斯坦相似的表述："禁止成立以暴力改变宪法制度为目标、反对共和国主权、完整和安全以及公民的宪法权利和自由，宣扬战争以及社会、民族、种族和宗教敌视，侵害人民的健康和道德的政党和社会团体以及按民族和宗教特征建立起来的军事化团体和政党，禁止其活动。""禁止成立秘密协会和社团。"而且，宪法第六十一条规定："团体与国家分离并在法律面前平等。国家不干预宗教团体的活动。"将政教分离原则拓展到其他社会团体。遭受了内战摧残的塔吉克斯坦，在宪法第八条中也明确规定："塔吉克斯坦社会政治生活的发展以政治结构和意识形态多元化为原则。包括宗教在内的任何一种意识形态都不能规定为国家的意识形态。社会团体要在宪法和法律范围内建立和活动。国家对它们的活动提供平等条件。宗教组织与国家分离，不得干预国家事务。禁止以挑起种族、民族、社会和宗教冲突为目的，或者煽动暴力推翻宪法制度和组织武装集团的社会团体建立及活动。"

五 和平原则

中亚国家一致认为，和平是国家发展的基础，因此其宪法中普遍包含有追求和平的条款。

吉尔吉斯斯坦宪法第九条，用了较大篇幅阐述了该国的和平原则："1.吉尔吉斯共和国没有扩张、侵略和以军事力量解决的领土要求的目的。它不使国家生活军事化，也不使国家及其活动服从进行战争的任务。吉尔吉斯斯坦武装力量根据自卫和纯粹防御的原则进行建设。""2.不承认进行战争的权利，但发生侵略吉尔吉斯斯坦和由集体防御义务相联系的其他国家的情况除外。每一次允许把武装力量调出吉尔吉斯斯坦要由不少于代表总数三分之二的多数票通过的最高苏维埃决议决定。""3.禁止动用武装力量来解决国内政治问题。为消除自然灾害的后果以及在法律直接规定的其他类似情况下可动用军队。""4.吉尔吉斯共和国谋求普遍而公正的和平、互利合作以及用和平方式解决全球性和地区性问题，恪守国际法公认原则。"乌兹别克斯坦宪法第一百二十五条规定："乌兹别克斯坦武装力量是为捍卫乌兹别克斯坦共和国国家主权与领土完整、捍卫其居民的和平生活与安全而建立。"土库曼斯坦宪法第六条规定："奉行坚持和平共处原则，不使用武力，不干涉别国内部事务的外交政策。"塔吉克斯坦宪法第十一条指出："塔吉克斯坦奉行爱好和平的政策，尊重其他国家的主权和独立，根据国际准则确定自己的外交政策。禁止煽动战争。遵循人民的最高利益，塔吉克斯坦可以加入联合体和其他国际组织，以及退出这些机构，可以同外国建立联系。国家要与国外的同胞进行合作。"虽然哈萨克斯坦首部宪法中，对此没有明确的规定，但在1995年的新宪法第八条中规定了："奉行各国之间合作和睦邻友好关系、平等和互不干涉内政、和平解决国际争端，不首先使用武力的政策。"而且该国作为第一个放弃核地位的国家，将国家安全建立在核国家专门保障的基础之上。对此，纳扎尔巴耶夫说："我们哈萨克斯坦人民之所以选择放弃了核武器，是因为我们自由了。只有获得了独立自主，才能走上和平的道路。"①

---

① ［俄］罗伊·麦德维杰夫：《无可替代的总统纳扎尔巴耶夫：哈萨克斯坦腾飞的组织者和欧亚方案的倡导人》，王敏俭等译，社会科学文献出版社2009年版，第19页。

第二章

中亚五国的宪法转型

第一节 哈萨克斯坦的宪法转型

一 哈萨克斯坦1995年宪法的制定

1993年1月28日哈萨克斯坦颁布了独立后的第一部宪法，但该宪法出于各方妥协，"对草案不得不加以删节和重大修改，甚至歪曲了文本的原意"①，因此，仍然保留着苏联时代的最高苏维埃和地方苏维埃。

1995年8月30日，哈萨克斯坦经全民公投通过了第二部宪法，参加投票的90.5%选民中，有89%投了赞成票。新宪法分为九章98条，修正了第一部宪法关于哈萨克斯坦共和国"作为哈萨克民族自决的国家形式"，"是民主的、世俗的和单一制的国家"的内容，提出"哈萨克斯坦共和国是民主的、世俗的、法制的和社会的国家，其最高价值为人、人的生命、人的权利和自由"。共和国的基本原则是"社会和睦和政治稳定、发展经济造福全民、哈萨克斯坦爱国主义、通过民主方式包括通过共和国全民公决或者通过议会表决解决国家生活中的最重大的问题"。

新宪法规定了"共和国的国家权力是统一的，并在宪法和法律的基础上，根据宪法规定的立法、行政和司法三权分立、相互制衡的原

---

① ［哈］努·纳扎尔巴耶夫：《时代命运个人》，陆兵、王沛译，人民文学出版社2003年版，第92页。

则实施。"

在新宪法中，哈萨克斯坦共和国实行总统制。哈萨克斯坦共和国总统"是国家元首，是决定国家内外政策基本方针并在国内和国际关系中代表哈萨克斯坦的最高公职人员"。"是人民和国家政权的统一、宪法的不可动摇性、人和公民的权利和自由的象征和保证。""总统保障国家所有政权机构协调一致地发挥作用并使政权机构对人民负责。"

新宪法还规定了哈萨克斯坦议会实行两院制，"由参议院和马日利斯组成"，"是共和国行使立法职能的最高代表机关。""立法动议权属于哈萨克斯坦共和国议员、共和国政府，并只在马日利斯中实施这种动议权。"下院（马日利斯）的67名议员由全国67个选区按照每个选区一名代表的原则选举产生，任期二年。上院为参议院，议员由每个州、直辖市和首都各选举出两名议员，任期四年。

二 哈萨克斯坦1995年宪法的第一次修改（1998年）

1997年秋，东南亚大部分国家爆发了经济危机，巨大的经济危机也波及哈萨克斯坦。

1998年9月30日，纳扎尔巴耶夫发表了国情咨文，提出了一系列改革国家政治制度的建议，以巩固稳定的局面、发展民主。10月7日，经过几天的讨论，纳扎尔巴耶夫建议的宪法修改得到了议会的通过，宪法修改内容达到19处。包括将总统任期由五年延长为七年；取消了对总统年龄（原"不超过65岁"的规定）的限制；下议院议员人数增加10人，在政党名单的基础上按照比例代表制和统一公共民族选区选举产生；马日利斯议员任期由二年延长至五年，参议员任期由四年延长至六年等。[①]

---

① Tadeusz Bodio, Tadeusz Moldawa, *Constitutional reforms in Central Asian States*, Warszawa: Dom Wydawniczy "ELIPSA", 2009, p.64.

三 哈萨克斯坦1995年宪法的第二次修改（2007年）

2007年5月的议会会议上，纳扎尔巴耶夫作了关于修改哈萨克斯坦宪法的报告。经过短暂的讨论，修改建议在下院通过，仅有4名议员投了反对票。1995年宪法完成了其第二次修改。最终的宪法修改，除上述内容外，还有议会有权对财政预算不予通过、关于宪法委员会成立的程序、关于地方自治的体系等。

另外，本次宪法的修改，取消了总统的政党属性限制，使纳扎尔巴耶夫成为"祖国之光"党的领袖，从而获得稳定的政党支持。8月18日，哈萨克斯坦举行新一届议会选举，"祖国之光"党以88.05%的得票率入主议会下院。

四 哈萨克斯坦1995年宪法的第三次修改（2010年）

2010年年底，哈萨克斯坦有议员倡议全民公决修改宪法，支持纳扎尔巴耶夫执政到2020年。到2011年1月，中央选举委员会已收到超过500万份签名，占注册选民的一半以上。1月14日，哈萨克斯坦议会通过宪法修正案，通过举行全民公决的途径，决定是否将总统纳扎尔巴耶夫的任期延长到2020年的问题，同时取消总统的否决权。

第二节 吉尔吉斯斯坦的宪法转型

吉尔吉斯斯坦1993年5月5日颁布的第一部宪法，规定了人权和公民权利、在法律面前人人平等、三权分立和政治多元化等符合现代宪法的标准，较好地解决了建国初期的诸多问题。然而该宪法却存在一个缺点，那就是仍然存留着苏维埃体制，其政治和法律地位也与苏联时期相仿，和国家发展的趋势不相符合。有学者和研究人员认为，这部宪法是一个向旧势力和旧传统妥协的宪法，因此必然需要对其进行不断的修改。事实是，吉尔吉斯斯坦1993年宪法先后经过了多次修改，以适应其国内政治生活的发展和进步。

一 吉尔吉斯斯坦1993年宪法的前四次修改

1994年9月,部分支持阿卡耶夫的议员拒绝出席最高苏维埃会议,致使吉尔吉斯斯坦最高苏维埃解散。次年2月,吉尔吉斯斯坦举行新一届议会选举,支持阿卡耶夫的力量在新议会中占据了优势。到12月24日,阿卡耶夫以71.59%的得票率赢得独立后第一次大选。

1996年2月10日,吉尔吉斯斯坦举行全民公投,通过了关于修改和补充1993年宪法的法律。本次宪法修改提高了总统权限,规定总统任期为5年,进一步明确划分了各部门的职权。

1998年10月吉尔吉斯斯坦举行全民公决,开始第二次修宪。修宪内容包括调整议会议席,限制议会与议员的权力,实行土地私有化,禁止通过限制新闻自由的法律等。规定立法会议由60名议员组成,人民代表会议由45名议员组成,立法会议中有15个议席将专门分配给选举时获胜的政党。

2001年12月24日,阿卡耶夫签署法律文件,对宪法第五条进行修改,赋予俄语国家官方语言的地位。这一做法得到国内俄语民族的拥护和欢迎,对进一步化解民族矛盾起到了一定作用。

2003年2月2日,吉尔吉斯斯坦通过全民公投,完成了第四次修宪。根据新宪法,吉尔吉斯斯坦由总统制改为总统议会制,议会以一院制取代两院制;党派选举制被取消,议员全部由单一选区选举产生;议员人数由105人减少至75人;政府总理和所有内阁成员任免均需议会同意,地方行政长官的任免由政府提请总统任命。这样的宪法规定,将部分原属于总统的权力转交给了议会和政府,从而削减了总统的部分权限,扩大了议会和政府的权限,使得吉尔吉斯斯坦政权的运作需要总统、议会的共同合作,而非总统独揽大权。①

---

① Tadeusz Bodio, Tadeusz Moldawa, *Constitutional reforms in Central Asian States*, Warszawa: Dom Wydawniczy "ELIPSA", 2009, pp.111-115.

二　吉尔吉斯斯坦 1993 年宪法的第五次修改（2006 年）

2005 年吉尔吉斯斯坦的骚乱和政权变化，对该国政治体制造成了严重的冲击，随之而来的是各种政治风波不断。到 2006 年，先是有议长的更迭，后又有政府高官的集体辞职，议会、政府和总统之间的矛盾进一步激化。

2006 年 11 月 8 日，吉尔吉斯斯坦议会通过了由当局代表和反对派议员代表组成的协调委员会提交的宪法修正案。次日巴基耶夫在宪法修正案上签字，危机暂时化解。宪法修正案重新规定议会与总统权力，扩大了议会权力。新宪法规定新议会由 90 名议员组成，议席过半的政党有权任命总理，如果没有党派能够获得半数以上议席，则由总统决定由哪个政党组阁，议会由四分之三以上投票通过可弹劾总统。

另外，根据宪法规定，2010 年之前为过渡期，之后吉尔吉斯斯坦将成为议会总统制国家。在过渡期内总统有权在征得议会同意后任命总理，并根据总理提请任命内阁成员；总统有权领导各机关；总统可以任命地方领导人等。[①] 尽管如此，总统职权较以前大大被削减，国家权力架构发生了相应的变化。

三　吉尔吉斯斯坦第二部宪法的通过（2010 年）

2010 年 4 月 6 日，吉尔吉斯斯坦反对派在部分地区组织集会，当局出动警察逮捕反对派领袖舍尔尼亚佐夫，这更加引起反对派支持者不满。4 月 7 日，数千民众在首都比什凯克市中心游行示威，反对派示威者迅速占领议会大楼、总统府和国家电视台，宣布组建以奥通巴耶娃为首的"人民信任"临时政府。

临时政府宣布解散议会，在三个月内举行全民公决、议会选举和总统大选。总统巴基耶夫被迫出走，乘飞机前往南方家乡，不久宣布

[①] Tadeusz Bodio, Tadeusz Moldawa, *Constitutional reforms in Central Asian States*, Warszawa: Dom Wydawniczy "ELIPSA", 2009, p.124.

辞职，后逃往哈萨克斯坦。动乱中有近百人被打死，数千人受伤。时过5年，历史重演，吉尔吉斯斯坦再次发生"郁金香革命"。

2010年6月27日，吉尔吉斯斯坦举行全民公决，主要内容为是否赞成新宪法草案，是否同意实施新宪法的有关法律、包括废除宪法法院等，是否同意奥通巴耶娃出任过渡时期总统。新宪法草案的核心内容是吉尔吉斯斯坦政体由总统制过渡到议会制，总统权力大幅削减，议会权力获实质性扩大。最终有90.55%的选民投了赞成票。

新宪法共九章114条，改变了原有宪法体系安排，由"宪法制度的基本原则""人和公民的基本权利与自由""吉尔吉斯共和国总统""吉尔吉斯共和国的立法机关""吉尔吉斯共和国的行政机关""吉尔吉斯共和国的司法机关""其他公共机关""地方自治""修改现行宪法的程序"九部分构成。

7月2日，新宪法正式生效。7月3日，奥通巴耶娃宣誓就任吉尔吉斯斯坦过渡时期总统，任期至2011年12月31日。

第三节 土库曼斯坦的宪法转型

一 永久中立国写入宪法

1995年3月14日，尼亚佐夫总统在伊斯兰堡召开的经济合作组织第三次首脑会晤上首次提出土库曼斯坦关于将成为中立国的构想，并得到了与会国的支持。10月12日，尼亚佐夫总统在联大会议上正式提出赋予土库曼斯坦中立国地位的申请。12月12日，联合国大会根据法国、俄罗斯、美国、德国、土耳其、伊朗等25个国家的提案，一致通过关于土库曼斯坦永久中立国的决议，这在联合国历史上属首次。

1995年12月，永久中立的内容被写入土库曼斯坦宪法。宪法第1条规定土库曼坚持"独立自主地执行对内、对外政策"，"永久中立是土库曼斯坦国内外政策的基础"。之后，人民会议又通过了《土库曼斯坦永久中立法》。宪法和《永久中立法》均规定土库曼作为国际社会的一个主权国家，承认公认的国际法准则优先，奉行永久中立原则，不干涉其他国家内政，不诉诸武力，不参加军事集团和军事同盟，发展与所有国家的友好和互利合作。

二 土库曼斯坦政治形势的发展与宪法的若干修改

与此同时，土库曼斯坦人民会议与 1995 年 12 月 27 日，还通过了国家人权国际责任宣言，指出"人权具有最高的价值"，并且"每个人的权利和自由都是宪法和国际法所授予的"。次年 10 月 23 日，土库曼斯坦国家民主和人权委员会建立。[①]

为了使现行法律与宪法的修改、立法过程的变动相适应，1996 年 6 月 18 日，土库曼斯坦人民会议通过了关于标准化和合法化的法令。该法令规定了土库曼斯坦共和国的法律体制是有效的标准化和规则化的制度，确立了立法程序、执行程序，明确了宪法和法律解释的原则。

1999 年 12 月 29 日，土库曼斯坦人民会议通过宪法修正案，巩固了人民会议制度，重新分配了立法机关和行政机关之间的权力，提升了司法机关的地位。赋予人民会议决定通过或修正宪法，提名中央选举的候选人、控制选举过程，宣布国家进行全民公投，提名总统选举的候选人，决定战争与和平以及国家发展的规模和方向等权力。[②]

27 日，土库曼斯坦人民会议、元老会、民族复兴运动在首都举行联席会议，与会者一致提议尼亚佐夫为终身总统。28 日，人民会议通过决议，赋予首任总统尼亚佐夫无限期履行最高国家领导人的权力，并由土议会筹备并通过《关于土库曼斯坦首任总统特权》的宪法性法律。[③] 至此，尼亚佐夫成为中亚国家第一个法定终身总统。2001 年 1 月，人民会议通过修宪决议，明确规定"作为首任总统，尼亚佐夫的任期无时间限制。"

2001 年 2 月，尼亚佐夫宣布他将放弃终身总统的待遇，并表示

---

① Tadeusz Bodio, Tadeusz Moldawa, *Constitutional reforms in Central Asian States*, Warszawa: Dom Wydawniczy "ELIPSA", 2009, pp.211-212.

② Ibid., p.214.

③ Ibid., p.214.

将在2008年到2010年进行下一届总统选举。这时的土库曼斯坦选举法，虽规定人民可以根据自己的意志自由选举各级领导，但由于尚处于实施的最初阶段，还不涉及州领导和总统的选举。尼亚佐夫还表示，土库曼斯坦将于2008年制定出一部有关州领导和总统选举的专门法律，只有在相当级别工作5—10年并被人民认可的人才有可能参加总统选举。

2002年8月8日，人民会议举行的第12次会议再次推举尼亚佐夫为"终身总统"，[①] 并通过了支持总统内外政策的决议。人民会议还授予尼亚佐夫国家最高荣誉"黄金时代"勋章。

三　土库曼斯坦第二部宪法的通过与修改

2003年8月，土库曼斯坦通过第二部宪法，规定人民委员会为常设最高权力代表机构，设立人民委员会主席一职，同时规定总统当选年龄不得超过70岁。新宪法规定，土库曼斯坦不承认那些持有外国护照、拥有其他国家国籍的人同时也是土库曼斯坦公民。

期间，有部分党派为制定新宪法提出过一些草案。土库曼斯坦民主反对联盟，其起草的宪法包含了序言和九部分102条。在这个宪法草案中，土库曼斯坦将成为议会制共和国，明确甚至细化了权力的分配，规定任何种族皆可被选为总统以及公民权利和自由等问题。土库曼斯坦共和党提供的宪法草案在2003年6月8日发表，由八个部分组成。尽管也对总统、议会和政府间关系进行了阐释，但还是具有一定的"苏维埃模式"。另外，反对党的宪法草案在2004年10月，即新宪法实施后一年公布，由序言和12个条文组成。这个草案设定了一个议会制共和国，并且在立法机关、行政机关和司法机关的权力之间明确了分工。这些草案均强调公民权利和自由的宪法性保障，倡导权力分立和政府权力的精确分配，强调建立一个民主的清晰的选举体制，赞

[①] 潘德礼主编：《俄罗斯东欧中亚政治概论》，中国社会科学出版社2008年版，第250页。

成议会制共和国。①

四 土库曼斯坦第三部宪法的制定

2007年4月，土库曼斯坦成立宪法委员会负责制定新宪法，并于7月公布了宪法草案，征求全民意见。9月，人民委员会非例行会议讨论并通过宪法草案。

2008年9月26日，土库曼斯坦人民委员会通过新宪法。新宪法对国家权力架构进行重组，撤销了人民委员会，将其职能赋予总统、国民议会和最高法院。国民议会权力得到实质性扩大。新宪法规定总统有权组织中央选举和全民公决委员会并对其人选进行调整，有权制定国家政治、经济和社会发展纲要，有权变更行政区划，有权组建和领导国家安全委员会。国民议会有权议决、修改和补充宪法，审议国家政治、经济和社会发展纲要，议决有关全民公决、总统选举、议会选举事宜，批准或废除国际协议、国家边界变更事宜，审议决定和平与安全问题。土库曼斯坦国民议会议员任期5年，议员人数由50人增加到125人，根据地域选举产生。

第四节 乌兹别克斯坦的宪法转型

乌兹别克斯坦于1992年12月8日颁布了的宪法，先后进行了多次修改，至今依然有效。该宪法保持了其基本的稳定性，但同时也对乌兹别克斯坦政治经济的发展进行了有效的确认和支撑。

一 以议会结构变化为主导的修宪

独立后的乌兹别克斯坦，为实现新老议会的交接，急需制定一部规定新选举体系的法律。于是在1993年5月，一个由12名成员组成

---

① Tadeusz Bodio, Tadeusz Moldawa, *Constitutional reforms in Central Asian States*, Warszawa: Dom Wydawniczy "ELIPSA", 2009, pp.208-209.

的工作组成立并着手草拟选举法草案。到 9 月时，该选举法草案就已经向全国公布，以征求意见。草案的主要内容是设定了选举的基本原则，然而争论的重点却与此偏离，公众更倾向于讨论议会是该实行一院制还是两院制，当然也有关于议会的组织和结构的不同讨论意见。

12 月 28 日，乌兹别克斯坦对宪法第 77 条作出修改，将议会人数由 150 人增至 250 人，并在当天通过的《乌兹别克斯坦共和国最高会议选举法》中予以确认。该选举法规定，最高会议是由每 5 年按一个选区选举一名代表并在多党制基础上选出 250 名代表组成，其代表是按照普遍、平等、直接选举权原则采取秘密投票方式选举产生。选举法还对选举的程序和竞选活动也做了明确说明。

1994 年 9 月 22 日，乌兹别克斯坦通过《乌兹别克斯坦共和国议会》法案，建立起了一院制议会。这一议会模式，持续贯穿于乌兹别克斯坦国家体制的转型的整个时期，直到两院制议会的建立。次日，乌兹别克斯坦最高会议通过一项决议，决定于 1994 年 12 月 25 日进行首次议会选举。到 1995 年 1 月 22 日，经过三轮选举，共 245 名来自人民民主党、社会民主党等党派的议员当选，组成新议会。

1995 年 3 月 26 日，乌兹别克斯坦通过全民公决，总统任期延长至 1999 年年底。2000 年 1 月第二次总统选举中，卡里莫夫以 91.9% 的得票再次当选。4 月 4 日，乌兹别克斯坦议会通过关于公投和国家权威的组织架构的基本原则的宪法性法律，确定了国家在下一阶段建立公民社会和市场经济、进一步发展守法社会、进一步推进三权分立等系统性转型的主要任务。

2002 年 1 月 27 日，乌兹别克斯坦举行全民公决修改宪法，包括将议会由"一院制"改为"两院制"，同时将总统任期由 5 年延长至 7 年，但连任不得超过两届等。另外，还确定将于 2007 年举行新一届总统选举。2002 年 12 月 12 日，第二届议会第十次会议通过有关建立两院制议会的法律文件，对全民公决的结果予以确认。议会由参议院（上院）和立法院（下院）组成，总统的部分权限转归参议院。政府总理和副总理人选由总统提请议会批准，国家安全委员会与驻外大使改由参议院任免。议会下院,由地方代表组成,主要负责立法工作。根据宪法修正案,对宪法第 77 条(两院制议会)和第 117 条(选举)的修改,从 2004 年 7 月 1 日起生效。①

二 宪法改革的持续深入

2007 年 4 月卡里莫夫颁布《关于加强政党在国家改革、民主化和现代化进程中作用的宪法性法律》,希望借此强化政党在国家改革、民主化和现代化进程中的作用。该法共有 8 项条款,包括立法目的、议会政党关系、政府总理的任命程序与罢免程序、各州及塔什干市行政官员的任命和批准程序、各州人民代表对州市行政机构的监督职能等。

2008 年 12 月卡里莫夫签署修改选举立法的法律,将乌兹别克斯坦议会立法院(下院)席位由 120 席增加为 150 个席位,其中 135 席根据地域原则选举产生,其余 15 个席位由"生态运动"组织推荐直接进入立法院。2011 年 3 月参议院(上院)举行全体会议,通过了卡里莫夫提出的由议会多数党提名总理候选人的宪法修正案。根据宪法的新规定,议会立法院选举中获得多数席位的政党或几个政党联合有权推举或罢免总理。会议还授权议会提出对总理的不信任案,如果议会通过不信任案,总理及内阁必须辞职。

同年 12 月 5 日,乌兹别克斯坦议会参议院(上院)批准了经议会立法院(下院)审议通过的宪法修正案,将总统任期由 7 年缩短为 5 年。

第五节 塔吉克斯坦的宪法转型

经历多年内战的塔吉克斯坦,对国内和平稳定的需求高于其他中亚国家,因此其宪法变迁更加注重对稳定的国内局势的维持。为保障

---

① Tadeusz Bodio, Tadeusz Moldawa, *Constitutional reforms in Central Asian States*, Warszawa: Dom Wydawniczy "ELIPSA", 2009, pp.290–291.

国家的和平发展，该国根据国内政治局势变化，也对宪法做出相关补充和修改。

一 宪法性法律的出台

1995年2、3月间，塔吉克斯坦新议会经选举产生，并在11月4日举行的第二届会议上，陆续出台了多部宪法性法律。包括《国籍法》《司法条例》《宪法法院法》《议会（马日利斯）法》《军事法官法》《最高法院法》《法官地位法》《代表地位法》《经济法院法》《全民公投法》《政府法》《戈尔诺-巴达赫尚自治州法》等。① 这些宪法性法律为塔吉克斯坦建立新的政治和法律秩序提供了保障。

然而此时，国内的战争却一直持续。塔吉克斯坦政府与反对派的主要分歧，在于国家体制的不同主张：以拉赫莫诺夫为首的政府主张建立一个民主法治的世俗国家，但伊斯兰复兴党等反对派则倾向于建立政教合一的伊斯兰国家。到1996年下半年，政府与反对派双方才开启了一系列和谈，向塔吉克斯坦的和平之路迈出了第一步。

1997年6月27日，在联合国及俄罗斯、伊朗等国斡旋下，拉赫莫诺夫总统与联合反对派首领努里在莫斯科签署《关于在塔实现和平和民族和解总协定》，开始了塔和平进程。协定内容包括：改组国家权力机构、整编武装力量、遣返安置难民、大赦战犯、解除宗教政党活动禁令、反对派在国家行政权力结构和中央选举委员会中的席次等。

二 塔吉克斯坦宪法的第一次修改

1999年6月30日，塔吉克斯坦议会特别会议通过了《关于总统更替和增补宪法的建议》，指出宪法的修正由总统提出建议，再经议会表决，最后由全民公投通过。同日议会通过决议，宣布于1999年9月26日进行宪法全民公投。9月3日议会又通过了《总统选举法》，规定了

---

① Tadeusz Bodio, Tadeusz Moldawa, *Constitutional reforms in Central Asian States*, Warszawa: Dom Wydawniczy "ELIPSA", 2009, p.166.

总统候选人必须与选民见面、候选人提名程序、选举机构组成原则以及竞选资金等。

9月26日，塔吉克斯坦就修改宪法举行了全民公投。结果是，原宪法中有27个条款应该加以修改和补充。通过的新宪法条款规定，塔吉克斯坦继续保持建立世俗、民主、法制国家，但允许成立宗教性政党；成立两院制议会；实行总统制，总统为国家元首、政府首脑和武装部队统帅，由全民直接选举产生；总统任期由五年改为七年，不得连任；反对派在国家行政权力结构中占30%的席次、在中央选举委员会中占25%的席次。

在11月6日的总统选举中，拉赫莫诺夫以96.9%的得票率再次当选。

12月10日，塔吉克斯坦议会通过《议会选举法》，之后经过2000年2月17日和3月12日的两轮选举，来自六个党派的108位候选人竞选下院22个席位（其余41席位由选民从地方选区选出），218名候选人竞选上院41个席位。与总统拉赫莫诺夫有关联的政党和个人大获全胜，获得下院63席位中34席，共产党和伊斯兰复兴党也因得票率超过5%而进入议会。

2000年4月到2001年8月，新议会陆续通过或修改了《议会（马日利斯）法》《法官地位法》《宪法法院法》《经济法院法》等法律。[①] 这些新增或修改的法律和条款，调整了总统和其他国家机构之间的关系，强化了其对政权的控制，为塔吉克斯坦的威权制度铺设了道路。

三 塔吉克斯坦宪法的第二次修改（2003年）

2003年的伊拉克战争，给塔吉克斯坦带来了较大影响。在伊斯兰复兴运动的冲击下，塔吉克斯坦积极参与反恐活动，同时积极应对国内的各种情势。为缓和国内矛盾，塔吉克斯坦进行了大赦；同时，为

---

① Tadeusz Bodio, Tadeusz Moldawa, *Constitutional reforms in Central Asian States*, Warszawa: Dom Wydawniczy "ELIPSA", 2009, p.171.

适应国内政治力量变化，建立了宪法改革小组。

这个宪法改革小组由总统阵营代表组成，它提出的宪法修改内容包括：细化政党法律地位，按宗教、民主和民族三个标准划分；细化人权和公民自由；延长法官任期至 10 年；改变总统连任限制以及总统候选人年龄（65 岁）限制等。显然，这样的宪法修改是为了拉赫莫洛夫的再次选任制定合法的基础。①

2003 年 6 月 22 日，塔吉克斯坦举行修宪全民公投，其结果是将总统任期延长两个任期，直到 2020 年。

2004—2005 年，塔吉克斯坦先后通过多部法律或修正案，为议会选举和总统选举铺设道路。2005 年 2 月和 2006 年 11 月塔吉克斯坦分别举行了议会和总统选举，人民民主党、共产党、伊斯兰复兴党、民主党、社会党和社会民主党等合法政党积极参与议会选举，拉赫莫诺夫、塔巴尔科夫、加夫洛夫、卡拉库洛夫等候选人参加了总统选举。结果没有任何悬念，拉赫莫诺夫和他领导的人民民主党均取得胜利。

此后，塔吉克斯坦又陆续制定了多项司法体制改革和人权等法案，为国家的稳定局势增添了更多促进因素。

---

① Tadeusz Bodio, Tadeusz Moldawa, *Constitutional reforms in Central Asian States*, Warszawa: Dom Wydawniczy "ELIPSA", 2009, p.172.

第三章

中亚国家宪法体制变迁的特点

第一节　宪法稳定性差、制宪修宪相当频繁

1991年苏联解体后，中亚五国相继发表《独立宣言》，宣布建立独立的主权国家。自此，中亚五国进入了一个漫长的转型期。在独立后的二十多年间，中亚地区变成了"世界宪政试验场"。各国由于国内外政治环境不稳定，经济改革阻力大，民族、宗教、地方势力斗争激烈等因素，致使宪法文本不断更迭，制宪、修宪活动频频发生。

独立后，中亚五国所面临的首要问题就是：建设一个什么样的国家以及采取怎样的发展道路。因此，制定宪法，探索适合本国发展的道路，便成了中亚各国的第一要务。总的来看，中亚五国独立后在宪法的制定方面普遍摒弃了苏联宪法模式，放弃了原有的"社会主义"及保障实现社会主义的各种机制，力图建立起西方式的宪法体制。各国宪法在宪法基本原则和政权体制架构方面有较为相似的规定，如都主张建立民主法治国家，实行政教分离、按照世俗国家原则建立政治体制；都规定国家权力建立在立法、行政、司法三权分立的基础上，议会行使立法权，总统领导的政府行使行政权，司法系统行使司法权，均赋予总统很大的权力。

新宪法的制定，为中亚各国确立了基本的政治权力架构。但就中亚五国的现实状况来看，拥有了一部新宪法，并不意味着能够建立一种持久稳定的政治秩序。独立后的中亚五国，除乌兹别克斯坦、土库

曼斯坦政局相对稳定外,哈萨克斯坦议会与总统之间曾频频发生危机,塔吉克斯坦经历了持续5年半之久的内战,吉尔吉斯斯坦总统与反对派之间则争端不断,并于2005年爆发了"郁金香革命"。从20世纪90年代中叶开始,中亚各国为解决发展难题、克服宪政危机,曾先后开展大规模制宪、修宪运动。

第二节 宪法变迁的核心内容:总统权力

独立后,中亚五国在政体上不约而同地选择了总统制,各国在宪法上也赋予总统极大的权力。在这种总统集权体制下,总统成为主导政治生活的核心角色。在二十多年的转轨实践中,纳扎尔巴耶夫、尼亚佐夫、卡里莫夫等强势总统均以其个人色彩形塑着各国宪政制度的变迁。纵观中亚各国宪政变迁历程,不难发现制宪、修宪只是一种维持权力平衡的政治策略,围绕总统权力、任期展开的权力交锋,才是宪法变迁的核心内容。

一 总统制的确立

中亚五国之所以不约而同地选择总统制政体,绝非偶然,而是有着深刻原因的。

第一,独立后的中亚五国承袭了苏联的制度惯性和文化传统。任何一个新政权都是从旧政权中脱胎而出的,"虽然旧的统治方式已经被摒弃,但它仍然对新的政权机构及其人民产生着相当大的影响"[①]。1990年,苏共中央以立法动议程序向非常人民代表大会提出修改宪法,实行总统制。苏联后期总统制政体的确立,影响到了独立前的中亚。时隔不久中亚五国即宣告独立,因此这种影响也奠定了独立后中亚五国的政治制度建设基调。另外,在"中亚独立之后的制度建设和塑造中,处于领导位置或被选为领导人的多是苏联时期的共和国领导人。他们

---

① 李淑云:《中亚五国政治民主初探》,《俄罗斯中亚东欧研究》2003年第1期。

都在苏联接受教育并处在当时的政治运行中,潜移默化地受到苏联中央集权制度的影响。"① 因此,在独立后,苏联的总统制也被复制到中亚各国。

第二,选择总统制适合中亚各国的国情。独立之初,中亚各国相继出现了一些不稳定因素,"哈萨克斯坦民族关系紧张,塔吉克斯坦内战硝烟四起,各国经济普遍恶化,人民生活水平急剧下降,党派斗争不止,大国也插手中亚事务。由于独立来得过于匆忙,国内各民族对于新国家,包括其制度、国家意识形态、国民属性等尚缺乏认同"②。在这种情况下,各国都迫切需要一个稳定的政权以及强势人物的出现,能够把国内人民凝聚的一起,解决矛盾、稳定政局、发展经济。因此,建立一个强有力的总统制,无疑是中亚各国合适的选择。

第三,各国强势领导人物的刻意选择。中亚五国独立后的领导人:纳扎尔巴耶夫、尼亚佐夫、卡里莫夫、阿卡耶夫、拉赫莫诺夫都是各国的政治强人。他们具有鲜明的政治个性,都想在中亚独立建国后,充当本国政治体制的总设计师。而选择总统制,则可以利用制度优势为自己设立更大的权力,主导本国的政治发展。

二 总统权力的变迁

新宪法制定后,中亚五国在政治实践中,通过修改宪法、全民公决等方式,延长了总统任期,扩张了总统权力,使总统集权体制得到不断强化。但2003年以后,吉尔吉斯斯坦由于反对派势力的壮大,总统权力遭到了削弱,2005年的"郁金香革命"和2010年的骚乱,使得吉尔吉斯斯坦在2010年由总统制转向了议会制。

（一）总统集权制的强化

中亚各国在政治实践中多通过以下途径,逐步强化其总统集权制:

---

① 孟赵:《中亚总统制度:权威主义视角下的变迁》,硕士学位论文,兰州大学,2008年。
② 赵常庆:《评中亚五国独立十年》,《兰州大学学报》(社会科学版) 2001年第3期。

第一，通过修改宪法、机构改革，逐步扩大总统支配议会、政府和司法的权力。独立之初的中亚五国，虽然在政体上确立了总统制，但宪法也赋予议会、司法机关较大的权力，加之新宪法带有过渡性质，很多事项的权力归属和划分并不十分明确。这就使得立法、行政、司法三权经常掣肘、争吵。各国的强势总统正是在这种权力斗争中，逐步通过修宪，扩张了自己的权力。在哈萨克斯坦，纳扎尔巴耶夫利用宪法赋予总统解散议会的权力，两次宣布议会自行解散，之后又通过修改宪法和几次议会改革，削弱议会权力，加强总统权力，基本上实现了西方式三权分立制向总统集权制的过渡。在乌兹别克斯坦，总统利用自己领导的人民民主党和地方政权机关的党团代表控制了议会，并通过修改宪法，使得总统拥有了直接任命7名议员、委任宪法委员会主席和2名委员的权力，加强了总统对议会和司法机关的控制。2002年土库曼斯坦当局利用总统车队遭反对派的攻击，对国内反动派进行了严厉打击，并于"2003年初更换了各强力部门的领导人"[①]。"吉尔吉斯斯坦总统通过修改宪法加强了对议会的控制，扩大了对政府组成和工作的决定权，扩大了对司法机关长官的任免权，从而使得总统处于国家权力的中心地位。"[②]在吉尔吉斯斯坦，总统阿卡耶夫也通过议会选举、修改宪法和政府改组不断扩大自身权力。

第二，通过"全民公决""修改宪法"，不断延长总统任期，变相取消总统竞选。独立之初，中亚各国宪法均规定，总统任期为5年，并且连选连任不得超过2届。但之后各国都通过修改宪法，不断延长总统任期。哈萨克斯坦在1995年4月经全民公决将总统纳扎尔巴耶夫的任期延至2000年；1998年又通过修宪，将总统任期由5年延长到7年，并授权纳扎尔巴耶夫，可以不受限制地连任总统职务；2011年经

---

① 汪金国：《全球文化力量消长与中亚政局变化研究》，兰州大学出版社2010年版，第107页。
② 杨丽、马彩英：《转型时期的中亚五国》，甘肃人民出版社2003年版，第70页。

全民公决，决定将纳扎尔巴耶夫的任期延长到2020年①。乌兹别克斯坦在1995年3月举行全民公决，将总统卡里莫夫的任期自1997年延至1999年年底；2002年又通过修改宪法，将总统任期由5年延长到7年。土库曼斯坦在1994年通过全民公决，将总统任期延长至2000年；1999年12月修改宪法，明确规定尼亚佐夫作为首任总统，其任期无时间限制。塔吉克斯坦1999年9月通过新宪法，将总统任期由5年延长至7年；2003年6月又通过修改宪法，将总统任期延长两个任期，至2020年。

第三，制定严格的政党登记法律，限制竞争对手的力量。独立后的中亚各国虽然普遍建立了多党政治，但由于各国政党法律对反对党苛刻的限制，加之总统享有绝对权威，致使反对党在国家政治生活中的作用十分有限。乌兹别克斯坦1996年颁布了《政党法》，"规定建立和登记政党须征集到8个州的5000名以上公民的签字支持。根据此项标准登记成立的公正社会民主党、民族复兴党和'自我牺牲者'民族民主党等5个政党都是属于拥护总统的政党"②。土库曼斯坦虽然宪法规定实行多党制，但到目前为止并没有形成多党并存的格局，一直由总统领导的民主党执政。哈萨克斯坦通过2次修改《政党法》，基本上形成了多党政治的格局。但在2007年修改宪法，废除总统不得参与政党活动的限制，使得总统纳扎尔巴耶夫得以出任在哈萨克斯坦拥有绝对优势的祖国党党主席。

（二）总统制的发展前景

独立后的二十多间，中亚各国的总统集权体制虽然引发了一些社会矛盾，但在维护政局稳定、发展经济方面做出了巨大贡献。目前，各国掌握政权的强势领导人物日渐衰老、权力交接已不可避免，中亚地区的安全形势也不容乐观，在未来的几年里，中亚各国的总统制将

---

① 总统纳扎尔巴耶夫拒绝签署这项宪法修正案，1月31日哈萨克斯坦宪法委员会通过决议，裁定此项宪法修正案违宪。

② 吴宏伟：《中亚国家政党体制的形成与发展》，《俄罗斯中亚东欧研究》2006年第4期。

走向何方?

1. 未来几年总统制仍是主流

由于各国的强势领导人物日渐衰老,未来几年中亚国家将相继步入了总统权力交接的高峰期。"如何充分发挥目前总统制国家结构的优势,继续保持对国内发展走势的宏观控制,顺利实现平稳交接和政权结构的良性过渡"①是中亚各国面临的巨大挑战。这既是对中亚五国政治稳定的考验,也将决定各国社会今后发展方向。

在中亚地区,尽管多年的集权总统制阻止了政治对手势力的壮大,各国的强势总统普遍能够通过自己掌握的议会、政党,实现权力的和平交接。但目前在国外势力的支持下,各国反对派都摩拳擦掌欲在本国翻版"颜色革命"。因此,中亚各国能否和平实现权力交接,着实难以预料。但是无论那一派政治势力执掌政权,中亚各国依然继续面临稳定局势、繁荣经济的任务。在这种情形下,仍"需要一个强有力的权力核心整合各种社会资源,引导社会向稳定有序的方向发展"。②因此,总统制可能依旧将是中亚国家未来几年的发展方向。

2. 议会制暂时不会产生示范效应

2010 年,吉尔吉斯斯坦转向议会制政体,中亚政治体制出现分化,由过去的单一总统制发展成了总统制和议会制两种政体并存的局面。"这带来了一个值得思考的问题,中亚国家朝哪个方向发展,是继续保留总统制,还是向议会制过渡。"③

议会制历来是中亚各国反对派追求的目标,吉尔吉斯斯坦的转型给中亚其他国家的总统集权带来了极大的挑战。但吉尔吉斯斯坦的议会制转型只是一个制度转型试验的开始,前景并不明朗。"吉当局目前

---

① 许涛:《中亚五国发展回顾与跨世纪展望》,《现代国际关系》2001 年第 1 期。
② 包毅:《简析中亚国家总统制及其发展趋势》,《俄罗斯中亚东欧研究》2007 年第 6 期。
③ 孙力:《当前中亚形势主要特点及发展前景》,《新疆师范大学学报》(哲学社会科学版)2013 年第 1 期。

所面临的刻不容缓的三大任务犹如三道阻碍横亘在该国走向议会制的道路上：首先是如何维护全国局势的稳定，改善南部地区吉尔吉斯族居民和乌孜别克族群关系，消除恐怖势力和分裂势力的威胁；其次是重建家园、恢复发展经济，吉资源比较贫乏，经济基础薄弱，工农业生产长期低迷不振；最后是重建国家政权结构，在社会稳定、人心稳定的前提下，平衡不同政治团体的利益。"①

这种治国模式在吉尔吉斯斯坦移植前景并不乐观。俄罗斯总理梅德韦杰夫在接受媒体采访时，表示"我很难想象议会民主制能在吉尔吉斯斯坦发挥作用"，"议会制可能引发吉国产生一系列的严重问题，如议会陷入无休止的政治争斗，政治权力不受控制地在各股政治势力间交替，一些持有极端主义政见的人可能因此掌权。这将使吉国面临崩溃瓦解的危险"。

第三节　从西化到务实

苏联解体后，中亚五国成为名副其实的主权国家，开始抛掉"苏联标签"独立进行本国政治制度的设计。而国家政治制度的设计，本质上是一种立宪选择。苏联解体使得中亚各国中断了社会主义发展的历史进程，西式的民主宪政体制成了中亚立宪的必选之路。正如福山在《历史终结》一书中所言"既然社会主义与资本主义意识形态的较量已告终结，那么，转型国家以欧美型的民主与市场模式作为目标进行改革似乎就成为一种理所当然的选择"。因此，独立后中亚各国相继通过新宪法确立了"世俗的、民主的、三权分立、多党政制的"宪政体制。但是各国政局曾一度动荡，哈萨克斯坦、吉尔吉斯斯坦总统与议会陷入权力之争，塔吉克斯坦爆发内战，乌兹别克斯坦恐怖事件频发。这样的政治现实，致使各国在政治实践中，通过修改宪法，逐步

---

① 朱冬传：《吉尔吉斯斯坦：走向议会制道路并不平坦》，《法制日报》2010年7月6日。

打破理想的三权分立制衡体系，不断强化总统集权、强调稳定发展优先，宪政建设日趋务实。

一 西式民主的理想与现实

苏联解体后，中亚五国纷纷放弃社会主义制度，走上了全盘西化的道路。这一战略决定，一方面是当时席卷全球的民主化浪潮以及西方政治势力推动的结果；另一方面是中亚各国的改革者确信，只有确立了西方的民主宪政体系，才能在此基础上真正建立起有效的市场经济，也唯有为此，才能彻底扭转各国长期面临的政治、经济困境。

独立伊始，哈萨克斯坦和吉尔吉斯斯坦就"积极引进西方政治制度，套用西方的议会民主和多党制，试图改造政治体制，将两国建设成为一个'公民社会'、'人权、自由、合法权益以及人的尊严优先的社会'"[①]。乌兹别克斯坦首任总统卡里莫夫也曾表示，"乌兹别克斯坦准备建立一种开放的社会，在这个社会中，将不会存在单一政党的统治"，"乌兹别克斯坦将坚决走民主改革之路"。

1992年5月至1994年11月，中亚各国相继颁布新宪法。新宪法普遍规定要建设民主宪政国家，也明确规定了宪法制度的基础、公民的权利、自由与义务、总统、议会、政府、法院和检察院等职责等。新宪法规定国家权力建立在三权分立基础之上。议会行使立法权，法院和检察机关拥有司法权，执行权则属于由总统组建的内阁。实行政教分离，采用全民公决制和普选制，强调权力在民，吸收全民参与国家和社会生活重大问题的决策，也写入了各国宪法。至此，中亚各国初步确立了形似西方的民主宪政体制，权力制衡机制在宪法层面上得以建立。

但民主宪政不是一个空洞的概念，"分权制衡、多党政治"等也不只是抽象的原则，它们需要科学合理的制度设计和循序渐进的贯彻落

---

① 汪金国：《全球文化力量消长与中亚政局变化研究》，兰州大学出版社2010年版，第165页。

实,并与本国的政治现实有机结合。而中亚各国面临现实却是:国内政局不稳,经济衰退,又缺乏尊重民主观念的政治文化。

独立之初的中亚各国曾为无政府主义、民族主义、伊斯兰复兴运动所困扰,政治局势一度动荡不安。在哈萨克斯坦,国家独立使得哈萨克族的主体民族意识不断高涨,民族主义极度膨胀、造成哈萨克族和俄罗斯族关系紧张。在塔吉克斯坦伊斯兰复兴党大肆活动,致使政局不稳,内战在即。

中亚五国地处欧亚大陆腹地,经济发展水平低,产业结构不平衡,对苏联经济发达地区依赖性较高。苏联的解体,突然中断了中亚与俄罗斯原有的经济联系,使各国原本就不景气的国民经济更加衰退。

历史上,中亚地区的人民"长期以来相继处在波斯人、阿拉伯人、蒙古人以及俄罗斯人的统治之下,苏联时期又是高度集权的政治体制,他们习惯了专制,缺少民主意识"①。另外,苏联解体之后,中亚各国的政权更迭、时代转换、权力重组并没有使旧官僚阶层退出权力的舞台。大部分旧执政阶层仍然当权,许多国家机构都是独立前的原班人马,旧的政治行为和传统仍然延续,缺乏尊重民主的政治文化。

二 民主在运行轨道上的转向

独立后的中亚各国,在西式民主与本国国情相契合的试验中,逐渐认识到,在中亚社会贫瘠的民主土壤上,全盘搬用西式民主是不切合实际的。"正如俄罗斯国防部长伊万诺夫所言,民主不是一袋土豆,想把它种到什么地方都能成活。"②在政局不稳、经济衰退又缺乏成熟有效的社会控制调节机制的中亚,推行西式民主、进行西化改革,国家很容易走向动乱。因此,各国为了维护政局稳定、经济发展,在宪政实

---

① 杨恕:《转型的中亚和中国》,北京大学出版社2005年版,第91页。
② 汪金国:《全球文化力量消长与中亚政局变化研究》,兰州大学出版社2010年版,第156页。

践上不断转向务实,先后通过修改宪法,加强总统集权。

(一)权力均衡逐渐被打破,"强总统、弱议会、小政府"格局奠定

新宪法虽然都规定了,立法、行政、司法三权分立制衡的国家权力运行机制。但中亚各国在政治实践中,却变成了三权掣肘、争吵、推诿。在独立初的一段时间内,各国大都经历了总统与议会的激烈斗争,并由此引发了不同程度的宪政危机。在哈萨克斯坦,总统纳扎尔巴耶夫在议会并没有获得压倒多数的支持,1992年"休克疗法"实施后,经济发展出现了衰退,议会更是伺机寻找各种借口对总统进行谴责,反对改革。在吉尔吉斯斯坦,共产党员占据了议会的多数席位,他们思想保守,反对改革,在1993年曾借"黄金问题"[①]对总统实施猛烈抨击,指责政府非法动用国库黄金。

中亚各国为了排除议会给改革带来的阻力,先后通过修改宪法、全民公决、解散议会、改组政府等举措,打压议会反对派,逐渐将权力集中于总统手中,打破了立法、行政、司法三权均衡体系,形成了"强总统、弱议会、小政府"的格局。这种政治模式既借鉴了西式民主宪政的外壳,强调三权分立,同时又反对激进民主,侧重以强制性的权威意志作为稳定社会秩序、推进经济改革的基础,具有强烈的集权特征。尽管看起来有些不伦不类,但它恰恰符合中亚的情况,对于国家的稳定和发展至关重要。

(二)多党制被改造成"多党性"

现代社会,绝大多数国家的政治运作都是通过政党来实现的。因此,现代民主政治就是政党政治。但在中亚五国的政治实践中,总统为了打压反对派,稳定政局,扩大权力,走上了一条务"多党制"之虚,行"一党制"之实的道路。尽管新宪法均确认了"多党制",但各

---

① "黄金问题",是指1992年吉尔吉斯斯坦因本国开采技术落后,而与加拿大米尔柯公司签署了共同开发库姆托尔金矿协议,而引发社会各界派反对,之后吉尔吉斯斯坦政府将开采的第一批黄金送往瑞士精炼提纯,而自然损耗了1575克,此事更是被议会反对派当作政治丑闻大肆渲染。

国在立法上对建立政党和政党活动作了充分的限制，使各政党严重依附于执政者，在国家政治生活中的作用十分有限。正如焦一强教授在《从"民主岛"到"郁金香革命"：吉尔吉斯斯坦政治转型研究》一书的表述，中亚的政党格局表现为，"'多党性'而非'多党制'"[①]。

在土库曼斯坦，尽管新宪法和《结社法》规定，公民有权建立在宪法和法律规定的范围内开展活动的政党和其他社会团体。但总统尼亚佐夫认为现阶段本国还不具备实行西方多党制的条件，因为"当人民还没有准备好，当必要的条件尚未成熟，企图建立一个民主社会，这不仅是一种冒险，还可能使土库曼斯坦人民陷入内战和民族纠纷之中"[②]。因此，土库曼斯坦独立后，合法存在的政党只有一个，即由土库曼共产党改建而来的拥护总统的民主党。乌兹别克斯坦在立法上对政党的建立和活动加以限制，严格控制反对派和反政府力量，"基本上形成了只有少数合法政党存在的有限多党政治体制"[③]。在吉尔吉斯斯坦，虽然存在数量众多的政党，但是大部分政党缺乏纲领或纲领雷同，普遍没有知名度，且组织机构不健全，民众信任度极低，难以在政治生活中发挥作用。在哈萨克斯坦，拥护总统纳扎尔巴耶夫的祖国党一党独大，主导着国家的政治走向。

第四节 共性与差异并存

独立后的中亚五国，都面临重建国家政权、发展经济、探索适合本国发展道路的任务，但各国的具体情况又不相同。因此，中亚五国的宪政变迁，既有共性的一面，也有各国特殊性的差异存在，今后各国将继续呈现多元化的趋势。

---

① 焦一强：《从"民主岛"到"郁金香革命"：吉尔吉斯斯坦政治转型研究》，兰州大学出版社2010年版，第92页。
② 尼亚佐夫：《永久中立，世代安宁》，东方出版社1996年版，第33页。
③ 吴宏伟：《中亚国家政党体制的形成与发展》，《俄罗斯中亚东欧研究》2006年第4期。

一 都选择了集权总统制，但各国的情况不同

独立伊始，中亚各国在新宪法中都确立了总统制政体。之后，各国在政治实践中，先后通过修改宪法、全民公决、政府改组等方式，不断强化总统权力，走上了集权总统制的道路。尽管吉尔吉斯斯坦在2010年转向了议会制，但集权总统制依然是中亚政治的核心。中亚五国在社会政治经济发展方面的差异，使得各国的集权总统制也表现出一定的差异。

（一）各国总统的权力大小有所差别

中亚五国虽然都确立了以总统为权力中心的国家政体，形成了"强总统、弱议会、小政府"的权力架构，但各国总统在权力范围上仍存在差异。其中哈萨克斯坦、吉尔吉斯斯坦、土库曼斯坦三国以全民公投方式通过新宪法，使总统除获得决定国家内外政策、统领军队、筹组政府机构及任免地方行政首长的权力外，更具有凌驾国会之上的权力，甚至有权解散国会。三国中又以土库曼斯坦为最。土库曼斯坦独立后仍沿袭原苏联时期的政府组织架构，总统尼亚佐夫终身集党、政、军大权于一身，其亲自领导的人民会议掌握了国家立法权和司法机关首长任命权。此外，尼亚佐夫总统在全国各地还派驻常设代表监控全国情势。2006年，尼亚佐夫总统病逝后，继任总统别尔德穆罕默多夫虽然权力有所缩减，但仍然兼任国家武装力量最高总司令和政府总理。在乌兹别克斯坦，总统卡里莫夫就任后即一直兼任内阁总理，直接领导政府对内对外的活动，同时又利用过去其所领导的人民民主党和地方政府组织中的党团代表控制国会的多数席次，而间接地掌握司法机关首长的任免权，使总统成为"国家政权大厦的支柱"。在塔吉克斯坦，新宪法赋予拉赫曼诺夫总统国家元首兼政府首脑的地位。他所领导的人民民主党是国内最大的政党，在议会中占压倒优势。

（二）各国总统在执政能力上存在差异

哈萨克斯坦总统纳扎尔巴耶夫"是一位具有突出的个人魅力、拥

有丰富的政治经验和鲜明政治主张的总统"①。他善于利用宪法和民主社会资源，能够在不断打压反对派的同时强化总统权力，可以自如地掌握政局、把握国家的发展方向。"塔吉克斯坦总统拉赫曼诺夫通过不懈努力实现了民族和解，结束了内战，积极应对民族和宗教问题，以求得到国家的发展。土库曼斯坦总统尼亚佐夫特立独行，推行稳定的经济和政治改革，实行宽松的民族政策，政局稳定，人民情绪安定。新总统别尔德穆罕默多夫声明在秉承既定方针的同时，打算在可控民主政治制度下进行民主改革。乌兹别克斯坦总统卡里莫夫在政治运作中采取适合本国特点的政治模式，稳定了政局，但面临着来自宗教极端势力的严峻挑战。"②吉尔吉斯斯坦前总统阿卡耶夫是中亚五国唯一一位学者出身的总统，他缺乏党务工作经验，不能正确引导和把握改革的方向。面对日益强大的反对派力量，他不断妥协，终于在2005年的颜色革命中倒台，流亡俄罗斯。继任总统巴基耶夫缺乏政治建树，难以提出符合吉尔吉斯斯坦国情的发展战略。面对复杂的政治格局，他主要依靠强力部门来维持总统与议会、政权与反对派之间的力量平衡。2010年在反对派掀起的骚乱中，巴基耶夫政府倒台。

二 都坚持政教分离，但宗教对各国的影响不同

中亚地区是欧亚大陆的交通枢纽，也是世界宗教的传输驿站。自古以来，中亚就是一个各种宗教广泛传播的地区，但影响最大是伊斯兰教。目前，中亚是世界伊斯兰教五大中心之一，信奉伊斯兰教的穆斯林占到了中亚五国居民总数的80%左右。伊斯兰教不仅影响着中亚各国人民的社会精神文化生活，而且也影响到各国独立后的政权建设。

苏联解体后，中亚地区意识形态领域出现真空，长期受压抑的伊

---

① 包毅：《简析中亚国家总统制及其发展趋势》，《俄罗斯中亚东欧研究》2007年第6期。

② 汪金国：《全球文化力量消长与中亚政局变化研究》，兰州大学出版社2010年版，第125页。

斯兰教全面复兴。"各国的伊斯兰教势力都在不同程度上表现出参政欲望，出现了宗教团体干预社会政治生活的倾向。"[①] 为维护社会稳定，避免宗教对国家政治生活的影响，独立后的中亚五国都选择了世俗政体。各国先后在新宪法中规定，国家实行政教分离制度，建立世俗国家。尽管在塔吉克斯坦，主张政教合一的伊斯兰复兴党挑起了内战，但内战结束后，塔吉克斯坦仍然维持民主世俗政体，没有走上政教合一道路。

中亚五国虽然都坚持政教分离原则，但由于各国社会政治状况、经济发展水平的差异，伊斯兰教在各国的影响是不平衡的。在塔吉克斯坦，宪法允许成立宗教性政党，并且根据民族和解协议，伊斯兰复兴党在政府中占有30%的席位。但伊斯兰复兴党并不满足拉赫莫诺夫政府做出的妥协，仍然坚持建立伊斯兰国家的宗旨。乌兹别克斯坦拥有悠久的伊斯兰文化传统，独立之后伊斯兰教得到充分的恢复，但在复兴的过程中原教旨主义思想渗透进来，使得乌兹别克斯坦伊斯兰运动（简称"乌伊运"）和伊斯兰解放党（简称"伊解党"，音译为"伊扎布特"）等激进的伊斯兰宗教组织发展壮大。他们活动猖獗，频频制造恐怖事件，对社会稳定构成了巨大威胁，并试图与政治反对派结合，使得乌兹别克斯坦的政局充满变数。而在土库曼斯坦、哈萨克斯坦、吉尔吉斯斯坦等游牧民族国家，人民的宗教情结相对较弱，伊斯兰教在国家政治生活中的影响相对较小，但近年来频频遭到乌伊运、伊解党等跨国宗教极端组织的袭扰。

三 政府都面临反对派的挑战，但各国反对派力量悬殊

通过中亚各国的政局变化，可以看出各国政府普遍面临着反对派的挑战，但各国反对派力量悬殊。

在哈萨克斯坦，反对派是非常活跃的政治力量。独立之初，反对派在议会中取得了多数席位，并就改革问题与总统纳扎尔巴耶夫展开了多次较量，但均以议会解散，总统权力强化告终。2004年反对派在

[①] 杨恕：《转型的中亚和中国》，北京大学出版社2005年版，第98页。

几次议会选举失败和内部分化后,逐渐放弃先前强硬的反对派立场。2006年9月,哈萨克斯坦主要的反对党——"光明之路"党"宣布接受2年前在议会选举中获得的唯一席位进入议会,以一种与当局合作的姿态发挥该党的参政职能"①,反对派与当局开始走向合作。

塔吉克斯坦独立之初,反对派就挑起了长达5年的内战。后在相关各国与国际组织的帮助下,交战双方经过和谈,实现了民族和解。根据和解协议,反对派在中央选举委员会取得了25%席位,在政府中占据了30%席位。"但反对派进入政府之后,其影响力非但没有增强反而不断削弱。"②2006年,伊斯兰复兴党领导人努里病逝,反对派势力进一步分化。

土库曼斯坦自独立时起,总统就一直处于集权地位。土库曼斯坦独立后的新宪法规定,总统为国家元首和最高行政首脑,是全国武装力量的总司令,并且领导人民会议,享有立法权。此后,总统尼亚佐夫通过修改宪法、全民公决等方式不断延长任期,加强总统权力。另外,尼亚佐夫还通过政党制度限制反对党的存在,致使反对派的力量十分弱小。"2002年11月25日,土库曼斯坦总统尼亚佐夫的车队在阿什哈巴德市中心遭遇袭击,数人受伤。土库曼斯坦当局迅速处理了暗杀事件,很快逮捕了所有参与人和幕后策划人,对策划者希赫穆拉多夫判处终身监禁,随后在全国范围内展开了对其党羽的清理。这使得土库曼斯坦的反对派势力受到致命打击。"③

独立后,乌兹别克斯坦实行了强有力的总统集权制,严格限制反对派的存在。"乌兹别克斯坦宪法和政党法规定,不准许旨在反对现行宪法制度、危害国家主权和安全、煽动民族和宗教敌对情况的政党和

---

① 邢广程:《2006年:俄罗斯东欧中亚国家发展报告》,社会科学文献出版社2007年版,第216页。
② 汪金国:《全球文化力量消长与中亚政局变化研究》,兰州大学出版社2010年版,第123页。
③ 同上书,第121页。

建立及其活动。"① 因此,乌兹别克斯坦的在野党和反政府力量非常弱小。但20世纪90年代后期,随着伊斯兰教的全面复兴,以及原教旨主义思想渗透,乌伊运、伊解党等激进的伊斯兰宗教组织在乌兹别克斯坦迅速发展壮大,对社会稳定造成了巨大的威胁。

在吉尔吉斯斯坦,总统阿卡耶夫因主张全盘西化、推进激进改革,而遭议会反对。之后由于阿卡耶夫的妥协,反对派在西方势力的支持下逐渐壮大。2005年,吉尔吉斯斯坦爆发颜色革命,总统阿卡耶夫流亡境外,以巴基耶夫为首的反对派掌握了国家政权。但巴基耶夫上台后没有兑现将总统制改为议会的修宪承诺,导致反对派联手原阿卡耶夫的支持者向他发难。2010年,吉尔吉斯斯坦再度爆发骚乱,巴基耶夫政府倒台。

四 各国将继续呈现多元化趋势

中亚五国的转型并没有定型,今后几年各国还将持续处于转型阶段,并继续呈现多元化的趋势:

第一,总统制与议会制将继续并存。2010年,中亚五国的政治体制出现分化,吉尔吉斯斯坦转向议会制政体。但是吉尔吉斯斯坦的转向并不会产生示范效应,总统制仍是中亚五国的主流,在相当长的一段时间内,中亚将继续呈现总统制与议会制并存的局面。

第二,各国权力交接方式的多样化。今后几年中亚国家将相继步入了总统权力交接的高峰期。由于年龄的原因,哈萨克斯坦总统纳扎尔巴耶夫、乌兹别克斯坦总统卡里莫夫、塔吉克斯坦总统拉赫曼诺夫三位独立后的首任总统日渐衰老,不久都将退出权力的舞台,如何顺利实现权力交接,成为各国面临的首要难题。鉴于各国目前的政治现状,以及三位领导人的个性差异,各国应该不会采取同样的权力交接方式。

---

① 汪金国:《全球文化力量消长与中亚政局变化研究》,兰州大学出版社2010年版,第112页。

第三，政局总体平稳，个别国家时有动荡。独立后的中亚五国，经过二十多年的努力，基本上已经确立了适合本国发展的政治和经济体制，社会转型的关键期业已结束，政局暂时不会发生太大的波动，总体能够持续平稳发展。但是各种非传统安全与传统安全问题开始相互交织缠绕，外部环境也越来越复杂，个别国家有可能陷入动荡的旋涡，社会转型之路仍很艰难。

通过上述内容可以看出，中亚宪法体制的变迁体现出鲜明的特色，一方面有对西方宪法制度一定程度的移植，另一方面有苏联集权体制根深蒂固的影响，同时也有各国针对现实国情因地、因时、因人而作的变通。中亚五国立宪初期对西方宪法体制的移植，曾体现出鲜明的工具理性特点，即力图通过移植西方成熟的宪法体制，能够迅速带来西方式的平稳政局、经济繁荣与社会稳定。然而事实证明，机械移植西方的宪法体制无法在短期内实现上述目标。中亚五国正在寻找努力寻找适合本国国情的宪法道路，这一过程可能相当漫长，这也是宪法成功转型难免要付出的代价。

第四章

中亚国家宪法体制的基本架构

第一节 中亚五国的总统

一 绝对集权的总统制政体

苏联解体之前，中亚五国与其他加盟共和国家一样作为"主权国家"，同苏联共同实行联邦制，并以共产党的领导为核心。在这种政治体制下，各加盟国服从联邦中央，各国的共产党亦绝对服从苏共中央的领导，因此，中亚各国在国家的政治生活中并没有太多的主动权。在1977年苏联颁布新宪法之后，中亚各国也纷纷制定宪法，并在实践中严格贯彻苏联的宪法原则。在此基础上，形成了高度集权的政治体制，中亚五国一切听命于联盟中央，没有自己的自主权；政府的权力又集中在党的高层领导少数人手里，在这种集权体制下，既缺乏民主，又没有法制。

独立后的中亚五国抛弃了旧苏联的宪法模式，纷纷成立独立主权国家，并逐步建立起以三权分立原则、法制原则、政教分离为基础的新宪法模式。政体由苏维埃体制转变为以总统为核心的三权分立的权力结构体制，除土库曼斯坦外，中亚其他国家基本上都采用多党议会制。

美国作为最早实行总统制的国家和最典型的总统制国家，在维护资产阶级统治方面卓有成效，因此成为许多国家争先效仿的对象，也为中亚五国实行总统制提供了前瞻性的影响。中亚五国都是在1990年3月苏联设立总统职位之后，分别于1990.03.24（乌兹别克斯坦）、

1990.04.24（哈萨克斯坦）、1990.10.12（土库曼斯坦）、1990.10.24（吉尔吉斯斯坦）和 1990.11.29（塔吉克斯坦）设立其本国的总统职位的。① 随后，中亚五国相继设立了总统共和制政体。中亚五国是基于对独立前的经济结构、政治体系、文化意识、宪政体制的不适应性而进行的制度调整与变革。因此，成为独立主权国家的中亚便从政治、经济、文化、社会等方面进行变革。在变革中困难重重，一方面需要应对国内压力。比如乌兹别克斯坦国内民族冲突不断，矛盾迭起；另一方面受外部大环境的影响。苏联解体之后，许多国家纷纷将矛头指向了独立体，希望它们能效仿本国的国家体制，从而能与其建立最密切的关系。中亚五国立足于独立后的社会现实，实行总统制以缓解动荡的政治局面。苏联集权主义的政治体制给中亚各国独立后政治体制的确立带来深刻的影响。②

但是，中亚五国的总统制有别于美国等西方国家的总统制。它们的总统制呈现出一种总统集权的趋势。基于每一个国家的个性不同，中亚各国的总统制也存在着特殊性与差异性。其中，以哈萨克斯坦和吉尔吉斯斯坦为例，其政治体制经历了从"总统议会制"到"总统制"的过渡③。土库曼斯坦和乌兹别克斯坦则是一开始就实行集权色彩浓重的总统制。塔吉克斯坦则较为特殊，在 1992 年 11 月 6 日通过的宪法草案中将总统制改为议会制。在 1994 年 11 月颁布的新宪法中塔政府又恢复总统制。

总统共和制必然设有总统职位，但设有总统的国家未必实行总统共和制，总统制包括两种：一种以美国为代表的典型总统制；另一种是带有议会制特色的半总统制，以法国为代表。目前，除了土库曼斯坦属于完全的总统制国家，其他四个中亚国家均采带有议会制特点的

---

① 牛文展：《俄罗斯与中亚五国总统制比较》，《俄罗斯研究》2003 年第 2 期。
② 许亚清：《中亚五国转型研究》，民族出版社 2003 年版，第 19 页。
③ 2010 年 6 月，通过吉尔吉斯斯坦新宪法草案。新宪法草案的核心内容是吉政体由总统制过渡到议会制。新宪法草案明确规定，吉尔吉斯斯坦将建立议会制政治体制，总统权力将大幅削减，议会权力将实质性扩大。2010 年 7 月 2 日，新宪法正式生效。

半总统制。

中亚五国总统制下的总统不同于传统总统制下的总统。以美国总统制下的总统为例，它们的区别主要体现在：

（1）地位不同。根据美利坚合众国宪法规定，美国总统是国家元首、政府首脑和三军统帅。而中亚五国在新宪法中对总统职位也作了不同的规定。例如，根据土库曼斯坦共和国宪法的规定，共和国总统是国家元首、政府首脑和武装力量的统帅，是土库曼斯坦的最高公职人员。哈萨克斯坦共和国宪法中仅规定总统是国家元首，在国内国际关系上代表国家的最高公职人员。但是总的来说，中亚五国的总统在国家和社会生活中都扮演着决定性的角色，并且呈现出一种强总统、弱议会的趋势。

（2）总统与立法机关的关系上不同。美国深受孟德斯鸠三权分立理论的影响，在实际操作中也充分践行立法权、行政权和司法权之间的制约与平衡。在美国宪法中，即使美国总统拥有任命政府官员、领导和监督政府工作、统帅国家武装力量等权力，但是，总统在行使职权的时候仍然受到国会的牵制。例如，美国总统对立法机关通过的法律拥有否决权。但是总统的否决权实质上是一种有限的否决权，因为总统的否决权可以再次被国会的三分之二的多数推翻。然而，中亚五国总统与立法机关之间的关系则截然不同，即使同样实行的是总统制，但是后者的总统可以凌驾于议会之上。例如，哈萨克斯坦共和国的总统可以确定共和国议会及其两院的例行选举和非例行选举。

（3）总统与司法机关的关系上不同。美国总统严格实施三权分立原则，故总统的权力受到司法机关的限制。而中亚五国的宪法体制是以"强总统、弱议会、小政府"为特点，总统权力高于其他国家机关。例如，土库曼斯坦宪法中规定总统有权签署法律，并可以在两周期限内动用否决权。乌兹别克斯坦总统不仅拥有大量的行政权，此还对宪法法院、最高法院、最高经济法院的院长和其他组成人员的候选人有提名权。

（4）总统任期方面。一般来说，实行总统制的西方国家在宪法中明确规定总统任期为五年。但是中亚五国经常通过全民公决的方式，突破宪法的规定，以延长总统的任期，甚至设立终身总统。

（5）美国总统制下的总统可能在任职期间因叛国罪、贿赂或者其他重罪和轻罪而被弹劾。中亚议会居于弱势地位，根本无法做到对总统的监督与弹劾，并且在宪法中没有对此进行明确规定。

（6）中亚五国不设立副总统职位，也没有总统的继任制。

二 总统的产生与替补

对于任何设有总统职位的国家，即使总统在国家中是虚位元首的角色，总统选举仍然是国家生活中的头等大事。一般来说，总统的选举方式包括直接选举和间接选举。中亚五国一开始在总统选举方式上并不一致。中亚五国中有的是一开始便实行直接选举制，还有一些国家是由初期的间接选举制转变为直接选举制。根据中亚五国新宪法的规定，总统均是通过平等、普遍、直接和秘密投票的方式产生的。

（一）总统候选人的资格

中亚五国对于总统候选人的资格限制既有相同点也有不同点。详见表4-1。

表4-1 中亚五国总统候选人资格情况简表[①]

	年龄条件	居住期限条件	政治资格和健康资格	语言条件	民族条件
哈萨克斯坦	$X \geq 40$ 岁[②]	$Y \geq 15$ 年	享有人身自由并具有行为能力	有	无
吉尔吉斯斯坦	$35 岁 \leq X \leq 65 岁$	$Y \geq 15$ 年	享有行为能力并具有行为能力	有	无

[①] 任允正、于洪君：《独联体国家宪法比较研究》，中国社会科学出版社2001年1月版；姜士林等主编：《世界宪法大全》，青岛出版社1997年版。

[②] 哈萨克斯坦于1995年8月30日全民公决通过的独立后第一部宪法中规定总统候选人的年龄条件：不小于三十五岁且不大于六十五岁；之后更改为不小于四十岁。

续表

	年龄条件	居住期限条件	政治资格和健康资格	语言条件	民族条件
乌兹别克斯坦	X ≥ 35 岁	Y ≥ 10 年	享有人身自由并具有行为能力	有	无
塔吉克斯坦	35 岁 ≤ X ≤ 65 岁	Y ≥ 10 年	享有人身自由并具有行为能力	有	无
土库曼斯坦	X ≥ 40 岁	无	享有人身自由并具有行为能力	无	无[①]

由此可见，中亚五国对总统候选人的资格条件趋于相似，但是在总统的选举过程中却由于历史遗留问题、民族关系比较复杂，有着排挤外国人或者非主体民族的倾向。单就吉尔吉斯斯坦而言，一个国家就有 90 个民族，因此，在多民族的国度中极易产生矛盾与纠纷。而且，中亚地区的一些国家在独立后又暴露了一批新的矛盾，其中，主体民族吉尔吉斯人与非主体民族俄罗斯人、乌兹别克人之间的矛盾比较突出。[②]

（二）总统任期

独立初期，中亚五国在任期方面的规定一致，均规定总统任期为五年，连选连任不得超过两届。但是基于总统的强势地位，一些中亚国家通过全民公决的方式延长总统任期的时间。例如，1990 年尼亚佐夫经全民选举当选土库曼斯坦总统。1992 年 6 月 21 日尼亚佐夫再次当选总统。1994 年 1 月 15 日通过全民公决将其任期延长到 2002 年。1999 年 12 月人民委员会对宪法进行修改，规定尼亚佐夫作为首任总统，是无任期限制的总统。但是 2005 年 2 月尼亚佐夫宣布放弃终身总统的待遇，此后土库曼斯坦人民委员会通过选举法，举行新总统选举，

---

① 原来土库曼斯坦在有关总统的任职资格上限制总统候选人必须为土库曼民族人，但是日后取消了此项限制。

② 潘志平主编：《中亚政局走势微妙》，新疆人民出版社 2005 年版，第 58 页。

总统任期改为 5 年。①

乌兹别克斯坦也存在突破宪法规定，延长总统任期的做法。于 1991 年 11 月 18 日通过，11 月 23 日颁布的《总统选举法》中规定总统的选举方式为直接选举制。"由于最高会议和总统任期不一致（新议会任期到 2000 年，总统任期到 1997 年），所以 1995 年 2 月最高会议通过了关于就延长总统任期举行全民公决的决议。1995 年 3 月 26 日，乌兹别克斯坦就总统任期从 1997 年延长到 2000 年的问题进行全民公决并得到通过。投赞成票的人数占投票总人数的 99.6%。卡里莫夫的总统职务被延长至 2000 年。"②

哈萨克斯坦历史上第一个总统是其作为苏联时期的加盟共和国时设立的，努·纳扎尔巴耶夫于 1990 年 4 月 24 日当选哈萨克斯坦首任总统。1991 年 12 月 1 日，经全民公决，努·纳扎尔巴耶夫获得连任。"1995 年 4 月，经共和国全民公决，决定将努·纳扎尔巴耶夫的总统任期延长至 2000 年 12 月 1 日。1998 年 10 月 8 日，议会通过提前选举总统的决定。1999 年 1 月 10 日选举如期举行。努·纳扎尔巴耶夫再次当选为新一届总统。"③

（三）总统的缺位与替补

总统的缺位的可能性有多种：（1）健康原因。例如，乌兹别克斯坦针对总统缺位的现象只规定了因身体原因不能行使职权的这一情形。根据乌兹别克斯坦现行宪法第 96 条规定，"如果总统因为议会成立的国家医疗委员会的结论意见所确认的健康状况而不能履行其职责的，应于 10 日内在议会紧急会议上从代表中选出任期 3 个月的乌兹别克共和国代总统。在这种情况下，应在 3 个月内举行乌兹别克斯坦

---

① 吴宏伟：《中亚地区发展与国际合作机制》，社会科学文献出版社 2011 年版，第 29 页。

② 孙壮志、苏畅、吴宏伟：《列国志——乌兹别克斯坦》，社会科学文献出版社 2004 年版，第 82—83 页。

③ 赵常庆：《列国志——哈萨克斯坦》，社会科学文献出版社 2004 年版，第 60 页。

共和国总统的全民选举。"（2）总统因违法失职行为被解职和罢免。例如，土库曼斯坦宪法中规定，如果总统违宪或者违法，人民会议可对总统表示不信任，并把罢免他的问题交人民表决。塔吉克斯坦宪法中对总统违背誓言或者实施犯罪时，最高议会根据宪法法院和最高议会专门委员会的结论，以不少于三分之二的人民代表投票赞成，才可解除总统职务。（3）总统辞职。哈萨克斯坦宪法规定，总统被提前解职、罢免或亡故时，暂时由参议院议长行使总统职权。参议院议长无法履行总统职能时，由共和国总理代行。土库曼斯坦宪法中规定，如果总统因某种原因不能履行其职责时，在新总统选举出之前，总统的职权由议长代为行使。在1993年5月5日通过的吉尔吉斯斯坦宪法中规定，如果吉尔吉斯共和国总统由于某种原因不能继续履行其职责，那么在吉尔吉斯共和国新总统选不出之前，总统的权力移交至最高苏维埃主席，如果最高苏维埃主席也不能行使总统职权，那么这些权力移交给总理。

因此，在总统缺位时，中亚五国通常将总统权力做出下述处置：（1）移交至议会有关要员。例如，哈萨克斯坦的参议院议长和塔吉克斯坦的最高议会主席。（2）推选出代总统。目前五国中仅乌兹别克斯坦有此种规定。（3）直接转交至总理或者第一委任要员无法行使总统职权再将职权转移至总理。

虽然中亚五国的总统以其强势地位著称，但是各国在宪法中亦对总统任职期间的活动进行了限制。中亚五国总统均不能成为议会议员，不能担任其他有酬职务，不得从事各种经营活动。[①] 例如，根据哈萨克斯坦在1995年8月30日通过的宪法第四十三条规定，哈萨克斯坦总统不得成为代表机构的代表，不得担任其他有偿职务和从事经营活动。共和国总统在任期内须中止其在政党中的活动。这种做总统的专职性和非兼职性的规定有利于强化总统的威望。但是，中亚地区针对总统

---

① 吴宏伟：《中亚地区发展与国际合作机制》，社会科学文献出版社2011年版，第29页。

的罢免规定却形同虚设。譬如,哈萨克斯坦在宪法中明确"议会因总统叛国罪,可罢免总统",但是在本部宪法中亦规定"在共和国总统审议关于提前终止共和国议会权限问题或者提前终止议会下院权限问题期间,不得提出关于弹劾共和国总统的问题"。依照此项规定,使得议会可以提出罢免总统的几乎微乎其微。

三 总统在中亚五国宪政体制中的地位

根据中亚五国宪法,均规定总统是国家元首和武装部队的统帅。其中,乌兹别克斯坦、土库曼斯坦和塔吉克斯坦总统的权力更大一些,兼任国家元首、政府首脑和武装部队总司令于一身。例如土库曼斯坦,"宪法规定,总统是国家元首和最高行政首脑,是最高公职人员,是民族独立、领土完整、遵守宪法和国际协议的保证"[①]。此外,土库曼斯坦宪法规定不设共和国政府总理,政府工作直接由总统领导和主持。[②] 总之,总统在中亚地区的宪政体制中从法律上讲始终享有至尊地位。其地位主要体现在:

第一,国家元首权。中亚宪法无一例外地均规定总统是人民和国家权力统一的象征,是国家宪法的保障,是人和公民自由与权利的保障。总统作为国家元首,决定国家内外政策的基本方针,是国内和国际关系的国家代表。

第二,保障宪法实施方面的权利。总统作为国家领导人,应该认真贯彻国家宪法和法律,并保证其准确执行。此外,总统还负有保障国家权力的统一和继承性,保障各种国家机关协调一致地行动和相互作用,保障各种国家机关对人民负责的重要责任。例如:乌兹别克斯坦总统的就职宣言中,明确总统"忠诚地服务于乌兹别克斯坦人民,严格遵守共和国宪法和法律,保障公民的权利和自由,认真履行乌兹

[①] 施玉宇:《列国志——土库曼斯坦》,社会科学文献出版社2005年版,第68页。

[②] 赵常庆主编:《中亚五国概论》,经济日报出版社1999年版,第72页。

别克斯坦共和国总统所承担的职责"。

第三,立法方面的权力。中亚总统有权决定议会选举事项,召集议会两院联席会议,批准法律。此外,总统还可以责成政府向议会提交法律草案。在中亚五国中,土库曼斯坦的总统的权力相比而言要更大一些。这主要体现在:土库曼斯坦总统还是人民会议的成员,实际上领导人民会议,享有立法权。①

第四,行政权。宪法赋予总统广泛的治理国家的权力。②宪法规定,总统拥有的职能和权力有最高的代表权、决策权和行政领导权,是国家统一、权力体系协调一致和国家安全的保障,并享有军政人事任免权。③行政权主要体现在总统可以确定国家的对内对外政策的基本方针。具体还体现在军事权、外交权和人事任免权上:(1)军事权。共和国总统是全国武装力量最高统帅。在特殊情况下,决定实施紧急状态和动用武装力量;在共和国面临外来侵犯时,实施军事状态,宣布部分动员或者总动员;在国家面临危险时,宣布国家戒严。(2)外交权。国家元首在对内对外关系上代表国家,因此这项权力是各国国家元首的普遍性职权。中亚五国的总统作为国家元首,是决定国内外基本政策和方针并在国内和国际关系中代表国家的最高公务员。总统代表国家进行国际谈判并签署国际条约和国际协议。(3)人事任免权。经议会同意,任免总理。任免内阁成员和其他中央直属机构的人员。经议会同意,任免国家银行行长;经参议院的同意,任免国家总检察长和国家安全委员会主席;任免国家外交代表机构首席代表;任免国家预算执行情况财务检查委员会主席。

第五,其他权力。中亚五国的总统与其他国家的国家元首一样拥有荣典权。总统对有功人士授予、颁发奖励、奖赏、勋章、奖章、光荣称号和军衔。总统有权做出决定,实行赦免或者大赦。此外,总统

---

① 吴宏伟:《中亚地区发展与国际合作机制》,社会科学文献出版社2011年版,第29页。
② 同上。
③ 同上。

有权依照宪法和法律规定的属于总统负责管理的其他问题。

东欧剧变,苏联解体迫使谋求政治转型的独联体国家纷纷朝向民主方向迈进。中亚地区试图通过借鉴西方的总统制和多党议会制,以稳定国家政局。但是在体制的运行中,一些中亚国家,一方面形成一些集权制或者小利益集团,致使国家腐败问题突出;另一方面不断地扩大总统权力,突破宪法规定,无视宪法规定,降低了宪法和法律权威。因此,需要进一步规范国家总统权力,完善国家总统制政体。

第二节 中亚五国的议会

议会,parliament,是国家的立法机关,其成员由该国的民意代表所组成,一般又成为"民意机关"。当今世界,议会承受着来自公众的前所未有的监察和压力,在国家政治生活中扮演越发重要的角色。①

一 中亚五国议会制度的演变

中亚五国独立之前实行的是苏维埃式的议会制度。根据列宁的观点,"如果没有代议机构,那我们就很难想象什么是民主,即使是无产阶级的民主"②。因此,苏维埃俄国在十月革命之后,便确定全俄苏维埃代表大会作为代议机关。1922年苏联成立,"苏维埃代表大会被确立为全联盟的'最高权力机关'"③。在中亚五国作为苏联的加盟共和国时候,所奉行的亦是苏维埃代表制,以最高苏维埃为本国的立法机关。

苏联成立初期实行过一院制的最高苏维埃制,后来改成由联盟院

---

① 首份《全球议会报告》:议会仍然是公民和政府间重要纽带。联合国,2013-03-05。
② 《列宁选集》第3卷,第211页。
③ 任允正、于洪君:《独联体国家宪法比较研究》,中国社会科学出版社2001年版,第179页。

和民族院共同组成的两院制最高苏维埃制度。在联盟中央的领导下，各加盟共和国的苏维埃制度均实行一院制，这是中亚五国独立后议会制度变迁的起点。①

哈萨克斯坦在1993年新宪法通过之前，仍保持最高苏维埃作为国家立法机关的地位。独立之后，颁布的新宪法中明文规定"最高苏维埃是哈萨克斯坦共和国唯一立法和最高代表机关"，哈仍实行一院制的议会。1994年3月，哈萨克斯坦举行多党制议会选举。新选出的议会与原最高苏维埃一样拥有较大的权力，对总统的活动产生较强的制约，由此产生总统和议会之间的权力斗争。②1995年3月哈宪法法院判定1994年的议会选举全部无效，从而迫使纳扎尔巴耶夫解散新议会。1995年8月30日经全民公决通过现行宪法，在这部宪法中规定哈议会制度由一院制改为两院制。此外，乌兹别克斯坦、塔吉克斯坦与哈萨克斯坦的议会制度改革较为相似。乌于2002年1月27日通过全民公决将议会改为两院制。而事实上，塔吉克斯坦的议会制度改革早在独立前便已进行，只不过当时的议会改革方向不明确而被忽视。因塔在独立初期便爆发内战，所以塔的国家形势较于其他四国显得有些特殊。故塔议会制度的改革晚于其他的中亚国家。最终，塔在新宪法公布之后重新实行总统制，确定一院制的新议会结构。随后，从2000年起，塔一院制议会转为两院制议会。

吉尔吉斯斯坦在独立之初保留最高苏维埃作为共和国最高代表机关和立法机关的职权，此后选举产生了由立法会议和人民代表会议组成的两院制的新议会。2003年2月全民公决通过的宪法将议会由两院制改为一院制，取消政党比例代表制，议员由单一选区选举产生。2006年11月吉议会通过的新宪法又规定，议会50%席位按比例代表制产生，其余席位按单一选区制产生。2007年9月14日，吉宪法法院宣布废止2006年年底通过的宪法，9月19日，吉总统巴基耶夫宣布进

---

① 杨雷、孔春雨：《中亚五国议会制度比较》，《新疆大学学报》2009年第3期。
② 赵常庆：《中亚五国概论》，经济日报出版社1999年版，第61页。

行宪法全民公决，10月21日吉举行全民公决通过新宪法。该宪法规定，议会完全按政党比例代表制选举产生，由90名议员组成；总统指定在议会选举中获得大多数席位的政党组建政府。

此外，土库曼斯坦是中亚地区最早放弃苏维埃议会体制的国家，但是土的议会制度较为特殊，"尽管该国存在着通常意义上的一院制议会，但是还有一个高居于总统、议会、政府和司法机关之上的人民委员会"。①根据土库曼斯坦宪法的规定，人民委员会是土库曼斯坦人民权力的最高代表机关，统一行使立法权、执法权和司法权。土库曼斯坦议会制度的特点反映出守旧的政治文化特色，人民委员会至今仍旧保持着最高苏维埃的特点。②

二　中亚五国议会的组织体制

通常来说，议会的构成分为一院制、两院制、三院制甚至四院制。后两者相对于前两者则比较罕见。南非1983年宪法中规定实行三院制。中世纪时的斯堪的纳维亚议会（Deliberative assembly）就是实行的四院制。瑞典和芬兰国会（Risking of the Estates）维持四院制的时间最长。

中亚五国议会制度的变革主要是围绕着一院制议会抑或两院制议会展开的。那就两院制议会而言，可分为上议院和下议院。各国议会中的下院，就其组成而言，历来皆为一种民选机关，最近则且一致地成为直接选举的民选机关。③

---

① 杨雷、孔春雨：《中亚五国议会制度比较》，《新疆大学学报》2009年第3期。
② 同上。
③ 王世杰、钱端升：《比较宪法》，中国政法大学出版社2004年版，第212页。

表4-2　　　　　　　独立后的中亚五国的议会构成简表①

国家名称	宣布独立	议会构成	新宪法	议会构成	变迁时间点	议会构成
哈萨克斯坦	1991.12.01	一院制	1993.01.28	一院制	1995.08.30	两院制
乌兹别克斯坦	1991.08.31	一院制	1991.12.08	一院制	2002.01.27	两院制
塔吉克斯坦	1991.09.09	一院制	1994.11.06	一院制	1999.09.26	两院制
吉尔吉斯斯坦	1991.08.31	一院制	1993.05.05	一院制	1995.02；2005	两院制；一院制
土库曼斯坦	1991.10.27	一院制	1992.05.18	一院制	没有变化	一院制

从表4-2可以得知，现在除了吉尔吉斯斯坦和土库曼斯坦议会采"一院制"，其余三个国家议会均采用"两院制"。事实上，哈萨克斯坦议会制度变迁可谓是一波三折。最初在1994年3月的议会选举中，哈萨克斯坦便选出176名议员代表。然而事过一年，1995年3月6日，哈萨克斯坦宪法法院裁定这次选举违宪，随后努·纳扎尔巴耶夫总统下令解散议会。②因此，哈萨克斯坦经历了一段时间的无议会时期。如今的哈萨克斯坦议会实行的是由参议院和下院（马日利斯）组成的两院制，两院皆为常设机构。

乌兹别克斯坦较为特殊的是，乌境内还有个卡拉卡尔帕克斯坦共和国，该共和国是乌兹别克斯坦共和国的一部分。乌宪法在该共和国境内适用，但是该共和国也有自己的宪法，并且自己的宪法不得与乌宪法相抵触。于1993年4月9日正式通过卡拉卡尔帕克斯共和国的第一部宪法，宪法中规定在共和国内实行三权分立原则。根据三权分立原则，该共和国的立法权属于卡拉卡尔帕克斯坦共和国最高会议。最高会议的代表是按照地理区域选举产生的，代表任期为5年。乌兹别克斯坦的立法权属于最高会议，最高会议由参议院（上院）和立法院（下院）组成。

---

① 资料来源：《世界宪法大全》，青岛出版社；杨雷：《中亚五国议会制度比较》，《新疆大学学报》2009年第2期。
② 赵常庆：《列国志——哈萨克斯坦》，社会科学文献出版社2004年版，第64页。

有关吉尔吉斯斯坦和塔吉克斯坦议会体制在前述的"中亚议会制度的变迁"中均有涉及，在此不赘述。但是针对土库曼斯坦的议会制度的"特殊性"，我们需要进一步了解。

土库曼斯坦根据宪法规定，用国民议会代替原有的苏维埃，作为立法机关。另外还专门设有一个高居于总统、议会、政府和司法机关之上的人民委员会，它是人民政权的最高代表机关，享有宪法规定的广泛权力。国民议会实行一院制，但它同时设有享有广泛权力的人民委员会。国民议会是国家的最高立法机关，其主要职能只是进行立法以及解决和决定与立法有关的事项。而人民委员会则是人民权力的代表机构，它享有许多重大事项的决定权，并对一系列的重大问题做出决议。人民委员会的决议由总统、国民议会及根据宪法和法律规定的其他国家机关予以实施。这是土库曼斯坦的政治体制有别于其他独联体国家的地方。但是，在土库曼斯坦2008年通过的第三部宪法中，取消了人民委员会，其职能转由总统、国民议会和最高法院履行。

三 中亚五国议会的法定权限

（一）立法权

第一，立法动议权。中亚国家均对立法动议权的主体予以宪法性的确认，但是国家间存在较大的差异性。根据2008年9月26日《中立的土库曼斯坦》的报上的文本是将立法动议权划归于土库曼斯坦人民委员会主席、土库曼斯坦总统、议会代表、州行政长官、区人民代表、内阁、最高法院。

根据哈萨克斯坦的现行宪法，立法动议权属于共和国总统、议会代表、政府，但是只能在议会下院进行。塔吉克斯坦中规定立法动议权属于人民代表、总统、政府、宪法法院、最高法院、最高经济法院、戈尔诺—巴达赫尔尚自治州人民代表会议。吉尔吉斯斯坦的立法动议权属于3万名选民（人民动议）、总统、议会代表和政府。

第二，立法程序。对于实行一院制议会的吉尔吉斯斯坦和土库曼斯坦，不存在两院分权与制衡问题，立法程序相对简单得多。对于实行两院制议会制度的其他三个国家的立法程序大致是：提出法案—讨论法案—两院的协议。

在采用议会内阁制的国家，则法律案的提出不仅属于议员，抑或属于行政机关①。结合上面有关立法动议权主体的论述，得知中亚五国的议会代表均有权提出法律草案。两院制议会按照先经众议院审议后，再送交参议院的顺序，分别在两院议会上进行审议。②对于实行两院制的国家而言，一个法律案的通过需要经过上下两院的一致同意方可通过，否则法律案无法生效。

（二）监察权

第一，质询权。议员拥有质询权。质询权，是指在议会制国家，议员对政府要员的行为不满而通过书面或者口头的方式对其进行询问或者质询的权力，而政府也务必对议员的质询予以答复。例如：土库曼斯坦的议员享有质询权，可以向内阁、部长以及其他国家领导人提出口头和书面质询。

第二，不信任权。西方采议会内阁制的国家，议会对于内阁组成人员全体或对内阁组成人员个人如不能信任时，得以投不信任票的方法促令去职③。在这些国家，西方"内阁制"的不信任投票通过，主要是应用于首相解散议会这一用途。基于首相与内阁成员因同具下议院议员身份，因此同时被解除掉。在这种情况下，首相与内阁同样面临着重新选举是否能够当选以及该政党是否还能成为执政党的困境。与之相反的是，中亚五国的议会之不信任权的行使后果却大不相同。以哈萨克斯坦为例，哈总理并非真正权力所出，真正发号施令的总统躲在后面，不信任投票对总统无丝毫影响，总统不过换个总理，而议会

---

① 王世杰、钱端升：《比较宪法》，中国政法大学出版社1999年版，第225页。
② 吴宏伟：《中亚地区发展与国际合作机制》，社会科学文献出版社2001年版，第27页。
③ 王世杰、钱端升：《比较宪法》，中国政法大学出版社2004年版，第231页。

又得面临重新选举。①

此外，中亚地区总统可在议会通过对政府的不信任案、再次拒绝总统对总理的提名。②议会也可在总统犯有叛国罪或违反宪法和法律时起诉总统。③在土库曼斯坦 1993 年宪法中规定，议会有权"在本宪法规定的情况下，向政府、政府的部分成员表示不信任"。

（三）设立常设委员会权

为了拟订法律草案，履行监督职能、初步审议和准备各种问题，议会从人民代表中选举产生各委员会和常设委员会。

此外，国家还可以同意对某些要员的司法追究。例如，吉尔吉斯斯坦宪法中规定，议会可根据总统的提名选举和可以罢免政府检察员和副检察员，并对依照司法程序追究检察员和副检察员的行政责任和刑事责任表示同意。根据 1993 年吉尔吉斯斯坦宪法规定的议会的管辖对象中包含对总统提出指控。议会可以弹劾总统，这正体现了实践运行中的三权分立原则。

（四）财政控制权

中亚各国宪法对于议会财政权的规定主要是体现在：审议关于是否批准国家预算和预算执行情况报告的问题；批准政府提交的社会经济发展的各种全国性规划；批准政府提交的共和国预算和共和国预算执行情况的报告；规定和取消国家税收的问题，决定国家公债问题；等等。

（五）人事权

议会的人事权主要是议会批准总统对某些要员的任命；根据总统的建议选举某些政府要员或者其他重要官员。无论是直接任命总理、各部会首长；或提名总理、各部会首长人选，由议会就总理、各部门行使同意权，总统的人事权是不可动摇的。④

---

① 齐光裕：《中亚五国宪政发展析论》，台湾文笙出版社 2009 年版，第 4 页。
② 赵常庆主编：《十年巨变——中亚和外高加索卷》，中共党史出版社 2004 年版，第 61 页。
③ 同上。
④ 齐光裕：《中亚五国宪政发展析论》，台湾文笙出版社 2009 年版，第 9 页。

（六）其他权力

根据宪法的规定，中亚议会还可批准或者废除国际条约；决定战争与和平问题；实施紧急状态，批准或者取消总统有关紧急状态的命令；听取总统的咨文声明；确定共和国总统的选举。有些国家，议会可以实行大赦。还有一些国家还规定设立国家奖赏和荣誉称号；变更国界或者行政区划。

当今世界宪法的大趋势是由"议会主导"倾向至"行政主导"。在这个大背景下，中亚在内部权力的平衡与制约中，议会权力都出现了向行政机关转移的趋势。加之，中亚国家的总统独揽行政大权、议员带有着浓厚的行政部门色彩，还得面对"解散议会"的压力，致使三权分立的本质未能落到实处。总之，中亚五国的议会制度仍然需要借鉴西方成熟的议会制度，并且取其精华，弃其糟粕。比如土库曼斯坦的人民委员会的弊端在实践中不断显现出来，它也不再适应国家宪政建设发展的需要。事实证明，人民委员会已经不起实践的考验。最终，在土库曼斯坦颁布的第三部宪法中，取消了人民委员会，并将其权力迁移至总统和国民会议。这也是议会权力向行政权力转变的鲜活的例子，这也同时印证了中亚议会的权力也是深受总统制的制约与影响的。尽管如此，中亚议会制度基于历史的局限性还需要进一步的现实思考。

四　中亚五国议会的议员制度

虽然中亚五国在议会体制、议会名称和议员资格等方面存在着差异性，但是在议员的规定方面又存在着诸多相似之处。

（一）议员的数量

五国的议员数量主要集中在 90~250 名。而且，中亚国家在独立后的议会制度演变中，最显著的特征便是议员席位的减少。

（二）议员的产生方式

在原苏联时期，中亚五国作为苏联的加盟共和国，其选举制度与中央政府是一致的。选举在一定程度上流于形式。独立之初，仍沿用原苏联的选举体制。随着宪法的实施和改革的推进，选举制度逐渐发生一些变化。现在五国的选举制度的主要特点是：直接的、平等的、民主公开的、无记名的。但是具体在上下院的议员选举中略有差异。详见表 4-3。

（三）议员的权利与义务

关于议员的权利。中亚五国现在宪法中均规定议员享有不可侵犯权。在未犯罪的情况下，议员不接受逮捕、拘留和搜查。不能对议员进行私人活动的监视，但为保证他人安全的情况下进行的监视除外。例如，乌兹别克斯坦共和国最高会议立法院议员和参议院成员享有不可侵犯权。未经立法院或参议院同意，他们不得被追究刑事责任、逮捕、扣押或按司法程序予以行政处罚。此外，议员还拥有质询权。议员所享有的议员权利不得任意剥夺。议员只有在辞职、无行为能力、被起诉、定居国外以及死亡的情况下，才会依法失去其议员权利。

关于议员的义务。中亚五国在宪法中都对议员的不可兼职作了相关规定。例如，塔吉克斯坦宪法中规定，下院议员不得为企业代表机构代表和从事企业经营活动，从事学术与创作工作的除外；政府官员、在法院和军队任职的人员和参与宪法制定者不得成为上院议员；公民不得同时为上下两院议员。土库曼斯坦宪法中规定，议员不得兼任内阁成员、州、市和区行政长官、法官和检察长职务。

议员有义务参加议会的工作。只有议员本人能够在议会中行使表决权。如果议员不积极履行其义务，将由相关法律法规对其处罚。例如：根据哈萨克斯坦宪法的规定，议员若无正当理由缺席议会两院及其机关的会议 3 次以上，应当像转让表决权一样，导致对议员适用法律规定的处分措施。

（四）议员的特殊保障

各国基于对议员个人的自由和安全的保护，都在宪法中明确规定了特殊的保障措施。一般来说，包括议员的言论保障和议员的身体保障。议员的言论保障制度源自"议会之母"的英国。身体保障之制，亦肇始于英国，但英国法律对于议员身体所给予的特殊保障，只限于不得因民事案件而逮捕议员；如议员有犯罪行为，则仍可逮捕；唯逮捕的机关于逮捕后,须立即通知议院。①

表4-3 当前中亚五国议会情况简表②

国家	议院		产生方式		任期
哈萨克斯坦	议会	154名	参议院	间接、秘密; 任命（15名）	6年
			马日利斯	普遍、平等、直接、秘密	5年
乌兹别克斯坦	最高会议	250名	参议院	间接、秘密; 任命（16名）	
			立法院	直接	5年
塔吉克斯坦	马德日利西·奥利	153名	上议院	间接、秘密（3/4）; 任命（1/4）	5年
			下议院	普遍、平等、直接、秘密	5年
吉尔吉斯斯坦	若戈尔库·克涅什	90名		普遍、公平、直接、秘密	5年
土库曼斯坦	国民议会	125名		普遍、公平、直接、秘密	5年

第三节 中亚五国的政府

一 中亚五国政府的组成

（一）政府的组成人员

政府,亦被称作内阁。作为一种国家机构,内阁最早出现在英国,是由枢密院外交委员会演变而来的。③

中亚五国规定共和国政府（乌、土、吉三国称内阁）是共和国执行国家权力机关。④在中亚五国中,一般而言,政府由总统组建,政府包

---

① 王世杰、钱端升:《比较宪法》,中国政法大学出版社2004年版,第237页。
② 资料来源:中国社会科学院《列国志》编辑委员会:《列国志》,社会科学文献出版社;《世界宪法全书》,青岛出版社1997年版。
③ 韩大元:《比较宪法》,中国人民大学出版社2009年版,第37页。
④ 赵常庆主编:《十年巨变——中亚和外高加索卷》,中共党史出版社2004年版,第60页。

括总理、副总理、各部部长、国家委员会主席及其他国家机关领导人，政府总理、副总理及其内阁成员由总统提名经议会同意或批准。中亚五国中，哈萨克斯坦、乌兹别克斯坦、吉尔吉斯斯坦和塔吉克斯坦都设有总理这一职位，唯独土库曼斯坦不设总理职位，是由总统兼任。①

土库曼斯坦在独立后不久便取消了政府总理的职位。根据土库曼斯坦宪法的规定，土库曼斯坦总统、议会、内阁和最高法院在土库曼斯坦行使最高国家权力和国家管理。此外，政府的所有成员，包括总统在内，都是国家最高权力机关人民委员会的当然成员。②虽然，土政府不设立总理职位，但还仍保留着副总理的职位。副总理职位的数量曾达到13位之多，这在世界上都是极为罕见的。

除了土库曼斯坦内阁别具特色以外，乌兹别克斯坦也有其特殊的一面。一是乌兹别克斯坦宪法仅通过一条宪法条款规对内阁的法律地位予以规定。对于内阁地位的规定不够明确。具体体现在乌兹别克斯坦共和国内阁由乌兹别克斯坦共和国总理、副总理、部长、国家委员会主席组成。二是卡拉卡尔帕克斯坦共和国政府首脑也是内阁的组成人员。内阁组成人员由总统任免，但需要提交议会批准。三是虽由内阁主席和总理来领导政府，但总理的权限很小。③

（二）政府的组成程序

第一，政府的产生。有关政府的组建程序方面的要求，中亚五国在宪法上都予以明确的规定，并且在规定上也是比较相似。例如哈萨克斯坦总统须经议会批准方可任命总理。关于政府结构和组成人员的建议，由共和国总理在其被任命后的10日内向共和国总统提出。此外，政府成员向人民和哈萨克斯坦总统宣誓。根据乌兹别克斯坦宪法规定，内阁由乌兹别克斯坦共和国总统组建。乌兹别克斯坦共和国总理的候

---

① 赵常庆主编：《中亚五国概论》，经济日报出版社1999年版，第76页。
② 任允正、于洪君：《独联体国家宪法比较研究》，中国社会科学出版社2001年版，第238页。
③ 孙壮志、吴宏伟：《列国志——乌兹别克斯坦》，社会科学文献出版社2004年版，第88页。

选人，由乌兹别克斯坦共和国议会两院根据乌兹别克斯坦共和国总统的提名予以审议和批准。内阁成员由乌兹别克斯坦共和国总统根据乌兹别克斯坦共和国总理的提名予以批准。

第二，政府的更迭与解散。综合中亚五国宪法的相关规定，政府大致应该在以下情况下向新选的国家总统交出权力：（1）主动辞职。在政府认为自己无力正常履行职能的情况下，它可以向总统提出辞呈。因为，每个政府成员都有辞职的权利。但是在中亚一些国家，针对政府、某些政府人员或者总理主动提交辞呈，总统可以接受辞呈也可以驳回辞呈。接受辞呈，意味着政府或者政府相应成员权限的终止。接受总理的辞呈，意味着整个政府权限的终止。在拒绝接受政府或者政府成员辞呈的情况下，总统应当委托政府继续履行其职责。（2）被动辞职。在议会下院或者议会向政府表示不信任的情况下，政府可以向共和国总统提出辞呈。

随着国家新当选总统的上任，上届政府的职权也随即被解除；政府应当向新当选的总统或者共和国议会交卸全部的权限。政府在被解除的情况下，可根据总统的任命，组建新政府。①

第三，对政府成员的限制性规定。中亚各国均用专门的条款对政府成员的权利进行了明确的限制：其一为独立性；例如，根据哈萨克斯坦宪法的规定，政府成员在自己的职权范围内独立地做出决定，向共和国总理承担个人责任，并就其下属国家机关的工作状况向共和国总理承担个人责任。不同意政府奉行的政策，或者不执行政府政策的政府成员，应当提出辞呈或者应当被解除所担任的职务。其二为禁止兼任代表机关的代表。例如，哈萨克斯坦的政府成员无权兼任代表机关的代表，无权兼任其他有报酬的职务。但是，从事教学活动、科研活动或者其他创作活动的情况除外。其三为禁止从事营利性活动。根据哈萨克斯坦宪法的规定，哈政府成员无权实施企业家活动，无权担

---

① 孙壮志、吴宏伟：《列国志——乌兹别克斯坦》，社会科学文献出版社 2004 年版，第 88 页。

任商业组织的领导机构或监事会的成员。但是，依照法律规定，担任商业组织领导机构或者监事会组成人员属于其职责的情况除外。根据塔吉克斯坦宪法的规定，政府成员无权担任其他职务，无权兼任各级代表机关的代表，无权从事企业家活动。

二 中亚五国政府与其他机关、部门之间的关系

中亚五国在独立后充分借鉴了西方民主制度，采三权分立为国家权力的运行规则。政府作为国家的行政机关，享有国家的行政执行权，与总统、立法机关、主管部门以及地方执行机构之间的关系在国家的有关法律中有直接或者间接的规定。哈萨克斯坦于1995年12月18日通过了《哈萨克斯坦共和国政府法》，在本法的第三章"共和国政府与国家机构的关系"详细说明了共和国政府与共和国总统、共和国议会、部、国家委员会、未列入共和国政府组成的中央执行机构、共和国主管部门、地方执行机构、其他靠国家预算拨款的国家机构的关系。

（一）政府与总统的关系

中亚地区在苏联的集权色彩的烙印下，政府需要定期向总统报告、提请总统批准国家的社会经济纲领和科技纲领、组织执行共和国总统的文件和实施对各部、国家委员会、其他中央机构以及地方执行机构对其执行情况的监督。此外，哈政府还须履行总统委托它向议会递交法律草案的事宜。与此同时，政府还与共和国总统共同协商政府的法律工作计划，总统可以完全或者部分中止政府文件的效力。

（二）政府与议会的关系

共和国政府作为立法动议权的主体，针对立法文件草案的决定，政府以其相应决议的方式公布于众。同时政府需要保证共和国议会法律的执行、回复议员对问题的质询。

（三）政府与其他国家机关、政府部门之间的关系

监督权——政府对各部、国家委员会、总统和共和国政府的文件的执行状况予以监督；决定权——批准有各部、国家委员会等条例和预算的决定；任免权——任免未列入共和国政府组成的中亚执行机构

的领导人、决定有关领导人的任职事宜。撤销权——撤销、中止地方执行机构、各部、国家委员会、未列入共和国政府组成的中央执行机构文件的效力等。

三 中亚五国政府的职能

在中亚地区，各共和国关于政府职权和责任、关于总理权限的规定亦不相同。[①] 甚至有的国家（例如，哈萨克斯坦）在独立后，先后颁布的两部宪法对于政府的职权与责任的规定也存在着差异性。但毕竟独立后的中亚诸国有着同样的现实处境，在政府职能上还是存在诸多的相似性：

第一，领导国家的经济、社会和精神领域的有效运转。国家作为行政指导机关，应该保证全国范围内的经济、文化和社会领域的正常有序地进行。例如，吉尔吉斯斯坦宪法规定，政府负有保障投资、物价、税收和财政等的责任。拟订并实施经济、社会、科学技术发展和文化发展领域的全国性规划。在土库曼斯坦，政府有责任采取措施，保障和捍卫公民的权利和自由，保护财产，维持社会秩序，保卫国家安全。哈吉克斯坦"制定并向共和国议会提交共和国预算和预算执行情况的报告，保证预算的执行"。

第二，保证共和国法律、总统命令和议会决议的执行。虽然在具体的语言表述上略有差异，但是在中亚五国均以宪法明文规定了政府此项神圣的职责和义务。吉尔吉斯斯坦宪法明确规定"保障本宪法和法律、总统的规范性法律文件、议会和政府的决议的执行；保障国内外政策基本方针的执行"。乌兹别克斯坦政府"保证乌兹别克斯坦共和国法律、乌兹别克斯坦共和国议会决议、乌兹别克斯坦共和国总统命令和决议的执行"。

第三，领导地方活动和各级地方行政机构。吉尔吉斯斯坦宪法规

---

① 任允正、于洪君：《独联体国家宪法比较研究》，中国社会科学出版社2001年版，第246页。

定,政府"领导各部、国家委员会、不属于各部和国家委员会组成部分的行政主管部门和其他执行权力机关的活动,领导地方国家行政机关的活动"。土库曼斯坦政府不仅可以"领导各种政府机构、国有企业和组织的活动",还"有权撤销各部和主管部门的文件"。

第四,政府向总统和议会负责。吉尔吉斯斯坦宪法规定:"在法律规定的范围内,政府的活动对总统和议会负责,并向总统和议会负责。"乌兹别克斯坦宪法明确规定:"内阁在自己的活动中,向乌兹别克斯坦共和国总统和乌兹别克斯坦共和国议会负责。"

第五,其他职权。由于土库曼斯坦不设立总理这一职务,所以在中亚其他四个国家总统任命的总理主持内阁会议,组织领导内阁会议,实行首长负责制。在土库曼斯坦的内阁会议则由总统主持,或者受他的委托由一名内阁副总理主持。在一些国家,政府的职权范围更大:吉尔吉斯斯坦政府的总统还可以组织、检查和保障命令的执行;土库曼斯坦政府"在必要时,成立内阁直属的委员会、总局和其他的主管部门"。

中亚国家内阁基于经济发展滞后、政策不透明的原因致使中亚地区的腐败现象突出。据相关数据的统计:塔吉克斯坦 2003 年的政府预算大约只有 1990 年的 1/10。[①] 2003 年政府收入预测仅为 6.37 亿索莫尼(相当于 2.12 亿美元),2004 年外债总额据保守估计将超过 10 亿美元。[②] 加之,中亚地区在独立后,政府在行使国家行政权力的时候却暴露出政府信息匮乏和信息公开不透明的漏洞。没有政府信息的公开,导致政府公信力的缺失,使得独立后的中亚的宪政改革积重难返。信息不公开或者信息不透明会给政府提供暗箱操作的机会,从而不利于国家的法治建设。

有关统计表明,吉尔吉斯斯坦从农业部到司法部,从教育部到税收机关,腐败案子数量在几年里急剧增加,腐败程度进入世界前十五

---

① 潘志平主编:《中亚政局走势微妙》,新疆人民出版社 2005 年版,第 191 页。
② 同上书,第 192 页。

位之列。①政府腐败也是也是导致吉尔吉斯斯坦发生"颜色革命"的诱因之一。这样的现实激化了某些中亚国家的矛盾,导致不理性的战争的爆发。作为国家行政机关的政府的权威遭遇了实践和民众的质疑。中亚五国在宪政体制的运行中,政府所暴露的诸多问题也正是现代许多国家所面临的困境。这就要求:政府做政府该做的事情,树立良好的形象;借鉴国外法治文化,提高政府公信力,以良好的政府促进现代中亚五国的宪政建设的全面与健康的发展。

第四节 中亚五国的司法机关

中亚五国在独立之前,是作为苏联的加盟共和国的组成部分,是社会主义国家社会的一分子,其国家机构的运行规则乃是"议行合一"。故其国家机构均是按照与联盟中央上下对应、下级服从上级的原则设置的,中亚国家的行政、立法与司法一律接受中央的领导与监督。

中亚在经历苏联解体、成立独立主权国家后,便先后颁布了国家独立后的首部宪法。中亚五国脱离了苏联的政治体制,站在风口浪尖,当时西方的政治制度成为中亚国家争相效仿的对象。在宪法中,无一例外地明确了国家立法、行政与司法权力之间合理分工与相互牵制。即使这种急于求成的体制建构,在实际运行之中,并不能充分实现其权力的制约与平衡的初衷。但是,司法机关在中亚国家政治生活中发挥着不可否认的作用。中亚国家的司法机关包括各级法院和检察院。

一 司法原则

众所周知,司法权旨在捍卫公民的权利和自由以及保护公民的合法利益、社会利益和公共利益。因此,法院作为司法审判机关,在行

---

① 丁佩华:《西式民主成"鸡肋"——吉尔吉斯斯坦政权变更的警示》,《决策镜鉴》2010年第7期。

使司法权的过程中需遵循基本的司法原则：

（一）司法独立原则

法官独立于立法和行政，任何机关和公职人员无权干预法官和陪审员的审判活动，无权对他们施加压力，也无权指示他们做出何种判决。中亚五国在宪法中均明确了此点——法官独立，只服从法律。不允许任何方面干预法官的活动，法官的独立地位受宪法保障。例如：土库曼斯坦宪法明确"法官独立，只服从法律并遵循内心的理念。禁止任何方面干预法官的活动。对法官活动的干预行为，得依照法法律规定追究其责任。法官不受侵犯权，由法律予以保障"。

（二）公开审判原则

各级法院一律公开审理案件，只有在法律规定的和遵循诉讼程序各项规则的情况下，才允许在非公开会议上旁听诉讼会议。譬如，塔吉克斯坦规定的"各级法院审理案件，一律公开进行。但是，法律另有规定的情况除外"。土库曼斯坦规定所有法院审理案件，一律公开进行。只有在法律规定的情况下，并且遵守诉讼程序的各种规则，才可以对案件进行不公开审理。

（三）保护被告人权利原则

基于被告人的弱势地位，在诉讼实践中注重保护被告人的权利显得尤为重要。例如，无罪推定的原则在有的国家予以了明确的规定：各级法院运用的审判原则是共同和一致的，不得运用限制宪法规定的人和公民权利和自由的法律及其他规范法令。从人道主义精神出发，无罪推定有利于平衡公诉方与被告人之间的利益悬殊。

（四）程序正义原则

程序正义要求诉讼过程要遵循双方辩论和平等原则。尤其刑事审判中，要强调公诉方和被告人的地位和机会是平等的。法官可以采取合议制审理案件，也可以独任审理案件。诉讼程序使用国家语言或者本地区多数居民使用的语言。保障不掌握诉讼语言的案件参加人享有翻译服务。这一系列的程序性要求务必在司法实践中明确规范，并且禁止性规则不得僭越。

（五）法官专职制

法院是国家唯一享有审判权的机关，法官作为法院的公职人员，应当恪守其审判职责。法官不得涉猎任何有扰审判公正的领域。故，法官的专职制有助于法官做出公正性判决。关于法官的专职制，中亚五国在宪法中都予以了明确的规定：哈萨克斯坦规定"法官不得兼任代表机关的代表，不得担任其他有报酬的职务。但是，从事教学、科研活动或者其他创作活动的情况除外。法官也不得从事企业家活动，不得担任商业组织领导机构或者监事会的组成人员"。土库曼斯坦宪法第101条明确了"法官不得兼任其他任何有报酬的职务，但是教学、创作和科研领域的职务除外。法官在其任期内暂时终止其政党党员资格和其他具有政治目的的社会联合组织的成员资格"。

二 中亚五国的司法体系

（一）法院

中亚地区在法院体系基本一致：共和国最高法院、地方各级法院、最高经济法院。禁止设立特别法院。但是基于五国国情与现实的需要，在法院的设置上略有差异：吉尔吉斯斯坦、土库曼斯坦和塔吉克斯坦设立军事法院。但是，土不设立宪法法院。

土库曼斯坦宪法第98条，明确："司法权由土库曼斯坦最高法院以及法律规定设立的其他法院行使。不允许设立特别法及具有法院职权的机构。"但是土未在宪法中针对本国的法院系统做出明确规定。反之，塔、哈、吉、乌分别在本国宪法中对本国的基本法院系统予以了明确：

在哈萨克斯坦宪法第75条规定了："共和国的法院，包括有共和国最高法院、地方各级法院以及法律规定设立的其他法院。共和国的司法体系，由共和国宪法和宪法性法律予以规定。禁止以任何名义设立专门法庭和特别法庭。"吉宪法第83条——"吉尔吉斯共和国的司法体系，由本宪法和法律予以规定。吉尔吉斯共和国的司法体系由宪法法院、最高法院和地方各级法院组成。可以以宪法性法律的形式设立各种专门法院。禁止设立特别法庭。"根据乌兹别克斯坦宪法的规定，乌共和国的司法系统是由宪法法院、最高法院、高等经济法院、卡拉卡尔帕克斯坦最高法院、卡拉卡尔帕克斯坦经济法院、州级法院、首都塔什干市法院、区和市级法院以及经济法院共同组成。

关于中亚地区的司法系统还有一个显著的特征——禁止设立特别法庭。经过20世纪80年代后期的"民主化"进程，独联体各国对苏联历史上曾经通过建立特别法庭秘密审判政治犯、大规模镇压持不同政者的做法持强烈批判态度。

哈萨克斯坦宪法中载明："不得建立特别法院和非常法院。"土库曼斯坦亦不允许设立特别法庭以及其他同法院法庭抗礼的机构。塔、乌和吉等在都宪法中明文指出禁止设立诸如特别法庭的法院。

此外，中亚的有些国家还存在一类既不是审判机关，又不具有司法职能的机关——最高司法委员会和最高法官理事会。例如，哈萨克斯坦在独立后的首部宪法颁布后不久，便成立了一个旨在强化总统职权的最高司法委员会。总统纳扎尔巴耶夫担任此委员会的主席。1997年2月，由他主持召开的一次会议，审理了最高法院一名法官辞职以及推荐其后备人选问题，同时还讨论了解除一批法官职务、任命一些新法官的问题。

哈萨克斯坦最高法院院长阿里姆别科夫。塔吉克斯坦最高法院院长霍德察耶夫。乌兹别克斯坦最高法院院长穆斯塔法耶维奇。现任最高法院院长阿塔耶夫。

（二）检察院

检察院是国家的司法监督机关。塔吉克斯坦"总检察长及其下属各级检察长在自己的权限范围内，对塔吉克斯坦境内是否准确地和一致地执行法律实施监督"。根据土库曼斯坦宪法的第108条的规定，土库曼斯坦总检察长及其下属各级检察长对土库曼斯坦境内各级国家管理机关、武装力量的管理机关、地方自治机关、生产经营活动和商业活动的参加者、组织和机构、社会联合组织、公职人员和公民是否准确和一致地遵守土库曼斯坦法律、土库曼斯坦总统的法律文件实施监督。吉尔吉斯斯坦在宪法中亦明确"吉尔吉斯共和国检察机关对是否准确地和一致地执行吉尔吉斯共和国的法律和其他的规范性法律文件，其中包括是否认真地和一致地执行权力机关的规范性法律文件实施监督"。

检察机关还作为代表政府为追究刑事责任而提起公诉的机关。在国家的政治规则中亦对检察机关独立行使职权给予了应有的保障：

第一，组织保障。关于成为检察机关公职人员的资格，中亚各国宪法或者其他具体的立法均有规定。依哈萨克斯坦宪法第95条规定，哈总检察长经任命产生，每届任期5年。总检察长任免其下属各级检察长。各级检察长的每届任期，均为5年。

五国在宪法中对"检察长的不得兼任"这一限制有更为详细的规定。譬如：乌兹别克斯坦宪法规定了"各级检察长在其任期内应当中止政党成员资格、具有政治目的的其他社会联合组织的成员资格"。根据土库曼斯坦宪法第110条"各级检察长在自己的任期内，暂时中止其政党党员资格，其他具有政治目的的社会联合组织的成员资格"。塔吉克斯坦也在宪法中明确了检察长不得担任其他职务，不得兼任各级代表机关的代表，不得是各种政党和政治性联合组织的成员，亦不得从事企业家活动。但是，从事科学活动、创作活动和教育活动的情况除外。

第二，法律保障。作为国家权力的代表，受到法律的特殊保护。在根本法与具体的宪法性法律文件中明确检察机关的地位与基本权限。例如，有关追究检察长刑事和行政责任的特殊程序。2005年9月5日，吉尔吉斯斯坦南部奥什州卡拉苏市发生了一起枪杀事件，因为时任总检察长别克纳扎罗夫在事件调查中有包庇和违反刑事诉讼法等行为。故依据法律规定的特殊程序由吉尔吉斯斯坦总统巴基耶夫下令解除别克纳扎罗夫的总检察长职务，同时任命总统办公厅国防与安全部主任塔阿巴尔季耶夫为临时总检察长。

第三，物质和社会保障。中亚地区国家法院的财政业务从属于国家政权执行机关。以吉尔吉斯斯坦为例，根据吉现行宪法，地方法院的预算是由授权的国家机关——审判司编制的。审判司是吉尔吉斯斯坦司法部下属的一个机关，该机关无法超越吉政府所属经济政策委员会对每个中亚政权执行机关规定的经费开支的最大限额范围。

（三）宪法法院或者宪法委员会

宪法法院或者宪法委员会是维护宪法的最高司法机关。宪法法院不受其他机关的干涉，只服从共和国宪法，其活动和组织程序均受到法律的约束。并且，经宪法法院做出的判决，不得上诉。

中亚绝大多数的国家都在宪法中明确了宪法法院的地位和主要权限，其中，哈萨克斯坦在宪法中专门为宪法法院设置了专门的一章，并通过4条条文对哈宪法法院进行了详细的描述。唯有土库曼斯坦没有设立宪法法院，只设立了宪法委员会，而且在本国宪法中没有对宪法委员会作任何规定和说明。

根据五国的宪法规定和理论研究，宪法法院（土称宪法委员会）的主要职能是：对总统和议员的选举、全民公决发生争议时，予以裁决；对议会通过的法律是否符合宪法进行审议；负责解释宪法；在总统因生病不能理事或因叛国被弹劾时，依法做出结论；对法院认定的违反宪法的法律和法令的结论是否正确予以审议。

三　中亚五国司法体制的完善

目前而言，中亚地区国家的司法运行状况着实让人担忧：一是司法权受控于总统，司法难以真正独立；二是法院业务的繁重与法院的数量不相协调，致使法院难以及时、有效地完成应做的业务；三是恐怖主义、毒品交易和有组织的犯罪的复杂全球化的大背景下，加重了法院的责任与负担。因此，这也越来越迫切地要求中亚国家的法院对现实与时代做出回应，扭转司法权的弱小化和仲裁化的现状，健全国家的司法保障体系。

（一）加强法官独立性的保障

法官独立审判，即法官在行使审判权的时候不受其他国家机关的干涉与影响。在中亚有的地区，法官是国家工资最高的国家工作人员。但是在中亚地区有关法官的财政拨款原则使得法院在财务上不能独立。

因此，除了由国家基本法和诸如《法官法》的宪法性质的法律对法官的独立地位提供明确的法律依据，司法独立性还需借助于审判程序与法律规定之外的诸如财政支持、社会地位与经济资源的保障。故，试图由法院独立掌握经费使用权，使法院在财务上独立于政权执行机关，有利于推动中亚地区的独立的司法建设。

（二）提高法官队伍的整体水平

法官作为法院的基本工作人员，其自身素质直接关系着整个国家司法机关的整体水平。通过严格的法官挑选程序，公正、透明地选举出合格的法官任职。此外，设立一些类似于法官培训中心的专门机构以提高法官的业务水平。譬如，为了更好地培养法律专业人才，哈萨克斯坦总统主持创建了国家司法科学研究院，下级法院法律方面的进修人员被广泛地安排到高级法院进行实践，开设法律讲座，解答在法律实践中出现的各种问题，并加强对司法工作中所必需的重要的职业和个人能力的传授工作。

（三）完善司法机关的硬件建设

随着互联网的发展，"电子法院"已经成为全球司法改革的新趋向。将互联网引入国家的司法机关之中，有益于司法的便利与快捷。针对路途遥远、身体不佳不宜前来法庭或者有其他特殊状况的原被告，电子法院的应用也就很快适应了时代的要求。此外，法院办公室数量、办公的技术装备的更新与换代均有待解决。

对于"法庭的适度公开"，中亚有的国家已经意识到"适度公开"的必要性。例如，将法庭通过向高级法官学院的开放，可以缓解区级法官负担的问题，并能改善司法机关的审判效果。陪审团制度方便了公民的直接参与，巩固了民主基础并均衡了国际和社会利益。另外，中亚国家宪法解释权现均归属于议会，将此项权力纳入宪法法院或者宪法委员会的职权范围内是否合适，值得研究与思考。

第五节　中亚五国的政党制度

政党在政治运作中起着不可或缺的作用，成为政治的有机组成部分，即政党制度，又被称作政党政治，是指一个国家通过政党行使国家权力或干预政治生活的一种制度。①

一 中亚五国的多党制合法化进程

在苏联后期政治和意识形态的多元化的影响下,中亚各国效仿俄罗斯的政治建制,相继在宪法修订案或新宪法中体现有关政治多元化的内容,鼓励政治多元化。②事实上,中亚一些国家在苏联解体之前,便在政治意识多元化的驱动下已呈现出一种新的分化与组合的态势。在独立之后,中亚各国通过宪法或者其他的宪法性规范对此予以权威性的定位,并且根据一定的学理标准对其予以分类③。以下具体从几个时间点来分析中亚五国多党制合法化的历程与演进:

(一)哈萨克斯坦的多党制合法化进程

1990年3月召开的哈萨克斯坦共产党第十六届第二十次会议上,哈共追随苏共的弃党做法,做出修改哈萨克斯坦共产党地位的决定。

1991年6月,通过《社会团体法》,赋予多党制以合法化地位,这也为哈萨克斯坦日后的政党扩展活动奠定了合宪性基础。此后,形形色色的政党和社会团体相继走上了哈萨克斯坦的政治大舞台上,亦在未来的哈国的政治生活中产生了潜移默化的深远影响。

1991年12月1日,哈萨克斯坦独立。

1996年5月31日,哈政府颁布新的《社会团体法》,并且颁布了《政党组织法》。

---

① 赵常庆主编:《十年巨变——中亚和外高加索卷》,中共党史出版社2004年版,第65页。

② 吴宏伟:《中亚地区发展与国际合作机制》,社会科学文献出版社2011年版,第33页。

③ 按政党流派来分,可分为左、中、右;按与当局的关系来分,可以分为拥护总统的政党和反对派的政党。除了此种分类,有些学者,还将政党划分为民族主义政党和宗教性质的政党。例如,塔吉克斯坦的伊斯兰复兴党是典型的宗教性质的政党。还有很多亚洲政党方向的研究学者依政党是否进入议会为标志,将政党划分为进入议会的政党和没有进入议会的政党。此类划分较为常见。参见赵常庆主编《十年巨变——中亚和外高加索卷》,中共党史出版社2004年版。

1996年7月2日,哈萨克斯坦通过了国家的第一部《政党法》。在该部法律中对政党和社会团体的活动进行进一步的规范。这说明了哈萨克斯坦对政党的认识已经发生了根本的改变。①

2002年7月,经修改后新《政党法》正式出台,设立更加严格的政党核准标准。这种提高核准门槛以完善现有政党机制,对完善日后的政党活动起到限制性的必要作用。

根据哈萨克斯坦于1995年8月30日通过的现行宪法第5条规定,虽然共和国承认意识形态多元化和政治多元化,但是还有例外的禁止性规定:"禁止在国家机关中建立政党组织"以及禁止"在宗教基础上成立政党活动"。此外,各种社会联合组织同样应用在法律面前一律平等这一原则。

(二)乌兹别克斯坦的多党制合法化进程

1991年2月,乌兹别克最高苏维埃颁布了《结社法》,在这部法律中明确了共和国公民可以依法建立政党和社会组织。这表明了多党制在乌国的合法性确认,这也说明乌国在独立前便已经确立了多党政治方向。在此之后纷纷涌现出一批政党,诸如:国进步党、萨利赫领导的"埃尔克"民主党,等等。

1991年8月31日,乌兹别克斯坦最高苏维埃宣布国家独立。

1991年9月,总统卡里莫夫颁布命令,宣布国家机关、国民教育非党化。②同月14日,在乌共第23次非常代表大会上,通过了解散乌共决定,并在解散的乌共基础上成立人民民主党。这标志着多党制在乌的正式确立。

1991年12月8日,于乌兹别克斯坦共和国第二十届最高苏维埃第十一次会议上通过了独立后的首部宪法,根据该部宪法第12条的规定——"在乌兹别克斯坦共和国,社会生活的发展遵循政治体制、意识

---

① 吴宏伟:《中亚国家政党体制的形成与发展》,《纪念中国社会科学院建院三十周年学术论文集——俄罗斯东欧中亚研究所卷》,经济管理出版社2007年版,第129页。

② 孙壮志、苏畅、吴宏伟:《列国志——乌兹别克斯坦》,社会科学文献出版社2004年版,第101页。

形态和意见多元化的原则"对多党制予以宪法性的确认。

1995年间，公开声明拥护共和国政府的"公正"社会民主党、民族复兴党宣布成立。①

1996年12月，乌颁布《政党法》，规范政党的建立，设立专门的活动细则避免不合法的政党活动的滋生。

（三）吉尔吉斯斯坦的多党制合法化进程

1990年间，苏联《苏联社会联合组织法》的颁布为吉尔吉斯斯坦的政党的建立给予了法律性确认。随之，在自由民主化的驱动下许多政党纷纷踏入政界。例如，在吉境内相继出现了吉尔吉斯斯坦民主运动、民主复兴党和"艾尔金"吉尔吉斯斯坦民主党等政治组织。②

1991年，吉通过了《社会团体法》，该法赋予了吉尔吉斯斯坦人民在自愿的前提下，为共同的利益或兴趣成立社会团体的权利。

1991年8月31日，吉尔吉斯斯坦独立，与此同时，吉尔吉斯共产党停止活动。

1993年5月5日，颁布共和国独立后第一部宪法。在该部宪法的第8条中规定了"在吉尔吉斯共和国，可以在自由表达意志和利益共同性的基础上成立政党、工会和其他社会组织"。这表明吉亦与其他中亚国家一样，允许政治意识形态的多元化，并且对此予以宪法的规范性保障。

1996年6月12日，阿卡耶夫签署《政党法》，这是对相对于其他中亚国家，政吉政党发展的又一次规范性保障。

1999年6月12日，吉尔吉斯斯坦颁布了独立后首部《政党法》，该法的颁布对吉政党在国家政治生活中地位的提高、对政党进行活法政治活动的权利的保护起到重要作用，而且与此同时还加剧了政党的分化与组合。

---

① 孙壮志、苏畅、吴宏伟：《列国志——乌兹别克斯坦》，社会科学文献出版社2004年版，第70页。
② 吴宏伟：《中亚国家政党体制的形成与发展》，《纪念中国社会科学院建院三十周年学术论文集——俄罗斯东欧中亚研究所卷》，经济管理出版社2007年版，第127页。

2003年2月2日，吉尔吉斯斯坦修改宪法，将议会体制由原来的两院制改为一院制，议会席位大大缩减，并且阿卡耶夫为了限制反对派政党进入议会选举之中，不再为政党在议会中设立专门的席位，这严重阻碍了吉尔吉斯斯坦多党制的发展。

2007年10月21日，吉通过新的《宪法》和《选举法》，这使吉政党政治的发展重新回到了多党制的"正轨"上，议会代表人数的增加，特别是代表完全由政党产生的规定，再次确认了政党在国家政治生活中的重要性，确保了政党体制继续沿多党制的方向发展。

2010年爆发的"4·17"事件[①]，标志着多党制在吉尔吉斯斯坦的正式确立。

(四) 土库曼斯坦的多党制合法化进程

1991年11月，土库曼斯坦通过了《结社法》，允许在法律规定的范围内设立政党和社会组织。

1991年11月27日，土库曼斯坦成为独立主权国家。

1991年12月16日，土库曼共产党召开第二十五次代表大会，在大会上做出了"停止土共，并在此基础上将其改建为民主党"的决议。

1992年5月18日，颁布共和国独立之后的首部宪法，在该部宪法的第28条对政党予以了明确的规定——公民有权成立在本宪法和法律范围内活动的政党和其他的社会组织，这为土库曼斯坦践行多党制和政治多元化提供了法律依据，更是为政党与社会组织在土库曼斯坦的运行与发展提供了条件。

---

① 2010年4月6日，吉尔吉斯斯坦反对派为表示对政府拘捕"阿塔—梅肯"党副主席谢尔尼亚佐夫的抗议，约1500名示威者围攻并占领了塔拉斯州政府大楼，将该州州长扣为人质，并要求警方释放谢尔尼亚佐夫。吉反对派原计划7日在全国各地举行"民大会"，但未得到政府批准，这再度激怒了反对派。7日包括首都比什凯克在内的吉尔吉斯斯坦多个城市和地区发生大规模骚乱，上万反对派支持者走上街头，冲击州政府大楼，围攻总统府，占领议会，并与军警发生冲突。总统巴基耶夫在骚乱发生后离开首都比什凯克，飞抵南部的贾拉拉巴德州。8日，以前外长、社会民主党议会党团领袖奥通巴耶娃为首的"临时政府"宣告成立。16日，巴基耶夫签署了辞职声明。这就是对吉国内政局产生重大影响的"4·7"事件。

2003年9月，尼亚佐夫总统在人民会议、长老会、民族复兴运动第14次联席会议上说，土库曼斯坦今后将实行多党制。尼亚佐夫的这次讲话无疑是对土库曼斯坦实行多党制的又一次权威性确认。

（五）塔吉克斯坦的多党制合法化进程

1989年，在苏联后期政治多元化浪潮中成立了"拉斯托赫兹"人民运动。

1990年2月的苏共全会，讨论了放弃苏共对权力的垄断的问题。

1990年10月，宗教性质的伊斯兰复兴党产生。

1991年6月21日，由"拉斯托赫兹"人民运动分化出的塔吉克斯坦民主党正式登记。

1991年9月9日，国家独立。

1994年11月6日，塔吉克斯坦以全民公决方式通过了独立后的第一部宪法。根据新宪法，议会制改为总统制，目标是建立民主、法制、世俗的国家。

1997年，塔国内战双方达成和解，国内形势亦逐步趋于缓和。

1998年，塔在国家局势较为稳定的前提下，颁布了国家独立后的首部政党法。

1999年9月26日，塔通过宪法修正案，在此修正案中允许宗教性质政党的存在。

二 中亚政党政治的特点

从上述分析可以看出，中亚地区五国的政党政治表现出一些独具一格的特点，具体而言，这些特点包括：

（一）同一性与差异性的结合

中亚地区凭借其区域特点的相似性与政治大环境的影响，使得它们在政治制度有一定程度上的同一性，当然，中亚的政党政治也不例外。

第一，效仿苏联政党制度。中亚五国在独立前作为原苏联的加盟共和国，在政治背景——米·戈尔巴乔夫的社会改革的推动下，中亚地区的政党制度发生了重大变革。以1990年3月12日至15日非例行的第三次苏联人民代表大会的召开为标志,为中亚地区效仿苏联实施的多党制开辟了新径。随后,苏联还出台了《苏联社会联合组织法》。而后,中亚地区各国相继出台各种法律,在意识形态和政治多元化思潮主导下,各种政党相继成立,党派的战国时代开始出现。① 这部分已在本节第一小节论述,在此不再赘述。

第二,意识形态和政治多元化原则的确立。在中亚五国的宪法中都不约而同地规定:允许政治多元化背景下的多元意识形态原则的确定。例如,哈萨克斯坦宪法第 5 条规定,"哈萨克斯坦共和国承认意识形态多元化和政治多元化。禁止在国家机关中建立政党组织"。塔吉克斯坦宪法第 8 条明确了"在塔吉克斯坦,社会生活的发展遵循政治多元化和意识形态多元化原则"。在第 8 条第二款中规定了国家"承认政治多元化"。而且,在吉尔吉斯共和国还可以成立各种政党、工会联合会和其他的社会联合组织。共和国保证恪守它们的权利和合法利益,这些规定都为吉国多党制的发展提供了宪法性的肯定与依据。

此外,乌兹别克斯坦通过宪法第 60 条——"各种政党代表不同社会阶层和群体的政治意志,并通过本党经民主选举产生的代表参加国家政权的组建。政党必须依照法定程序,向议会或者向议会授权的机关提交关于自己活动经费来源的公开报告",对乌政党的创立程序予以了宪法的明确限制,与此同时,还借宪法第 62 条——"解散、禁止或者限制社会联合组织的活动,只能以法院的判决为依据",对打击社会联合组织的行为进行明示的限制。诚然,五国宪法明确可以依法设立社会团体和政党,但是哈、乌、吉还是对此作了严格的限制:禁止政党从事反对政府对内对外政策的活动,否则会被依法取缔。

通过以上表述以及中亚五国对于"意识形态多元化"的宪法性确认的条款的位置,可以推知,中亚国家对于该原则确认的高度认可与重视。

---

① 吴宏伟:《中亚国家政党体制的形成与发展》,《纪念中国社会科学院建院三十周年学术论文集——俄罗斯东欧中亚研究所卷》,经济管理出版社 2007 年版,第 126 页。

第三,宗教性质政党的主张近似一致。哈萨克斯坦宪法明确了"不允许国外政党、工会和宗教组织在哈萨克斯坦活动"。此外,"对外国宗教组织在哈萨克斯坦的活动和领导人的任命,必须经哈萨克斯坦有关部门的同意"。土库曼斯坦宪法第11条规定:"宗教组织同国家分离,并不得干预国家事务和履行国家职能。国家教育体系同宗教组织分离,并具有世俗性质。"

在塔吉克斯坦宪法第8条第2至5款亦明确了"任何一种意识形态,其中包括宗教意识形态,都不得被规定为国家的意识形态。社会联合组织在本宪法和法律的范围内建立并开展活动。国家为它们的活动提供平等的条件。宗教组织与国家分离,并不得干预国家事务。禁止成立宣传种族仇视、民族仇视、社会仇视和宗教仇视的,或者号召用暴力手段推翻宪政制度,组织武装集团的社会联合组织,并禁止其活动"。但是塔有一个区别于其他中亚国家政党政治的显著特征——允许宗教性质的政党的合法存在,而且伊斯兰复兴党作为合法政党现已经发展为塔国内最大的反对党,在国家生活中扮演着不可忽视的重要角色。

虽然,塔在宪法中明确了宗教与国家需要分离;虽然,伊斯兰复兴党的合法性地位的取得并不那么一帆风顺;虽然,作为合法性政党存在的伊斯兰复兴党现在仍屡遭限制与打击,但是,伊斯兰复兴党领导人表示,伊斯兰复兴党始终奉行"不捣乱的原则",其立场从来都是温和的、中立的。① 事实上,中亚地区因为伊斯兰复兴运动的思想渗透,最近几年,中亚又出现了"乌兹别克斯坦伊斯兰运动",它已发展成为有组织、有纲领、有根据地、有国际支持、有财政来源的一股政治势力。

第四,有些要职在任职期间不得从事政党活动。乌兹别克斯坦宪法第108条,明确了"宪法法院的院长及其他组成人员,均不得

---

① 中国网:《塔吉克斯坦当局为限制反对派活动暂停签证发放》,2014年10月14日,http://www.china.com.cn/international/txt/2013-04-28/content_28686684.htm。

是政党党员和政治运动的成员"以及第 120 条——"各级检察长在其任期内应当中止政党成员资格、具有政治目的的其他社会联合组织的成员资格"。吉宪法规定：总统在行使其权限期间，中止其在政党和政治组织里的活动，一直到新一届总统选举开始。"法官在其任期内暂时终止其政党党员资格和其他具有政治目的的社会联合组织的成员资格。"该条文亦体现了土库曼斯坦现行宪法对政要的非政党性的确认。

（二）多党制合法化的阶段性特征

中亚五国在多党制的合法化确认的进程中呈现出一种明显的阶段性特征。综合历史的发展轨迹与一些学者[①]的有关研究，将中亚五国在多党制的确认历程划分为以下几个阶段：

第一，政党体制重大转型期。中亚五国在独立前，作为原苏联的加盟共和国成员，其在政治体制上带有着承袭苏联政党体制的特色——由共产党一党执政。独立之初期至1995年，中亚各国的政党政治的主要特征为，各国普遍出现建党热潮，政党和社会团体众多纷杂，政见各异。[②]但是基于历史的局限性和现实基础的薄弱性，导致中亚地区的政党在这个阶段长期处在一种无序的发展状态，政党应具有的作用未发挥到实处。

第二，政党制度相对稳定期。时至1995年，中亚各国纷纷走上了独立自主的主权发展道路之上，相继颁布了共和国境内的宪法以及有关保障政党合法发展的有关法律法规，为国家政党体制的完备与发展奠定了基本的法律性基础。有些国家还通过相关规定，以完善政党自身建设和规范国家司法部的核准程序。据资料显示[③]，1995—2004年，各国逐步完善了多党政治法律体系，初步确立了多党制的政治框

---

① 参见吴宏伟《中亚国家政党体制的形成与发展》，《俄罗斯中亚东欧研究》，2006年第4期；吴宏伟《中亚地区发展与国际合作机制》，社会科学文献出版社2011年版。
② 吴宏伟：《中亚地区发展与国际合作机制》，社会科学文献出版社2011年版，第33页。
③ 同上书，第34页。

架——政党活动进一步规范化、政党的规模与参政的积极性逐步提高、尚未形成鲜明的政党格局、政党作用有限。

第三,政党政治的新发展期。2004年,中亚五国先后进入了国家政权更迭的关键性一年。在此期间,有些国家的反对派借此次政权易手的机会,制造混乱,从而引发一些政治暴乱。比如:吉尔吉斯斯坦在2005年的"郁金香革命"正是在这个时期爆发的。故,这种因政党而起的政治暴动为中亚地区其他国家拉响了警钟。这些国家,一方面,因而加强了对政党和社会团体、国内外非政府组织监管、控制的力度;另一方面,为保持国家政权的稳定,一些国家纷纷通过鼓励政党政治发展的方式调整政党政治结构和整合社会政治资源。[①]

一些中亚国家通过《选举法》修订案、《非政党法组织法》等法律法规的方式,限制反对党的活动,规避不理性的暴动的发生。毋庸置疑,这些法律措施在一定程度上促进了国家法治建设,也完善了中亚地区围绕政党制度进行的规范建设。与此同时,在这个阶段,中亚国家的党派趋于融合于拥护总统的党派,即亲总统派政党的数量不断增长,甚至有些政党还参与了执政党的合并,例如,由哈萨克斯坦总统纳扎尔巴耶夫的女儿一手创建的阿萨尔党在2006年实现了与执政党——祖国党的结合,这也正印证了这个事实。

中亚五国的区域的共同性决定了它们的政党制度的相似性,但是每个国家具体的政治、经济、社会、文化、宗教等因素的差异性纷繁复杂地交织在一起,导致了五国的政党制度必然存在其固有的特色:以土库曼斯坦为代表的一党执政;以哈萨克斯坦为代表的一党占主导地位的多党政治体制;以乌兹别克斯坦为代表的有限多党制和以吉尔吉斯斯坦为代表的没有起主导作用政党的多党制。[②] 有关中亚五国政党制度徒具形式的特点将于本书第七章第二节详细论述。

[①] 吴宏伟:《中亚地区发展与国际合作机制》,社会科学文献出版社2011年版,第35页。

[②] 吴宏伟:《中亚国家政党体制的形成与发展》,《纪念中国社会科学院建院三十周年学术论文集——俄罗斯东欧中亚研究所卷》,经济管理出版社2007年版,第129页。

（三）左翼政党艰难镇守

左翼政党在乌兹别克斯坦、土库曼斯坦、吉尔吉斯斯坦是最大、最有影响的政党，在土库曼斯坦一直是事实上的执政党，在塔吉克斯坦和哈萨克斯坦的社会政治生活中也具有一定的地位和影响。①

塔吉克斯坦共产党作为苏联时期的唯一执政党，在多党制实施下，于1991年5月17日正式登记，随之数月后，塔共宣布退出苏共，走上独立之路。在1991年塔共做出将共产党改为"社会党"的决定，但是不到半年的时间，在塔共召开的非例行代表大会上撤销了此决定，恢复共产党这一名称。目前仍是塔吉克斯坦具有广泛影响的一个大党，现有党员7万余人，1995年吸收新党员1500余人。②

土库曼斯坦虽名为实行多党制，但由于其自身的条件不足，致使其在政党体制的运行中仍表现为一党执政的特点：土库曼斯坦独立后的唯一合法政党——土库曼斯坦民主党便是在原土库曼斯坦共产党基础上改建为执政党的。

哈萨克共产党第一书记、总统纳扎尔巴耶夫在"八·一九"事件后，宣布退出苏共中央政治局。③不久，1991年9月8日，哈萨克共产党举行非例行代表大会，在会上做出宣布脱离苏共，在此基础上改称哈萨克斯坦社会党，并声称是原哈共继承者。1992年9月19日，哈共举行第20次非常代表大会，通过了新党章和党纲，从此哈萨克斯坦共产党完成了自身的重建。于1994年2月28日哈共产党获准登记，成为哈萨克斯坦的合法政党。此后，该政党在国家生活中占据着主要地位。在1999年的第二届议会选举中，共产党成为获得7%以上的选票得以进入议会的4个政党之一。中亚的其他国家的共产党作为左翼政党的现状都较为相似：虽然左翼政党的势力逐渐上升，但是基于目前

---

① 吴茜：《论苏联解体后中亚五国的左翼政党》，《国际论坛》2009年第1期。
② 刘启芸：《列国志——塔吉克斯坦》，社会科学文献出版社2006年版，第88页。
③ 马晨，罗锡政：《苏东剧变以来哈萨克斯坦共产主义》，《新疆师范大学学报》（哲学社会科学版）2011年第3期。

突厥文化、伊斯兰文化、俄罗斯文化、西方文化都在争夺中亚国家，特别是年轻人，这对于社会主义思想在中亚国家的复兴有较大的制约作用。① 因此，寻找一条符合中亚各国国情的社会主义的发展之路仍任重而道远。

（四）政党的实际作用有限

目前，虽然中亚五国均在宪法中明确了允许政治多元化的存在，与此同时还通过《政党法》等规范形式保障政党建设的自由。但是在实践中推行多党制的进程中，各国对多党制的态度却不尽一致：土库曼斯坦主张多党制，但实际上土当局一直以一个"美丽的谎言"——认为土目前不具备建立其他政党的条件，"欺骗"国民。因而，现在土境内只存在一个得到总统支持的民主党。"哈、乌、吉、塔四个议会是由不同政党代表组成的，但随着总统集权的加强和政党缺乏群众基础，对执政党的严重依附，政党的作用十分有限。"② 由此可知，虽然中亚的政党制度具备宪法与各种具体法律规范的理论支撑，但是基于现总统的强权地位的需要，在现实中国家当局对反对党的限制措施也司空见惯。

因而，现在也有的学者将中亚的多党制建设概括为"西方多党民主制的躯壳＋本国的现实需要＋苏联一党集权制的特质"③。正是这样的政党结构才决定了中亚各国"政党的作用，尤其是原共产党的作用和影响日益下降。各国总统均通过自己委派的行政长官来治理国家，政党作用十分有限"④。

---

① 吴茜：《论苏联解体后中亚五国的左翼政党》，《国际论坛》2009年第1期。
② 赵常庆：《中亚五国概论》，经济日报出版社1999年版，第82页。
③ 汪金国：《多种文化力量作用下的现代中亚社会》，武汉大学出版社2006年版，第92页。
④ 常庆：《中亚五国独立以来政治经济述评》，《东欧中亚研究》1996年第6期。

第六节　中亚五国的选举制度

选举是由选民依照法律规定的程序与方法推举民意机关代表或国家公职人员的政治活动。一定程度上讲，选举是基于民主统治的需要而不断发展而来的。既然如此，选举必然需要借用民主化的规则予以约束与规范。所谓选举制度，就是选举活动中必须遵循的有关选举的基本原则、程序和方式等一系列规则制度的总称，它是国家制度的重要组成部分。

一　中亚国家选举制度的历史发展进程

在苏联时期，中亚各国作为苏联这个大家庭中的一员，使得他们在政治、经济、社会、文化政策上具有一定的同一性。在总统和议员的选举方面，是采取间接的选举方式。

相比较而言，中亚的选举制度在独立前后的主要变化在于：总统和议员等国家高级公职人员的直接选举制取代过去的间接选举制或者任命制。正如前面所述，在苏联时期，基于联盟的统一性与联合性，使得独立后的国家选举制度的更加民主化与先进化。日趋民主化的选举制度的态势具体体现在选举制度运行所赖以存在的基本原则上。纵观中亚五国的现行选举制度，国家选举制度上的基本原则具有连通性。

（一）平等性选举原则

在中亚五国的宪法中均指出：在选举日当天年满18周岁的公民均享有选举权，选举权的行使需在平等的基础上予以进行，不允许任何人享有法外特权，不得任意剥夺公民的选举权。在宪法中明确了只有少数人的选举权与被选举权是不为宪法所肯定的。例如，乌兹别克斯坦宪法中第32条明确，"乌兹别克斯坦共和国公民有直接地或者通过自己的代表参加管理社会事务和国家事务的权利。这种参加是通过实行自治、举行公决以及以民主方式组成国家机关来实现的"。年满18周岁的乌国公民均享有选举权。并且根据《乌兹别克斯坦共和国最高会议选举法》和

《州、区、市人民代表委员会选举法》的相关规定，到选举之日年满25周岁的乌公民都有被选举进入最高会议的权利，进入州、区和市人民代表会议的公民则至少需要达到21周岁。当然，被法院认定为是无行为能力人或者在押人员的选举权与被选举权被予以剥夺。

(二) 普遍性选举原则

所谓选举权的普遍性是指一个国家内享有选举权和被选举权的人数占到了全体年满法定选举年龄的公民总数的绝大多数，从而使选举权和被选举权的享有率在全国范围内达到广泛的程度。中亚五国在宪法或者相关法律中均主张，公民的选举权不受出身、社会、和财产状况、种族和民族、性别、教育、语言、宗教信仰和职业的限制。以相关法律、规范性文件等为依据得知，中亚五国最高会议实行普选制，公民在选举权上受到年龄条件、政治条件和健康条件的限制。总的来说，与西方国家对选举资格种种限制和选举权的享有率普遍较低的情况相比，中亚地区的选举制度呈现出民主化的趋势。

(三) 差额性选举原则

根据有关资料的记载，乌兹别克斯坦在1999年12月举行了新一届的议会选举，参与本次议会选举工作的有五个政党——人民民主党、祖国进步党、"自我牺牲者"民族民主党、公正社会民主党和民族复兴党。哈萨克斯坦在1999年年初亦举行了一次重要的选举——以时任总统努·纳扎尔巴耶夫与共产党派人士谢·阿·阿布季尔金等四人组成的竞选总统的年度大选。最终，努·纳扎尔巴耶夫以绝对的优势完胜了此次总统大选。于2011年1月，提前举行的哈萨克斯坦总统选举，共有4名候选人。他们分别是：由"祖国之光"人民民主党推举的现总统纳扎尔巴耶夫、爱国者党领导人卡西莫夫、共产主义人民党中央委员会书记艾哈迈德别科夫以及自然生态联盟领导人叶列乌西佐夫。

差额选举相对于等额选举而言，具有保障权利、实现程序正义优势。中亚五国因国家总统常常借以其强权地位，干涉司法与国家事务的其他方面，对于选举的结果又或多或少地干预，加之，总统的个人影响力和候选人之间实力的悬殊亦在潜移默化之中影响着总统选举的定局。如果选举缺乏必要的程序公正，其成果必将失人心。因而，差额选举至少会带来形式上的平等。差额性的竞争式选举在中亚地区的适用凸显出了选举制度的民主性的本质，亦促进了中亚的民主政治的发展进程。

(四) 直接选举原则

直接选举制代替过往的间接选举制与任命制，无疑是中亚选举制度最为直接的民主化趋势。如今，中亚五国在关于总统的产生方式上的立场上完全一致：按照普遍、平等、直接、秘密投票的方式产生。在议员的选举中，不同国家的产生方式略有不同。譬如，土库曼斯坦的议会的下议院议员（120 名）全部通过普遍、直接、平等、秘密的选举方式产生，而上议院的 33 名议员中四分之三是间接选举产生的，四分之一的议员是以任命任职的。

(五) 无记名投票原则

秘密投票原则在中亚五国均赋予了宪法性或者规范性的权威效力。例如，乌兹别克斯坦于 1993 年 12 月 28 日通过的《乌兹别克斯坦共和国最高会议选举法》第 5 条，"秘密投票最高会议代表选举的投票是自由和秘密的，不允许限制投票人的意愿"。

此外，中亚五国的选举制度的日益完备性还体现在委派国际观察员、选举的公开化和总统的竞选制原则等方面：

选举机制的完善，旨在提高选举制度运行的透明度与公示度。与独立之前与独立初期的选举制度相比，中亚当局逐渐采取了一种更为科学、合理的完善措施——国际观察员监督选举。这种措施已在中亚诸多国家付诸实践。例如，2000 年 10 月 29 日，吉举行新的一届总统选举，在本次总统选举中共有六名候选人进入了最终的竞选行列，除此之外，俄罗斯、美国、哈萨克斯坦及欧安会组织派出 310 名国际观察员参加大选的监督工作。[1]

---

[1] 赵常庆：《十年巨变——中亚和外高加索卷》，中共党史出版社 2004 年版，第 65 页。

在 2011 年举行的哈萨克斯坦总统大选中邀请了来自诸如欧洲议会、国家组织的有关人员作为观察员监督选举过程。观察员们对于 2011 年哈的总统选举的公开化与公开化给予了较高的评价。其中，上海合作组织秘书长伊马纳利耶夫表示，"该组织的观察员发现选举组织工作严谨规范，没有任何违法违规的情况"。俄罗斯中央选举委员会观察团说，他们在阿拉木图市的观察员认为当地选举委员会成员表现了很高的职业素质，严格按照国际惯例和哈萨克斯坦选举法安排选民投票，整个投票过程自由、公正、合法。

二　中亚选举制度的宪法确认

(一) 中亚国家的选举保障

基于选举权和被选举权是公民行使国家权力、参与国家管理生活的途径与方式，与公民的切身利益密切相关。故，在这个彰显民主的新时代与法治现代化建设的关键期，公民的这项政治权利显得尤为的重要。中亚五国在经历了苏联解体的冲击之后，开始踏上了独立、自主、世俗的主权国家之路。有的国家独立后，不得不处理与现实生活不相协调的苏联旧政治体制的历史残余；甚至有的国家在独立初期，便面临着主体民族与非主体民族引发的内战危机。这样的不利局势对中亚地区未来政治制度的发展与完善都产生了阻力。因而，在政治大环境不利的背景下，公民的选举权与被选举权的实现似乎也变得有些可望而不可即。因此，在这样的局势下，中亚国家当局纷纷在国家适宜的时段颁布了独立后的首部宪法，并在宪法中，对公民的各项基本权力予以了宪法性的保障：

哈萨克斯坦现行宪法的第三条第二款中明确了"人民可以直接地通过共和国的全民公决和自由选举行使权力，也可以授权国家机关行使自己的权力"，并且通过宪法条文第 33 条对公民的选举权和公民选举权的消极资格问题进行了确认。此外，还在宪法中明确了总统和议员的选举原则、程序等。同样，在其他的中亚国家，相关选举的宪法和宪法性法律文件相继问世。例如，乌兹别克斯坦在 1991 年 11 月 18

日和 1993 年 12 月 28 日先后出台了国家独立后的首部《乌兹别克斯坦共和国总统选举法》和《乌兹别克斯坦共和国最高会议选举法》。这些选举法的颁布及时地规范了总统与议员的选举活动，推进了国家民主选举进程的发展。

（二）中亚各国选举制度的基本程序

中亚地区有关总统和议会的选举程序大致为：划定选区、确定选段、成立选举委员会、选民登记、提名候选人、候选人登记、组织竞选和投票和公布投票结果等。中亚诸国都已以法律规范的形式呈现出对选举的程序要求。

例如，乌兹别克斯坦 1991 年 11 月 18 日通过《乌兹别克总统选举法》。选举工作的前奏程序便是设立选区，先由中央选举委员会根据一定的标准确立选区，确保每个选区的有足够的选民参与总统的选举。至于选举的数量的决定权则掌握在中央选举委员会的手中。一般而言，选区最终确定之后便在数日内予以公布。在乌兹别克斯坦共和国总统选举时"为便于投票和统计选票在区、市和市辖区划分选段。在军队也设立选段"。与此同时成立除了中央选举委员会之外的其他各级选举委员会。选民登记工作由地段选举委员会负责办理，现役军人、驻外机构人员及家属的选民由相应的选举机构登记，逐级向上级选举委员会汇报选民人数，最后由中央选举委员会公布全国的选民人数。[①]

乌政党、乌兹别克斯坦工会联合会、劳动集体以及居民住宅区公民大会或者军人大会在总统选举中均有权提名一位候选人。候选人进入登记环节之后便是组织投票的阶段。在这个阶段，选民秉承着秘密选举、平等选举以及亲自投票的基本选举精神将选举工作落到实处。"如果投票中出现两个以上乌兹别克斯坦共和国总统候选人和没有一个候选人获得所必要数量的选票，那么在两个得到选票最多的两个候选人中进行第二次投票。如果确定乌兹别克斯坦共和国总统选举无效，

---

① 赵常庆：《十年巨变——中亚和外高加索卷》，中共党史出版社 2004 年版，第 63 页。

或者投票时没有两个以上乌兹别克斯坦共和国总统候选人和没有一个候选人获得必要数量的选票，那么中央选举委员会可确定重新选举。"

三 全民公决

全民公决是独立后的中亚国家领导人获得权力合法性的主要途径，即通过全民公决的方式修改宪法、扩大总统权力和延长总统任期。[①] 此外，还有一些重大问题的决定权也交至全民公投予以表决。

例如，哈萨克斯坦于 1995 年 8 月 30 日，在总结建国之后的若干经验的基础上，经全民公决通过了国家独立后的第二部宪法。2002 年 1 月 27 日，乌兹别克斯坦基于全民公投，完成了对宪法的第一次修改，在此次修宪中将总统的任期延长至 7 年，这也印证了总统利用全民公决延长自身的任职期限，间接扩大了自身的执政力与影响力。吉尔吉斯斯坦先后于 1996 年 2 月 10 日和 1998 年 10 月 17 日，对 1993 年 5 月 5 日通过的宪法进行了两次修改，其中，在第一次的修宪中，将国家的议会组成改为两院制。事实上，吉目前仅颁布实施了一部宪法，即独立后的首部宪法。但是，吉通过五次的宪法修改，弥补了现行宪法与实际生活的不一致。其中，除了前面的提及的前两次修宪是采取的全民公决的修宪方式之外，吉当局旨在削弱总统的权力，强化议会和政府的权力，于是凭借全民公投的方式对宪法进行了第四次的修改与完善。

在 2002 年 1 月 27 日，乌兹别克斯坦曾就"是否将议会变成两院制"的问题展开全民公决，结果是绝大多数的选民都对此次决策表示予以支持。从这一个层面讲，将国家的有关重大事务的决定权交至广大选民之手，无疑是国家的民主选举的亮点之一。

[①] 吴宏伟：《中亚地区发展与国际合作机制》，社会科学文献出版社 2011 年版，第 32 页。

第五章

中亚国家现行宪法体制的特点

第一节 强总统、弱议会、小政府

中亚各国独立前所制定的加盟共和国宪法都规定政权组织形式是"议行合一"的苏维埃制。①苏联作为联邦制国家,国家政权与成员国政权是分立的,各加盟共和国具有一定主权地位。在权限划分上,联盟中央政府主要行使外交、国防、交通和邮电等方面的权力,其他方面管理权归各加盟共和国行使,宪法还规定各加盟共和国享有退出联盟的权利。②

苏联解体后,1991 年 8 月 31 日,乌兹别克斯坦宣告独立,成为主权国家,之后的新乌国则致力于民主、世俗、法制国家建设。同日,吉尔吉斯斯坦也就此宣布国家独立,时任总统阿·阿卡耶夫认为"极权的意识形态抑制了理智的思维和舆论的多元化"③,因此放弃苏联时期的联邦制的模式,取而代之的是单一制的、主权的、民主的、法治的国家体制。土库曼斯坦总统萨·尼亚佐夫在选择独立后走怎样的道路时,充分参考了诸如中国、美国、日本等国家的民族复兴运动的经验,最终选择了一条民主国家建设的道路。

---

① 刘向文:《独联体国家宪法的比较研究》,《法学家》1996 年第 3 期。
② 丁建伟:《苏联解体后中亚五国的治政特征及其走向》,《西北成人教育学报》2000 年第 1 期。
③ 赵常庆主编:《十年巨变——中亚和外高加索卷》,中共党史出版社 2004 年版,第 55 页。

塔吉克斯坦、哈萨克斯坦在独立后，深入反思了苏联解体的具体原因，从实际出发，初步确立了具有国家特色、符合本国国情的国家政体。中亚地区成员国也均在独立后的历部宪法的《基本原则》或者《总则》一篇中直接明确了国家政权机关的运行规则是三权分立的原则。各国在政权组织方面均遵循了"三权分立"的原则，强调国家发展的民主和法治原则。[①]

一 权力分立的普遍实施

（一）权力的分工

三权分立原则源于法国启蒙思想家孟德斯鸠的"权力分立"学说。该学说被广泛认为是民主制度的有力保证。英国史学家阿克顿勋爵曾主张"权力使人腐化，绝对的权力绝对使人腐化"。因而中亚设计的国家制度模式旨在避免权力的滥用，有必要在权力的运行之中严格恪守权力之间的分离与牵制规则。

哈萨克斯坦宪法第3条第4款明确了"共和国的国家权力是统一的。共和国的国家权力，应当根据宪法和法律的规定，遵循把国家权力划分为立法权、行政权和司法权三权，三权之间相互制衡的原则予以行使"。

乌兹别克斯坦亦在宪法中做了相似的规定，明确了"在国家政权体系方面，宪法特别强调国家政权体系建立在立法、行政和司法三权分立的原则之上社会生活的发展以政治结构、意识形态和舆论多元化为基础，任何意识形态不得被规定为国家意识形态"[②]。最高会议作为国家的立法机关，享有立法权；总统作为政府首脑，领导政府行使国家的行政权；法院则依据权力分配行使司法权。在权力的运行之中，三权相互牵制以求平衡。但是，从权力的实际运行来看，总统被赋予了更多的权力。乌总统集国家元首、政府首脑、武装力量统帅于一身。

---

① 赵常庆主编：《十年巨变——中亚和外高加索卷》，中共党史出版社2004年版，第57页。

② 孙壮志、苏畅、吴宏伟：《列国志——乌兹别克斯坦》，社会科学文献出版社2004年版，第75页。

在宪法中也没有针对总统的辞职与弹劾进行明确说明。集权色彩的政权组织形式仍是中亚的一大特色所在。

根据吉尔吉斯斯坦的现行宪法规定，吉尔吉斯共和国的国家权力，建立在诸如"国家权力划分为立法权、执行权和司法权，它们协调一致地行动并相互作用""国家机关和地方自治机关向人民负责，并为了人民的利益行使自己的权限""国家权力机关和地方自治机关之间划分职能和权限"的原则之上。其中，"若戈尔库·克涅什，即吉尔吉斯共和国议会，是在自己的权限范围内行使立法权，履行监督职能的代表机关"；"吉尔吉斯共和国的执行权，由政府及其下属的部、国家委员会、行政主管部门、其他的执行机关以及地方各级国家行政部门行使。政府是吉尔吉斯共和国最高的国家执行权力机关"；"宪法法院、最高法院、最高仲裁法院以及审判系统的法院和审判员代表和行使司法权"，与此同时还在宪法中明确了"立法、行政、司法机关独立活动，又相互作用。它们无权超越吉尔吉斯斯坦共和国宪法所规定的职权范围"。

土库曼斯坦在宪法中亦明确了人民会议是人民权力的最高代表机关。立法权归属于议会，行政权归属于内阁和地方行政机关，最高法院、最高经济法院、军事法院和其他的法院行使国家的司法权。此外，在宪法还规定了立法权、行政权和司法权在相互制约和制衡的条件下行使。塔吉克斯坦亦在宪法第 8 条中明确"国家权力确立立法权、行政权和司法权三权分立原则"。

由此可见，中亚五国均对国家实行三权分立原则作了宪法性的说明，但是与践行三权分立原则最为典型的美国相比，中亚五国在权力的分工上似乎显得有些倾斜——国家总统拥有相对于司法系统和立法机关更为广泛的权力，甚至有的国家总统还享有立法权。譬如：乌兹别克斯坦和土库曼斯坦总统在"议会出现分歧或再次通过宪法规定时，总统有权与宪法法院协商做出解散议会的决定"[1]。

---

[1] 汪金国：《多种文化力量作用下的现代中亚社会》，武汉大学出版社 2006 年版，第 93 页。

这种类似的权力分配状况在中亚地区的其他国家亦是普遍存在的，这也正说明了三权分立原则的确立仅仅是新独立的国家基于现实的迫切需要才予以设立的，但从本质上讲，中亚国家所实行的三权分立尚处于雏形阶段。

（二）权力的制衡

三权分立原则分别在中亚五国的宪法中都有明确、直接的规定。有些国家在就有关权力的制衡也在宪法中进行了直接的表述。根据土库曼斯坦宪法第4条，人民会议、立法权、执行权和司法权独立地行使自己的权力，相互制约以达到平衡。哈萨克斯坦宪法中也明确指出"人民会议、立法权、执行权和司法权独立地行使自己的权力，相互制约以达到平衡"。三权分立原则旨在通过权力的牵制抑制政府的腐败行径。三权之间的制衡具体体现在：

第一，总统掌握大权。总统集权作为中亚地区普遍存在的一种现象，使得三权分立下的国家行政权力过大，而议会的职权过小。政府权力从属于总统，且议会一般须听从于总统。

总统作为行政长官，拥有国家重要的行政、立法与司法官员的任免权。例如，有的国家的总统有权任命总检察院检察长、宪法法院院长等司法高级官员，与此同时还可以享有解除检察官与法官的职务的权力。

第二，行政权与立法权之间的制约。虽然总统集权造成的行政权独大，但是有的国家总统某些职权的具体行使必须以议会的批准为前提。例如，塔吉克斯坦在任命或者解除国家银行行长和副行长的命令需要提交至议会下院批准；有关国家安全受到威胁，对此宣布进入戒严状态的命令需要得到上下议员的批准方可生效；宣布国家进入紧急状态的命令同样需要提交至议会两院予以批准。

此外，立法机关还可通过其他方面来控制总统权力的行使。以哈萨克斯坦共和国为例，根据哈总统的动议，议会两院中每一院以其全体代表的三分之二多数通过，有权授予总统一年以下的立法权。此外，"议会下院有权根据其全体代表五分之一多数的动议，并以其全体代表的二分之一以上多数向政府表示不信任"。

第三，行政权与司法权之间的制衡。根据哈萨克斯坦宪法规定，共和国总统可以对宪法委员会决议的全文或部分内容提出反对意见。但是，宪法委员会可以以其全体成员的三分之二多数推翻总统的反对意见。在未能获得上述法定票数的情况下，宪法委员会的决议被视为未通过。此外，宪法法院作为国家违宪审查机关可以就总统颁布的命令和政府的规范性文件宣布其违宪，从而丧失其自身的法律效力。此外，有的总统利用过去自己领导的人民民主党和地方政权机关的党团代表控制议会大多数席位，掌握司法机关的任免权，以此操纵司法权。[①]

第四，司法权与立法权之间的牵制。宪法法院组成人员由议会根据总统提名选举产生，但宪法法院有权宣布议会通过的法律违宪。例如：根据1993年的吉尔吉斯斯坦宪法，宪法法院"在法律和其他的规范性文件与本宪法相抵触时，宣布它们无效"。

第五，各个机关之间不得交叉任职。中亚五国在宪法中均明确规定总统和政府官员不能成为立法机关成员，不能从事经营活动；法官不能兼任议员和政府官员，不能从事经营活动。

虽然中亚五国在宪法中明确了总统、议会和司法机关之间的关系为相互协作和相互制约的关系，但是在权力的实际操作与运行来看，总统被赋予了更为广泛的权力，甚至有的国家在独立初期的宪法中并未对总统列明许多权力，而是日后基于现实的需要和中亚其他国家的影响，这些国家便利用全民公决或者修宪的方式赋予总统极其广泛的职权范围，同时不断弱化议会权力，形成了民主形式下的总统集权。

二 权力运行的中亚特色

（一）中亚政治权力频频失衡的缘由

1988年戈尔巴乔夫的政治改革给予后来独立的中亚五国留下了深深的烙印。有的学者认为苏联解体的发生是因为时至20世纪80年代

[①] 赵常庆主编：《十年巨变——中亚和外高加索篇》，中共党史出版社2004年版，第68页。

苏联制度在世界民主与经济的自由发展下，各个方面已至穷尽自我。尽管这种制度在发展文化教育、科学技术等方面取得了一定的成就，但它长期缺乏刺激劳动积极性和努力探索的因素，导致民用科学和技术落后。

因此，中亚五国在纷纷踏入独立之路后，面临的便是国家应当采用何种政治结构，走何种道路。中亚五国独立后的首任总统都曾在苏联时期担任国家要职。例如，首任塔吉克斯坦总统埃莫马利·拉赫蒙在1990年当选塔最高苏维埃人民代表。其他四国的国家领导人在戈尔巴乔夫时期也不外乎是苏共中央委员和苏共领导人。因而，这些领导人深知苏联时期的集权色彩的国家模式的弊端所在。乌兹别克斯坦的伊·卡里莫夫以为，苏联时期的集权政治"忽视具体的历史、社会、经济、民族心理、人口、自然条件和地区差别，实行联盟中央高度集权管理体制"[1]。尽管他们都宣布放弃共产主义道路，并猛烈抨击原苏联时期的路线方针，但同时并没有明确提出要走资本主义道路。[2]

因此，中亚五国在苏联解体后，为了政局的稳定与最高权力阶层的稳固，在独立初期纷纷效仿其他经历过民族复兴或者"二战"的国家的政权建设模式，实行了一种适合本国发展的政治模式。譬如，乌兹别克斯坦在独立后，综合了诸如韩国、瑞典等国家的发展模式与穆斯林国家的政治建构，以及"第二次世界大战"后西欧国家和日本的复兴经验，选择了一条适合本国发展的政治道路。

五国建立的总统集权制体现了中亚各国历史、民族、文化的特点，同时反映出各国在社会变革期力图加强国家权力以推动社会发展的愿望。[3] 正如前面所提及的"带有着苏联色彩的集权式政治体制"在俄罗斯联邦亦表现得很突出。根据1993年的俄罗斯联邦宪法规定，亦确定

---

[1] 赵常庆主编：《十年巨变——中亚和外高加索篇》，中共党史出版社2004年版，第55页。

[2] 汪金国：《多种文化力量作用下的现代中亚社会》，武汉大学出版社2006年版，第97页。

[3] 同上书，第94页。

了民主框架下的总统集权的政治体制模式。

(二) 中亚特色政治体制带来的政治后果

中亚五国基于政局稳定的需要,实行了一种带有集权色彩的总统制模式。诸多中亚国家总统都将带有民主政治的全民公投演变成了间接扩大自身实力的工具。

中亚地区国家政治制度运行所呈现出"以总统权力的最大化,议会职权的最小弱化,司法权力的最小仲裁化"的特征,不规范的三权分立体制的运行模式对于独立已达二十多年之久的中亚来说,有着不能被忽视的自身缺憾:

第一,政府腐败问题突出。集权制和裙带风、小集团利益带来的一个严重后果就是腐败现象突出。[1]

第二,"司法的独立"受到挑战。总统的集权式统治常常使得司法权受控于它,值得司法机关不能完整、有效地行使宪法所赋予其的司法职能。因而,这不仅是对"司法的独立"公然挑战,更是对司法公正的亵渎。

第三,政党实际作用有限。基于一些亲总统派政党的扩大与联合,为总统对政党间接地施加政策压力产生明显的效果。比如,哈萨克斯坦总统的女儿自己组建的阿萨尔党,它无疑是以拥护总统政策的一支新生力量,随之与祖国党的合并,不仅扩大了自身的影响力,更是为总统的变相干预提供了便利。

第四,选举缺乏广泛性与民主性。中亚独立后选举制度最大的变化就是有关国家的高级公职人员的间接选举方式转为直接选举,这种看似民主化的选举变革却又伴随着不民主的选举问题的产生。全民公决则是最有力的证据。全民公决现已经慢慢成为国家总统集权的有效途径。虽然当今的中亚政府已经开始意识到此问题的严重性,但是这种非民主化的全民公决已成为中亚选举制度的一大特色。

---

[1] 高永久:《独立后的中亚五国政治体制》,《西北师范大学学报》(社会科学版) 2003 年第 9 期。

第二节 别具特色的多党制

正如前面所述，中亚五国在诸如相似的文化基础、政治背景与宗教根源的因素的影响下，在政治体制上带有趋同的性质，但是又基于各国的民族冲突、政治局势等具体国情的不同，造就了中亚五国别具特色的政党制度。

一 哈萨克斯坦——一党主导的多党政治

哈萨克斯坦借国家政策和区域大环境的多元化发展优势，在独立之初，纷纷涌现出大批的政治党派和社会组织。据相关数据统计，政党数量多达300[①]余个。20世纪90年代中叶，伴随着政党的规模和民众的参政积极性的提高，中亚地区的政党制度进入分化与组合的阶段。在此阶段一些政党为了进入议会或者为了扩大自身在议会中现有的影响力，通过组合方式形成新的政党或者是新的政党联盟，由此可见，一股新的政党势力不断地急剧增强，继而致使一些影响力较小的政党逐渐地淡出政界的视野之中。因此，哈国政党在这个分化与组合的阶段对其纷繁复杂的政治党派予以整合分裂，逐渐形成一个数量与局势相对稳定的政党局面：获准登记的政党从过去的300多个骤减至9个——共产党、社会党、人民一致党、民主党、国民大会党等等。据悉，在这个获准登记的政党中占主导地位的是人民一致党、国民大会党和民主党，而反对党则是曾经苏联时期一党独大的共产党。

时至1999年，在司法部核准登记的政党为10个，它们分别是公民党、民主党、共产党、人民合作党、复兴党、人民统一党、人民大

[①] 参考赵常庆《列国志——哈萨克斯坦》，社会科学文献出版社2004年版，第745页。赵常庆研究员将此阶段涌现的政党、运动和组织大致分成了三类：第一类是持社会主义方向的政党，例如社会党、共产党等；第二类是一般民主类型的政党，比如人民一致党、国民大会党；最后一个种类则是以"拉德"运动为代表的民族主义类型的政党。

会党、共和党、共和政治劳动党和社会党①。之后基于政治选举需要，国家政党内部又进行了轮番的分化与组合。伴随着新旧政党出现与淡出政治舞台，最后形成了现在的哈萨克斯坦的政党格局：

根据相关资料②显示，截至2003年10月1日，在司法部核准登记注册的政治党派达到11个：一个部分是在2003年年初，政党重新登记中获准登记的政党（7个），即祖国党、哈萨克斯坦农业党、哈萨克斯坦公民党、哈萨克斯坦共产党、光辉道路党、"农村"社会民主党（阿乌尔）、爱国者党，加上在2003年10月新登记的4个政党——"精神支柱"党、"哈萨克斯坦民主选举"人民党、哈萨克斯坦民主党和"农村"农民社会民主党。这些政党构成了哈萨克斯坦的基本政党政治格局。

二 乌兹别克斯坦——典型的有限多党制

乌兹别克斯坦独立之初党派较多，现获准登记的政党有5个：成立于1991年9月14日的人民民主党，成立于1992年5月14日的祖国进步党，成立于1995年2月17日的公正社会民主党，成立于1995年5月25日的民族复兴党，成立于1998年12月28日的"自我牺牲者"民族民主党。③这5个政党均是拥护总统的政党。经过几十年的发展，乌兹别克斯坦基本上形成了只有少数几个合法政党存在的有限多党政治体制。④

---

① 吴宏伟：《中亚国家政党体制的形成与发展》，《纪念中国社会科学院建院三十周年学术论文集——俄罗斯东欧中亚研究所卷》，经济管理出版社2007年版，第129页。

② 参见赵常庆的《列国志——哈萨克斯坦》，社会科学文献出版社2004年版；吴宏伟《中亚国家政党体制的形成与发展》，《纪念中国社会科学院建院三十周年学术论文集——俄罗斯东欧中亚研究所卷》，经济管理出版社2007年版。

③ 赵常庆主编：《十年巨变——中亚和外高加索卷》，中共党史出版社2004年版，第66页。

④ 吴宏伟：《中亚国家政党体制的形成与发展》，《纪念中国社会科学院建院三十周年学术论文集——俄罗斯东欧中亚研究所卷》，经济管理出版社2007年版，第130页。

三 吉尔吉斯斯坦——无主导普遍多党制

正如前文所提及的 1990 年间，苏联颁布了《苏联社会联合组织法》，这部组织法的出台刺激了吉尔吉斯斯坦民族民主性质的社会运动组织发展。例如，"阿萨巴""阿图尔杜克"等都是当时颇具影响的民主运动组织。

据相关数据显示：1996 年，吉尔吉斯斯坦正式合法登记的政党、运动和团体就多达 550 个。① 该运动此后发生了分化组合，1991—1992 年间由该组织分化出了以下独立的政党："自由吉尔吉斯斯坦党"、"祖国"党和"阿萨巴"党等。根据吉尔吉斯斯坦司法部材料，到 2004 年，登记注册的政党已经达到 30 多个，包括吉尔吉斯农业党、吉尔吉斯斯坦农业劳动党、阿尔纳莫斯党、"吉尔吉斯斯坦民主运动党"、吉尔吉斯斯坦团结党、自由"吉尔吉斯斯坦进步民主党"、吉尔吉斯斯坦"公正"党、吉尔吉斯斯坦社会民主党、"祖国"社会主义党等。②

四 土库曼斯坦——名为多党制实为一党执政

根据土库曼斯坦 1978 年宪法的规定，土库曼共产党是"社会的领导力量和指挥力量"，是国家政权的核心，是唯一合法的执政党，是决定一切问题的主宰力量，其他社会组织必须接受共产党的领导。③ 土库曼共产党在国家生活中起着举足轻重的作用，他有权决定土库曼斯坦的社会、政治、经济和文化发展的方针与规划，此外，还有权制定国内外政策。虽然在土境内先后颁布了《结社法》与宪法等相关的法律与文件，但是在土始终未出现过党派林立的情形，自始至终只有一个从土库曼共产党改建而来拥护总统公开活动的民主党，其政党的实质

---

① 吴茜:《论苏联解体后中亚五国的左翼政党》,《国际论坛》2009 年第 1 期。
② 吴宏伟:《中亚国家政党体制的形成与发展》,《纪念中国社会科学院建院三十周年学术论文集——俄罗斯东欧中亚研究所卷》,经济管理出版社 2007 年版,第 131 页。
③ 施玉宇:《列国志——土库曼斯坦》,社会科学文献出版社 2005 年版,第 81 页。

性质是绝对的左翼政党，该政党的主席是萨·尼亚佐夫。总统尼亚佐夫坚持认为目前土库曼斯坦还不具备实行多党制的条件，因为"当人民还没有准备好，当必然的条件尚未成熟，企图建立一个民主社会，这不仅是一种冒险，还可能是土库曼斯坦人民陷入内战和民主纠纷之中"。① 因此可以说，到目前为止并没有形成多党并存的格局。②

五 塔吉克斯坦——允许宗教性政党的合法存在

据相关数据显示：塔吉克斯坦在独立初期便出现了一股建党热潮，据统计，仅在1991年4月至1997年6月，在塔正式登记注册的社会组织就有300多个，其中包括政党、运动、团体、联合会、组织、同乡会、基金会和协会组织。③ 但是，在1999年8月之前，塔虽有多个宗教性质的政党的存在，但是却不能在境内以法律登记被核准，不具有合法性地位。但在塔吉克斯坦联合武装反对派解散武装后不久，塔吉克斯坦司法部正式解除对反对派政党活动的禁令。④

现有合法政党8个：成立于1991年5月17日的共产党；成立于1994年12月的人民民主党；成立于1990年6月的伊斯兰复兴党；成立于1997年7月的民族统一复兴运动⑤；成立于1996年3月的正义党；成立于1995年1月的人民统一党；成立于1994年4月的政治经济革新党和成立于1995年8月的统一党。

虽然中亚五国的政党制度异彩纷呈，但是其特殊性的背后却还隐藏着国家政党建设的共同危机——政党制度作用小，有待完善。1999

---

① 参见尼亚佐夫《永久中立世代安宁》，东方出版社1996年版，第33页。
② 吴宏伟：《中亚国家政党体制的形成与发展》，《纪念中国社会科学院建院三十周年学术论文集——俄罗斯东欧中亚研究所卷》，经济管理出版社2007年版，第131页。
③ 刘启芸：《列国志——塔吉克斯坦》，社会科学文献出版社2006年版，第87页。
④ 施玉宇：《列国志——土库曼斯坦》，社会科学文献出版社2005年版，第87页。
⑤ 赵常庆：《十年巨变——中亚和外高加索卷》，中共党史出版社2004年版，第66页。

年，哈萨克斯坦实行的议会中政党代表比例制就是采取的措施之一。[①]但是多党政治真正付诸实施成为现实，还有很长的路要走。

第三节 选举制度缺乏广泛性与公正性

一 差额选举流于形式

2000年1月9日，时值乌国的总统大选，当时候选人尽管是时任总统卡里莫夫和人民民主党领导人阿布杜尔哈菲。中亚地区有关总统、议员等国家高级公职人员的选举虽然采用差额选举制，但是在具体选举机制的落实过程中却得不到充分的实现。就差额选举的操作运行来看，往往会流于形式，致使差额选举的结果与直接连任的结果并无较大差异。

以哈萨克斯坦总统选举为例，哈现任总统纳扎尔巴耶夫自1991年起至2011年的总统大选，已经是第四次担任国家总统：1990年4月24日，哈萨克斯坦首次确立总统这一职务，纳扎尔巴耶夫当选国家独立后的首任总统；1991年12月1日，经全民公投，获得连任；1995年，经全民公决延长总统任职期限；1998年10月8日，议会决定于1999年1月10日提前举行总统大选，在本次选举中，纳扎尔巴耶夫再次连任；2011年1月14日，哈议会上下两院联席会议通过会议，支持绝大多数选民动议，举行全民公决将纳扎尔巴耶夫的总统任期延长至2020年。[②]日后总统建议提前举行总统选举，最终在2011年2月4日决定于4月3日举行总统选举。毋庸置疑，总统凭借其在国内政治权威最终获得本次大选的连任。

中亚其他的国家在选举工作中亦存在着这种行为差额选举，实为"等额选举"的现象。甚至有的国家还规定国家总统为不受任期限制的

---

① 赵常庆：《十年巨变——中亚和外高加索卷》，中共党史出版社2004年版，第67页。
② 人民网阿拉木图2011年4月3日电（记者陈志新）。

总统。例如，土库曼斯坦在 2001 年 1 月对宪法进行修改和补充，明确规定萨巴尔穆拉特·尼亚佐夫作为土库曼斯坦首任总统，其任职期限无时间限制。[①]直至 2006 年 12 月，被誉为"土库曼之父"的尼亚佐夫逝世，由土库曼卫生部长古尔班古雷·别尔德穆哈梅多夫继任，并在 2007 年 2 月的选举中成为正式总统后，才终结了尼亚佐夫神话式的强权时期。

二 全民公决成为工具

全民公决起源于古希腊城邦雅典的公民大会，又称全民投票或公民表决，是全体公民对重大问题投票做出决定。全民公决作为一种直接选举制，是更为直接的民主表现形式。在中亚地区亦被广泛运用，但是从中亚政治权力的实践的效果来看，全民公决并非更为民主，而是加强集权的手段之一。中亚国家试图通过全民公投的方式延长总统任期，以达到强化总统职权的目的。

譬如：1995 年，乌兹别克斯坦由于其最高会议任期到 2000 年，总统任期却到 1997 年，基于协调任期的不一致现象，乌于同年 2 月，经最高会议通过了关于就延长总统任期举行全民公决的决议。随后在 3 月以全民公决的方式将总统任期从 1997 年延长至 2000 年，因而总统卡里莫夫的任职期间又延长至 2000 年。类似于这种总统集权的方式在中亚其他国家都普遍存在。

三 选举实施并非平等

中亚五国在有关总统、议员等国家公职人员的选举中坚持直接、平等、秘密的选举原则。虽然选举权的平等性原则似乎已经渗透至国家的基本政治生活之中，但是基于某些候选人先前的功绩、国内的政治威望，使得其他的候选人在竞选中的胜算概率非常之小。这也就存在了一种以总统的个人影响力对抗选举制度的现象。

---

① 施玉宇:《列国志——土库曼斯坦》，社会科学文献出版社 2005 年版，第 68 页。

选举的非平等性还体现在候选人份额的分配的不平等。有些亲总统派的政党倾向于联合，以此来扩充自身的政治力量，继而增加在议会席位的占有率。例如，哈萨克斯坦在2002年11月9日召开的祖国党第四次非常代表会议中，决定吸纳人民合作社党、劳动党和正义党党员。最终，祖国党在2004年秋天举行的议会下院选举中取得了巨大胜利，在新选出的77名议员中有53名是祖国党成员。[①]

中亚五国现在还存在一种现象。独立前的政党与独立后的政党之间具有"连带关系"。有些国家，将独立前的一些党政官员通过任命或者推荐的而非民主选举的方式进入独立后的国家新政治体制之中。这样的选举不仅不利于国家的民主化建设的发展，反而使得选举制度陷入了民主性缺失的困境。

四　选举细节需要改善

有些其他政党或者联盟的参选人士虽然通过层层的筛选成为国家总统的候选人，但是基于前任总统在国内的较高政治权威，致使其他入选的总统候选人获胜的机会近乎渺茫。在总统选举的过程中，候选人通过报刊、广播、电视播放音乐宣传片、树立公益广告牌、组织专项活动、向选民送交投票邀请函等方式增加曝光率、扩大自身的群众基础、提升本人在国内的政治形象和权威地位。虽然有关候选人在总统的竞选中败北，但是无形的精神依赖与民众基础，为这些落选候选人在第二年的议会选举中增加了获胜的筹码。

譬如：于2011年4月3日在哈萨克斯坦举行的总统大选中入围总统大选的四个候选人分别是：由"祖国之光"人民民主党推举的现总统纳扎尔巴耶夫、爱国者党领导人卡西莫夫、共产主义人民党中央委员会书记艾哈迈德别科夫以及自然生态联盟领导人叶列乌西佐夫。[②] 这

[①] 吴宏伟：《中亚国家政党体制的形成与发展》，《纪念中国社会科学院建院三十周年学术论文集——俄罗斯东欧中亚研究所卷》，经济管理出版社2007年版，第136页。

[②] 参见人民网阿拉木图2011年4月3日专稿（记者陈志新）。

三位候选人基于现实的政治威望、资金支持、竞选组织等方面都明显逊色于纳扎尔巴耶夫,故此次哈的总统选举结果可谓是毫无悬念。因此其他候选人将总统的选举作为次年议会选举的跳板,暴露出某些候选人的利己主义倾向——谋官优先,为民谋利退居其次。

除此之外,中亚作为多民族的国家,在某些官员、干部的任用上突出主体民族的地位。根据有关资料的记载,哈萨克斯坦共和国的主体民族,即哈萨克族大约占据本国人口的一半,但是超过80%的哈国的重要领导干部都是由哈萨克族人担任。

中亚地区的领导人已经渐渐地意识到国家选举制度的现状。例如,根据哈萨克斯坦2005的年国情咨文,"2005年的今年8月将进行州、市长试验性民主选举,并分阶段开始区、镇、村等各级行政领导的民主选举"。选举权的实现及其法律保障,首先与选举权主体的法律地位密切相关。反之,在确定主体的法律地位方面,不仅宪法和法律载明的人和公民的权利和自由、国家为保障这些权利和自由而采取的政治、经济、社会、文化和法律等各方面措施具有重要意义,赖以实现这些权利和自由所遵循的基本原则也具有不可替代的重要作用。[①] 因此,将民主渗透至人民基本的政治权利之中,将选举权的抽象性原则融入具有可操作性的制度之中,便显得尤为迫切。

---

① 任允正、于洪君:《独联体国家宪法比较研究》,中国社会科学出版社2001年版,第88页。

下篇

中亚国家宪法文本之分析

第六章

哈萨克斯坦宪法文本分析

第一节　1995年哈萨克斯坦宪法

哈萨克斯坦于1990年10月25日发表《哈萨克苏维埃社会主义共和国国家主权宣言》，这代表着哈萨克向主权国家迈出第一步，宣言中很多内容都表现出哈萨克苏维埃社会主义共和国迫切想要成为一个独立的主权国家的愿望。然而这个主权宣言，还只是一个政治宣言，而不是正式的法律文件。1991年12月10日，哈萨克苏维埃社会主义共和国改名为哈萨克斯坦共和国。1991年12月16日，哈萨克斯坦共和国颁布了《哈萨克斯坦共和国国家独立法》，宣布哈萨克斯坦是一个主权国家，其领土完整不可分割，并且还规定了自己的经济制度和本国的军事力量，由此，哈萨克斯坦共和国独立。

独立后的哈萨克斯坦于1993年1月28日哈萨克斯坦最高苏维埃以记名投票的方式通过了共和国的第一部宪法，然而这部宪法首先在通过方式上就不符合宪法成立的要件，并未经过全民公决。其次，就内容而言在颁布以后一直争议不断，很多人认为该宪法存在很多问题迫切需要修改。如两种语言问题、"双重"国籍问题、国家机制的特征、私有不动产等。再次，1994年3月哈萨克斯坦首次在多党制基础上成立议会，但这届议会成立后，很快就与政府发生摩擦。1994年5月，议会通过"不信任政府社会经济和法律政策的声明"，认为政府无力治理哈萨克斯坦的经济，要求政府下野。与此同时议会又同总统在有关实行土地私有化问题上意见对立，致使哈萨克斯坦要实现市场经济的改革遇到很大阻力。最后，1995年3月纳扎尔巴耶夫总统利用宪法法院判决此届议会为"不合法"的机会，宣布解散议会，从而使总统权力更加集中，并且在1995年4月举行全民公决，修改宪法并将总统任期延长至2000年年底。所以，这是1995年哈萨克斯坦宪法产生的历史背景。

就宪法的基本结构来讲，1995年哈萨克斯坦宪法包括九章，分别为：总则，人和公民，总统，议会，政府，宪法委员会，法院和审判工作，国家的地方管理与地方自治，最后是过渡性条款。

宪法的主要内容包括以下几点：（1）确认哈萨克斯坦共和国是民主、世俗、法制和社会主义国家，其最高价值为人、人的生命、人的权利和自由。（2）哈萨克斯坦国家权力是人民政权，人民是国家政权的唯一源泉，人民既可以通过全民公决或者直接选举的方式行使自己的权利，也可以通过授权国家机关行使自己的权力。并且规定国家政体是总统制，同时实行三权分立的运行机制。（3）哈萨克斯坦共和国宪法第五条规定：哈萨克斯坦共和国承认意识形态和政治的多元化。但不允许将社会制度和国家制度混同，国家机关中不得建立政党组织。同时禁止建立危害国家安全和社会稳定、煽动民族、种族、宗教仇视的政党和社会组织，禁止国际组织资助本共和国的政党和社会组织。（4）宪法第二章人和公民规定了哈萨克斯坦共和国公民的基本权利包括：自由权、平等权、尊严权、知情权、宗教信仰自由权、言论自由权、信仰自由权、结社权、住宅权、迁徙自由权等。（5）宪法第四章确立了由上议院和下议院共同组成的议会制度。并明确了参议院与众议院的职权以及议会任期与开会方式等问题。（6）宪法第五章、第六章、第七章分别明确规定了政府的职权、宪法委员会的组成和职权以及司法机关的权力。

1995年哈萨克斯坦宪法具有以下特点：

第一，第一次明确确认了总统制单一制共和国并确认了总统的最高权力。首先，新宪法规定了所有权力机关都归总统管理和控制。在必要时，总统有权随时解散议会。其次，政党组织将不能再对国家政局进行影响。新宪法虽然允许政党活动存在，但是极大地限制了政党的活动范围。同时规定议院的议员分别从地方机构和各行政区划中产生。

第二，改革了司法系统。在改革过程中，法庭和仲裁庭系统实行了合并。并且设置专章规定宪法委员会，而此前的宪法监督机构为宪法法院。

第三，规定了地方政府的地方及其权限。政府对执行机关系统进行领导，指导它们的活动，独立做出管理方面的决定，同时对经济和社会领域的状况承担全部责任。宪法确认了地方自治制度，地方自治的目的是保障国民能够独立地解决地方问题。

第四，语言问题得到了圆满的解决。宪法第七条规定：哈萨克语为哈萨克斯坦共和国的国语；在国家组织和地方自治机构中，俄语与哈萨克语一样，平等地正式使用；国家要努力为学习和发展哈萨克斯坦人民的各种语言创造条件。

第五，对国有财产和私有财产进行同样的保护。这一条款的意义在于给予各种所有制形式平等的地位。

1995年哈萨克斯坦宪法在该国宪法制度发展历程中，具有重要意义。

首先，推进了哈萨克斯坦民主宪法制度的发展。哈萨克斯坦宪法制度是在继承原苏联法律制度的基础上，同时结合本国国情、融合其他国家的宪政制度而形成的混合宪法制度，可以说它是一部传统的国家法律遗产和外国宪政经验相结合的产物。它系统地确立了公民、社会元素和国家机构的法律地位，已成为个人、社会和政权之间特殊的社会契约。可以说，在世界民主的潮流中也是一种积极因素。

其次，正式确立哈萨克斯坦参议院（上院）和国民大会（下院）的双议会制度，解散了最高苏维埃，为总统权力的进一步扩大扫清了障碍，符合政治发展的现实需要。当然也有质疑之声，认为宪法中的一些条款赋予了总统过高的权力。

最后，确立了符合国情的宪法原则。如第五条第三款规定：禁止建立旨在以暴力改变宪法制度、破坏共和国的完整、危害国家安全以及挑起社会、种族、民族、宗教、阶层和民族仇视的社会组织及其活动，也禁止成立未经法律规定的军事武装。实际上，这一条是统治者借助宪法禁止哥萨克村社和组织的活动。

总之，哈萨克斯坦1995年宪法的内容和目的非常清晰，重点在于确立政治体制模式，表明哈萨克斯坦的政治发展方向，明确规定了要实行总统集权制度。

第二节 1998年哈萨克斯坦宪法

1998年9月30日，纳扎尔巴耶夫总统向议会发表了题为《关于国内形势和国内外政策基本方针：新世纪的社会民主化与经济政治改革》的国情咨文，提出面向21世纪的重要改革设想。为此，他建议对宪法进行必要修改。同年10月7日议会两院联席会议本应对总统提出的宪法修正案进行讨论，但讨论未开始，马日利斯议员科佩便代表两院8名议员宣读了致总统呼吁书，提出了议会版宪法修改方案，主要内容包括：延长议会两院议员任期年限；总统任期由5年延长至7年；在一定条件下，议会有权决定提前结束总统任期以及提前举行总统大选等。同时，有些议员公开指责纳扎尔巴耶夫任人唯亲，利用亲信和家族成员营私舞弊，有的议员甚至提出弹劾纳扎尔巴耶夫。纳扎尔巴耶夫总统对议员的这些举动始料未及，但他仍然表示尊重议会决定。为尽快消除危机，总统与议会两院进行紧急磋商，决定议会上院、下院和总统三方各派3名代表组成9人协调小组，负责讨论和制订三方都能接受的宪法修正案。最后达成的妥协方案于当日经议会两院表决后通过，成为1995年宪法的第一次修正案，同时决定于1999年1月10日提前举行新一届总统选举。

1998年哈萨克斯坦宪法的基本结构与1995年宪法相同，依旧共分为九章。

修改内容主要包括：

第一,删除第二章原三十三条第四款中国家公职人员的年龄限制。

第二,修改第三章第四十一条关于总统任期的规定,将"5年"改为"7年"。修改了对总统年龄的限制,将"不小于35岁和不大于65岁"改为"应不小于40岁"。删除第四款:共和国总统的非例行选举应按照宪法第四十八条第一款规定的情况和期限进行。第五款变为第四款,并删除:如果有百分之五十以上的选民参加投票,选举即被认为有效。

第三,修改第四十二条关于总统宣誓的规定。原条款为:在非例行选举中当选总统的宣誓,在选举结果公布后的一个月内进行。现条款为:根据本宪法第四十八条规定,获得哈萨克斯坦共和国总统权限的公民从获得共和国总统职权之日起一个月内进行总统宣誓。

第四,第四十四条第七款修改为:任命共和国预算执行情况财务检查委员会主席和两位成员,任期5年。增加了两位成员。

第五,进一步补充和完善第四十八条:增加"众议院议长不能行使总统职能时,由共和国总理行使总统职能。行使总统职能的参议院议长、众议院议长、共和国总理将放弃原在参议院议长、众议院议长和总理职务。在此情况下,空缺的国家职务由宪法规定补缺"。第二款直接修改为:因本宪法本条第一项原因行使哈萨克斯坦共和国总统权限的公民无权修改和补充哈萨克斯共和国宪法。

第六,删除第四十九条第二款中关于议会任期的规定。

第七,修改第五十条第三款关于众议院的组成,组成人员由原来的66人变为76人,增加了10名代表,并规定10名代表由根据政党名单,按照对应比例和全民族选区地域选举。删除第五款关于议员职权期的规定。

第八,将第五十一条中关于参议员改选的间隔扩大一年。第五款更加明确了议员的选举方式,获得本选区超过百分之五十的选民选票或者在本选区内作为唯一参选人,则被认为是相关州、国家及城市和共和国首都所有代表机构议员联席会议候选人。如果没有人获得规定票数,则在相关选区将获得票数最多两人间进行二次选举。获票数多的参选人成为候选人。议员席位按照众议院选举结果，并参照获得百分之七以上参加投票公民的政党名单分配。参议院选举在选民投票人数超过应投票人数的百分之五十方有效。共和国众议院议员选举按照宪法法律进行。

第九，删除第五十二条第三款中"在议会议员的权力被终止或任期结束时，不保证恢复其原有的工作（职务）。"

第十，第五十六条众议院职权中删除了关于"非例行选举"的规定。

第十一，第五十七条参议员职权中，增加了关于总统拒绝政府成员职务解除意见书的规定：如果共和国总统拒绝该意见书，超过议员总人数三分之二的多数议员有权在6个月后再次提请政府成员职务解除意见书。该情况下总统解除政府成员职务。

第十二，第六十八条第一款修改为：政府成员在自身权限范围内独立通过相关决议，并对政府总理就自身国家机关职务承担工作责任。政府成员如不同意政府采用政策或不执行时，影响政府提交辞呈或被解除职务。

第十三，第七十五条增加了"根据法律，刑事诉讼在陪审员参与下进行"。

第十四，第八十二条第四款增加最高司法委员会的规定，要求"最高司法委员会由共和国总统领导，并被指定为主席"。

第十五，第八十七条第四款增加了行政长官产生的方式：或由哈萨克斯坦共和国总统制定的选举法令选举产生。

第十六，第九十一条第一款增加关于总统否决议会就举行修改宪法的全民公决提议书的规定：如果共和国总统否决议会就举行修改宪法的全民公决提议书，议会在超过议会总人数五分之四投票通过的话可对宪法进行修正。这种情况下，总统签署该法律或进行全民公投。如果参加公投人数超过应投票人数半数以上，全民公投则被认为是合法的。如果全民公投超过半数以上通过公投中宪法修改与补充，则该宪法的修改与补充被认为有效。

第十七，第九十四条规定了如何终止总统任期，以及下次总统选举的日期：经哈萨克斯坦共和国总统同意，现任总统任期，在举行议会联席会议超过多数同意后，由议会颁发法令可被终止。该情况下众议院宣布在一个月之内进行哈萨克斯坦共和国总统选举。选举后的共和国总统在公布选举结果后一个月内宣誓，并开始行使共和国总统权力，下次总统选举日期为七年后12月的第一个星期日。

第十八，第九十五条新增一款规定了众议员在政党名单产生何时生效：哈萨克斯坦共和国宪法关于众议院议员在政党名单产生的规定在第二届众议院议员选举时生效。

1998年哈萨克斯坦宪法修改的主要特点在于：（1）放宽了国家公职人员的年龄限制。（2）放宽了总统选举的条件，延长了总统任期，并且总统任职年龄不再有上限。（3）进一步完善议会制度。删除了关于议会任期的规定，对众议院议长不能行使总统职权时的规定。众议院中增加了10个党政人员名额，完善了议员选举方式，并扩大了议员的权力，当总统拒绝解除政府成员职务意见书时，参议员可以按照宪法规定，再次提交申请总统请求其解除。（4）增加了政府成员的责任。（5）在刑事诉讼中增加了陪审员的规定，并增加了最高司法委员会的设立，其由总统领导并担任主席。（6）增加了一项总统职能，规定其可以任命行政长官，以此进一步加强总统对地方的管理与控制。（7）对总统职权进行了一定限制。对总统否决修宪的全民公决提议书和如何终止总统任期进行了详细规定。

总地来讲，1998年哈萨克斯坦宪法共修改了18项内容，这些内容虽然涉及议会、司法和行政等多个方面，但其最终目的是为了加强总统的权力。首先通过放宽总统任职的年龄限制使总统能够取得终身任职的权限，并且延长了总统任职的期限。在修正案中对议会内容修改实际上也是使得总统能更加容易掌控议会。在司法方面增加了最高司法委员会并规定其由总统领导，并担任主席，也是进一步加强了总统对司法权的控制。1999年1月，纳扎尔巴耶夫获连任。2000年6月22日，纳扎尔巴耶夫借总统权限法案，被议会赋予"终身特殊权力"，其享有领导人民议会、对未来总统和政府要员的人选提出建议的权力等，总统权力进一步集中。2005年，纳扎尔巴耶夫再次以91.15%的支持率连任总统成功。

此次宪法修改，扩大了总统的权力，压缩了议会的活动空间，议会的权限仅限于立法权，总统的权力凌驾于三权之上，呈现了一种"大总统、小议会制"的发展模式，推动了哈萨克斯坦宪法体制向超级总统制更为发展。

第三节 2007年哈萨克斯坦宪法

2007年5月16日，纳扎尔巴耶夫总统在议会上下两院联席会议上发表《哈萨克斯坦民主化的新阶段——加速发展自由和民主社会》演讲，建议在坚持"先经济后政治"原则的同时，根据变化了的新形势修改宪法，加快国家政治改革，促进民主发展。他具体提出七个方面的改革措施：一是扩大议会职能，将政体从总统制向"总统—议会制"转化；二是加强政党作用；三是发展地方自治；四是完善司法体系；五是保障民族和谐，加强人民大会的作用；六是发展公民社会；七是加强公民的人权和自由。同年5月16日和21日，哈萨克斯坦议会经过两次审议，通过了纳扎尔巴耶夫总统提交的宪法修改和补充法案。

哈萨克斯坦2007年宪法的基本结构与1998年宪法相同，仍然为九章。

宪法修改的主要内容为：第一，修改第五十五条众议院的专有管辖权，删除众议院依据共和国立法提前终止地方代表机构的权力。第二，删除第六十七条第二款总理提交施政纲领报告的规定：在被任命之后的一个月内，向议会提交关于政府施政纲领的报告，如果被驳回，则在此后的两个月内重新提出施政纲领报告；第三，删除第八十四条刑事案件中关于预审的规定。第四，第九十四条增加一款关于总统任期的规定：宪法四十一条第一款对共和国总统任期的规定，适用于因七年总统到期而于2005年12月4日选举的共和国总统。第五，第四十一条第三款增加一项内容：共和国总统的非例行选举由共和国总统决议宣布,需根据宪法法律规定选举的日期和流程。

宪法修改的主要特点,一是规范了宪法立法内容,删除了不属于宪法范畴关于刑事案件预审的规定;二是总统任期延长。重新增加了总统非例行选举的规定,正式授予总统纳扎尔巴耶夫无限期总统的权力;三是限制了众议院的专有管辖权不能对地方代表机构进行限制。

2007年宪法修改在哈萨克斯坦宪法发展史上具有重要意义,实际上是宪法体制由总统制向"总统—议会"制的过渡,而且这一演变过程充满了各种政治力量的较量、妥协和政治平衡。

2007年宪法修正案,一方面确立了总统的无限任期,另一方面力图对总统的政治影响力进行限制。修正案规定自2012年起总统任期从7年缩至5年,并正式授予纳扎尔巴耶夫总统无限期总统的权力。但实际上,由于总统对执政党的操控使得哈萨克斯坦政党政治与议会均处于总统的控制之下。同时,哈萨克斯坦议会提议提前举行哈萨克斯坦议会选举,把哈萨克斯坦议会的上院和下院的议员总数在原有116席的基础上,增加了38席,使议会的议员总数到达154席。为防止议员席位的过度集中,2007年宪法还对议席进行重新调整。例如,在哈萨克斯坦下院议员议席名额中的98名议席名额须按照各政党的比例代表制、分配给在大选中获得超过百分之七选票率的政党,由这些政党选举产生,其余的议席名额则由民族大会举荐代表出任,体现出议员构成的多元化。

2007年宪法修改也是对议会制度的完善和改革,强化了议会对总统权力的制衡。比如,建立比例选举体制;将部分总统权力移交给议会;由多数党组成政府;将立法提案权赋予议会;建立乡级、市级、区级与农村居民点一级的议会;确定政府不只对总统负责,同时也对议会负责。同时,该宪法还特别强调,议会下院的多数政党有权组阁政府。这表明,2007年宪法在总统权力和议会权力制衡问题有向议会倾斜的倾向,以限制总统权力的过度膨胀,这是哈萨克斯坦总统制宪法政体的重大民主性变化。

第四节 2011年哈萨克斯坦宪法

2007年宪法修改后,哈萨克斯坦又酝酿对宪法进行修改。在2011年宪法修正案打破了总统和议会之间权力平衡,给予纳扎尔巴耶夫总统"民族领袖"的称号,并规定纳扎尔巴耶夫作为"民族领袖"的几项特殊权利,如他在任期间的各项活动不承担一切行政和刑事责任,其本人和其家庭成员的财产受到法律保护等。

2011年1月31日,纳扎尔巴耶夫总统突然宣布提前举行总统选举,并向全国发表电视讲话,他解释说,提前举行总统选举是根据哈萨克斯坦的国内外情势需要进行的,符合哈萨克斯坦宪法的精神,尽管他本人缩短了两年的总统任期,但出于国家大局的需要,也必须这样做,以体现民主的精神。

2011年哈萨克斯坦宪法的基本结构与2007年宪法相比没有变化。

修宪的主要内容,是增加了对总统的非例行选举的规定。规定共和国总统的非例行选举由共和国总统决议宣布,需根据宪法法律规定选举的日期和流程。宪法修改的主要目的是正式将纳扎尔巴耶夫的总统任期延长至2020年。

2011年哈萨克斯坦宪法修改的宪法制度化意义,在于打破了总统与议会平衡的宪法体制,形成了具有哈萨克斯坦政治特色的新总统制。哈萨克斯坦宪法经过了四次修改,至此总统掌握了对国家各方面事务的广泛权力,哈萨克斯坦的超级总统制最终得到确立。只有总统能启动宪法修正案、任命和解散政府、解散议会、任命各地区和城市行政长官等。议会仅保留非常有限的权力,尽管目前该国约有9个政党,大致可划分为两大阵营:亲总统派和反对派。尽管政党的数量众多,但却从未在选举中独立发挥重要影响。哈萨克斯坦总统在国家的政治发展中具有权威地位。

哈萨克斯坦的政治体制是高度集权的威权主义政体。在国家运作中,核心权力主体由三部分组成:总统办公厅、内阁首长和安全委员会秘书处。总统处于政策制定的主导地位，与内阁部长、安全委员会协同运作。内阁部长对社会经济政策制定的过程中拥有一定的影响力，安全委员会在反腐败活动中发挥重要作用。另外，国家民主化委员会也发挥着越来越重要的作用，成员包括议员、政党领袖、公众代表、政府代表，工作机制以协商一致为特点。

所以，哈萨克斯坦的宪法民主化进程是复杂、曲折的，对其评价也不能简单绝对以偏概全。我们既不能否认哈萨克斯坦自独立以来在民主宪法制度和民主观念建设方面的进步；也要看到这种总统威权主义体制对民主的破坏，同时也要看到威权政治具有一定的社会基础和现实需要。只有二者不断协调，在相互冲突和相互制约中，哈萨克斯坦的民主才能不断进步，健康发展。

第七章

吉尔吉斯斯坦宪法文本分析

第一节　1994年吉尔吉斯斯坦宪法

1991年8月31日吉尔吉斯斯坦宣布独立到1994年9月，吉尔吉斯斯坦议会是自苏联时期沿袭下来的一院制最高苏维埃。第一届议会于1990年2月25日通过选举产生，并于1993年5月5日制定了宪法。1994年9月，吉尔吉斯斯坦最高苏维埃因"已完成其历史使命"而提前自行解散。依照同年10月22日举行的全民公决的决定，吉尔吉斯斯坦修改宪法，设立两院制议会——最高议会，最高议会由立法议会和人民代表会议组成，立法议会为下院，人民代表会议为上院。

从苏联体制脱离出来的吉尔吉斯斯坦1994年宪法，主要在两个方面对1993年制定的宪法做了修改：一是确立了全民公决制度，可把国家生活中的重要问题提交全民公决；二是成立了两院制议会。吉尔吉斯共和国立法机关——最高议会，并分为两院制体制：立法议会由35位经选举长期、并代表全共和国人民利益的议员组成；人民代表会议由70位现职，并代表区域利益的议员组成。

设立两院制议会，使之互相牵制，在宪法制度民主化方面是一个进步。过去统一的热戈尔库·凯涅什（最高会议）被分为立法会议和人民代表会议两院，立法会议作为常设机构代表全国利益，人民代表会议代表地方利益，在代表性上更全面更充分了。同时，两院制也增强了议会运行的民主监督和民主制衡，是立法权的行使和重大事项的决定更加符合民主原则。

第二节　1996年吉尔吉斯斯坦宪法

1996年2月10日，吉尔吉斯斯坦举行全民公决，对宪法进行了重大修改和补充。吉尔吉斯斯坦一向被西方称赞为"中亚民主典范"，但在中亚各国相继采取措施延长总统任期、加强总统权力之后，也决定步其后尘。1995年年底，吉尔吉斯斯坦提前进行了总统选举，确立了阿卡耶夫其后5年的总统地位，这次的全民公决又为确立总统管理体制，扩大总统权限奠定了宪法基础。阿卡耶夫总统的权限虽小于哈总统纳扎尔巴耶夫，却大于俄总统叶利钦，他自称是类似于法国总统的权限。

吉尔吉斯斯坦1996年宪法在基本结构上与1994年宪法相同，分为吉尔吉斯共和国、公民、总统、最高议会、行政权五个部分。

这次修宪幅度较大，覆盖面广，主要内容包括：

1. 将第一章吉尔吉斯共和国 第一节总则 第一条 第六款中的"最高议会代表以及他们在地方自治机关的代表。"修改为"最高议会的立法议会和最高议会人民代表会议以及它们在地方自治机关的代表。"

2. 将货币的单位定为索姆。

3. 修改了第一章吉尔吉斯共和国 第二节国家的体制与活动 第七条，弱化了三权分立的表述，增加了最高议会人民代表会议这一权力机关。

4. 将第八、九、十条中的"最高议会"的表述修改成为"立法议会"。

5. 修改了第十一条，将共和国预算议案的批准权交给了人民代表大会。并增加了一条"关于新的税收或降低纳税人状况的法律不具有追溯效力"。

6. 修改第四十二条，增加了"吉尔吉斯共和国总统是最高领导"且"吉尔吉斯共和国总统是国家权力和人民的统一象征，吉尔吉斯共和国宪法、公民与人的权利和自由的保护者"的表述。

7. 修改第四十五条，总统宣读誓词条件增加了需要人民代表大会成员的出席。

8. 修改第四十六条，增加了总统的职权范围，并且将原本属于最高议会的多数事务交由给人民代表大会。

9. 第四十七条，增加了对于总统权力的保障，"吉尔吉斯共和国总统颁布法令和命令；总统颁发的法令和命令必须在吉尔吉斯共和国境内执行。"

10. 修改第四十八条，将总统签署国际条约这一权力的转交对象修改为，总理、政府成员和其他官员。

11. 修改第四十九条，增加了总统的荣誉和尊严的法律保护，并且增加了"吉尔吉斯共和国总统以及家人的保障、服务和安保由国家支出"。

12. 修改第五十一条，加大了对总统弹劾的条件的限制，"立法议会对吉尔吉斯共和国总统的弹劾案必须经不少于代表总数三分之二的多数票通过，并在立法议会委派的特殊委员会结论基础上方可通过；如吉尔吉斯共和国宪法法院关于立法议会对总统弹劾案持否定意见，则立法议会将被解散。"

13. 修改第五十二条，总统不能履行职权时，将权利可以交由总理行使而不是最高会议主席，同时限定：代理吉尔吉斯共和国总统权力的总理无权解散立法议会和人民代表大会，宣布公决，终止政府职权，同时也无权对吉尔吉斯共和国宪法的修正和做补充提案。

14. 修改第五十四条，设立两院制议会，使之互相牵制。过去统一的最高议会被分为立法会议和人民代表会议两院。立法会议由35名议员组成，作为常设机构代表全国利益，人民代表会议由70名代表组成，代表地方利益。

15. 修改第五十五条、第五十六条，规定了立法议会和人民代表大会代表召开的程序性规定同时对成员资格条件，以及各种限制性条件做出了规定。

16. 修改第五十七条，增加了人民代表大会代表的质询权"最高议会立法议会议员和人民代表大会代表有权向国家行政机关和负责人员提出质询。这些机关和负责人员必须于10日内就质询做出答复。"

17. 修改第五十八条、第五十九条，将原有的最高议会的管理事务划分为了：最高议会立法议会管理的事和最高议会人民代表大会管理的事务两个方面，细化了各项事务的管理权限范围。让二者之间相互制约。在涉及税收、金融和关税调整、银行活动、批准或否决国际条约等问题时，如果人民代表会议没有以半数以上通过立法会议的提案，则立法会议必须以 2/3 以的票数重新做出决定。同样，在涉及批准国家预算和决定行政区划等问题时，立法会议没有通过人民代表会议的提案，则人民代表会议要以 2/3 以上的票数重新做出决定。

18. 修改第六十条，规定了两院分别选举各自的主席、副主席等，并且按照各自议会和大会内部规定并签署有各自议会和大会通过的决议。两院的副主席由不记名投票产生，按照主席授权行使其职权。在主席缺席情况下主持工作。

19. 修改第六十二条，增加了关于立法议会和人民代表大会的工作的规定，"立法议会的日常工作是以大会形式体现。立法议会大会从每年 9 月第一个工作到次年 6 月最后一个工作起内每年召开一次。人民代表大会的日常工作是以会议形式体现。人民代表大会每年不少于两次。两院大会在到场人数占总人数的三分之二以上方被认为有效。"

20. 修改第六十三条，增加了立法议会或人民代表大会的解散情况。

21. 修改第六十四、第六十五条，增加了关于共和国宪法补充修改和共和国法律签署的一些规定。

22. 修改第六十八条，规定两院可以将立法权移交给总统，这是新增的条款。

23. 修改第七十条，新增"从新一任吉尔吉斯共和国总统就职起，上届政府应交出吉尔吉斯共和国政府权限。吉尔吉斯共和国总理、政府或政府成员有权递交辞呈，吉尔吉斯共和国总统可以接受也可以拒绝。接受吉尔吉斯共和国总理辞呈意味着吉尔吉斯共和国政府全部辞职。这种情况下，吉尔吉斯共和国总统可授权政府行使职权到新一届政府组建。"

24. 修改第七十一条，新增了关于总理任命的规定。主要是基于人民代表大会的权力。

25. 修改第七十二条，新增了总理向立法议会和人民代表大会呈交政府工作年度报告。

26. 修改第七十三条，修改了行使国家管理权限的主体，除宪法规定吉尔吉斯共和国总统和最高议会权限外，吉尔吉斯共和国政府解决国家管理的所有问题。且政府听取各部委、行政机关、地方行政长官的工作报告，撤销违反吉尔吉斯共和国法律的命令。

27. 修改第七十七条，强调了地方行政机关的权限范围，需遵从法律，且必须在其行政区域内行使。

28. 修改第七十八条，新增了一节，阐述检察院的权力，在其职权范围内，对立法的准确监督和统一实施由吉尔吉斯共和国检察院完成。在法律权限范围内，检察机关开展刑事起诉，参与法院诉讼。

29. 修改第八十一条，新增了法官解除职务的几种情形。地方法院法官也可因未通过相关资质考试而解除其职务。吉尔吉斯共和国宪法法院法官可由吉尔吉斯共和国总统提议并经吉尔吉斯共和国两院不少于总数三分之二投票通过提议而被解除职务。吉尔吉斯共和国最高法院和最高仲裁法院法官可由吉尔吉斯共和国总统提议并经吉尔吉斯共和国人民代表大会不少于总数三分之二投票通过提议而被解除职务。

30. 修改第九十一条、第九十三条、第九十四条新增了地方自治的规定，吉尔吉斯共和国地方自治是在法律范畴内，地方社会采取对地方事务负责的态度实施完成的。吉尔吉斯共和国地方自治是依照法律规定，通过地方议会和其他公民自行成立的机关共同管理的。地方自治机关对市政财产享有拥有权、使用权和处置权。地方自治机关可以在必要情况下转移部分国家权力归属的物力，财力和其他资源。其转让部分由地方自治机关对公众负责。

31. 修改第九十五条，新增了地方议会的负责对象，地方议会和其他地方自治机关就遵循法律法规方面对国家负责，就工作成绩对当地民众负责。

32. 将第九十六条修改为，对于宪法的补充修改由吉尔吉斯共和国宪法法院决议，立法议会和人民代表大会来进行负责。

这次修宪的主要特点有：

第一，确立总统管理体制。吉原宪法把国家政权的原则规定为：立法、行政和司法三权分立；民选总统作为国家首脑是宪法牢固和国家政权统一的保障；政权分为国家政权和地方自我管理。国家政权具体表现为立法——最高会议；行政——政府和地方国家行政；司法——宪法法院、最高法院、最高仲裁院、法院和司法体系的法官。修改后的宪法把国家政权的原则规定为："民选国家首脑——吉尔吉斯斯坦共和国总统——所代表和保障的人民政权至高无上；国家政权分为立法、行政和司法，它们行使各自的职权又互相协作；国家机构对人民负责并为人民的利益各司其职；国家政权与地方自我管理分清职能。"国家政权的表现和实施为：总统、最高会议、政府与地方行政、司法机构。强调"总统是吉尔吉斯斯坦共和国的最高负责人"。

第二，扩大了总统权力。一是总统在一定程度上可以控制议会。修改后的宪法规定，总统有权提前召开立法会议和人民代表会议并确定会议的议题；有权驳回议会通过的法律草案；有权提出全民公决，或根据30万以上选民的提议，或根据最高会议多数代表的提议举行全民公决；有权指定中央选举委员会或全民公决委员会的主席及1/3委员、指定审计院主席及1/3听审员；有权根据全民公决的结果、议会三次否决关于总理的提名或议会与国家其他政权机构发生不可调和矛盾等情况解散议会。二是总统拥有一定的立法权。根据修改的宪法条例规定，总统可以向议会提交立法草案；可以驳回议会的法律草案要求复审；可以由议会授权行使为期一年的立法权；当议会的两院都被解散时立法权归总统；总统颁布的经济法令具有法律效力。三是总统的行政管理权进一步扩大。总统无须经议会确认而决定政府体制；政府成员不再由总理提名、议会通过，而是由总统征求总理的意见后任免；总统无须经议会同意可以要求总理或政府辞职；经地方议会同意可任免直至区县级的地方行政官员；确定国务秘书及其职权范围；组织总统行政厅；组织和管理政府外的执行机构；组织和领导国家安全委员会和其他协调机构；组织领导国家近卫军；领导国家外交事务并签署被批准的外交文件；有权决定金融问题并批准基金会；制定国家的内外政策。四是弹劾总统的程序十分复杂。弹劾总统的动议必须由立法会议的多数议员提出，在立法会议专门委员会所作结论的基础上，经立法会议 2/3 以上议员通过，人民代表会议在接到提案后 2 个月内以 2/3 以上的多数对弹劾总统的提案做出决议；如果人民代表会议在 2 个月内没有做出决议，则表明该提案没有被通过；如果弹劾总统的提议被宪法法院驳回，则立法会议自行解散。

第三，限制立法机构权力。一是设立两院制议会，使之互相牵制。过去统一的热戈尔库·凯涅什（最高会议）被分为立法会议和人民代表会议两院，立法会议由 35 名议员组成，作为常设机构代表全国利益，人民代表会议由 70 名代表组成，代表地方利益。立法会议从每年 9 月的第一个工作日起到次年 6 月的最后一个工作日止进行工作（7—8 月为休假期）；而人民代表会议则每年召开两次以上会议。在涉及税收、金融和关税调整、银行活动、批准或否决国际条约等问题时，如果人民代表会议没有以半数以上通过立法会议的提案，则立法会议必须以 2/3 以上的票数重新作出决定。同样，在涉及批准国家预算和决定行政区划等问题时，立法会议没有通过人民代表会议的提案，则人民代表会议要以 2/3 以上的票数重新做出决定。二是取消了议会确定国家内外政策基本方向、组织选举委员会、全民公决和确认政府组成体制的权力，并把这些权力移交给了总统；两院都只能选举产生的中央选举委员会委员和 1/3 审计委员会的听审员。三是两院议员都不能担任国家公职，立法会议的议员甚至无权从事经营活动。

第四，提高政府部门地位。一是按原宪法规定，总统因故缺任时，由议长代理总统职权，而修改后的宪法将这一权力转交给了总理。二是议会在提交国家预算法草案前必须经政府同意；只有在政府同意的基础上才能通过关于减少收入、增加开支的草案或修改案。三是议会提交对政府的不信任案必须经人民代表会议 2/3 以上的议员通过，总统可以宣布总理辞职，也可以不同意议会的决议；如果议会在 3 个月内再次提出对政府的不信任案,总统或者要求总理辞职,或者解散议会。四是扩大了地方自我管理机构的权力,它们可以拥有自行占有、使用和分配的公共财产;地方自我管理机构与国家政权机构之间的关系由法律调节,而不是由行政命令调节;地方自我管理机构和代表会议在国家面前对法律负责,在公众面前对自己的行为结果负责。

1996年宪法修改是吉尔吉斯斯坦在政治上走向成熟的一个标志。吉尔吉斯斯坦独立后,按西方民主社会的模式建立了三权分立的政权体制,但随之而来的是各权力机构间的扯皮和纷争,尤其是本届议会产生以来,议员更关心的是自己的房子、车子和票子,只通过了24个法律文件,而且其中还有几个法律是仅仅作了一些修改和补充,尚有120多个重要的法律草案,迟迟不予通过,严重滞后于转轨时期政治、经济体制变革的发展需要。总统的意图得不到贯彻,政令的执行不畅。用阿卡耶夫自己的话来说,他这个总统如大不列颠国王,形同虚设。为改变这一局面,而采取了此次修宪这一重大步骤。

此次修宪最重要的意义,一是整合了国家权力体系,提高了工作效率。通过扩大总统权力,限制议会纷争,增强了政府对社会管理的控制力;二是呼应了社会期待稳定的呼声和要求,符合国家政治发展的实际需要。

第三节 1998年吉尔吉斯斯坦宪法

吉尔吉斯斯坦自1993年第一部宪法颁布以后,便致力于宪政建设改革,以建立"中亚民主岛"为其政治转型的目标。1998年10月又经过公民投票进行宪法修正,这是该国独立后的第三部宪法。包括增加下议院的议员人数、减少上议院的议员人数、25%的下议院议员由政党比例代表产生、缩减国会言论免责权、引入私有财产制、禁止立法限制言论与大众传播自由、与政府预算改革等。

吉尔吉斯1998年宪法同1996年宪法的基本结构一样,也是分为吉尔吉斯共和国、公民、总统、最高议会、行政权五个部分。

1998年修宪的主要内容为：

1. 修改第四条，相较于之前条文规定，承认财产的多样性，并且承认土地可以是多形式所有制形式。土地所有者的权限范围和保障内容由相关法律规定。

2. 修改第五十四条，立法议会的成员人数由35名改为了60名，人民代表会议人员人数由70名改成45名。且立法议会和人民代表大会议员选举程序由相关法律规定，而不再由宪法法律规定。

3. 修改第五十六条，增加了立法议会议员和人民代表大会代表在其任期内因表述自己言行或在其权限范围内投票情况下，不得被拘留或被逮捕。且增加了几种立法会议议员被剥夺资格的情况。

4. 修改第六十五条，关于共和国财政法律、增加或取消税收草案、税收豁免草案、国家财政义务修正草案以及其他国家收入减少或支出增多、并由国家财政承担的修正草案只能由经政府同意后方可通过。且，增加了一条，不允许制定限制言论与出版自由的法律。

5. 修改第八十五条，取消了地方长老法庭，只保留了仲裁法庭。

此次宪法修改的主要特点，一是议会人数变化。增加下议院的议员人数、减少上议院的议员人数；二是限制了政党议员的比例，25%的下议院议员由政党比例代表产生；三是缩减国会言论免责权；四是引入私有财产制；五是保护言论自由，禁止立法限制言论与大众传播自由；六是进行政府预算改革。

吉尔吉斯斯坦1998年宪法修改虽然条文修改不多，但宪法意义重要。一方面，通过议会改革规范了议会运作，为权力统一运行构造了条件；另一方面，加强了对公民土地私有权和言论自由、新闻自由权利的法律保护，具有重要的宪法民主意义。

第四节　2003年吉尔吉斯斯坦宪法

一　修宪背景

2000年10月，在有世界人权组织、美国议员和欧安组织观察员监督的总统选举中，阿卡耶夫蝉联总统，但被指责在大选中舞弊。反对者包围了铁路干线，还在政府办公大楼前设置障碍。不久，阿卡耶夫的主要反对者、前副总统费里克斯·库洛夫就被逮捕入狱，并于2001年1月被比什凯克法院以其担任安全部长期间滥用职权为由判处7年徒刑。

2002年，反对派的活动进入一个新的高潮。当年5月，吉尔吉斯斯坦政府和中国签订了边界条约，将有争议的山区地带作三七开，七分留给吉尔吉斯斯坦，三分（大约9万公顷土地）划给中国。反对派认为，边界协议将重要的冰川拱手让人，而这个冰川是数条河流的发源地。正是在反对派的怂恿和煽动下，吉南部与中国接壤地区的一些居民走上街头游行示威，反对政府签署这项边界条约。另外，2002年年初，吉议会下院反对派议员别克纳扎罗夫因1995年在贾拉拉巴德州担任检察官期间滥用职权问题被逮捕。其支持者2002年3月17日在贾拉拉巴德州阿克瑟区区政府和所属村庄等地组织大规模群众集会。人群阻断交通，攻占区政府所在地，并与警方发生激烈冲突，导致5名当地居民中弹身亡。吉当局被迫将别克纳扎罗夫假释，总理巴基耶夫也因此次流血事件而引咎辞职。

2003年2月2日，吉尔吉斯斯坦再次举行全民公决，以压倒多数通过了宪法修改草案。

二 主要内容

2003年吉尔吉斯斯坦宪法同1998年宪法在基本结构上没有变化，也是分为吉尔吉斯共和国、公民、总统、最高议会、行政权五个部分。

此次修改宪法的主要内容：

1. 修改第一条，强调了吉尔吉斯共和国（吉尔吉斯斯坦）是主权、单一、民主、共和制，并建立在法律和精神基础上的国家。

2. 修改第五条，国家官方语言确定为俄语。

3. 修改第七条，国家权利实施的代表取消了宪法法院和最高仲裁法院。

4.修改第八条,强调了宗教与国家以单独形式存在,并且在法律面前平等,禁止对人类尊严践踏以及与人类原则相背驰的宗教传播与宣传。

5.修改第九条,否认了"吉尔吉斯共和国谋求普遍而公正的和平、互利合作以及用和平方式解决全球性和地区性问题,恪守国际法公认原则",取而代之的条款是"禁止破坏人民共同和平生活的行为、引发国际战争或民族间、宗教间仇视情绪的相关活动和宣传"。

6.修改第十一条,将吉尔吉斯共和国境内税收制定权归属于吉尔吉斯共和国最高议会,同时预算外基金的执行情况不在归吉尔吉斯共和国最高议会批准。

7.修改第十五条,强调了男女平等,增加了"一句吉尔吉斯共和国男性与女性享有同等自由权利。"

8.修改第十六条,重新阐述了吉尔吉斯斯坦公民的各项权利,更细致,更具有体系。

9.修改第十八条,取消了死刑制度。

10.修改第十九条,新增了根据相关法律规定在特殊情况下,为了国家需要可以以提前、等价形式征取他人财物。扩大了国家的权力。

11.修改第二十二条,新增了国家、机关、地方自治机关和官员不能超出自己权限。

12.修改第二十四条,新增了关于免除或替代服兵役的理由和程序由相关法律规定。

13.修改第三十八条,新增了法庭外关于公民维权的争议解决可以通过仲裁法庭。仲裁法庭的相关权限、程序、组建和活动内容由相关法律规定。

14.修改第四十条,新增了几个条款使公民在法律规定内律师援助是免费的,并规定吉尔吉斯共和国人权与自由实行的监督由吉尔吉斯共和国监察院完成的,监察院的选举与权限由相关法律制定。

15.修改第四十六条,吉尔吉斯共和国总统确定吉尔吉斯共和国政府机构,还需要由吉尔吉斯共和国最高议会确认。总统对总理的任命需要得到吉尔吉斯共和国最高议会的确认，而不再是人民代表大会；根据总理提名，并经过吉尔吉斯共和国最高议会同意任命和解除政府成员；由总理提名任命和解除行政部门领导职务；接受总理、政府或其部分成员的辞呈；根据自己提议解除吉尔吉斯共和国总理职务或行政部门领导职权；根据吉尔吉斯共和国总理提议，并经过地方议会同意任命或解除地方行政长官职务；组建或解散国家安全机构；组建或解散未进入政府组成部分的执行机关。

16. 修改第五十三条，增加了对前任总统的权利的保障，同时对其配偶和子女都具有同样的保障宪法条文。

17. 修改第十四条，新增了关于最高议会成员任职及任期的规定，吉尔吉斯共和国最高议会的议员候选人由政党提名或由个人自行推选。吉尔吉斯共和国最高议会议员选举按照平等、直接和无记名形式进行。吉尔吉斯共和国最高议会议员的选举过程由相关法律规定。下届吉尔吉斯共和国最高议会的正常选举时间为本届最高议会任期第5年2月的最后一个星期天进行。

18. 修改第五十五条，增加了吉尔吉斯共和国最高议会议员在最高议会宣誓。

19. 修改第五十六条，新增了吉尔吉斯共和国最高议会议员的一些任免的条件和规定，同时列举了受豁免的几个具体方面。

20. 修改第五十七条，将国家行政机关和负责人员答复最高议会议员的期限10日改为一个月。

21. 修改第五十八条，将属于最高议会管理的事务改为了批准吉尔吉斯共和国政府提出的社会经济发展全国计划；任命审计院主席；任命审计院半数成员；选举和解除吉尔吉斯共和国监察院主席和副主席职务；将选举进行选举和公投中央委员会三分之一成员改为半数成员；同时如本宪法未涉及的法律法规，由吉尔吉斯共和国最高议会投票，多数同意后方可通过。

22. 将第五十九条修改为"法规所约束的问题不包括第58条第2款内容，以及国家其他重要事项。法律无吉尔吉斯共和国总统签署，不得实施和公布。吉尔吉斯共和国最高议会按政府的要求可能让吉尔吉斯斯坦政府在最高议会权限范围内做出事项决定。"

三 主要特点

吉尔吉斯斯坦 2003 年宪法修改的最大特点，一是将两院制议会改为一院制议会；二是改变了议员选举的方式。取消党派选举制，议员将不再按照党派，而是全部按地域由单一选区选举产生；三是改变了国家政体，由总统制变为总统主导型议会制。政府组成、总理和所有内阁成员的任免均需经过议会同意，地方行政长官的任免则由政府提名，总统任命。新宪法将部分原属总统的权力转交给了议会和政府，政体也由总统制变成总统—议会制。

应该说，2003 年吉尔吉斯斯坦的宪法具有更强的民主性色彩，是长期以来国家民主化改革和强力政权建设的持续进步。1991 年，吉尔吉斯斯坦宣布脱离苏联独立，阿卡耶夫当选为总统。上任后，阿卡耶夫在政治上推行改革，在经济上实行以市场为导向的方针。由于阿卡耶夫在政治上采取较自由、宽松的政策，美国和西方将吉尔吉斯斯坦视为中亚一个民主的样板。许多非政府组织蜂拥而至，吉尔吉斯斯坦因此被称为"民主之岛"。随后通过 1996 年公投修宪，扩大总统权力，扩大公民最重要的私有财产权和言论自由权，使吉尔吉斯斯坦政治体制逐步倾向于总统制。此次又通过 2003 年修宪，限制政党选举议员，强化议会的地方代表性，加强议会权力，适度扩大政府权力，最终达到总统和议会平衡的政治格局，有利于保持社会稳定。

第五节 2007年吉尔吉斯斯坦宪法

在第一任总统阿卡耶夫执政期间，先后以全民公决方式对宪法进行修改，调整议会组织方式、总统与政府权限等，其结果是总统不断集权扩权，最终逐步走向一个家族统治。可以说，在阿卡耶夫时期的政治改革的过程之中，完全忽视吉尔吉斯政治文化和政治传统与西方国家之间的差异,以及对于新制度的适应程度。引进来的制度在政治实践中基本上处于"空转"状态,既没能对传统社会的价值体系进行有效的改进,也未能从根本上促进社会经济发展、提高居民的生活水平。2005年"3·24"政变之后上台的巴基耶夫,先是利用各种方式逐步清理"革命"同路人,然后再将其他南方派系逐步排斥出权力中心。2005年后吉尔吉斯先后通过了3部宪法,进行了1次全民公决,1次议会提前选举,更换了4任总理和4届政府。2007年年底,巴基耶夫通过宪法修改,组建政权党,彻底控制立法、行政和司法系统。

一 修宪内容

吉尔吉斯斯坦2007年宪法基本结构有所变化,分为宪法制度基础、公民自由和人权、吉尔吉斯共和国总统、吉尔吉斯共和国立法权力、吉尔吉斯共和国执行权力、吉尔吉斯共和国国家权力中央机关、吉尔吉斯共和国司法权、地方自治、宪法通过程序,宪法的新版本以及对本宪法的修正与补充草案共九章。

这次修宪的主要内容:

1. 修改第一条,增加了吉尔吉斯斯坦人民通过选举和公投行使权利。

2. 修改第二条,增加了国家、国家机关、地方自治机关以及官员不能超出本宪法和法律范畴行使职权。

3. 修改第三条,增加了比什凯克市和奥什市是共和型城市,其地位由法律规定。

4. 修改第四条,新增了私有财产不容侵犯。除法庭判决外,任何人不得在本人不同意情况下,任意剥夺、获取他人财产。特殊情况下为了国家需要,根据法律占取他人财产时,需提前、等价补偿占取财产。吉尔吉斯共和国保护自己国家公民和法人的私有财产,也包括在他们在其他国家的私有财产。

5. 修改第六条,将吉尔吉斯共和国的货币定为索姆。

6. 修改第八条,强调了吉尔吉斯斯坦对于宗教信仰自由的遵从,并且反对邪教。

7. 修改第十条，改为吉尔吉斯共和国的紧急状态和战争状态可以根据本宪法和宪法法律执行。

8. 修改第十一条，将第二款改为共和国与地方预算的形成、通过和实施以及对其实施的审计由法律规定。共和国预算每年通过并形成法律。

9. 修改第十四条、第十五条，重新阐述了公民享有的基本权利。

10. 修改第十六条，强调阐述了对于妇女，儿童权利的保障。

11. 修改第十七条、第十八条，再一次强调了宪法规定的基本人权受到宪法保障，不得违背。

12. 修改第十九条，新增了吉尔吉斯共和国根据相关法律可以给予由于政治原因外国公民及无国籍公民的庇护。

13. 修改第二十条，新增了在境外居住的吉尔吉斯人，不论是否是其他国家公民有权简化手续获取吉尔吉斯共和国公民身份。成为吉尔吉斯共和国公民的条件和程序由法律规定。吉尔吉斯公民不得从共和国驱逐或引渡到另一个国家。

14. 修改第二十一条，允许公民可以成立非军事社团。

15. 修改第二十二条，每个人都有义务按照法律缴纳税费。

16. 修改第二十三条，吉尔吉斯共和国公民有权参与讨论和通过共和国的和地方性的法律、决议。参加国家机关、地方自治机关和公决的选举和被选举。吉尔吉斯共和国公民就国家机关和地方自治机关活动问题，关于其他重要的问题可以召开吉尔吉斯人传统中的人民部落代表联席会议。人民部落代表联席会议决定会给相关机关作为建议。吉尔吉斯共和国公民具有进入国家机关和市政机关任职的平等权利。进入国家机关和市政机关的程序由法律规定。

17. 修改第二十四条，保护国家—吉尔吉斯共和国公民神圣的义务和责任。吉尔吉斯共和国公民依法定的期限和方式服兵役。免除或替代服兵役的理由和程序由相关法律规定。

18. 修改第二十五条，吉尔吉斯共和国公民在事先通知国家权力机关或地方自治机关后有权和平、无武器装备地举行政治会议、集会、游行、示威和纠察。举行上述活动的程序和条件由法律规定。

19. 修改第二十六条，吉尔吉斯共和国公民有权自由离开、并无障碍返回到吉尔吉斯共和国的权利。

20. 修改第二十九条，吉尔吉斯共和国公民有权参加共和国和地方财政形成，对实际财政支出有知情权。参与的过程由法律规定。

21. 修改第三十条，吉尔吉斯共和国公民有权罢工。进行罢工的程序和条件由法律规定。

22. 修改第三十二条，国家为学前教育到基本教育、国家语言和两种国际语言的学习创造条件。每个公民有权受到免费教育和有偿教育。

23. 修改第三十三条，尔吉斯共和国公民有获得住房的权利。这项权利通过发展国家、市政和个人创建的住房基金来依照法律使得公民得到住房。

24. 修改第三十四条，由法律规定的第一必须和基本医疗援助、包括对弱势和底层人口的医疗援助是免费的；每个人有权在国立和私立医院获取该援助。医疗援助获得的程序由法律规定。

25. 修改第三十八条，法庭外关于公民维权的争议解决可以通过仲裁法庭。仲裁法庭的相关权限、程序、组建和活动内容由相关法律规定。

26. 修改第四十条，每个人有权获得专业的法律援助。在法律允许情况下，法律援助由国家承担。律师团队活动和组织是自行管理的专业律师社团。律师的责任和义务由法律规定。

27. 修改第四十四条，选举总统不能是被定罪尚未取消或依法撤销犯罪的公民。总统候选人人数没有限制。总统候选人必须有50000选民签名同意参选方可。总统选举的过程由法律规定。

28. 修改第四十五条，新增了总统在实施自己职权期间停止政党与组织活动，直到新一任总统选举出为止。

29. 修改第四十六条，根据自愿或经总理提议解除政府成员职务；根据总理提名任命行政机构和其他执行权力机关领导职务；根据自愿或经吉尔吉斯共和国总理提议有权解除行政机构和其他执行权力机关领导职务。与总理协商后任命和解除地方国家权力机关领导职务；组建并领导国家委员会和其他协调机关；确定国家和市政公务人员的薪金条件；总统签署有关法律或向最高议会退回所否决法律；保障国家机关、主要国防事务、国家安全、内务事宜、外交事宜相关权限的实施；根据总理提议确认以上事宜的决定权人名和接触以上机构的领导和副领导。

30. 修改第四十七条，修改为总统在遵循宪法基础上颁布法令和命令。

31. 修改第五十一条第三款，修改为：吉尔吉斯共和国最高议会关于总统解职问题裁决在递交总统弹劾案之日起三个月内，如有总数不少于四分之三议员投票同意，则总统被解职。如这个期限内最高议会没有通过该议案，则弹劾宣布作废。

32. 修改第五十二条，又改回为如最高议会不能行使总统权力，则总统权力转交给总理。且代理吉尔吉斯共和国总统权力官员无权提前进行最高议会选举。

33. 修改第五十三条，改为前吉尔吉斯共和国总统地位由法律规定。

34. 修改第五十四条，改为吉尔吉斯共和国最高议会是实施立法权力代表机关，并在其权限范围内具有监督职能。最高议会由 90 位按政党名单规则选举的议员组成，任期 5 年。吉尔吉斯共和国最高议会的议员应是年满 25 岁，有被选举权和吉尔吉斯共和国公民。最高议会议员不能是被定罪尚未取消或依法撤销犯罪的公民。

35. 修改第五十五条，修改为最高议会议员的权限从宣誓之日起生效。新一届最高议会开始运行和新最高议会议员人数不少于总数的三分之二议员进行宣誓之日起，上一届最高议会职权被终止。

36. 修改第五十六条，修改了议员的权利，最高议会议员不能被扣留、逮捕、搜查或搜身。对议员的刑事与民事起诉需根据诉讼程序并经最高议会同意方可进行。吉尔吉斯共和国最高议会议员不能同时兼任政府成员或地方议会议员。也不能从事经营活动，也不能进入商业机构的领导层或成为理事会成员。在不影响到议员正常职责基础上，议员有权从事教学、科学研究和其他艺术类工作。

37. 修改第五十七条，修改为吉尔吉斯共和国最高议会议员权限在吉尔吉斯共和国最高议会权限结束后自动结束。增加了议员职权丧失的条件：无理由 30 天内没有参加最高议会会议、退出由某政党选举成为议员的政党、结束由某政党选举成为议员的政党工作。

38. 修改第五十八条，列举增加了最高议会的职权。

39. 修改第五十九条，新规定了：根据本宪法的第 58 条第 1 款的第 1、3—6、9、22—28 小节内容，最高议会通过法律；其他问题，包括对法律执行的监督由法令规定。如果没有出现特殊要求，最高议会的法律和法令由最高议会议员投票多数情况下通过。

40. 修改第六十条，列举了最高议会主席的各项权力：主持最高议会会议；主持准备最高议会会议需要通过法案工作；签署最高议会通过的法规；在吉尔吉斯共和国境内和境外代表最高议会；保障最高议会与总统、总理、执行机关和国家权力机关司法部门、地方自治机关的相互关系；对最高议会的日常工作进行管理和监督；实施对最高议会的活动内容方面的其他权限。

41. 修改第六十一条，修改为最高议会的法律，规范性法律条令在最高议会分委员会预审后由最高议会通过。在最高议会权限范围内任命和选举领导，在最高议会分委员会给出结论后同意对国家官员的任命和解除职务。

42. 修改第六十二条，新增了：如果讨论问题没有封闭性质，最高议会会议公开举行。最高议会非常规会议由最高议会主席根据总统、总理或三分之一以上议员提议召集。最高会议决定由会议投票形式通过。

43. 修改第六十六条，修改为通过的法律在 1 个月内提交吉尔吉斯共和国总统签署。吉尔吉斯共和国总统在收到需要签署的法律后，1 个月内应签署或提出自己的意见并返回。该向法律将进行二次投票。对吉尔吉斯共和国总统退回的法律在 3 个月内将进行二次投票。该条款不适用于最高议会对总统提出发对的意见同意情况下。如果二次投票法律（该法律已经由不少于总数的三分之二投票同意）不少于总数的四分之三投票同意，那么本宪法第 65 条第 4 款的法律将在 14 日内由总统签署该法律。在法律没有被签署，但是根据上述条款已经通过的情况下，该法律被认为是已经签署并可以公布。

44. 修改第六十九条，修改为获得最高议会议席超过 50% 政党议员集体向总统进行总理提名。总理候选人必须在举行新一届最高议会第一次会议后 5 日内提交。总统在提名 3 日内任命总理职务。被任命的总理确定政府结构以及成员候选人名单。政府结构由总理在正式起任起 7 日内提交到最高议会进行确认。除国防问题、国家安全问题、内务问题、外交问题的政府成员外，其他政府成员候选人由总统在确认政府结构后 5 个工作日提交。总统从提名政府成员候选人之日起 3 日内任命政府成员。

45. 修改第七十条，修改为如果政党议员获得超过 50% 的最高议会席位，不提交总理候选人或任命的总理未向最高议会提交政府结构或没有提出政府成员候选人名单，包括该政党缺席的情况下，总统委托其他多个政党在 5 个工作日内以组成联席多数原则提交总理候选人名单。如果政党议员被委任提交总理候选人或总理按照本宪法第六十九条第 2 款内容，没有按时向最高议会提交政府成员候选人名单，那么总统委托其他多个政党在 5 个工作日内以组成联席多数原则提交总理候选人名单。如果政党议员按照本条第 2 款，而且没有向总统提交总理候选人名单或总理按照本条第 2 款，未按时向最高议会提交政府成员候选人名单，总统委托第三个政党以组成联席多数原则提交总理候选人名单。如果未按现行宪法的程序和期限总统提交总理候选人，那么总统将制定提前最高议会选举，并组成政府。总统组建的政府根据本宪法，到政党议员在新一届最高议会选举出新议员时终止该政府职能。

46. 修改第七十二条，修改为：接受吉尔吉斯共和国总理辞呈意味着吉尔吉斯共和国政府和相关部委和其他执行权力机关部门领导全部辞职。接受吉尔吉斯共和国政府辞呈意味着吉尔吉斯共和国政府全体成员和相关部委和其他执行权力机关部门领导全部辞职。新政府在总理离职、政府解散情况下应按照本宪法第六十九条、第七十条规定如期组建。这样按照本宪法第七十条，对于最高议会半数以上席位的政党议员未能行使自己总理提名权利是，其他政党议员可向总统提名总理候选人，其期限从通过总理离职或政府解散之日其计算。如果政府成员被解职，总理应在5个工作日内向总统提名空缺职位候选人。

47. 修改第七十四条，修改为政府颁布的决定和法令必须在吉尔吉斯共和国境内实施。吉尔吉斯共和国政府领导各部、国家委员会、行政主管部门和未进入各部委直属的执行机关机构以及地方国家行政机关。

48. 修改第七十八条，新增了中央银行对吉尔吉斯共和国银行系统进行管理，确定并进行吉尔吉斯共和国货币—信贷政策，制定并完成统一外汇政策，对发行钞票有专有权，实施何种形式和原则的银行融资行为。中央银行的组建和工作由法律规定。

49. 修改第七十九条，新增了中央选举与公投委员会组织吉尔吉斯共和国选举和公投的准备和进行工作。中央选举与公投委员会的组件和工作由法律规定。

50. 修改第八十条，修改为审计院对共和国和地方预算、非财政预算、使用国家和市政财产等进行审计。

51. 修改第八十一条，修改为，吉尔吉斯共和国对公民人权和自由的监督是由监察院进行。监察院的组织和工作由法律规定。

52. 修改第八十二条，修改为任何人无权向法官索要具体案件的报告书。法官的社会地位、物质与其他独立保障权益受到保护。年龄在35岁以上、70岁以下、受过高等法学教育、专业工龄至少5年的吉尔吉斯共和国公民方可成为吉尔吉斯共和国最高法院法官。宪法法院与最高法院法官由总统提名并由最高议会选举，有效期到法律限制年龄。从最高议会选举出的宪法法院和最高法院法官，经最高议会同意总统任命宪法法院院长、副院长和最高法院院长、副院长职位。任期为5年。年龄在35岁以上、65岁以下、受过高等法学教育、专业工龄至少5年的吉尔吉斯共和国公民方可成为吉尔吉斯共和国地方法院法官。关于法官的宪法法律可以对地方法院法官候选人规定补充要求条款。地方法院法官由国家法官事务委员会提名后，由总统任命。第一届任期为5年，以后任期有效期到法律限制年龄。从地方法院法官中总统根据国家法官事务委员会提名任命院长和副院长。任期为5年。

53. 修改第八十四条，吉尔吉斯斯坦共和国所有法院的法官继续任职，并应继续留任，任期有效期到法律限制年龄。地方法院法官候选人淘汰、对其任命或调动、对其调离或解职由国家法官事务委员会根据宪法法律实施。吉尔吉斯共和国所有法官根据程序进行刑事或民事诉讼必须取得国家法官事务委员会同意方可执行。国家法官事务委员会组建由立法、执行、司法权力机关和社会团体代表组成。国家法官事务委员会的组织和程序工作由法律规定。

54. 修改第八十七条，修改为：国家保障法院运作和法官工作的必要条件，并拨付款项支持。法院的财政由共和国财政支出，并保证司法的独立性和完整性。司法系统预算由司法权力独立，获得执行权利和立法权力同意后划入共和国财政预算中。

55. 修改第八十八条，修改为除法律规定的情况外，法庭上缺席的审判刑事或其他案件是不允许的。司法程是建立在双方平等和无竞争力的基础上进行的。司法过程中的公民诉讼权，包括对决定，判决的上诉权。相关实施是由法律决定。

56. 当吉尔吉斯共和国司法有法律效力后，适用于所有国家机关，企业实体，社会团体，官员和公民并在全国范围内执行。任何不执行，不正确执行或司法行为的执行受阻以及干涉法院的活动将根据法律规定承担责任。

57. 修改第九十八条，新增了：宪法、宪法新版本以及对本宪法进行修改和补充草案由吉尔吉斯共和国总统宣布的公决，并由多数人通过后来实行。在举行宪法公投时，宪法新版本以及对本宪法进行修改和补充草案在有半数以上选民参加，并有参加公投半数以上通过后方可生效。宪法对第三章至第八章修改与补充由吉尔吉斯共和国总统提议并交至最高议会投票，或不少于总数三分之二的投票或30万公民通过，则本宪法修改与补充生效。宪法的修改与补充由最高议会根据宪法法院决定通过。禁止在紧张状态和战争状态下通过宪法，宪法新版以及对本宪法的修正与补充草案。通过的宪法、宪法新版和对宪法的修正与补充草案由吉尔吉斯共和国总统签署。

二 修宪特点

这次修宪的主要特点，一是变更了宪法结构。整部宪法做了重大的调整，基本结构分为宪法制度基础、公民自由和人权、吉尔吉斯共和国总统、吉尔吉斯共和国立法权力、吉尔吉斯共和国执行权力、吉尔吉斯共和国国家权力中央机关、吉尔吉斯共和国司法权、地方自治、宪法通过程序，宪法的新版本以及对本宪法的修正与补充草案共九章。二是进一步扩大了总统的权力。宪法规定，议会推翻总统对一般法律否决的条件是，要有不低于三分之二的票数；推翻总统对于宪法性法律和其他重要法律的否决，则要求有不低于四分之三的票数。在宪法框架下，总统可以（理论上）否决预算案。同时，在实际操作中，特别是在政府制定预算的过程中，总统可以施加相当大的影响力。宪法授予总统发起全民公决的权力；但是总统要发动修改宪法的全民公决，则需要征得议会的同意。宪法赋予总统任意解除总理和政府部长的权力。宪法规定，当议会通过对政府的不信任投票时，总统可以解散政府，或者反对这一不信任投票。但如果议会在三个月内再次表示对政府的不信任，总统可以解散政府或解散议会。宪法规定，总统可以在议会第二次提出对政府的不信任案后解散议会，或者在议会第三次尝试组阁仍遭遇失败时解散议会。

这次修宪，反映了吉尔吉斯斯坦宪法制度确立过程的复杂性和政治反复，这是该国宪法改革的一大特点。巴基耶夫上台后，从2006年到2007年，吉尔吉斯就多次修改宪法。2006年11月，巴基耶夫签署了旨在重新界定议会与总统权力的宪法修正案，实际上是通过了实行议会制共和国的新宪法，按这一宪法规定，议会权力大为扩大，而总统权力则大为缩小。但事实证明这只是权宜之计，巴基耶夫在签署新宪法后便立即组织修改新宪法，议会于2006年12月30日通过了新宪法小组修改后的宪法文本，2007年1月15日巴基耶夫又予以签署。按1月15日宪法规定，巴基耶夫又夺回了已丧失的重大总统权限，实际上又恢复到阿卡耶夫时代的宪法。在现代社会，民众对政府的尊重不是源于政府掌握的国家机器，而是源于国家是在既定的规则和程序下行为的，而这种既定的规则和程序即是国家的宪法和法律，撇开宪法和法律能否代表人民性，因为合法性最重要的就是"心理认同"，而这种"心理认同"又具有很大的惯性。国家政权的腐败是吉尔吉斯政变的又一诱因，把国家合法性建立在领导人能力与绩效基础上，而非程序公平上的制度安排具有内在的不稳定，俄罗斯总统普京认为"巴基耶夫因郁金香革命上台后，曾非常严厉地批评阿卡耶夫政权以权谋私，让亲属控制吉尔吉斯斯坦经济。我的印象是巴基耶夫先生正在重蹈覆辙"。这说明，在吉尔吉斯斯坦建立一个稳定、民主、高效的民主宪法制度是多么任重道远，又是多么至关重要！

第六节 2010年吉尔吉斯斯坦宪法

2010年4月6日，在中国西部邻国吉尔吉斯斯坦，北方城镇塔拉斯州发生了一场没有太多先兆的反政府骚乱，数千反对派示威者攻占州政府大楼，并劫持州长做人质。4月7日迅速蔓延到首都比什凯克市，约有上万名反对派支持者走上街头，围攻总统府，占领议会，并与军警发生冲突，总统巴基耶夫仓皇出逃南部。当晚，由吉尔吉斯斯坦反对派组建的临时政府成立，开始履行政府职能。如何认识这次政治事变？吉尔吉斯斯坦临时政府总理罗萨·奥通巴耶娃是这样做出解释的："吉尔吉斯斯坦人民希望建设民主，我们的所作所为反映了民众不满经济衰退和巴基耶夫政府专制，你们可以把这称作革命。"在两天的激烈对抗中，近百名平民被打死，数千人受伤，首都比什凯克部分商业中心被洗劫。反对派力量组建临时政府，宣布解散议会。

2010年4月21日，吉尔吉斯斯坦临时政府发布第13号令，宣布于2010年6月27日举行新版宪法的全民公决，2010年10月10日举行议会选举。此外，在全民公决之前的 2010 年 4 月 15 日至 5 月 14 日，对新版宪法举行全国性讨论。2010 年 5 月 14 日至 18 日，新版宪法最终定稿。2010 年 5 月 19 日正式公布最终定稿的新版宪法。2010 年 6 月 27 日，吉尔吉斯斯坦以全民公决的方式通过独立以来第八部宪法，并选举临时总统（任期到 2012 年）。

一 修宪内容

2010 年吉尔吉斯斯坦宪法基本结构分为宪法制度基础、公民自由和人权、吉尔吉斯共和国总统、吉尔吉斯共和国立法权力、吉尔吉斯共和国执行权力、吉尔吉斯共和国司法权力、其他国家机关、地方自治机关、对本宪法修正程序九章。

此次修宪的主要内容为：

1. 修改第二条，法律与其他国家重要问题可以进行公决（全民投票）。进行公决程序和公决中需要决定的问题由宪法法律规定。选举自由。最高议会议员、总统、地方自治机关议员代表的选举以平等、直接和无记名投票形式进行。年满 18 岁的吉尔吉斯共和国公民有权参加选举。国家创造由法律确定的不同社会阶层的代表参与国家机关和地方自治机关的条件，包括去进行相关决议。

2. 修改第三条，修改为吉尔吉斯共和国国家权力建立在以下原则基础上：由选举出的最高议会和总统代表最高人民权力；国家权力分派；为人民利益实施的国家机关、地方自治机关权限的开放性和责任性，国家机关与地方自治机关权限与职能的限制。

3. 修改第四条，修改为吉尔吉斯共和国承认政治多元化与多党体制。政党、工会和其他社会团体可以通过公民的自由意志和共同利益建立。建立的基础是追求和保护公民权利和自由以及对政治、经济、社会、劳动、文化和其他利益的满意程度。政党以表达公民政治意愿为目的，参加最高议会、总统和地方自治机关代表的选举。

4. 修改第五条，修改为国家、国家机关、地方自治机关以及官员不能超出本宪法和法律范畴行使职权。国家机关、地方自治机关以及官员根据法律对违法行为承担责任。

5. 修改第六条,宪法是最高法律依据,在吉尔吉斯共和国境内直接使用。在宪法基础上通过宪法法律、法律以及其他规范性法律文本。由吉尔吉斯共和国加入的国际条约以及国际法范畴内的被广义认可的基本原则和规定都是吉尔吉斯共和国法律系统的一部分。法律和其他规范性法律条令官方公布是法律有效性的基本条件。有新规定或履行责任增加的法律和其他规范性法律条令不溯及既往。

6. 修改第七条,吉尔吉斯共和国没有任何宗教被定为国家的或者必须的。宗教和所有文化都与国家分离。禁止宗教团体和文化传承者对国家机关事务的干涉。

7. 修改第九条,吉尔吉斯共和国制订创建人类良好生活条件和人类自由发展以及就业的社会计划。吉尔吉斯共和国保证帮助社会上没有保障的公民,对其最低劳动工资、劳动保护和健康给予保障。吉尔吉斯共和国发展社会工作体系、医疗服务,设立国家退休金、优惠和其他社会保障。

8. 修改第十二条,私有财产不容侵犯。任何人的财产不得被任意剥夺。只有法庭判决才能在本人不同意情况下财产被获取。强制性、未经法庭允许获取他人财物只能在法律范围内,为保护民族安全、社会秩序、人口身体健康、维护他人人权和自由为目的方可占有。该类型的占有必须通过法庭的允许。特殊情况下为了社会需要,根据法律占取他人财产时,需提前、等价补偿占取财产。对于在个人私有财产的公有化应按照法律按照财产价值和其他损失进行补偿。吉尔吉斯共和国保护自己国家公民和法人的私有财产,也包括在他们在其他国家的私有财产。除牧场应为国有财产外,土地可以是多形式所有制形式:国有、市属、私人或其他形式。财产拥有者的权利以及被保护的保障界限和程序由法律规定。

9. 修改第十六条,人权与自由是不可剥夺的,从出生开始属于每个人。人权和自由是最高价值产物。立法与行政机关、地方自治政府对人权和自由的意义和内容进行确定。依照国际义务对不同社会阶层的社会报保障平等性的法律不是对特殊群体的歧视。吉尔吉斯共和国在法律和法庭面前人人平等。吉尔吉斯共和国遵循最优儿童权利保障原则。

10.修改第十八条，除宪法和法律规定外，每个人都有权做出任何行动和活动。

11.修改第十九条，吉尔吉斯共和国根据国际义务对政治原因和违反人权与自由流亡的外国公民和无国籍公民进行保护。

12.修改第二十条，在宪法基础对以下内容进行限制：不能使用死刑，以及其他非人类、残酷或诋毁人类尊严形式的行动和惩罚；在被实验者没有以适当方式表示和证明确实自愿同意的情况下，禁止对人体进行医学、生物学和心理学实验。奴隶或贩卖人口；使用童工；限制公民法律义务范畴的自由；对信息传播，诋毁名誉和个人尊严进行刑事起诉；强制与拒绝表达，宗教和其他信仰；强制参加和平集会；对其民族确定和标注进行胁迫；任意剥夺其住宅。不能对本宪法确立的以下权利进行限制：人道待遇和尊重其尊严；请求赦免或减轻判决；向上一级法院申诉；表达思想和意见的自由；自由选择宗教和其他信仰；自由决定，并标注其民族；对因国家主管部门、地方政府及其官员履行职责官员的非法行为未造成的个人损害申请国家赔偿；获取司法保护；免费获得国家教育机构的基础教育和中等教育；公民可自由返回吉尔吉斯共和国。

13.修改第二十一条，每个人在吉尔吉斯共和国都有生存权。任何人不得任意剥夺他人的生存权。禁止死刑。

14.修改第二十三条，吉尔吉斯共和国境内禁止奴役和贩卖人口。不允许使用童工。除战争、排除灾难和险情以及其他紧急情况，或根据法庭判决情况外，禁止强迫劳动。军事，替代性（非军事）服务不被认为是强迫劳动。

15.修改第二十四条，在法律允许的特殊情况下，可以被短期扣留。所有被扣留的人有权验证其在法律权限内被扣留的合法性。如没有被扣留的合法理由，则应及时释放。每个被扣留的人应当被通知被扣留的原因，对他所享有的权利进行说明，其中包括体检和医疗。从实际被剥夺其自由权开始，应对其安全负责。从被扣留之时起可以自辩，也可以获取专业律师的法律援助和辩护人。

16. 修改第二十五条，每个人有权自由从吉尔吉斯共和国离境。

17. 修改第二十六条，在没有依据法律证明和法庭宣判之前，任何人不能被认为犯罪。如有违反，则可向法庭提请物质和精神的补偿。在刑事案件中由检察官负责有罪举证。非法取得的证据，不能用来证明指控和司法行为。

18. 修改第二十八条，新法律的建立或加重情况下，当事人责任不溯及既往。任何人不在造成刑事犯罪当时没有相关法律涉及其刑事处罚承担责任。如果在已发生的刑事犯罪被赦免或减轻，则适用于新法律条款。如发生以上情况，刑法规定的责任同样不适用。

19. 修改第二十九条，每个人都应得到以下保护：司法，未经授权的收集、储存和机密信息和私人生活信息传播，以因非法行动造成的物质和精神损害申请赔偿的权利。

20. 修改第三十条，每个人拥有住宅和其名下私有产权的不侵犯权。任何人不得背叛所有者意愿而跨越其住宅和私人产权地。任何形式的搜查、扣押、检查或进入权力机关代表的住所和其他私人产权地等行为只能依照法律规定执行。

21. 修改第三十二条，每个人的心灵和宗教自由受到保护。每个人有权一个人或与他人信仰或不信仰宗教。每个人有权自由选择，并拥有宗教或其他信仰。任何人不得被强迫信仰或不信仰宗教。

22. 修改第三十三条，每个人都有获得国家权力机关，地方政府及其官员，与国家机关和地方自治机构的执政活动以及由共和国和地方预算支持组织机关活动信息的权利。每个人有权获取国家权力机关，地方政府及其官员信息。该信息获取程序由法律决定。任何人不得因传播诋毁或羞辱个人荣誉和尊严信息而被起诉。

23. 修改第三十四条，和平集会的组织者和参与者不对未通知集会举行、未遵守通知方式、内容和时间承担责任。

24. 修改第三十五条，每个人有权组成团体。

25. 修改第三十六条，国家保障孤儿、失去监护人儿童的学习、培养和养护。已达到婚龄年龄的人有权结婚和成立家庭。任何婚姻不能在双方不同意的情况下建立。婚姻在国家机关登记。

26. 修改第三十七条，在吉尔吉斯共和国，民间习俗和不侵犯人权和自由的传统由国家支持。尊重老人，照顾亲戚和朋友—每个人的责任。

27. 修改第三十八条，每个人都有自由决定，并标注其种族的权利。任何人都不应强制他人确定并标注其种族。

28. 修改第三十九条，每个人都有权对因国家机关，地方政府及其官员的非法行为而造成的损失申请赔偿的权利。

29. 修改第四十条，每个人都有通过法律手段来捍卫自己的权利和自由的权利。每个人都有权获取专业的法律援助。在法律规定情况下，法律援助由国家提供。

30. 修改第四十一条，每个人都有呼吁国家权力机关，地方政府及其官员，在法定期限内必须说收到理由回应的权利。每个人都有权依据国际条约呼吁国际人权机构对人权和自由的保护。对于吉尔吉斯共和国的相关机构对破坏人权和自由事件上获得确认后，应恢复人权和自由，并（或）采取赔偿措施。

31. 修改第四十二条，每个人享有劳动自由权，可按照安全和性别要求，根据自己能力选择职业和从事类型的权利，同时有权获取不低于最低生活标准法律规定的劳动薪金。

32. 修改第四十三条，每个人有罢工权。

33. 修改第四十四条，最多工作时间，最低每周休息和带薪年假，以及权利由法律规定。

34. 修改第四十五条，国家应当为体育运动的发展创造条件。

35. 修改第四十六条，对贫困和其他迫切需要住房的公民，国家应无偿或从国家、市政和其他住房基金里拨付可承担缴费或从根据法律从社会机构来提供其居住场所。

36. 修改第四十七条，对危及人们的生命和健康的隐瞒官员事实和

37.修改第四十九条,每个人应享有文学、艺术、科学、技术和其他类型的创作活动和教学自由的权利。每个人都有参与文化生活和享受文化的权利。国家应对历史古迹和其他文化遗产进行保护。知识产权受法律保护。

38.修改第五十条,公民对自己国籍有享有权,并对其负责。但不包括依照法律和吉尔吉斯共和国国际协议被确认为他国国籍的吉尔吉斯共和国公民。

39.修改第五十二条,有他国国籍的吉尔吉斯共和国公民,不得担任国家公职和法官职务。这种限制可能会规定的其他公共职务。

40.修改第五十三条,养老金,国家给予的社会救助不应低于法定最低工资标准。国家社会活动不应采取保守或限制自由经济活动以及公民为改善个人和家庭的经济状况的其他活动形式。

41.修改第五十四条,国家提倡公民在法律规定的方式提升专业水平。

42.修改第五十七条,律师的组织与活动可以独立管理、专业律师团体形式完成,律师的职责和义务由法律规定。

43.修改第五十九条,在吉尔吉斯共和国公民有权通过长老法院申诉。长老法院建立程序,权限和活动由法律规定。

44.修改第六十条、第六十二条,吉尔吉斯共和国总统是国家元首。年龄不低于35岁和不高于70岁、通晓国语、在吉尔吉斯共和国居住累计不低于15年的吉尔吉斯共和国公民可被选举为吉尔吉斯共和国总统。总统候选人人数没有限制。总统候选人必须有30000选民签名同意参选方可。总统选举的过程由法律规定。

45.修改第六十四条关于总统职权的规定,总统职权为:根据本宪法宣布最高议会选举;根据本宪法对提前进行最高议会做出决定;根据地方议会解散法律,宣布举行地方议会。根据司法委员会建议向最高议会提交最高法院法官解除职位名单;在宪法法律范畴内,根据司法评选委员会建议解除地方法院法官职务;经最高议会议员总数三分之一同意或由议员总数三分之一提议、经议员总数三分之二同意后解除总检察长职务；向最高议会提交国家银行行长候选人选举名单；根据国家银行行长提议任命国家银行副行长和管理层成员职务，根据相关法律解除其职务；向最高议会提名三分之一的选举与公决中央委员会成员选举和解除职务名单；向最高议会提名三分之一的审计院成员选举和解除职务名单；从最高议会任命的审计院中任命审计院主席，并根据法律规定内容解除其职务；与政府总理协商并进行谈判和签署国际条约；有权将该权限转与总理，政府成员和其他官员；签署批准令和加入令；确定总统办公厅结构，确认其工作并任命办公厅主任。

46. 修改第六十七条，吉尔吉斯共和国总统在被解除职务后方可被提出刑事诉讼。吉尔吉斯共和国总统只能在最高议会提出由总检察长对总统犯罪事实确认决议的情况下被解除总统职务。吉尔吉斯共和国最高议会关于总统解职问题裁决在递交总统弹劾案之日起3个月内，如有总数不少于三分之二议员投票同意，则总统被解职。如这个期限内最高议会没有通过该议案，则弹劾宣布作废。

47. 修改第七十条，最高议会由120位按政党名单规则选举的议员组成，任期5年。根据政党选举结果可以在最高议会获得不高于65位的议会席位。吉尔吉斯共和国最高议会的议员应是年满21岁，有被选举权和吉尔吉斯共和国公民。最高议会议员在议会中结为联盟。议会多数派将被认为在议会正式宣布，有超过一半的席位派系组成的联盟或派系联盟。议会反对党将被认为是非议会多数派成员，而正式成多数派的反对方。

48. 修改第七十一条，最高议会召开第一次全体会议应在正式公布其选举结果后15日之内举行。最高议会召开第一次会议由本院最年长议员开幕。自新一届最高议会开始运行之日起，上一届最高议会职权被终止。

49. 修改第七十二条，最高议会议员不能由于因为议员的言论和在最高议会投票而被起诉。

50. 修改第七十三条，由于议员权限提前被终止，而出现议员席位空缺的填补程序应由宪法确定。

51. 修改第七十五条，最高议会副主席根据法律应从议会反对派中选举出。

52. 修改第七十八条，在最高议会解散情况下，吉尔吉斯共和国总统宣布重新选举日期。从宣布重新选举之日起，45 天之内必须进行最高议会重新选举。

53. 修改第七十九条，立法倡议权属于不少于一万名选民（人民倡议者）。

54. 修改第八十条，法律在最高议会 3 次通过。如果本宪法中未涉及部分而需要由最高议会通过决议的法律在到场议员人数多数以上投票，而且必须超过最高议会总数半数以上通过方有效关于宪法、宪法法令修正与补充法律，吉尔吉斯共和国边界修正法律，宪法和宪法法令的解释的提案由不少于 3 次的最高议会投票，分别不少于最高议会总数三分之二的多数票方可通过。

55. 修改第八十一条。通过的法律在 14 日内提交吉尔吉斯共和国总统签署。吉尔吉斯共和国总统在收到需要签署的法律后，1 个月内应签署或提出自己的意见并返回。该向法律将进行二次投票。关于共和国预算、税收法律必须签署。对吉尔吉斯共和国总统退回的宪法法律和其他法律经最高议会总数超过三分之二以上二次投票同意情况下，总统必须在 14 日内签署该法律。如在规定日期内未签署通过的该宪法法律和其他法律，则该宪法法律和其他法律由最高议会主席签署，并在 10 日内公布。

56. 修改第八十二条，如果该法律关于使其生效程序决议未另作规定，则法律自其正式印刷部门正式公布之日起 10 天后生效。

57. 修改第八十四条，如果在规定期限内最高议会没有确定政府计划、结构和组成或根据选举结果没有一个政党获得半数以上席位，总统提请某个政党在 15 日内组建半数以上席位的政党联盟，并推选总理候选人。总理候选人在以上期限结束前向最高议会提交政府计划、结构和成员。如果在以上期限内最高议会没有确认政府计划、结构和组成，总统提请第二个政党在 15 日内组建半数以上席位的政党联盟，并推选总理候选人。总理候选人在以上期限结束前向最高议会提交政府计划、结构和成员。如果在以上期限内最高议会没有确认政府计划、结构和组成，则由最高议会自行在 15 日内组建半数以上席位的政党联盟，并推选总理候选人。总理候选人在以上期限结束前向最高议会提交政府计划、结构和成员。总统在三日内颁布总理以及其他政府成员的任命令。如果总统在上述期限内没有颁布总理和政府成员的任命令，则总理和其他政府承认被认为已任命。如果根据宪法，在以上期限内没有确认政府计划、结构和组成，则由总统宣布提前解散最高议会。这种情况下政府到新一届最高议会成立前执行其宪法规定的职权。最高议会自行在 15 日内组建半数以上席位的政党联盟，并推选总理候选人。如果政党联盟在最高议会失去议会多数派后，政府则根据本条款的程序的期限组建。在新政府组建成立前，总理和政府成员继续行使其职权。

58. 修改第八十六条，总理不能在 1 年中超过 1 次向最高议会提交政府信任案。如最高议会拒绝政府信任案，则由总统在 5 日内决定政府解散或对宣布提前进行最高议会选举。在政府解散情况下，根据本宪法政府继续工作至新一届政府成立。

59. 修改第八十七条，总理、政府或政府成员有权递交辞呈，吉尔吉斯共和国总统可以接受也可以拒绝。接受总理辞呈意味着政府全部辞职。

60. 修改第八十八条，确保国家主权，领土完整和宪法秩序，以及国家安全和法治的防御能力的执行情况加强措施。

61. 修改第八十九条，总理对最高议会在政府工作完成方面负责；保障宪法与所有执行权力机关法律的实施；进行国际会谈并签署国际条约；主持政府会议；签署政府规定与条令，并保证其实施；任命和解除行政机构领导职务；根据地方议会提议，按照法律任命和解除地方国家行政长官职务；享有其他本宪法和法律规定的权限。

62. 修改第九十条，在执行宪法和政府法律的基础上政府颁布法规和法令，并保障其实施。政府的法规和法令必须在吉尔吉斯共和国境内执行。吉尔吉斯共和国政府领导各部、国家委员会、行政主管部门以及地方国家行政机关。政府有权取消各部委和行政机构颁布的文件。

63. 修改第九十一条，在各行政区域单位的执行权力为地方国家行政机关。地方国家行政长官的任命和解职由法律规定。地方国家行政机关的组织和活动由法律规定。

64. 修改第九十三条，吉尔吉斯共和国的司法体系建立在宪法和法律基础上，并由最高法院和地方法院组成。宪法法庭在最高法院的组成中。法律可以允许成立专门法院。禁止成立紧急法庭。

65. 修改第九十四条，任何人无权向法官索要具体案件的报告书。法官的社会地位、物质与其他独立保障权益受到保护。最高法院法官有效期到限制年龄。年龄在35岁以上、65岁以下、受过高等法学教育、专业工龄至少5年的吉尔吉斯共和国公民方可成为吉尔吉斯共和国地方法院法官。地方法院法官选举和任命程序由宪法法律规定。从地方法院法官中总统根据国家法官事务委员会提名任命院长和副院长。任期为3年。

66. 修改第九十五条，对于法官的失职或违法行为由宪法法律规定处理。地方法院法官候选人淘汰、对其任命或调动、对其调离或解职由国家法官事务委员会根据宪法法律实施。根据宪法法律规定，由总统根据法官委员会提议对地方法院法官的离职和解职。吉尔吉斯共和国所有法官根据宪法法律和程序进行刑事或民事诉讼必须取得法官委员会同意方可执行。法官选举委员会由立法、执行、司法权力机关和社会团体代表组成。法官委员会、议会多数派和议会反对派分别选举三分之一的成员来组成法官选举委员会。法官选举委员会的组织和程序工作由法律规定。

67. 修改第一百一十条，地方预算的形成和执行根据透明、公开、地方自治机关隶属于地方社团的原则。

68. 修改第一百一十一条，地方自治机关体系包括：地方议会——地方自治代表机关；村委会、市政府——地方自治执行机关。地方自治行政机关及其官员的活动隶属于地方议会。

69.修改第一百一十四条，宪法的修正案可通过最高议会宣布的全民公决通过。对宪法第三章、第四章、第五章、第六章、第七章、第八章和第九章的修正可由最高议会多数议员投票或不低于30万选民倡议完成。最高议会通过宪法修正案不迟于其提交日期6个月内审议。宪法修正案有最高议会议员总数不少于三分之二投票同意，并经过间隔期不少于两个月的三次审议后通过。由最高议会议员总数不少于三分之二投票建议后可进行全民公决。禁止紧急状态和戒严状态中修改现有宪法。宪法的修正案通过后须由总统签署。

二　修宪特点

第一，议会制政体得以确立。

根据宪法，议会（由在比例代表制基础上选出的120名代表组成）除享有立法权外，还有权任命政府官员（除了国防和公共安全部门的首长），批准政府制订的国家发展计划，听取政府总理的年度报告，表达对政府的不信任。议会一旦对政府表达了不信任，总统就得在解散政府与反对议会的不信任决定之间做一个选择。假使总统选择了后者，而议会在3个月内再次表达对政府的不信任，总统就必须解散政府。这些规定赋予议会相对于政府更为强势的地位。在法官任命的问题上，议会也享有极大的权力。总统应根据法官选举委员会的建议任免地方法院的法官，并且应根据法官选举委员会的建议提请议会任免最高法院的法官，而法官选举委员会的组成人员由法官委员会、议会多数派和议会反对派各选任三分之一。这意味着议会不仅对任免最高法院法官具有终极决定权，而且能通过选任法官选举委员会的成员来影响地方法院的人员构成。当然，吉国的议会制并不期望造就完全俯首于议会的行政和司法部门。这首先表现为两部宪法就法官和法院独立性所做的规定。以2010年修改后的宪法为例，该法第九十四条规定：法官独立，只服从宪法和法律；法官享有免受拘留、逮捕和调查的权利；任何人无权要求法官就特定案件给出报告；法官应得到保障其独立性的社会、物质及其他保障。第九十七条赋予宪法委员会的司法审查权是三权分立的宪法原则最突出的体现。根据该条，宪法委员会有权对法律、吉国作为一方的尚未生效的国际条约、修宪草案的合宪性做出判断。此外，行政部门在宪政框架下也有反制议会的可能性，宪法第八十六条规定政府总理有权每年要求议会就是否信任政府进行一次投票，如果投票结果为不信任，总统就必须在5个工作日内或者解散政府，或者宣布议会提前选举。这意味着政府有机会迫使议会要么与政府保持协调一致，要么开启一场双方都有风险的对决。

第二，公民权利和自由得以伸张。

保护公民权利和自由是宪政的核心价值，宪法在序言中宣告吉国人民"以建立基于尊重和保护人权的自由民主的国家为目标"并在后文的第二部分中详尽罗列了公民的权利和自由。值得注意的是，公民权利并不以有法条明文规定者为限，因为宪法第十八条规定："人人有权从事任何不被现行宪法和法律禁止的活动和行为。"

第三，地方自治得以实现。

地方自治在宪法中有专章规定，这部宪法的第八章明确规定地方自治权受到保护，中央政府无权干涉法定的地方自治权。为保障此原则得以实施，宪法第八章和《地方自治法》设置了三重保障：其一，地方自治享有组织机构保障。地方社会可以直接或通过地方自治机构间接行使地方自治权。地方自治机构由地方议会和地方行政机构组成，所有的地方议会的议员和自治机构的行政首脑应该由当地居民选举产生，地方自治机构向当地社会负责；其二，地方自治政府享有法律地位保障。在自身权力受到侵害的情况下，地方自治政府可以向法院提起诉讼；其三，地方自治制度有明确的自治范围保障。地方社会有权依据自己的利益和责任独立地解决地方性事务。在《地方自治法》中，确保经济发展、招商引资、市有财产管理、提供各种市政服务、保护公共秩序等事务都属于地方性事务，都在地方自治的范围之中。

第四，国家体制发生了变化，从原来的总统制改为议会制。

总统的权限被大幅度削减，议会的权力则大幅度扩张。新版宪法

第 57 条规定，总统任期 5 年，但不得连任两届。总统成为国家元首和仲裁人，不再拥有经济和财政权力，不能干预政府的人事任命。总统不具有豁免权。总统在议会与政府之间发生冲突时，充当调解人角色，可以根据总理的建议解散议会。与此同时，总统依然是国家权力的象征，武装力量最高统帅，由全民直选产生且保留一些权力。新版宪法保留了直接民主的形式与内涵——人民大会，人民大会是社会监督的一种形式，可以防止官员滥用职权。公民有权就各种重大问题举行人民大会，向政府提出建议和意见。议会选举方式也有了新的规范。议会 120 个席位全部按照政党比例代表制选举产生。但在议会选举中，任何一个政党都不得取得超过 65 以上的席位，避免一党独大的局面。获得多数席位的政党有组阁权。给反对派政党保留副议长职位，以及议会法治和预算两个委员主席。议会制政体最终确立。

第七节　2016年吉尔吉斯斯坦宪法

2016 年 12 月 11 日，吉尔吉斯共和国就修宪进行了全民公决。吉尔吉斯斯坦中央选举委员会主席沙伊尔达别科娃在比什凯克宣布，近八成选民支持修改宪法。自动计票系统得到的初步结果显示，79.6%的选民表示支持修改现行宪法，15.4%的选民反对，另有 5% 的选票被认定为无效。她还指出，共有约 120 万名选民参加投票，占到 285 万注册选民的 42.07%，投票率已逾 30%，这意味着根据吉尔吉斯斯坦法律，此次公投有效。尽管公投有效，但投票率显得较低。不过，这已超出吉总统阿坦巴耶夫的预期。阿坦巴耶夫 2016 年 12 月 11 日在全民公决过后曾表示，只期望能有超过 30% 的选民参与投票便好。并呼吁民众支持这次公投，称这是国家走向民主的重要一步，"对宪法的修改将加强吉尔吉斯斯坦的国家独立"。较低的投票率缘于吉国政坛在该问题上的分歧。这样，此前政府被频繁解散的情况将得到控制。吉尔吉斯斯坦总统阿坦巴耶夫及其所属的社会民主党，以及进步党、吉尔吉斯斯坦党、共和国—故乡党积极支持"修宪公投"，而反对者则认为，现行宪法是 2010 年骚乱后制定并实施的，当时协定不得在 2020 年前修宪，因此"修宪公投"违背当初各方约定。各政治势力一度爆发激烈争论，通过新闻发布会、征集民众签名、集会游行等形式表达所持立场。

2016 年 12 月 11 日吉尔吉斯斯坦进行了修宪公投，根据 12 日投票数据显示，此次公投共有 1200438 名选民参与投票，占全国总选民的 42.09%，其中 79.6% 的投票者支持修宪。修宪得以通过意味着吉尔吉斯斯坦政府受议会影响而被迫更迭的概率降低，政府行政稳定性将增强。从 7 个行政区公投结果可以看出，各地区支持修宪的民众均占较高比重，表明吉尔吉斯斯坦民众对政府行政稳定的愿望十分强烈，吉尔吉斯斯坦政府稳定行政的群众基础增强。公投期间曾出现一些破坏秩序和贿选的信号，但无论如何公投平稳结束，并由此产生了新宪法。

一 修宪内容

2016 年吉尔吉斯斯坦宪法基本结构分为宪法制度基础、公民自由和人权、吉尔吉斯共和国总统、吉尔吉斯共和国立法权力、吉尔吉斯共和国执行权力、吉尔吉斯共和国司法权力、其他国家机关、地方自治机关、对本宪法修正程序九章。

此次修宪的主要内容为：

1. 修改第一条，修改为吉尔吉斯共和国（吉尔吉斯斯坦）是主权的、民主的、法制的、精神的、单一的、社会的国家，国家的最高价值是：人类，生命，追求幸福，健康，人权和自由，热爱祖国，安全，教育，荣誉和尊严；独立，国家主权，吉尔吉斯共和国国家利益；吉尔吉斯共和国的领土完整；吉尔吉斯斯坦人民统一，在全国的和平与和谐；法律面前的公正、权益、平等；保护语言和民族文化，尊重历史；道德，家庭，童年，父亲，母亲，照顾父母，尊重长辈，传统与进步的组合；创造了良好的经济，社会和其他条件；良好的自然环境。最高价值确定了吉尔吉斯共和国的法律以及其他规范性法律，是所有国家机关、地方自治机关以及官员活动的异议和内容，而且呼吁公民和法人协助保护，并推进这些价值。任何思想都不能颠覆吉尔吉斯共和国最高价值。

2. 修改第六条，由吉尔吉斯共和国加入的国际条约以及国际法范畴内的被广义认可原则的程序和使用条件由法律规定。

3. 修改第十六条，修改为人权与自由是不可剥夺的。人权和自由是最高价值产物。人权和自由直接决定了国家机关，地方自治机关以及官员的意义和内容。

4. 修改第二十四条，修改了第二款，只能在无法完成某些条约义务基础上才可被剥夺公民自由权。

5. 修改第二十六条，对以前很长时间完成的刑事犯罪的责任豁免可以由法律规定。刑事责任时效只能由法院确认。在任何情况下，无论是否在诉讼时效发生前后，完成在调查中犯罪案件移送到法院被认为犯罪行为结束。

6. 修改第三十六条，修改为，已达到婚龄年龄的男女在双方自愿的情况下有权结婚，并成立家庭。夫妻在婚姻和家庭中享有同等权益。

7. 第四十一条第二款修改为每个人有权按照国际条约呼吁国际人权机构来对侵犯人权和自由行为进行保护。

8. 修改第五十条，增加了一个限定范围，在宪法法律规定范围内，任何人无权解除和改变他人国籍，但不包括依照法律和吉尔吉斯共和国国际协议被确认为他国国籍的吉尔吉斯共和国公民。

9. 修改第六十四条，修改为，总统根据司法评选委员会建议向最高议会提交最高法院和宪法法庭法官候选人选举名单；根据法官委员会专业评估委员会或本宪法和宪法法律规定下的法官委员会提议向最高议会提交最高法院和宪法法庭法官解除职位名单；在宪法法律范畴内，根据法官委员会专业评估委员会或本宪法和宪法法律规定下的法官委员会提议解除地方法院法官职务；根据法律，经最高议会同意，任命吉尔吉斯共和国总检察长职务；经最高议会议员总数半数同意或由议员总数三分之一提议、经议员总数三分之二同意后解除总检察长职务；根据总检察长提名任命和解除副总检察长职务。领导由法律规

定组建的安全委员会;

10. 修改第六十八条,修改为代理吉尔吉斯共和国总统权力官员无权提前进行最高议会选举、终止政府职权,可以成为提前总统选举的候选人。

11. 修改第七十条,修改为,退出议会多数派联盟的决议由该联盟不少于三分之二议员同意方有效。联盟决议由联盟颁布的法令体现,并由每一位投票同意其退出联盟的成员签字。

12. 修改第七十二条,修改为,除本条款第三部分情况外,最高议会议员不能在国家或市政机关兼职,不能从事任何商业活动。不能进入商业机构的领导层或董事会。最高议会议员可以从事科学、教育和其他艺术活动。最高议会议员可以被任命为总理或副总理,并保留其在最高议会大会的席位和投票权。对被任命的总理或副总理议员其他权限的局限、实施的程序和条件由法规规定。在总理或副总理被解职或终止其政府权力后,其最高议会议员身份完全恢复。

13. 修改第七十四条,修改为,最高议会由总统提名选举最高法院和宪法法庭法官职务,在宪法和宪法法律规定下由总统提出解除其职务;对吉尔吉斯共和国总检察长任命给予同意;对关于总检察长被法庭判处刑事责任给予同意;在最高议会议员总数不少于半数同意情况下同意解除其职务。

14. 修改第七十五条,议会多数派联盟地位失去后,最高议会议长须辞职。

15. 修改第八十条,修改为关于国家支出增多,并由国家财政承担的修正草案只能由经政府同意,并确定财政来源后方可通过。

16. 修改第八十一条,修改为吉尔吉斯共和国总统在收到需要签署的法律后,一个月内应签署或提出自己的意见并返回。该向法律将进行二次投票。除总理对相关法律不签署的情况外,关于共和国预算、税收法律必须签署。

17. 修改第八十五条,修改为,对政府或单独的政府成员不信任提案由最高议会议员不少于三分之二投票表决。

18. 修改第八十六条，修改为总理可以向最高议会提交政府信任案。

19. 修改第八十七条，修改为从新一届最高议会的第一次会议起，政府解散。议会多数派联盟地位失去意味着政府辞职。除负责国防和国家安全的国家机关领导外，政府成员可以由总理解职。如果在收到提交后5个工作日内，总统不签发政府成员的解职令，总理在与最高议会多数派讨论后，可根据最终意见解除该政府成员职位。政府成员在被解职或离职情况下，总理应在5个工作日内向最高议会提交该职位的新候选人。经最高议会同意由总统任命该职位。如经最高议会通过后该候选人任命后3日内总统未签署其任命令，则该候选人任命依然成立。

20. 修改第九十三条，吉尔吉斯共和国的司法体系建立在宪法和法律基础上，并由宪法法庭对宪法执行进行监督。吉尔吉斯共和国的司法体系以宪法和法律作为依据，由最高法院和地方法院组成，并由宪法法庭对宪法执行进行监督。

21. 修改第九十四条。申请法官职位人员必须以书面形式承诺放弃对自己信件、电话谈话、邮政，电报等通信隐私权。在不提交承诺书的情况下，该人员不得被任命或选举为法官。对通话的监听、记录，调取视频以及使用和保障信息的安全性，包括法官私人生活信息均由宪法法律规定。

22. 修改第九十五条，在法官违反法官的职责要求情况下，由法官委员会专业委员会根据宪法法律对该法官进行免职。除本条款第三部分情况外，最高法院和宪法法庭法官可以被最高议会总数的不少于三分之二在投票同意后免职。因违反法官职责要求被解除职务的法官无权担任国家机关职务，并不享有对于法官和前法官的任何优惠政策。如法官身故、到达任职年限、转到其他工作岗位、宣布其死亡、无民事能力、不能行使其法官职责、失去国籍、退出国籍或加入其他国籍，其被任命机构的法官权限根据宪法法律将被终止。同时根据最高议会当场人数半数以上，但投同意票总人数不应低于最高议会总数半数的情况下，可解除最高法院和宪法法庭法官职务。法官按照诉讼程序，临时离职，被刑事或民事起诉必须依照宪法法律，经法官委员会同意后方可执行。地方法院法官的职位候选人的选拔应由法官选举委员会依照宪法法律执行。根据宪法法律有法官委员提议对法官的调任（回调）由总统任命。

23. 修改第九十六条，最高法院是民事，刑事，经济，行政等案件的最高司法机构，根据法律规定的诉讼程序可由当事人对案件重新审理进行上诉。最高法院全会对法律程序有解释权，并适用于吉尔吉斯共和国的所有法院和法官。

24. 修改第九十七条，宪法法庭对在法律的违宪决定是基于提前的违宪结论上做出的。宪法法庭就违宪的提前结论将传送给总统和最高议会进行讨论。如果总统与最高议会在收到结论3个月内表示同意或不存在异议，则对该结论由宪法法庭法官总数超过半数同意后通过。如果总统或最高议会在收到结论3个月内表示不同意或存在异议，则对该结论由宪法法庭法官总数不少于三分之二同意后通过。如果总统与最高议会在收到结论3个月内均表示不同意或存在异议，则对该结论由宪法法庭法官总数超过四分之三同意后通过。宪法法庭的决定是最终的，不得上诉。在吉尔吉斯共和国境内由宪法法庭通过的违宪的法律与法规不被通过。违宪的法律规范司法行为对公民的权利和自由造成影响时，应对每种投诉情况下分别审查。

25. 修改第一百零二条，吉尔吉斯共和国法院自治权机构是法官代表大会和法官委员会。法官委员会对法官的合法权益进行保护，对法院预算的执行和形成进行监督，组织把关的培训和进修。

26. 修改第一百零四条，监督行政机关，地方政府及其官员对法律和宪法法律的严格遵守；对国家机关的官员刑事诉讼，包括宪法范围内案件移交调查给有关当局，以及军事人员的起诉决定。

二 修宪特点

此次修宪大幅加强内阁议会和总理的权力，削弱总统权力，由现行的总统—议会制国家转变为议会制国家。根据修宪案，在对现行宪法进行36处修改后,政府总理将有权在不经总统同意的情况下任命或解除部长职务,且总理和副总理将保留议员资格。此外,议会对政府提出不信任案的门槛也被大大提高,需至少三分之二的议员同意,而非之前的半数以上。

宪法修改后,吉政府总理将有权在不经过吉总统同意的情况下任命或解除各部部长职务,而且政府总理和副总理将保留议会议员的资格。此外,此次修宪也将提高议会对政府提出不信任案的门槛。如果修宪公投通过,根据新修改的宪法,议会需要至少2/3(80名)的议员同意后才可提出对政府的不信任案,而非目前的半数(60名)以上这将使吉尔吉斯斯坦政府频繁更迭的情况得到一定控制。从长远来看,吉尔吉斯斯坦政府的稳定性将逐渐提高。

第八章

塔吉克斯坦宪法文本分析

第一节 1994年塔吉克斯坦宪法

一 制宪背景

苏联时期，塔吉克作为一个加盟共和国执行的是由苏共制定的政治体制，其特征是议行合一、一党制和苏维埃制。塔吉克作为加盟共和国，权力有限，国家权力主要在联盟中央手中。

20世纪80年代末至90年代初，苏联发生了剧烈的政治变革，使其面临解体。1990年2月，苏共中央全会通过的苏共纲领草案放弃了苏联共产党在政治体制中的领导地位。俄罗斯率先实行多党制，各加盟共和国纷纷颁布了近似于独立的主权国家宣言。

1990年8月，塔吉克最高苏维埃发表主权宣言，宣言的宗旨是保障全体公民享有该共和国和苏联宪法以及国际法所规定的全部权利和自由。宣言强调指出共和国保留按照联盟条约规定的程序自由脱离苏联的权利；在共和国境内，共和国的法律至高无上；议会将中止与塔吉克主权权利有矛盾的苏联法律文件的生效；本共和国领土、领空、自然资源均归本共和国所有，神圣不可侵犯；共和国与外国直接建立关系、签订经济、文化、科学技术协议、互派外交、领事和商务人员。1990年10月，苏联改行总统制。塔吉克斯坦开始对政体进行改革。1990年11月，共和国颁布了关于设立共和国总统职位和总统选举程序的法律。

1991年"8·19"事件后，苏联形势急剧变化，各加盟共和国纷纷宣布独立。1991年8月，塔吉克共和国最高苏维埃决定将国名改为塔吉克斯坦共和国，9月发表了《塔吉克斯坦独立声明》，宣布共和国独立。独立声明规定，将把主权宣言中阐述的内容载入该国现行法律中；将制定确保塔独立的法律草案；根据主权宣言，贯彻执行塔政府的各项决定。

塔吉克斯坦独立后，各种政治、宗教、地方势力斗争激烈。1992年3月，政府与反对派出现对抗，以伊斯兰复兴党、民主党为代表的伊斯兰原教旨主义分子和其他激进势力不甘心原共产党人继续执政，建立了救国阵线，联合其他反对派，于4月28日在杜尚别组织数万人示威游行，要求解散议会，改组政府。此后政府与反对派之间不断进行各种交锋。

1992年4月17日，在《主权宣言》和《独立声明》两个重要文件的基础上塔吉克斯坦最高苏维埃主席团通过新宪法草案。1992年11月16日，塔吉克斯坦最高苏维埃第12届第16次会议正式通过新宪法草案。1994年11月6日通过独立后的第一部宪法——塔吉克斯坦共和国宪法。

二 主要内容

1994年塔吉克斯坦宪法在基本结构上由序言跟正文两个部分组成。在序言中明确承认人的自由和权力，尊重各大小民族的平等权利和友谊。而宪法正文则主要包括以下内容：

共13条，宪法制度的基础，阐述了塔吉克斯坦立宪原则；

共34条，规定了塔吉克斯坦人和公民的权利、自由和基本义务；

共15条，规定了议会的法律地位、议会的组成与议员的选举和罢免程序、议会的职能、议会与总统和政府的关系；

共9条，规定了总统的法律地位、职权范围、任职资格、选举与罢免的程序、权利和义务；

共3条，规定了政府的法律地位、政府的组成和解散的程序、政府的程序、政府的职能、政府成员的权利和义务；

共5条，规定了地方权力机关的组成、职权范围、任期等；

共3条，戈尔诺—巴达赫尚自治州；

共9条，规定了法院的工作，法官的任职资格等；

共5条，规定了检察院的工作，检察官的任职资格等；

共3条，规定了宪法的生效时间和修改程序等。

宪法的主要内容为：

1. 建立主权、民主、世俗、法治国家，确定以人为本的原则。宪法第一条规定，"塔吉克斯坦共和国是主权的、民主的、法制酌、非宗教的单一制国家。塔吉克斯坦是社会性国家，国家是为了保证每个人的应有生活和自由发展创造条件"。宪法第五条规定，"人的权力和自由是至高无上的价值。人的生存、人格和其他合理的权利是不可侵犯的。国家承认、遵守和维护人和公民的权利和自由"。宪法第六条规定，"塔吉克斯坦人民是国家主权的体现者和直接或者通过自己的代表行使国家权力的唯一源泉"。

2. 政治、意识形态多元化。宪法第八条规定，"塔吉克斯坦社会生活的发展以政治多元化和意识形态多元化为原则"。宪法还规定，"任何一个党、社会的和宗教的团体、运动或派别的意识形态都不能确定为国家的意识形态。社会团体和政党要在宪法和法律范围内建立和活动"。

3. 宗教与国家相分离。宪法第八条规定，"宗教组织与国家分离，不得干预国家事务"。"禁止以挑起种族、民族、社会和宗教仇恨为目的，或者煽动暴力推翻宪法制度和组织武装集团的社会团体建立及活动。"

4. 三权分立。宪法第八条规定，"国家权力确立立法权、行政权和司法权三权分立原则"。

5. 法律至上。宪法第十条规定，"宪法具有最高法律效力，国家和一切国家机关、公职人员、公民及其团体都必须遵守和执行共和国宪法和法律"。

6. 奉行爱好和平政策。宪法第十一条规定，"塔吉克斯坦奉行爱好和平的政策，尊重其他国家的主权和独立，根据国际准则确定本国的外交政策"。

7. 所有制多元化。宪法第十二条规定，"国家保障经济活动和企业家经营活动自由，包括私人在内的各种形式所有制权利平等，并且依法加以保护"。

8. 将塔吉克语规定为国语。宪法第二条规定，"塔吉克语是塔吉克斯坦的国语。俄语是族际间交际的语言。居住在共和国境内的各大小民族都有权自由使用本族语"。

三 主要特点

这部宪法的主要特点，一是移植西方模式。它规定的许多制度尽管具有中亚地区民族历史传统的某些特色，但其最主要的制度都是从美、法、德等西方发达国家搬来的。同时，对这些制度根据自己的需要进行了取舍。二是立法较为原则，程序不具体。它是在苏联剧变后不久制定的，许多宪法规范没有经过认真的推敲，不甚严谨，内容过于笼统。如规定了总统弹劾制度，但对于在何种事由下才可以对总统进行弹劾并未进行规定。三是宪法立法语言不严谨规范。例如，独联体中亚地区成员国的新宪法都确认了三权分立原则。和这个原则相适应，国家权力机关分别称之为代表机关（或立法机关）、执行机关、司法机关。在这一原则下，已无最高国家权力机关可言。但是，塔吉克斯坦宪法仍然规定，"最高议会是塔吉克斯坦共和国最高代表机关和立法机关"。

总体来讲，塔吉克斯坦 1994 年宪法是在继承原苏联法律制度的基础上，同时结合本国国情、融合其他国家的宪政制度而形成的混合宪法制度，它是传统的国家法律遗产和外国宪政经验相结合的产物，其在总体上对一个国家的政权组织形式、公民的基本权利及义务等内容作出了相应的规定，但在诸多地方仍存在不完善的地方。但对于一个刚刚独立的国家来说，也是很不容易的。所以，1994 年宪法对塔吉克斯坦未来的发展具有重要的影响。

第二节 1999年塔吉克斯坦宪法

在塔吉克斯坦的政治进程中，政府与反动派的对立和战争给人民带来了巨大的灾难，不但使经济蒙受了巨大损失，也影响了宪法政治和法治发展。在俄罗斯、乌兹别克斯坦和国际组织的帮助下，在伊朗、阿富汗、巴基斯坦等国的共同努力下，塔交战双方先后进行了6轮正式和谈和2次高层会晤。

在国外势力的压力下，从维护国家稳定的大局出发，拉赫莫诺夫总统对反对派做出了不少让步。1992年2月，拉赫莫诺夫总统下令对反动派武装分子实行大赦。拉赫莫诺夫总统在阿富汗同反对派首领努里谈判并签署了关于实现停火的议定书。从1996年12月到1997年7月，拉赫莫诺夫政权与以努里为代表的联合反对派之间就民族和解委员会职能、难民问题、政治和解的原则性问题、军事问题、政治问题议定书、实现民族和解问题展开了一系列谈判并签署了相关协议和文件。

1997年6月27日，塔总统拉赫莫诺夫和反对派领导人努里及联合国秘书长特别代表梅里亚姆在莫斯科签署了《关于在塔吉克斯坦建立和平和民族和睦总协定》文件和莫斯科声明，声明强调塔民族和解问题的会谈已顺利结束。《协定》的签订，标志着塔吉克斯坦内战的结束，和平进程的开始。

1999年9月26日，以全民公决方式通过了新宪法，对1994年11月的宪法做了相应的修改。

1999年塔吉克斯坦宪法在基本结构方面，与1994年的宪法相比并未作出调整。

此次修宪的主要内容有：

1.将总统的任期由原来的5年延长为7年，同时规定总统只任一届，不能连任；议会由一院制改为上、下两院，议员职业化，宗教党派合法化。之后根据新宪法，塔吉克斯坦顺利进行了总统大选。拉赫莫诺夫以的绝对多数选票当选，1999年11月16日在首都杜尚别宣誓就职。

2. 司法摆脱司法部，逐渐独立。1999年以前，根据1994年宪法第86条的规定，"军事法院、戈尔诺—巴达赫尚自治州、各州、杜尚别市、市和区法院法官，由总统根据司法部长的提名任命和解除"。这表明在1999年之前，在塔吉克斯坦，除宪法法院、最高法院和经济法院以外，其他法院都归司法部管理。1999年宪法修订后，根据第八十六条的规定，"军事法院、戈尔诺—巴达赫尚自治州、各州、杜尚别市、市和区法院法官，由总统根据司法委员会的提名任命和解除"。其将司法部内的司法权力机构剥离，最高法院在这其中起到了重要作用。1999年12月14日成立塔吉克斯坦司法委员会作为新的领导机构，在一定程度上促进了司法独立。

3. 对最高议会及总统的权利进行了大范围的修改。塔吉克斯坦为了解决执政党与反对党长期对立的问题，在国际社会的斡旋之下，跟反对党签署了《关于在塔吉克斯坦建立和平和民族和睦总协定》。为实现国内和平这一目的，以拉赫莫诺夫为领导的执政党必然会对反对党——伊斯兰复兴党，在政治权利上做出相应的让步。同时，双方出于限制对方权利的相同目的，对双方的权利多进行了相应的限制，体现了双方的政治角力。但总的来说，这一做法为塔吉克斯坦的长期稳定发展，奠定了必要的政治基础。具体表现为：第一，将最高议会分为民族院和代表会议；第二，对议会代表所需具备的条件进行了细化，对代表席位的分布进行了确定；第三,四分之一的民族院代表由塔吉克斯坦共和国总统任命。民族院工作形式建立在召集制度基础上；第四，政府，法官，执法人员，军事人员和根据宪法规定的其他人员不能成为最高议会民族院代表等。

4. 规定戈尔诺—巴达赫尚自治州享有立法权。1999年宪法第八十二条规定，"戈尔诺—巴达赫尚自治州的人民代表议会享有自己立法权"。

5. 承认了其他政党的合法地位。1999年宪法第二十八条规定，"公民享有结社权。公民有权参加组建包括民主、宗教、与无宗教性质的政党，工会和其他社会团体，并且可自愿加入或者退出这些组织"。这在一定意义上承认其他政党的合法存在，建立了多党制的国家。这同样也是伊斯兰复兴党等非执政党积极抗争，双方妥协的产物。

此次修宪的主要特点，一是充分反映了政治力量的博弈。为了实现国内和平，实现稳定发展，对立双方和解是大势所趋。但是，双方为了确保自身利益的最大化，在政党合法化、最高议会、总统权利等方面展开了博弈。这种政治力量博弈的后果最终体现在本次宪法修订过程中。二是对1994年宪法条文内容进行了细化。1994年宪法的制定时间过于紧张，再加上欠缺立法技术等问题，导致宪法条文过于笼统。本次修宪，针对1994年宪法存在的问题，进行了相应的补充和细化。

本次修宪为塔吉克斯坦国内的对立双方和解提供了契机，为塔吉克斯塔国内的和平、稳定奠定了必要的政治基础。为后期的经济快速发展提供了必要的条件。

第三节　2003年塔吉克斯坦宪法

2000年2月，塔吉克斯坦举行多党制议会选举，新议会由包括反对派伊斯兰复兴党代表在内的不同党派代表组成。2000年3月7日，新议会第一次会议提出"修改和补充宪法草案"，赋予总统条职权，使总统居于议会和政府之上，决定国家内政外交等重大决策，并兼任强力部门领导职务，进一步加强了总统对整个国家生活的控制权。2000年5月12日，联合国安理会发表主席声明，由于塔吉克斯坦已最终实现和平，安理会将撤回驻塔吉克斯坦的联合国观察团。由于塔独立以来实施了一系列社会、经济规划，使人民生活的水平不断提高，人口实现脱贫。在联合国的帮助下，塔制定了第一个五年国家发展战略，国家经济稳步发展。在国内形势持续好转的历史背景下，2003年塔吉克斯坦再次修改宪法。

2003年塔吉克斯坦宪法主要由序言跟正文两个部分组成，在序言中明确承认人的自由和权力，尊重各大小民族的平等权利和友谊。而正文则主要包括以下内容：宪法制度的基础；人和公民的权利、自由和基本义务；最高议会；总统；政府；地方权力机关；戈尔诺—巴达赫尚自治州；法院；检察院；宪法的修改和程序。此次修宪对宪法的基本结构未作修改。

此次修宪的主要内容为：

1. 突出了人权保护。宪法第五条在原先内容的基础上，增加了"人以及其权利和自由是最高价值"。并在第六条增加"人民权力的最高直接表达是全民公决和选举"。第十九条规定，"每个人都有权要求权威的、独立的、公正的主管法院依照法律审理其案件。无法律根据任何人都不应遭到拘留、逮捕"。这说明，随着塔吉克斯坦经济水平的发展，也越来越重视对人权的保障。

2. 实施免费医疗。宪法第三十八条规定，"每个人都有享受保健的权利。每一个人享受国立医疗机构的免费医疗帮助。国家保证改善生态环境措施、创办和开展群众性体育运动、发展体育事业和旅游业"。

3. 保障公民的受教育权。宪法第四十一条规定，"每个人都有受教育权。接受普及的基础教育是义务。国家保证在国立学校中接受免费教育。每个人剧照法律享有普通中等、初等教育、职业、中等职业和高等职业教育的权利"。

4. 对最高议会代表的权利进行了细化。宪法第五十一条规定，"最高议会民族院和代表会议代表的权限在以下情况下将被终止：代表死亡、解职、被法庭宣布无能力执行其权利、被法庭宣布有罪、国籍终止、长期居住国外、从事法律不允许的兼职活动，以及最高议会民族院和代表会议被解散"。第五十条规定，"除科学研究和艺术创作外，最高议会代表会议代表不能在任何其他机关兼职，也不能从事任何商业活动"。第五十二条规定，"最高议会民族院活动以会议形式开展。最高议会民族院会议由最高议会民族院主席召集，每年会议不少于四次"。

5. 强化了总统权力。宪法规定，总统有权确定塔吉克斯坦共和国的内外政策；经最高议会民族院和代表会议同意，建立和撤销各部和国家委员会；可以任命和解除政府和国家委员会；可以任命和解除政府总理和其他政府成员职务；签署最高议会民族院和代表会议联席会议通过后的政府总理和其他政府成员的任命令和解职令；任命和解除戈尔诺—巴达赫尚自治州、各州、杜尚别市、市和区主席，并把上述命令提交相应的人民代表议会批准；取消或中止执行机关违背宪法和法律通过的法令。

2003年塔吉克斯坦宪法是在国内形势逐渐好转、经济建设刚刚起步的情况下，塔吉克斯坦本次的宪法修改突出了对公民基本权利的保障，主要体现在教育权、享受免费医疗等方面。同时，也对最高议会的权利进一步进行了细化。总统权力不断得到扩大。

第四节　2016年塔吉克斯坦宪法

进入和平发展时期后，在拉赫莫诺夫总统的领导下，塔吉克斯坦经济高速增长，政局总体稳定。2015年，议会选举顺利举行，拉赫莫诺夫总统领导的人民民主党占据议会下院2/3的席位，拉赫莫诺夫再次当选。国防部副部长纳尔佐达军事叛乱未果，政府遂借机取缔了长期的反对党——伊斯兰复兴党。经济方面，国际原材料市场价格依然低迷，俄罗斯、哈萨克斯坦等主要贸易伙伴国经济不景气对塔吉克斯坦的经济影响日益显现。外交方面，在平衡俄罗斯、美国大国关系的同时，塔吉克斯坦积极发展与印度、日本、韩国和中东等国家的关系，寻求外部经济援助。安全方面，阿富汗安全危机持续外溢，国际恐怖和极端势力对哈萨克斯坦的安全挑战明显上升。为应对新的发展需要，2016年塔吉克斯坦这次修改宪法

塔吉克斯坦2016年宪法主要由序言跟正文两个部分组成，在序言中明确承认人的自由和权力，尊重各大小民族的平等权利和友谊。此次修宪对宪法的基本结构未做调整，只是将宪法正文第六部分的名称由"地方权力机关"，改为"国家政权的地方和自治机关"。

此次修宪的主要内容为：

1. 禁止在塔吉克斯坦境内注册民族和宗教性质的政党；宪法修正

案"禁止宗教背景的政党"被认为是针对与塔政府有矛盾的伊斯兰复兴党。该党成立于1990年10月,其主张有着浓厚的宗教色彩,并曾在塔建国初期大规模内战中扮演反对派的主力角色。1997年,执政党与包括伊斯兰复兴党在内的反对派联盟签署和平协议实现和解,反对派得到一部分政府职位,但随后逐渐被政府边缘化。2015年9月,塔国防部前副部长、伊斯兰复兴党成员纳扎尔佐达率领武装分子袭击国防部中央机关,失败后逃跑时被击毙,随后塔政府开始限制伊斯兰复兴党的活动,塔最高法院将其列入极端主义和恐怖主义名单。

2. 总统候选人的年龄限制由35岁降至30岁,并对上下两院代表年龄限制也由35岁降至30岁。

3. 首任总统民族首领可以无限期连任;按原宪法规定,塔总统拉赫蒙在2020年总统选举时不能参选。根据此次宪法修正法案,拉赫蒙总统则可继续参选。

4. 地方政权改为国家政权的地方机关。这一举措有利于加强政府对地方的直接管理,增强政府权威。

5. 确立了塔吉克斯坦为总统制国家。塔吉克斯坦原先的政权组织结构跟总统——议会制更为接近。但是2016年修订的宪法将政体确定为总统制国家,也在一定程度上加强了总统的权力。

塔国宪法此次修改,表现出该国也效仿其他中亚国家,不断加强总统的权力。和其他国家不同,塔国糟糕的经济和对外国援助的依赖曾保护了反对派团体,特别是一些反对派和外国非政府组织关系密切。宪法修正案通过后,反对派力量受到了打击,该国可能将不存在真正意义上的反对党。

第九章

土库曼斯坦宪法文本分析

第一节 1992年土库曼斯坦宪法

1992年土库曼斯坦宪法,是土库曼斯坦独立后的首部宪法。这部宪法于1992年5月18日在土库曼斯坦首都阿什哈巴德市经最高苏维埃通过,并由总统颁布。这部宪法的诞生有其背景。土库曼斯坦原为苏联加盟共和国之一。20世纪八九十年代,国际局势剧变,苏联在与美国争霸的过程中逐渐式微,开始走向瓦解。1990年8月23日,土库曼最高苏维埃通过了国家主权宣言,1991年10月26日,土库曼共和国就是否独立问题举行全民公决并获得通过,27日总统萨帕尔穆拉特·阿塔耶维奇·尼亚佐夫和土库曼最高苏维埃宣布土库曼共和国独立,改国名为土库曼斯坦。[①]也正因为如此,1992年宪法文本中不断强调土库曼斯坦的自决权以及主权和领土独立。

一 主要内容

1992年土库曼斯坦宪法由序言和正文组成,其中正文包括宪法制度原则、公民、人的基本权利和义务、权力机关和管理机关体系、地方自治、选举制度、全民公决、司法权力、检察机关和最后条款九个部分,共113条。

---

① 马大正、冯锡时主编:《中亚五国史纲》,新疆人民出版社2005年版,第269页

就宪法主要内容来讲,分为以下几个部分。

(一) 宪法序言

首先,1992年宪法在序言部分强调制宪主体为土库曼斯坦人民,体现了宪法的民主性;其次,强调了制定该宪法的根据是土库曼斯坦不可剥夺的自决权,这与土库曼斯坦多灾多难的历史有关,土库曼斯坦历史上多次受到侵略和奴役,并刚刚脱离苏联独立;再次,序言中提到该宪法的出发点为对祖国的现在和未来负责;然后,序言指出制宪的目的是忠诚于先辈团结一致、和睦相处和休戚与共的遗训,维护土库曼人民的民族财富和利益,以巩固他们的独立、主权、中立立场,保障每个公民的权利和自由,保证公民和睦与民族和谐;接着,序言中指出确立土库曼斯坦的国家准则是人民政权和民主、鲜明、法制;最后,序言强调了该宪法的地位——土库曼斯坦的根本法。

(二) 宪法制度原则

1. 民主、法制的世俗国家。宪法正文第一条指出:"土库曼斯坦是民主的、法制的世俗国家。"其中,民主即人民主权,突出人的重要性。这与第二条以及第三条第一款规定相呼应,即"人民是土库曼斯坦主权的代表者和国家权力的唯一源泉。土库曼斯坦人民直接地或者通过代表机关行使自己的权力。""在土库曼斯坦,人是社会和国家的最高价值。"法制既指法律制度,也包括法律监督和法律实施等一系列活动过程。它体现了一切社会关系的参与者都要严格地、平等地遵守法律制度;世俗与"宗教""政教合一"相对,表明了该国实行政教分离,禁止宗教干预国家事务。

2. 总统共和制。宪法第一条规定:"土库曼斯坦以总统共和制的形式进行国家管理。"总统共和制是由总统和议会分别掌管和行使国家最高权力的一种政体形式。总统和议会都由民主选举产生。其中,总统是国家元首和政府首脑,是国家最高公职人员,行使最高行政权。议会是国家立法机关,行使最高立法权。

3. 权力分立原则。宪法第四条规定土库曼斯坦以权力分立原则为基础。即人民议会、立法权、行政权和司法权在相互制约和平衡中治理国家。

4. 外交政策。宪法第六条声明土库曼斯坦为世界社会的完整主体，承认国家法公认准则的优先权。同时声明土库曼斯坦主权独立和领土完整，是国家社会中享有充分权利的主体，奉行和平共处原则，不使用武力，不干涉别国内部事务的外交政策。

5. 国籍制度。宪法第七条和第八条分别规定了本国公民的国籍权以及外国人和无国籍人在本国的地位。国籍权包括拥有国籍和改变国籍两个方面。土库曼斯坦拥有自己的国籍，实行一国一籍制，不承认土库曼斯坦公民的其他国家国籍。另外，该国公民的国籍权不容侵犯和随意剥夺，该国公民亦不得被交给其他国家进行惩罚或者被驱逐出土库曼斯坦，或者在回归祖国的权利方面受到限制。不论在土库曼斯坦境内还是境外，土库曼斯坦公民均能受到国家保护和庇护。宪法规定外国公民和无国籍者享有与本国公民同样的权利和自由，并承认因政治、民族或宗教信仰而在本国遭受迫害的外国公民的避难权。

6. 财产不容侵犯。宪法第九条规定财产不容侵犯。承认财产的私有权，既可属于公民联合组织，也可属于国家，除法律特殊规定外不容许没收财产。

7. 宗教制度。宪法第十一条规定了土库曼斯坦实行宗教信仰自由、政教分离、宗教与教育分离制度。国家保护宗教和宗教信仰自由，每个人都有权利表达并传播自己对宗教的见解和决定信奉何种宗教，有权参加宗教仪式、祭祀和典礼。宗教与国家管理分离，宗教不得干预国家和社会事务。教育与宗教相分离，具有世俗性。这与宪法第一条对"世俗国家"的规定一致。

8. 拥有武装力量。宪法第十二条规定土库曼斯坦拥有自己的武装力量，以捍卫国家主权和安全。这与其和平共处的外交政策相适应。

9. 语言、国家标志和首都。宪法第十三条至第十五条对土库曼斯坦的语言、国家标志和首都进行了规定。其中，土库曼斯坦的国语是土库曼语，同时保证各民族平等地使用本民族语言的权利；该国的国家标志是国旗、国徽和国歌，有法律规定并受法律保护；土库曼斯坦的首都是阿什哈巴德市。

（三）人和公民的基本权利、自由和义务

宪法第十六条至第三十六条、第四十条至第四十四条规定了人和公民的基本权利和自由。权利的主体包括人和公民，公民即拥有土库曼斯坦国籍的公民，宪法第八条规定外国公民和无国籍者享有与本国公民同样的权利和自由，因此这里的"人"即包括外国人和无国籍人。公民的基本权利不可剥夺、不容侵犯，只有在紧急状态或战时状态下，公民的权利和自由才可暂时中止执行。人和公民的基本权利和自由的具体内容包括：

1. 平等权。第一，土库曼斯坦公民不论其民族、出身、财产和职位状况、住所、语言以及对宗教的态度、政治信仰和所属党派如何，在法律面前一律平等，享有平等的权利和自由。第二，男女平等，根据性别而侵犯男女平等权利将被追究法律责任。

2. 生命权和在世的自由。每个人都享有生命权和在世的自由，土库曼斯坦第一任总统反对死刑，并取消死刑。

3. 免受刑讯、酷刑，免被进行试验以及免被拘留和逮捕的权利。任何人都不能遭受刑讯，受到残酷的、非人道的或者侮辱人格的虐待或惩罚，以及未经本人同意就被进行医学（药物或医师）实验或其他实验。另外，只有具备法律明文指出的理由，根据相关法律，公民方可被扣留和逮捕。在不容迟缓和法律明确规定的情况下，被授权的国家机关有权暂时拘留公民。

4. 住宅权。任何人都享有获得设备完善的住房的权利，并且在个人住房建设方面都有得到国家帮助的权利。另外，个人具有住宅免受非法侵害的权利。

5. 隐私权、人格权和名誉权。每个公民都有隐私权，有权阻止对其私生活的随便干预，以及对通信、电话及其他联络的秘密的侵犯。此外，每个公民都有人格权和名誉权，都有权阻止对其人格和名誉的侵犯。

6. 迁徙权和选择住址的权利。在土库曼斯坦境内，每个人都有权自由迁徙和选择住址。对进入特殊地区、该区域的迁徙或特定人自由行动限制只能依照法律规定执行。

7. 婚姻自由。达到结婚年龄的男女经过双方同意，有权结婚，组建家庭。

8. 夫妇之间、父母与子女之间的权利。在家庭关系中，夫妇权利平等；父母有教育子女、关心其身体健康和发育成长及学习、培养其劳动能力的权利和义务；子女应关心并帮助父母。

9. 信仰自由和自由表达信仰自由。土库曼斯坦实行宗教信仰自由政策，公民具有信仰自由，有权自由表达信仰。

10. 获得信息权。公民有获得信息权，涉及国家机密、公务机密或商业机密的除外。

11. 集会、召开大会、游行示威的自由。公民有按法定程序集会、召开大会和游行示威的自由。

12. 建立政党和其他社会团体的权利。公民有权建立在宪法和法律规定的范围内开展活动的政党和其他社会团体。但是禁止建立目的在于以暴力改变宪法制度，在自己的活动中允许使用暴力，反对公民由宪法规定的权利和自由，宣传鼓动战争以及种族、民族、社会和宗教仇视情绪，企图损害人的身体健康和道德品质的政党和社会团体；也禁止按照民族或宗教特征建立军事团体和政党。并禁止它们开展活动。

13. 参与管理社会和国家事务的权利。每个公民都有权既直接地，也通过自己的被自由选出的代表参与管理社会和国家的事务。

14. 选举权与被选举权。每个公民都有选举国家权力机关和被选举进入国家权力机关的权利。另外，只有土库曼斯坦公民在获得国家机关职务方面有平等权利。

15. 劳动者权。公民拥有劳动权和选择职业、职业种类和工作地点的权利，有权要求维护健康和安全劳动条件。不允许强制劳动。公民有依据劳动获得报酬的权利，且这种酬金不得低于国家规定的最低生活费用。劳动者休息权，表现为规定有限时间的工作周，保证每年享受带薪休假和每周享有休息日。国家在居民点为休息和合理利用自由时间创造有利条件。

16. 健康保护权。公民有健康保护权，其中包括免费享用国家保健机构网。允许根据法律和法律规定的程序实行有偿医疗和非传统医疗服务。

17. 社会保障权。公民在年老、患病、残废、丧失劳动能力、失去供养和失业的情况下，享有社会保障权；多子女家庭、失去双亲的孩子、战争参加者及因保卫国家或社会利益而丧失健康者都能从社会资金中得到额外帮助和优惠。

18. 受教育权。公民享有受教育权。普通中等教育是义务教育，每个人都有权在国立中学免费接受义务教育。国家根据每个人的能力保证使所有人都能接受职业教育、中等专业教育和高等教育。组织团体和公民都有权根据法律和法律规定的程序建立收费中学。

19. 艺术、科学及技术创造自由权。公民拥有在艺术、科学和技术领域的创造自由权，公民在这些领域的著作权和其他利益受法律保护。

20. 获得司法保护权。公民的声誉及尊严以及个人的政治权利和自由受到侵犯，有权受到司法保护。对于国家机关和社会团体、公职人员的违法、越权及限制公民权利和自由的行为可上诉法院。

21. 获得赔偿权。公民有权按照司法程序要求赔偿因国家机关和其他社会组织及其工作人员以及个别人的行为给其造成的物质和精神损失。

22. 不得被迫自证其罪和反对暴力取证。任何人都不得被迫提供对自身和其亲属不利的证词及说明材料。通过实施暴力和心理折磨以及其他违法手段取得的证据不被承认有法律效力。

23. 使公民状况恶化的法无溯及力。使公民状况恶化的法律没有回溯效力，任何人都不能对发生时并不被认为违法的行为负责。

宪法第三十七条至第三十九条规定了土库曼斯坦公民、人的基本义务。主要包括：遵守宪法和法律，尊重民族传统。在土库曼斯坦境内居住或逗留的每一个人都必须遵守宪法和法律，并尊重它的民族传统；保卫国家。保卫国家是每个土库曼斯坦公民的神圣义务，对于全国的男性公民实行义务兵役制；纳税。公民必须按照法律规定的方式和额度缴纳国税和其他税款。

（四）权力机关和管理机关体系

1.人民会议。（1）地位：人民会议是土库曼斯坦常设的人民政权最高代表机关，并享有最高国家权力和管理的所有权限。人民会议活动只能由人民会议自行终止，人民会议可以对州、区、市领导解职。（2）组成：人民会议包括：土库曼斯坦总统，人民会议主席，部长，行政区首领，阿什哈巴德市长，政党领袖，青年社团领袖，工会领导、妇联领导，社会运动团体《卡尔可尼什》领袖，其他国家社会团体领袖和旧土库曼斯坦人代表，行政中心首脑，城镇与村落首脑。共由2507人组成。（3）权限：通过土库曼斯坦宪法、宪法法律的修正案和补充案；成立进行土库曼斯坦全民公决的中央选举委员会，并可对其成员进行变更；决定全民公决问题；指定土库曼斯坦总统、人民议会及各州市人民会议的选举；审阅并通过国家政治、经济、社会和政治发展计划；变更土库曼斯坦国界和行政区划；听取土库曼斯坦总统关于国家以及重要内外政务报告；听取土库曼斯坦地方议会、内阁、最高法院、总检察院的工作报告；公布特殊关于非法律范围确定的叛国、被证实其叛国事实并确认有罪的人员终身监禁的决定。终身监禁由土库曼斯坦最高法院根据人民会议确认决定宣判；批准和宣布废除关于国家间联盟及其他构成体的条约；对和平与安全事宜进行讨论；依照宪法和法律规定属于它负责管理的其他问题。（4）决议实施：人民会议的决议由总统、地方议会、内阁和其他对应的国家机关实施。（5）会议的召集、提案：人民会议由人民会议主席或土库曼斯坦总统根据需要召集，但由人民会议主席、土库曼斯坦总统、地方议会或超过规定三分之一人数的人民议会成员召集的人民会议每年不少于一次。人民会议主席、土库曼斯坦总统、地方议会、内阁或超过规定四分之一人数的人民会议成员有提交给人民会议的提案权。人民会议召集和领导人员的选举按照相关法律执行。（6）人民会议主席：人民会议活动由人民会议主席领导。人民会议主席的任职资格为：出生在土库曼斯坦的土库曼斯坦公民，年龄不低于55岁，掌握国语，在近十年内长期居住在土库曼斯坦，有在国家机关的关键部门工作经历，有一定的影响力，人民会议成员，并在人民会议大会由超过三分之二的选举投票通过。人民会议主席任期为五年。

2. 总统。（1）地位：总统是土库曼斯坦国家元首和政府首脑，是最高公职人员，是民族独立、领土完整、遵守宪法和国际协议的保障。（2）任职资格：出生在土库曼斯坦的土库曼斯坦公民，年龄不低于40岁并不超过70岁，掌握国语，在近十年内长期居住在土库曼斯坦，有在国家机关、社会团体和其他国民经济领域工作经历，有一定的影响力，由人民会议大会提名，并参与总统选举的公民。总统不能是地方议会议员和人民会议成员。（3）选举与任期：总统由人民直接选举产生，任期五年，并在人民会议的会议上宣誓之后立即就职。（4）职权：贯彻宪法和法律，并保证其准确执行；领导实施对外政策，在同别国的关系中代表土库曼斯坦，任命和召回大使及土库曼斯坦驻外国、国家间组织和国际组织的其他外交代表，接受外国外交代表的就任国书和离任国书；是武装力量的最高统帅。下达关于总动员或部分动员及动用武装力量（随后由人民会议批准这些行动）的命令。任命武装力量的高级指挥人员；向人民会议提交关于国家情况的年度报告，通报关于对内、对外政策的最重要问题；就国家预算及其执行情况的报告提交议会审理和批准；签署法律，并有权在至迟两周之内将法律连同自己的异议退回人民会议，让对其重新讨论和表决。如果人民会议以三分之二多数票批准原来由它通过的决议，那么总统就签署法律。总统对于有关修改和补充宪法的法律没有拖延否决权；根据人民会议的决议，确定全民公决，有权提前召开议会会议；解决关于准入土库曼斯坦国籍和提供避难的问题；奖给土库曼斯坦勋章和其他奖赏，授予光荣称号、军衔和其他专门的国家称号和奖章；在事先征得议会同意的情况下，任命和罢免最高法院院长、总检察长、内务部部长、司法部部长的职务；实行赦免和大赦；解决依照宪法和法律规定属于总统负责管理的其他问题。（5）提前解职和罢免：总统在因病而不能履行其职责的情况下可被提前解职。人民会议根据由它组成的独立的医疗委员会的结论以不少于人民会议成员法定人数三分之二票数通过关于提前解除总统职务的决议。在总统违反宪法和法律的情况下，人民会议可对总统表示不信任，并把罢免他的问题提交人民表决。关于对总统不信任问题可根据不少于人民会议成员法定人数三分之一的人要求进行审理。关于对总统不信任的决议以不少于人民会议成员法定人数三分之二票数通过。（6）职权的转交：除宪法特殊规定外，总统无权把自己的职权转交其他机关或公职人员执行。如果总统由于某种原因不能履行其职责，那么在选出新总统之前，他的职权将移交给人民会议主席。这样，新总统的选举至迟应在总统职权转交给主席之日起的两个月之内进行。代行总统职责的人不能被推举为总统候选人。

3. 议会。（1）地位：议会是土库曼斯坦的立法机关，是常设机构。（2）组成：议会由五十名按选民人数大致相等的地区选出的、任期为五年的议员组成。（3）提前解散：议会在以下情况下可被提前解散：根据全民公决的决定；根据人民会议的决定；根据议会的不少于议员法定人数三分之二多数通过的（自行解散）决议；如果在六个月内没有组建起议会领导机关，那么就由总统提前解散议会。（4）部分立法职能的转交：议会可把颁布有关某些问题的法律的权力转交给总统（以后必须由议会批准）。但议会不得转交就刑事与民事法律和诉讼程序问题的立法职能:（5）职能：通过和修改法律、对其解释说明并负责监督实施。法律实施通过内阁完成。议会与内阁的争议由土库曼斯坦总统协调解决；讨论内阁工作计划案；讨论土库曼斯坦预算和关于预算执行情况的报告；组织监督和观察选举；讨论土库曼斯坦总统对最高法院院长、总检察长、内务部部长、司法部部长职务任命和解除；批准土库曼斯坦的预算和关于预算执行情况的报告；确定国家权力机关和管理机关的规范性文件是否符合宪法和法律；按宪法和法律规定属于议会职权范围内的其他问题。（6）立法动议权：议会内的立法动议权属于人民会议主席、总统、议会议员、地方议会议员、内阁和最高法院。（7）议员质询权：议会议员有质询权，可向内阁、部长及其他国家机关领导者提出口头和书面质询。(8)议员权：议员的议员权只能由议会剥夺，关于这个问题的决定应由不少于议会议员法定人数三分之二的多数票通过。不经议会同意，议员不得被追究刑事责任，被逮捕或以其他方式被剥夺自由。(9)议员任职限制：议员不能同时兼任内阁成员，州、市和区行政长官、区级市市政会议主席、法官和检察长职务。(10)议长、副议长的选举和罢免：议长由无记名投票选举产生。他应向议会报告工作，也可根据以不少于议员法定人数三分之二的多数票通过的议会决议被罢免。副议长由公开投票选举产生，根据议长委托履行他的某些职权。在议长空缺或不能行使其职权时代理议长。

4. 内阁。(1)地位：内阁是执行、管理机关。由总统在其就职后一个月内组建，受总统领导。(2)组成：内阁成员包括内阁副主席和部长。总统可在内阁加入其他执行权力的中央机关官员。(3)职权：组织执行土库曼斯坦法律、土库曼斯坦总统签署的法律文件和人民会议决议；采取措施，以保证和维护公民的权利和自由，维护财产和社会秩序及国家安全；制定和向人民会议提交有关国家内政外交活动基本方针、国家经济和社会发展计划的建议；对经济和社会发展实行国家管理，组织国有企业、社团与机构的管理，保证合理使用与保护自然资源；采取措施，以加强货币、信贷制度；必要时组建内阁直属委员会、管理总局及其他主管部门；执行对外经济政策，保证同外国文化联系的发展；领导政府机关、国营企业和组织的活动。有权撤销部和主管部门的决定；履行依照法律和其他规范性文件划归它负责管理的其他职责。

5. 地方行政权力机关。(1)领导：地方行政权力机关行使其权力，州、市分别对应由州长和市长行使，在区里由区长和区级市市政会议主席行使。(2)行政长官：各级行政长官是国家元首在地方的代表，由总统任命和解职，向总统汇报工作。(3)市政会议主席：市政会议主席保证执行地方会议的决定及国家权力机关和管理机关的法令，对收归市有财产项目实行管理，执行地方预算，以及解决其他地方性问题。

（五）地方自治

地方自治系统由地方会议和区域社会自治机关组成。

1. 在州、市、区成立地方人民会议，可以与地方行政执行机关、地方自治机关在法律范畴内共同管理。地方议会是市、镇和村地区人民政权的代表机关。一个或多个村落可以成立地方议会。地方议会与行政机关之间不存在从属关系。地方议会议员由公民直接选举产生，任期5年。

2. 地方会议的主要职责有：确定自己辖区经济、社会和文化发展的基本方针；批准地方预算和预算执行情况的报告；规定地方税收和收费及其征收程序；规定关于合理使用自然资源和保护周围环境的措施；依照法律规定属于地方会议负责管理的其他问题。

3. 地方会议在其成员中选出市政会议主席，由他领导地方会议的工作，并向地方会议报告工作。

4. 被选入地方会议的人无偿地履行其职责。地方会议及其他社会自治机关的活动程序由法律规定。

（六）选举制度、全民公决

1. 选举制度。（1）选民资格：选举是普遍的和平等的。凡年满十八岁的土库曼斯坦公民都有选举权。每个选民只有一张选票。被法院认定为无行为能力的患精神病的公民和根据法院判决在失去自由的场所关押的人员不能参加选举。对于那些根据刑事诉讼法采取制止措施——被看押的人员不能参加投票表决。而在其他情况下，不允许任何直接或间接限制公民选举权的行为。（2）候选人资格：人民会议、各政党、社会团体和公民集团都有权根据选举法提出候选人。到选举日年满二十五岁，并在近十年内在土库曼斯坦居住，在当地有一定影响力的公民均可被选举为议会议员、人民代表。对议会议员、地方会议议员、人民代表候选人要求由法律规定。（3）选举规则：选举是直接的，议员及其他人员由公民直接选举；选举中的投票表决是秘密的。在投票过程中，不允许对选民意志的表示进行监督。

2. 全民公决。为了解决国家、社会生活中的最重要问题，可进行全民公决和地区性公决。关于废除公决所通过的决定问题只能以全民投票来解决。(1) 全民公决的确定：人民会议有权根据其不少于四分之一成员的提议，或者不少于二十五万名有选举权公民的提议确定全民公决。地方会议有权根据自己的倡议或根据不少于居住在有关地区四分之一选民的提议确定地区性公决。(2) 全民公决采用普遍、平等、直接选举制和无记名投票的方式进行。有选举权的土库曼斯坦公民均可参加公决。

3. 进行选举、全民公决和地区性公决的程序由法律规定。在实行紧急状期间不进行选举和公决。

（七）司法权力

1. 土库曼斯坦的司法权力只属于法院。司法权由土库曼斯坦最高法院和其他法院行使。不允许设立特别及其他同法院相对抗的机构。最高法院院长向人民会议和总统进行司法系统工作汇报。

2. 法官独立，只服从法律和遵循内部信条。不允许对法官活动进行干预。法官不受侵犯，由法律加以保障。所有法院的法官都由总统任命，任期5年。法官的任命和解职程序由法律规定。在任职期满之前，可不经本人同意，只根据法院判决和法律指定的理由，对法官解职。法官不得兼任除教学和科研工作之外的其他任何有报酬的职务。法官在任职期间不得参加政党和具有政治目的的社会团体。

3. 法院的诉讼案件由法官集体审理，而在法律规定的情况下，也可由法官单独审理。各法院案件的审理均公开进行，只有在法律规定的和遵守诉讼程序各项规则的情况下，才允许在非公开会议上旁听诉讼案件。诉讼程序用国语进行。对于参与案件但不通晓诉讼程序语言的人，保证其有权通过翻译人员了解案情，参与司法活动，同时保证其有权在法庭上用本民族语言陈述。司法审判在当事双方辩论和平等的基础上进行。双方对土库曼斯坦各级法院的裁定、判决及其他司法决议都有申诉权。

4. 在诉讼程序的任何阶段，职业司法帮助权都是被承认的。律师及其他个人和团体可给予公民和组织以司法帮助。

(八) 检察机关

1. 检察机关是土库曼斯坦的监督机关。对于土库曼斯坦境内国家管理机关、武装力量管理机关、地方自治机关、生产经济活动和商业活动参与者、组织机关、社会团体、公职人员和公民准确而又一致地遵守法律和总统法令的监督工作由土库曼斯坦总检察长及受他领导的各级检察长承担。

2. 检察长根据法律和法律规定的程序参与法院诉讼案件的审理。

3. 检察机关对业务调查活动的合法性以及对刑事案件和材料的侦查实行监督。

4. 总检察长及受他领导的检察长在行使其职权时依法办事。所有检察长由总统任命和解职。总检察长对其活动应向人民会议和总统报告工作。检察长在其任职期间不得参加政党和其他有政治目标的社会团体。

(九) 最后条款

首先，土库曼斯坦宪法在最后条款这一章再次强调了宪法的根本法地位，具有最高效力。法律和其他法令的颁布应以宪法为基础并与宪法相适应。在宪法与法律存在差异时，则宪法有效。

其次，最后条款重申关于共和政体的宪法原则不得被改变。

最后，最后条款部分规定了通过关于修改宪法的法律的程序。如果在议会议员法定人数中至少有三分之二的人投票赞同关于修改宪法的法律，那么此项法律就被认为通过。①

二 主要特点

1992年土库曼斯坦宪法立法体系比较完善，除了像其他民主国家的宪法那样强调人民主权、自由、平等、权力分立以外，还具有其独特之处：

第一，这部宪法体现了土库曼斯坦对国家独立自主和领土完整的充分重视。该宪法在序言部分就强调了土库曼斯坦的自决权，并在正

---

① 参见《土库曼斯坦宪法》，1992年5月18日颁布。

文中将土库曼斯坦主权独立和领土完整以及其他外交政策作为宪法的制度原则。这与土库曼斯坦古代曾多次遭受侵略和奴役以及近代遭受大国压迫的历史有关。1991年10月27日土库曼共和国刚刚脱离苏联独立，改国名为土库曼斯坦，1992年颁布的这部宪法自然要强调国家的独立自主，以巩固这一成果。

第二，这部宪法强调土库曼斯坦的世俗性。该宪法第一条规定："土库曼斯坦是民主的、法制的世俗国家"，世俗对应"宗教""政教合一"，土库曼斯坦强调国家的世俗性，即是表示国家与宗教分离，实行"政教分离"，不允许宗教干涉国家和社会的管理。这与土库曼斯坦的宗教特点密不可分。土库曼斯坦是多宗教的国家，国民多信奉伊斯兰教，且多属逊尼派。为了避免宗教对国家事务的过度干预，影响国家的稳定和发展，1992年宪法特意强调了国家的世俗性，在尊重宗教信仰自由的前提下实行政教分离。

第三，这部宪法体现了土库曼斯坦的包容性。1992年宪法在宪法制度原则以及人和公民的基本权利和自由这两部分，都强调了外国人、无国籍人享有与本国公民平等的权利和自由，以及对外国人的庇护，不只是局限于本国公民，体现了这部宪法的人道主义精神，符合国际社会的人权价值理念，是对人是最高价值的最佳诠释。

第四，这部宪法体现了土库曼斯坦对人和对生命的尊重。1992年宪法在第三条强调了人是最高价值，突出了人的重要性。在公民、人的基本权利部分，规定公民具有生命权和在世的权利，第一任总统反对死刑并废除死刑。这体现了对人的主体性的承认以及对生命的尊重与热爱，这是现在许多较为发达的国家都不能望其项背的。

第五，在权力体系上，这部宪法不但规定了立法、行政和司法权三权分立，还在议会、总统和法院这三个机关之外设置了人民会议。人民会议是土库曼斯坦常设的人民政权最高代表机关，并享有最高国家权力和管理的所有权限。这与西方国家的议会以及中国的人民代表大会不同。土库曼斯坦人民会议是国家的权力机关，是人民政权的最高代表机关，而立法权由议会掌握。而无论是西方国家的议会还是中国的人民代表大会都是集国家权力代表机关和了立法机关于一身的。这也是土库曼斯坦在国家机构设置上的一大特点。

三 总体评价

1992年土库曼斯坦宪法涵盖了序言、宪法原则制度、基本权利和义务、国家机构体系和权力设置、选举和全民公投等多个部分，系统比较完善，已经具备了现代国家宪法的基本要素。另外，这部宪法还具有如上所述的独特之处，结合了该国实际，体现了该国的国情。但是，这部宪法也有其不足之处。（1）这部宪法中部分内容规定得过于具体。例如宪法第二十条规定："每个人都享有生存权和在世的自由，任何人都不能被剥夺生命权。每个人在世的自由权在国家法律基础上受保护。土库曼斯坦第一任总统反对死刑，并废除死刑。"这一条规定了国家保护公民的生命权，并废除死刑，但是却在反对死刑并废除死刑之前加上了第一任总统的限制。这与宪法的普遍性要求相违背，因为这一限定会使废除死刑这一制度随着第一任总统任期的届满而终止，使得死刑在土库曼斯坦的存废具有巨大的变动空间，也与宪法的稳定性相矛盾。（2）虽然人民会议的设立是土库曼斯坦宪法的一大特点，但是这也会造成立法权限分割不明的后果。这部宪法即赋予人民会议立法权也赋予议会立法权，但又没有明确各自具体的立法范围，这将造成国家立法秩序混乱，也将使国家权力体系混乱。

总的来说，土库曼斯坦1992年宪法已经包含了现代宪法所应具备的基本内容，系统比较完善，并且结合本国实际，具有本国特点。虽然其中也有一些不足，但仍然是土库曼斯坦自独立以来的第一次伟大立宪实践。

第二节 1995年土库曼斯坦宪法

1995年12月27日，土库曼斯坦通过了新宪法（以下称1995年宪法）。新宪法的颁布与当时土库曼斯坦国内的改革以及在外交中取得的成就密不可分。1992年12月14日，尼亚佐夫总统在人民会议例会上宣布实行《十年稳定纲领》，确定了国家在政治、经济、军事、外交、文教和卫生各方面的发展方向和任务。纲领指出，土库曼斯坦将分阶段实行民主制，强调在过渡时期必须要有强有力的国家政权和国家对经济改革的监督。基于独立之初土库曼斯坦严峻的经济形势，该国政府采取了一系列改革措施。①此外，1995年，土库曼斯坦总统尼亚佐夫宣布中立政策，并在当年12月12日联合国大会上得到一致通过。根据联合国大会通过的关于"土库曼斯坦永久中立"的决议，土库阿曼斯坦对宪法就行了修改和补充，将中立国地位写入宪法，宣称"国际社会承认的土库曼斯坦永久中立是其国内外政策的基础"②。1995年宪法就是在国内改革以及在国际上取得永久中立地位的背景下诞生的。

一　主要内容

1995年宪法在保留1992年宪法基本结构和主要内容的基础上，对部分内容进行了修改和补充，从1992年宪法的113条增为116条。修改的主要内容如下：

（一）永久中立地位

1995年宪法新增了土库曼斯坦永久中立地位的规定。宪法在序言部分强调了土库曼斯坦的永久中立地位，在正文第一条也提到了"土库曼斯坦法律基础上为永久中立地位。1995年12月12日联合国大会关于土库曼斯坦的声明中阐述该地位：承认并认可土库曼斯坦为永久中立地位；提请联合成员国尊重土库曼斯坦的这一地位，尊重其独立性、主权性和领土完整性。被国际社会认可的永久中立地位是国家内外政策的基础"。

（二）人民会议

首先，1995年宪法第四十五条规定："土库曼斯坦人民会议是人民

---

① 施玉宇：《列国志》，社会科学文献出版社2010年版，第54页。
② 胡振华编：《中亚五国志》，中央民族大学出版社2006年版，第148页。

政权的最高代表机关。"删除了 1992 年宪法对人民会议"常设"以及"享有最高国家权力和管理的所有权限"的规定，而在第四十六条规定"土库曼斯坦总统、议会、最高法院、最高经济法院和内阁在土库曼斯坦行使最高国家权力和管理"。

其次，1995 年宪法对人民会议的组成进行了重新规定。该宪法第四十八条规定："人民会议由以下人员组成：总统；议会议员；由人民按每区一名比例选出的人民代表；最高法院院长、最高经济法院院长、总检察长、内阁成员、州行政长官、市政会议主席以及作为区行政中心镇的镇政会议主席。"第一，这一规定取消了人民会议主席的设置，将原来属于人民会议主席的权限全部转交给了总统和其他机关，如将人民会议的领导权由原来的人民会议主席变更为总统或者由人民会议从其成员中选出的某个人，将人民会议主席的会议召集权直接归为总统、议会或者人民会议成员法定人数中三分之一的人。第二，该规定删除了"部长，行政区首领，阿什哈巴德市长，政党领袖，青年社团领袖，工会领导、妇联领导，社会运动团体《卡尔可尼什》领袖，其他国家社会团体领袖和旧土库曼斯坦人代表，行政中心首脑，城镇与村落首脑"作为人民会议成员的规定。第三，这一规定增加了人民代表作为人民会议成员，人民代表任期五年，并无偿履行职责。

再次，1995 年宪法改变了人民会议的权限。1995 年宪法将人民会议的权限由原来的 12 条削减为 7 条。该宪法第五十条规定："人民会议审理下述问题，并就这些问题通过决议：关于修改和补充宪法或者通过新宪法是否适宜；进行全民公决；拟定有关国家经济、社会和政治发展的基本方针的建议；变更国界和行政区划；批准和宣布废除关于国家间联盟及其他构成体的条约；宣布战争与和平状态；依照宪法和法律规定属于它负责管理的其他问题。"第一，该条取消了人民会议如下权力：成立全民公决中央选举委员会并变更其成员；指定总统、议会以及各州市人民会议的选举；听取总统关于国家以及重要内外政务报告；听取地方议会、内阁、最高法院、总检察院的工作报告；公布特殊关于非法律范围确定的叛国、被证实其叛国事实并确认有罪的人员终身监禁的决定；对和平与安全事宜进行讨论。第二，该条变更了如下权力：将决定全民公决的权力变更为进行全民公决的权力；将审阅并通过国家政治、经济、社会和政治发展计划的权力变更为拟定有关国家经济、社会和政治发展的基本方针的建议的权力。第三，该条增加了人民会议宣布战争与和平状态的权力。

（三）总统

第一，总统的任职资格发生变化。1992年宪法规定总统为出生在土库曼斯坦的土库曼斯坦公民，年龄不低于40岁并且不超过70岁。1995年宪法第五十五条则规定："在土库曼斯坦境内居住、至少40岁的土库曼族中的土库曼斯坦公民可成为总统。同一个人连任总统不得超过两届。"1995年宪法不仅将有资格担任总统职务的土库曼斯坦公民限定为土库曼族人，还删除了总统的最高年龄限制，另外还规定了总统连任不得超过两届的规定。

第二，在总统的任免权方面，1995年宪法取消了总统任免内务部部长和司法部部长的权力，保留了总统任免最高法院院长、和总检察长的权力，增加了总统任免最高经济法院院长的权力。

第三，在总统报酬方面，1995年宪法第五十九条增加了"总统不得获取现金报酬，但科学、文学和艺术作品的稿酬除外"的规定。

（四）议会

第一，在提前解散议会的情形方面，1995年宪法删除了根据人民会议的决定解散议会的规定，这也是人民会议权力被缩减的一个体现。另外，该宪法还增加了"如果议会在18个月内两次对内阁表示不信任，那么就由总统提前解散议会"的规定，这体现了对议会权力的限制，也体现了对总统权力的强化。

第二，在议会立法职能转交给总统的限制方面，1995年宪法第六十六条增加了对"通过和修改宪法"和"行政法"立法职能转交的限制，删除了对"民事法律"立法职能转交的限制。

第三，在议会权限方面，1995年宪法删除了"法律实施通过内阁完成。议会与内阁的争议由土库曼斯坦总统协调解决"的规定。增加了议会的如下权力：确定总统、议会和人民代表的选举；组建选举和进行全民公决的中央委员会；设立国家奖赏，授予总统国家奖赏，授予他光荣称号、军衔和奖章。对议会如下权力进行了变更：将 1992 年宪法"讨论内阁工作计划案"的规定变更为"对内阁的活动计划表示赞同，对内阁表示不信任"；将 1992 年宪法"讨论土库曼斯坦总统对最高法院院长、总检察长、内务部部长、司法部部长职务任命和解除"的规定变更为"赞同或者否决最高法院院长、最高经济法院院长和总检察长职务的候选人以及关于解除他们职务的提案"。

第四，在议会内立法动议权方面，1995 年宪法规定"议会内的立法动议权属于总统、议会议员和内阁"。取消了人民会议主席、地方议会议员和最高法院的立法动议权。

第五，1995 年宪法加强了对议会议员权利的保障，该宪法第七十条第二款规定："不经议会同意，而议会闭会期间不经议会主席团同意，议员不得被追究刑事责任，被逮捕或以其他方式被剥夺自由。"1992 年宪法仅规定了不经议会同意议员不得被采取如上措施，而 1995 年宪法增加了议会闭会期间不经议会主席团同意议员也不得被采取上述措施的规定。

此外，1995 年宪法还新增了对议会主席团的规定。该宪法第七十三条规定："议会主席团对议会工作进行组织安排，审理根据宪法和法律的规定属于它负责管理的问题。主席团由下列人员组成：议长、副议长和各种委员会主席。"

（五）内阁

在内阁成员部分，1992 年宪法规定："总统可在内阁加入其他执行权力的中央机关官员"。1995 年宪法删除了这一规定。另外，1995 年宪法删除了"各部委对其管理部门进行领导，并对工作有效性和保障负责"的规定。

（六）死刑

1992 年宪法第二十条中规定"土库曼斯坦第一任总统反对死刑并废除死刑"，而 1995 年宪法恢复了死刑，在该宪法第二十条规定"死刑只能因罪大恶极作为特别的惩罚措施根据法院的判决决定"。

（七）国籍

1992年宪法第七条第二款规定："土库曼斯坦公民的其他国家国籍不被承认。"1995年宪法在国籍方面删除了这一规定。

（八）行政区划

1992年宪法第二条第二款规定："土库曼斯坦根据行政区域划分为州、市、区。含多个区的州级国家管理由省长进行，含多个城镇、村落的市级国家管理由地方会议自治。"1995年宪法对这一问题进行了重新规定，该宪法第四十七条规定："土库曼斯坦由如下行政区域构成体组成：设有国家管理机关的州、区、区级市以及设有地方自治机关的市、镇和村。"

（九）司法权力

在司法权力方面，1995年宪法并未做大的变动。只是在该宪法第一百条规定："司法权由依照法律规定的最高法院、最高经济法院、军事法院和其他法院以民事、经济、行政和刑事诉讼的形式行使。"相比于1992年宪法第九十八条第一款的规定，1995年宪法细化了司法权的行使主体以及行使形式。

（十）检察机关

在检察机关方面，1992年宪法第一百一十条规定："总检察长及受他领导的检察长在行使其职权时依法办事。所有检察长由总统任命和解职。总检察长对其活动应向人民会议和总统报告工作。"1995年宪法第一百一十二条改变了这一规定，总检察长、副检察长和州检察长依然由总统任命，而市和区检察长则由总检察长任命。此外，总检察长只需向总统报告工作，不再需要向人民会议报告工作。[1]

二 主要特点

1995年宪法在保持1992年宪法基本结构的基础上对部分内容做了

---

[1] 《土库曼斯坦宪法》1995年12月27日颁布。

较大变动，具有很明显的特点，具体如下：

第一，1995年宪法具有很强的时代性特点。自独立以来，土库曼斯坦进行了大刀阔斧的改革，国内状况发生巨大变化，原有宪法在适应新环境上显得有些捉襟见肘。此外，土库曼斯坦在外交方面成就显著，取得了"永久中立地位"，这一成就当然有必要写入宪法。因此，这部宪法在内容上与时俱进，强调国家的永久中立地位，体现了其鲜明的时代性特点和与时俱进的优势。

第二，1995年宪法体现了土库曼斯坦独立自主中立的精神。这部宪法在序言中指出，土库曼斯坦具有不可剥夺的自决权，具有受国际社会承认的主权、独立和永久中立地位。该宪法正文也对土库曼斯坦的外交政策进行了规定。这既是对土库曼斯坦外交政策的规定，也是对该国外交成就的强调，同时也体现了土库曼斯坦的独立自主中立的精神。

第三，1995年宪法强化了总统、议会等的权力，弱化了人民会议的权力和政党及社会团体等的政治参与。首先，该宪法第四十五条删除了人民会议享有最高国家权力和管理的所有权限的规定，并在第四十六条将最高国家权力和管理交由总统、议会、最高法院、最高经济法院和内阁行使。其次，在人民会议成员的规定上，这部宪法取消了人民会议主席的设置，取消了政党、工会、妇联等社会团体领导人民会议成员的资格，淡化了政党和社会团体等的政治参与。再次，这部宪法削减了人民会议的权力，并将本属于人民会议的部分权力，如议会内的立法动议、组建进行全民公决的中央委员会等，归于总统、议会等其他国家机关。最后，在总统和议会的权力相对加强的同时，总统的权力明显较议会有更大的优势。如新宪法增加了总统提前解散议会的情形，即如果议会在十八个月内两次对总统组建的内阁表示不信任则由总统解散议会。

第四，1995年宪法总结了土库曼斯坦独立以来的国家治理实践。1991年，土库曼斯坦刚刚脱离苏联独立，国家亟须一部宪法，1992年宪法即在仓促之间诞生。经过三年的宪法实践和国家治理实践，土库曼斯坦相较于之前拥有更加丰富的国家治理经验，也有更加成熟的制宪技术。在1995年土库曼斯坦"永久中立地位"获得联合国大会承认之际，将三年的国家运作实践和成就浓缩到宪法中。

第五，1995年宪法体现了土库曼斯坦的全人类眼光和国际化视野。宪法序言明确规定，土库曼斯坦致力于全人类，而并不仅局限于国家内部。另外，宪法正文也给予外国人和无国籍人在土库曼斯坦充分的权利和自由。这些都充分体现了土库曼斯坦开阔的眼界、包容的胸怀，以及为全人类的幸福而努力的气魄。

三　总体评价

从以上对1995年宪法特点的总结来看，这部宪法具有鲜明的特点和丰富的内涵，立足于国家实践及时对宪法进行修改和完善。这是这部宪法的优点。然而，这部宪法也有其不足。

第一，土库曼斯坦正处于改革攻坚克难的关键时期，有必要适当强化行政权力以提高行政效率，确保改革的顺利进行。但是，削弱人民会议和议会的权力，淡化政党和社会团体等的政治参与，而强化总统的权力，长此以往会导致行政权力极度膨胀而其他权力受到挤压，形成权力集中的格局。这种格局虽然在短期内有可能推动改革的进程，但却容易导致国家权力结构偏离权力分立原则，违背《十年稳定纲领》中"土库曼斯坦选择民主道路"的准则，最终使国家偏离民主的轨道，走向专制独裁。

第二，这部宪法虽然强调了民族团结和平等，却在有的规定上与这一精神有所偏离。例如总统只能由土库曼族公民担任，这剥夺了其他民族公民的平等权利，容易导致民族分裂，与宪法精神相违背。

第三，这次宪法修改所体现的时代性既是这部宪法的优势，也是这部宪法的不足。从1992年到1995年仅3年的时间就对宪法进行修改，实在有些频繁，这违背了宪法的稳定性原则。

第四，这部宪法虽然对国家权力进行了重新规定，但仍然没有解决上部宪法存在的权力界限不明的问题。立法权内部、权利与权力之间的界限仍需要明确，否则将导致权力的滥用。

总体来看，1995年宪法虽然存在一些不足，但也有其特色和优势。它对国家改革实践做了进一步的总结，在保持原宪法基本框架的基础上根据国家实践情况对权力结构进行调整，体现了宪法与时俱进的精神，也体现了土库曼斯坦对自由的向往，以及对和平、独立自主和中立的珍惜。因此，相较于前部宪法，这部宪法也有自己的长处。

第三节 1999年土库曼斯坦宪法

1999年12月29日，土库曼斯坦再次修改宪法（以下称1999年宪法）。经过几年的发展，土库曼斯坦的经济终于在1996年止降复增，并一直保持稳步增长状态，走上良性发展之路。同时，土库曼斯坦踏上改革的新台阶，1999年尼亚佐夫总统提出了"土库曼斯坦至2010年社会经济改革战略"，其目标是在市场经济和进行有效的国际合作基础上建立保障居民有较高生活水平的经济发达国家。这项战略分两个阶段实施：2000—2005年为第一阶段；2006—2010年为第二阶段。[①] 此外，1999年12月，土库曼斯坦议会通过法律，赋予尼亚佐夫无限期任职总统的权利。在继续深化改革以及尼亚佐夫权力膨胀的背景下，土库曼斯坦于1999年对宪法进行了修改。

一 主要内容

这次宪法修改依然是在原宪法的基本体系内进行调整，将原来的116条变为115条，删除了第一百一十二条。修改的主要内容如下：

（一）废除死刑

1995年宪法修改了1992年宪法"土库曼斯坦第一任总统反对死刑，并废除死刑"的规定，在第二十条规定"死刑只能因罪大恶极作为特别的惩罚措施根据法院的判决决定"。1999年宪法第二十条明确规

---

① 施玉宇：《列国志》，社会科学文献出版社2010年版，第55页。

定:"土库曼斯坦的死刑被全面废除,并永久被土库曼斯坦首任总统禁止"。这表明,死刑在土库曼斯坦被全面废除。

(二)人民会议

1. 人民会议的组成。1999年宪法第四十八条规定:"人民会议由以下人员组成:总统;议会议员;由人民按每区一名比例选出的人民代表;最高法院院长、总检察长、内阁成员、州行政长官、市政会议主席,阿什哈巴德市长以及作为区行政中心镇的镇政会议主席。"该条删除了最高经济法院院长,恢复了阿什巴哈德市长作为人民会议成员的资格。

2. 人民会议的权限。1999年宪法第五十条规定:"人民会议权限范围为:(1)通过和修正宪法;(2)成立用于进行全民公决的中央选举委员会;(3)举行非例行全民公决;(4)监督选举的组织工作,并进行观察;(5)拟定有关国家经济、社会和政治发展的基本方针的建议;(6)变更国界和行政区划;(7)批准和宣布废除关于国家间联盟及其他构成体的条约;(8)宣布战争与和平状态;(9)依照宪法和法律规定属于它负责管理的其他问题。"该条恢复了人民会议通过和修正宪法的权力和成立用于进行全民公决的中央选举委员会的权力,另外,增加了人民会议举行非例行全民公决的权力。

(三)总统

1. 年龄限制。1999年宪法第五十五条规定:"在土库曼斯坦境内居住、不低于40岁、不超于70岁的土库曼族中的土库曼斯坦公民可成为总统。同一个人连任总统不得超过两届。"1995年宪法删除了1992年宪法关于总统的年龄"不超过70岁"的规定,1999年宪法恢复了该规定。

2. 职权。1999年宪法第五十七条在对总统职权的规定改变了总统任免权的行使范围。该条规定:"在事先征得议会同意的情况下,任命和罢免最高法院院长、总检察长、内务部部长、司法部部长的职务。"该规定取消了总统对最高经济法院院长的任免权,恢复了总统对内务部部长和司法部部长的任免权。

（四）议会

1.议会立法职能转交限制。新宪法第六十六条规定："议会可把颁布有关某些问题的法律的权力转交给总统（以后必须由议会批准）。议会不得转交就以下问题的立法职能：刑法与民法；诉讼程序。"该条删除了对议会将"制定和修改宪法""制定和修改行政法"职能转交给总统的限制，并恢复了对议会将"制定和修改民法"职能转交给总统的限制。

2.议会职能。新宪法对议会职能进行修改。第一，新宪法增加了议会监督法律实施的权力，还规定法律实施的监督工作可依据规定由内阁进行，恢复了1992年宪法"如议会与内阁产生争议，则该争议由总统协调解决"的规定；第二，取消了议会建立进行选举和全民公投的中央委员会的权力。

3.议会内立法动议权行使主体。新宪法改变了议会内立法动议权的享有主体。宪法第六十八条规定："议会内的立法动议权属于总统、议会议员、内阁和最高法院。"该条恢复了最高法院作为议会内立法动议权行使主体的资格。

4.议长的产生方式。新宪法第七十二条规定："议长由公开投票选举产生。他应向议会报告工作，也可根据以不少于议员法定人数三分之二的多数票通过的议会决议被罢免。副议长由公开投票选举产生。根据议长委托履行他的某些职权。在议长空缺或不能行使其职权时代理议长。"该条改议长由"无记名投票"选举产生为"公开投票"选举产生。

（五）内阁

在内阁部分，1999年宪法第七十六条规定："内阁成员包括内阁副主席和部长。内阁由总统在其就职后一个月内组建并向新任总统让权。土库曼斯坦总统可在内阁增加中央权力机关和执行机关高级官员。"该条增加了"土库曼斯坦总统可在内阁增加中央权力机关和执行机关高级官员"的规定。

（六）选举制度

在选举制度方面，新宪法第九十条规定："到选举日年满25岁，在土库曼斯坦长期居住时间不低于10年的土库曼斯坦公民均可被选举为议会议员、人民代表。对议会议员、人民代表和地方议员候选人的要求由土库曼斯坦法律制定。"该条增加了"在土库曼斯坦长期居住不低于10年"的要求,并修改了1995年宪法"地方会议成员、市政会议主席及其他当选担任公职的人员的年龄资格由法律规定"的规定,将对议会议员、人民代表和地方议员候选人要求的规定由法律规定,不仅改变了被限制的对象,还扩大了由法律规定的要求的范围,而不局限于年龄资格。

（七）司法权

新宪法第一百条规定:"司法权由依照法律规定的最高法院和其他法院行使。"这一规定恢复了1992年对司法权行使主体的规定。将司法权的行使主体规定为最高法院和其他法院,用其他法院囊括所有的法院,而不再赘述具体有哪些法院。

（八）检察机关

在这一部分,新宪法删除了1995年宪法第一百一十二条的规定,即"由总统任命、任期五年的总检察长负责领导统一、集中的检察院机关系统。副总检察长和州检察长由总统任命,市和区检察长由总检察长任命。"[①]

二　主要特点

1999年宪法是在土库曼斯坦国内经济形势好转、改革进入新阶段并面临新任务的背景下颁布的。具有鲜明的特点,具体如下:

第一,这部宪法基本上继承原宪法的精神、体系和内容。首先,这部宪法完全继承了原宪法的精神。该宪法依然坚持国家的自决权、主权独立和完整,依然坚持以民主、自由、法制为目标,也依然坚持对团结、和平、和谐的追求。其次,在宪法体系上,这部宪法与之前的两部宪法没有区别。最后,虽然新宪法在有些内容上进行了调整,

---

① 《土库曼斯坦宪法》1999年12月29日颁布。

但大部分内容没有变化。只是对小部分内容进行调整。

第二,这次宪法的修改表现为改变与还原两种形式。从上述对宪法修改的主要内容的论述可以看出,1999年宪法不仅增加了部分规定,如增加人民会议举行非例行全民公决的权力、取消议会建立进行全民公投的中央委员会的权力等,还对1992年宪法的有些规定进行还原,如恢复人民会议组建进行全民公投的中央委员的权力、恢复对总统任职的最高年龄限制等。

第三,新宪法的修改体现了土库曼斯坦"摸着石头过河"的试探心态。如前所述,这部宪法在对原有宪法进行部分修改的同时,也对1992年宪法进行了一定程度的还原。在改革时期,国家建设百废待兴,形势复杂多变,土库曼斯坦需要探索多种路径,这就需要具有"尝试"意识,尝试各种可行的举措,保留对国家建设和发展有利的部分,淘汰不利于国家发展的部分。

第四,这部宪法在原宪法的基础上对内容进行了精简,使宪法条文更加清晰。新宪法第一百条规定:"司法权由依照法律规定的最高法院和其他法院行使。"将除最高法院外的各类法院和各级法院全部囊括在"其他法院"的范畴内,不再赘述具体有哪些其他法院,这是对宪法条文的精简,使条文更加清晰。另外,新宪法删除了1995年宪法第一百一十二条关于检察长的任命的规定,也是因为在该宪法第五十七条已经规定了总统对总检察长的任免权,不需要再重复规定。但这也使其他检察长的任免权归属不明。

第五,这部宪法对国家的权力结构进行了进一步调整。从新宪法的条文上看,新宪法对人民会议、总统、议会的权力进行了相应调整。增加和恢复了人民会议的一些权力,扩大了总统的权力,削减了议会的权力。

三 总体评价

如前所述,1999年宪法进一步调整了国家权力,精简了1995年宪法条文的内容,使宪法条文更加清晰,更能适应土库曼斯坦新时期改革的需要，这些都是其优点。但是，这部宪法仍然有一定的缺陷：
（1）新宪法删除了1995年宪法的第一百一十二条，虽然精简了宪法条文，使宪法条文的重复内容减少，但是也使对除了总检察长以外的其他检察长的任免权归属不明，缺少宪法依据。（2）这部宪法进一步扩大了总统的权力，而缩小了议会的权力，使国家的权力进一步向总统倾斜，这容易造成总统权力膨胀，国家权力过于集中，使国家与民主和法制背道而驰。（3）新宪法将议长的产生方式由原来的"无记名投票"选举变更为"公开投票"选举，这不利于土库曼斯坦公民行使自己的选举权，更不利于土库曼斯坦民主的实现。（4）土库曼斯坦进入改革新阶段，因此宪法必须要适应改革的需要。但是，过于频繁的修改宪法不利于宪法的稳定，从1992年到1999年，短短七年的时间，土库曼斯坦先后通过了3部宪法，这与宪法的稳定性需求不相适应。宪法作为国家的根本法，是一切国家机关、公民和组织的最高行为准则，需要具有相当的稳定性。过于频繁的修改不但违背了宪法的稳定性，也容易造成规则适用的混乱，影响社会的秩序。（5）这部宪法仍然没有解决土库曼斯坦权力体系不清晰的问题，各项权力之间界限不明，越权、不作为等乱象就不会终止。

总的来说，虽然土库曼斯坦宪法修改的过于频繁，但是这部宪法反映了土库曼斯坦在改革时期的具体需求，适应了国家改革的需要。对国家权力结构的调整也能推动改革进程，保证改革目标按期实现。另外，这部宪法还精简了宪法的条文，使宪法更加清晰，国家权力划分更加明确。因此，1999年宪法在总体上仍然有一定的进步。

第四节　2003年土库曼斯坦宪法

2003年8月15日，土库曼斯坦再一次修宪，通过了新宪法（以下称2003年宪法）。新宪法在保留原宪法基本精神、框架和内容的基础上，对部分内容进行变动。这次修宪是在土库曼斯坦继续深化改革，"土库曼斯坦至2010年社会经济改革战略"进行到第一阶段的中后期这一背景下进行的。

一 主要内容

2003年宪法在继承原宪法基本精神、框架和内容的基础上，对其中的一些内容进行修改，从1999年宪法的共115条变为2003年宪法的共113条。修改的主要内容如下：

（一）行政区域设置

1999年宪法第四十七条规定："土库曼斯坦由如下行政区域构成体组成：设有国家管理机关的州、区、区级市以及设有地方自治机关的市、镇和村。"2003年宪法删除了这一条，而在该宪法第二条第二款重新规定："土库曼斯坦按照行政区域划分为：州、区、具有州和区法律权限的市、具有城镇村落特点的市。"

（二）国家权力设置

2003年宪法第四条规定："国家权力分为：人民会议、立法机构、行政机构和司法机构。各机构间在互相制约和平衡的条件下独立行使各自权力。"该条规定删除了之前几部宪法"国家以权力分立原则为基础"的规定，并恢复"人民会议"作为国家权力享有主体的资格。

（三）外交政策

2003年宪法第六条对土库曼斯坦的外交政策进行了重新规定。该规定强调土库曼斯坦是国际社会中享有充分权利的主体，奉行永久中立和不干涉别国内部事务的外交政策，坚持和平、友好、互惠原则，拒绝使用武力并不参加加入军事组织和联盟。

（四）国籍

2003年宪法第七条恢复规定"土库曼斯坦公民的其他国家国籍不被认可"。不承认本国公民所获得的其他国家国籍，实行一国一籍制。

（五）人民会议

1.2003年宪法将1999年宪法第四十五条和第四十六条合并为第四十五条，恢复了人民会议"常设"人民政权最高代表机关的地位，恢复了"人民会议拥有最高国家权力和管理权"的规定。

2. 这部宪法对人民会议成员进行了变更。该宪法第四十六条规定："人民会议包括：土库曼斯坦总统；议会议员，最高法院院长，总检察长，内阁成员，州长和阿什哈巴德市长；地方行政长官；政党、青年社团、工会、全民族运动组织《卡尔基尼什》成员的妇联领袖，其他社团主席，土库曼斯坦老龄会主席；市级行政中心长官，城镇和村落行政中心长官。人民会议由 2507 人组成。"这一规定取消了人民代表作为人民会议成员的资格，恢复了"地方行政长官；政党、青年社团、工会、全民族运动组织《卡尔基尼什》成员的妇联领袖；其他社团主席；城镇和村落行政中心长官"的人民会议成员资格。增加土库曼斯坦老龄会主席、和市级行政中心长官为人民会议成员。

3. 2003 年宪法第四十七条恢复规定"人民会议活动只能由人民会议自身终止"，并增加规定"人民会议可以提前终止人民会议，议会和地方议会活动"。

4. 该宪法修改了人民会议的权限。首先，人民会议不仅可以建立进行全民公投的中央委员会，还可以建立进行选举的中央委员会，并可以对其成员进行更改。其次，这部宪法恢复人民会议"解决提前全民公决问题；指定土库曼斯坦总统、人民议会及各州市人民会议的选举；审阅并通过国家政治、经济、社会和政治发展计划；听取土库曼斯坦总统关于国家以及重要内外政务报告；听取土库曼斯坦地方议会、内阁、最高法院、总检察院的工作报告；公布特殊关于非法律范围确定的叛国、被证实其叛国事实并确认有罪的人员终身监禁的决定。终身监禁由土库曼斯坦最高法院根据人民会议确认决定宣判"的权力。最后，这部宪法改人民会议"宣布战争与和平状态"的权力为"对和平与安全事宜进行讨论"的权力。

5. 该宪法恢复了对人民会议主席的设置，并将原属于人民会议主席的职权予以归还。第一，恢复了人民会议主席对人民会议的召集权和提案权，并取消了议会及其主席团对人民会议的召集权，赋予地方议会和内阁对人民议会的提案权；第二，恢复了人民会议主席对人民会议的领导权；第三，恢复了人民会议主席的议会内的立法动议权。

（六）总统

1. 新宪法对总统任职资格进行了重新规定，修改"总统应是出生于土库曼斯坦的土库曼族公民"为"总统应是出生于土库曼斯坦的土库曼斯坦公民"，增加"在近 10 年内长期居住在土库曼斯坦，有在国家机关、社会团体和其他国民经济领域工作经历，有一定的影响力，由人民会议大会提名，并参与总统选举"的要求。另外，新宪法删除了总统连任不能超过两届的规定。

2. 新宪法对总统的职权进行了修改。第一，若总统对由其签署的法律有异议，总统应讲该法律退回人民会议并由人民会议重新讨论和表决，而不是退回议会；第二，增加了总统为保障公民安全，在土库曼斯坦全境或部分区域宣布进入紧急状态的权力，紧急状态宣布的具体情况由相关法律制定。

3. 在对总统表示不信任方面，新宪法进行了变动。将原宪法"在总统违反宪法和'法律'的情况下，人民会议可对总统表示不信任，并把罢免他的问题提交人民表决"的规定改为"在总统违反宪法和'人民会议法律'的情况下，人民会议可对总统表示不信任，并把罢免他的问题提交人民表决"。

（七）议会

1. 在提前解散议会的情形方面，新宪法恢复了"根据人民会议的决议，可以提前解散议会"的规定。

2. 在议会权力方面，新宪法也做了一些变动。第一，规定"法律实施由内阁完成"，而不是原宪法所规定的"法律实施的监督工作可依据规定由内阁进行"；第二，取消了议会确定总统、议会和人民代表的选举以及设立国家奖赏，授予总统国家奖赏，授予荣誉称号、军衔和奖的权力；赋予议会组织监督和观察选举的权力。

3. 在议长的选举方面，恢复议长的选举方式为无记名投票选举，而非 1999 年宪法规定的公开投票选举。

4. 删除了 1999 年宪法第七十三条"议会主席团对议会工作进行组织安排，审理根据宪法和法律的规定属于它负责管理的问题。主席团由下列人员组成：议长、副议长和各种委员会主席"的规定。

（八）内阁

1. 新宪法恢复了"总统可在内阁加入其他执行权力的中央机关官员"的规定，删除了1999年宪法中"总统可在内阁增加中央权力机关高级官员"的规定。

2. 在内阁职权方面，恢复规定内阁具有组织执行土库曼斯坦法律、土库曼斯坦总统签署的法律文件和人民会议决议的权力，对1999年宪法"组织执行总统的法律文件和人民会议的决议"的规定进行修改。

（九）地方自治

新宪法恢复"在州、市、区成立地方人民会议，可以与地方行政执行机关、地方自治机关在法律范畴内共同管理"的规定，并将1999年宪法第八十五条第二款中的"地方会议"改为"地方议会"，规定地方议会是市、镇和村地区人民政权的代表机关。一个或多个村落可以成立地方议会。地方议会与行政机关之间不存在从属关系。地方议会议员由公民直接选举产生，任期五年。

（十）选举制度

在议会议员、人民代表资格上，新宪法第八十八条增加"在当地有一定影响力"的要求。另外，新宪法恢复了人民会议主席提出候选人的权力。

（十一）司法权力

在司法权力方面，新宪法第九十八条增加规定："最高法院院长向人民会议和总统进行司法系统工作汇报"。

二 主要特点

2003年宪法是在土库曼斯坦步入21世纪、改革步入新阶段并取得新进展的背景下颁布的。这部宪法有着其鲜明的特点：

第一，这部宪法修改的部分主要是恢复1999年宪法之前几部宪法的规定，只对有些内容进行变动和增加，具有一定的反复性。从上述对这部宪法修改的主要内容的论述可以看出，2003年宪法在很大程度上是对 1992 年和 1995 年两部宪法的还原。它恢复了人民会议主席的设置并恢复其权力，恢复了总统为"土库曼斯坦公民"而非"土库曼族公民"的规定，等等。另外，2003 年宪法也规定了一些新内容。例如，在外交政策方面，新宪法规定土库曼斯坦奉行永久中立和不干涉别国内部事务的外交政策，坚持和平、友好、互惠原则，拒绝使用武力并不参加加入军事组织和联盟；在司法权力方面，新宪法增加规定最高法院院长向人民会议和总统进行司法系统工作汇报，等等。

第二，这部宪法的颁布使土库曼斯坦的权力结构再一次发生变化。首先，新宪法恢复人民会议的一些权限以及人民会议主席的设置并恢复了人民会议主席职权，扩大了人民会议的权力，而缩减了议会的权力；其次，新宪法增加了总统和内阁的权力，使国家行政权进一步扩大；再次，在人民会议成员上，新宪法恢复了政党以及社会团体领导的资格，也加强了政党和社会团体的参与；

第三，新宪法规定最高法院院长向人民会议和总统进行司法系统汇报工作，这也在一定程度上限制了司法权力。（3）这部宪法较 1995 年和 1999 年的宪法更加包容。1995 年和 1999 年的宪法均规定总统应为"土库曼族"公民，2003 年宪法恢复了 1992 年宪法的规定，规定总统应为"土库曼斯坦"公民，具有较大的包容性，更能体现土库曼斯坦对民族平等、团结的追求。

三 总体评价

2003 年宪法是在土库曼斯坦改革步入新阶段并取得新进展的背景下颁布的。一方面，这部宪法恢复了 1992 年宪法中的一些规定，强化了人民会议的权力，并强化了政党和社会团体的政治参与，在一定程度上可以使国家行政权受到限制，有利于土库曼斯坦走向民主。另一方面，这部宪法也存在些许问题。首先，这部宪法在立法权的归属上仍然规定不明，既赋予人民会议立法权，又规定议会为国家立法机关享有立法权，但是，却没有明确划分两个主体的具体立法权限。这容易使得立法权的行使发生混乱。其次，虽然这部宪法仍规定了"人民会议、立法机构、行政机构和司法机构在互相制约和平衡的条件下独立行使各自权力",但却删除了"权力分立原则"。从现代国家权力理念上看,这在某种程度上是宪法的退步。再次,这部宪法虽然强化了人民会议的权力以及政党和社会团体的政治参与,但也缩减了议会和法院的权力,强化了总统和内阁的权力。这也是不利于国家权力实现互相监督和互相制衡的。最后,这部宪法距离上部宪法的颁布不到3年时间,宪法修改过于频繁。这也是之前几次宪法修改共同的问题,再一次叙述未免老生常谈。但是,过于频繁的修改宪法不利于宪法的稳定,也会造成在国家治理以及法律适用上波动较大,影响国家发展和社会秩序。

抛去宪法修改过于频繁不论,这部宪法虽然存在上述诸多不足,但也充分结合国家实践对宪法内容进行改善。总体上看,2003年宪法仍然具有一定的进步性。

第五节　2005年土库曼斯坦宪法

2005年10月25日,土库曼斯坦再一次修改宪法(以下称2005年宪法)。这一年,土库曼斯坦国内改革完成第一阶段,即将步入第二阶段。这一年,土库曼斯坦国内政治局势发生变化,土库曼斯坦第一任总统尼亚佐夫宣布放弃土库曼人民赋予他的终身总统地位;在国际上,土库曼斯坦宣布退出独立国家联合体。土库曼斯坦的2005年宪法就是在这样的背景下产生的。

一　主要内容

2005年宪法是在2003年宪法的基础上进行修改的。新宪法基本上保留了2003年宪法的内容,重点修改了人民会议和总统权力方面的内容。具体如下:

（一）人民会议

首先,在人民会议成员方面,新宪法没有进行大的改动,只是将

2003年宪法第四十六条中规定的"城镇和村落行政中心长官"改为新宪法第四十六条规定的"有行政中心的城镇和村落长官"。

其次,在人民会议的召集权方面,新宪法第五十条增加了"如果土库曼斯坦总统人民会议主席或总统由于某原因不能行使其权力时,人民会议由国家安全委员会决定召集人民议"的规定。新宪法增加了国家安全委员会的设置,并赋予其一定的权力。

再次,在对于人民会议的提案权方面,新宪法第五十条增加了提案权的行使主体,新增"全民族运动组织《卡尔基尼什》"为提案权主体。

最后,在人民会议主席的任职限制上,2005年宪法进行了修改。该宪法第五十一条规定:"人民会议主席应该出生在土库曼斯坦的土库曼斯坦公民,年龄不低于40岁、不超于70岁,掌握国语,在近15年内长期居住在土库曼斯坦,有在国家机关的关键部门工作经历,有一定的影响力,人民会议成员,并在人民会议大会由超过三分之二的选举投票通过。人民会议主席任期为5年。"这一条规定将人民会议主席的年龄限制变更为不低于40岁且不超过70岁,并将人民会议主席的居住时间限制延长为近15年内长期居住在土库曼斯坦。

(二)总统

在总统方面,2005年宪法对总统因某种原因不能履行职责时的职权移交规定进行了变更。该宪法第六十条第二款规定:"如果总统由于某种原因不能履行其职责,那么在选出新总统之前,将根据国家安全委员会决定,总统职权移交给内阁副主席。这样,新总统的选举至迟应在总统职权转交给主席之日起60天内进行。"这一规定赋予国家安全委员会对将总统职权移交给内阁副主席的决定权,并将新总统的选举由前几部宪法规定的"至迟应在总统职权转交给内阁副主席之日起两个月内"变更为"至迟应在总统职权转交给内阁副主席之日起60天内"。

二 主要特点

2005年宪法诞生于土库曼斯坦改革两个阶段的过渡时期,虽然修改内容较少,但仍有鲜明的特点:(1)2005年宪法只是对少许内容进行了修改。该宪法保留了2003年宪法关于宪法原则制度、人和公民的基本权利、自由和义务、议会、内阁、司法权力和检察机关等的全部内容，基本上继承了2003年宪法的全部内容，只是对人民会议和总统这两个部分进行了修改，修改的内容比较少。（2）2005年宪法新增了国家安全委员会的规定，并赋予其一定的权力。宪法第五十条赋予了国家安全委员会在人民会议主席和总统均不能行使提案权时提案的权力。第六十二条第二款赋予了国家安全委员决定在总统因故不能履行职责时将总统权力转交给内阁副主席的权力。（3）2005年宪法进一步强化了社会团体组织的政治参与。该宪法第五十条在对提案权的规定中，增加了对人民会议行使提案权的主体，新增"全民族运动组织《卡尔基尼什》"为提案权主体。这一方面表明全民族运动组织《卡尔基尼什》十分活跃，在政治领域日益占有重要地位，成为重要的政治参与主体，另一方面也表明土库曼斯坦强化了社会团体组织的政治参与。

三　总体评价

2005年宪法在继承2003年宪法强化政党和社会团体组织的政治参与的基础上，进一步强化了社会团体组织的参与，这对防止权力过度集中具有积极意义。同时，这部宪法变更了人民会议主席的任职资格限制，既减小了人民会议主席的最低年龄限制，又给其设定了最高年龄限制，同时还对其在国内居住的期限进行更加严格的规定，这些都体现了土库曼斯坦对人民会议及其主席的重视和严肃态度。但是，这部宪法也存在不足。首先，这部宪法增加了对国家安全委员会权力的赋予，却对其产生、性质等根本内容只字未提，这不免有些突兀。其次，需要再一次强调，2003年宪法的颁布刚刚过去两年时间，就再一次修改，实在过于频繁。并且纵观这部宪法，修改的部分只是寥寥几条，实在不足以大动干戈修改宪法，浪费立法资源。这不仅是对宪法稳定性的违背，也是对立法资源的浪费。最后，这部宪法依然没有明确人民会议和议会之间立法权的界限，原有宪法的问题依然没有解决，国家的权力体系仍然有些混乱。

总而言之，2005年宪法既继承了2003年宪法的优点并有一定的创新，也存在一定的问题。这需要土库曼斯坦在日后的宪法实践中不断总结，不断改进，以使其宪法更加完善。

第六节　2008年土库曼斯坦宪法

土库曼斯坦自独立以来已先后进行过4次修宪，最后一次是在2005年。但是，古·别尔德穆罕默多夫总统在4月下旬的政府扩大会议上仍然表示："现行宪法有部分章节过时了，甚至已经成了我们前进的阻碍。"他指出，国家所进行的改革，要求进一步完善其法律制度。古·别尔德穆罕默多夫总统再次提出修宪的问题似乎是要最后摆脱人们对首任总统萨·尼亚佐夫的崇拜。

2008年土库曼斯坦宪法修改的主要内容有：

第一，人权保障制度完善。

增加第六条优先承认国际标准，第十条承认经济发展规律、鼓励私人经济发展；修改第二十二条，全面废除死刑，承认公民的生命生存权利；增加第三十六条公民有权享受自然环境。国家以保护和改善人类环境与生态为目的，对自然资源的有效使用实行监管；增加第三十七条公民在年长、患病、残废、丧失劳动能力、失去供养和失业的情况下，享有社会保障权。多子女家庭、失去双亲的孩子、战争参加者及因保卫国家或社会利益而丧失健康者都能从社会资金中得到额外帮助和优惠。

第二，国家立法机关机关制度完善。

主要规定土库曼斯坦人民代表大会为权力机关及各项组织和活动细则。

第五十九条　土库曼斯坦人民代表大会是最高立法权力机构。

第六十条　人民代表大会由地方等票选举的125位代表组成，被选举代表任期为五年。

第六十一条　人民代表大会代表可以提前解散，如果出现以下情况：全民公决所作决定；由大会代表投票，同意人数超过总人数的三分之二后（自行解散）；土库曼斯坦总统在六个月之内无法确认代表大会主席时。

第六十二条　人民代表大会自行制定代表的权限，选举大会主席、副主席，成立相关委员会和专业委员会。

第六十三条　人民代表大会权力：通过土库曼斯坦宪法、宪法法律，并对其进行修正和补充，监督其执行和解释；对内阁日常活动进行确认；确认土库曼斯坦国家预算和预算执行报告；确认国家政治、经济、社会发展的主要方向；解决提前全民公决问题；指定土库曼斯坦总统、人民议会及各州市人民会议的选举；根据土库曼斯坦总统提议任命或解除最高法院院长，总检察长，内务部长和司法部长职务；确认国家奖励，颁发总统国家奖项，授予军衔和奖章；确认国家或地方权力与管理法律法规在宪法基础上的合法性；批准和宣布废除关于国家间联盟及其他构成体的条约；对土库曼斯坦国界以及各行政区域划分的变更；对和平与安全事宜进行决策；按照宪法和其他法律规定的人民代表大会权限来解决其他问题。

第六十四条　人民代表大会可以将某些问题转交给土库曼斯坦总统处理，并由人民代表大会通过。人民代表大会不能将以下立法权交给任何个人或机构：修改宪法；刑法与民法；诉讼法。

第六十五条　立法权属于土库曼斯坦总统，人民代表大会代表，内阁和最高法院。

第六十六条　人民代表大会代表有权向内阁，部长以及其他国家机关领导进行询问、口头或书面的问题阐述。

第六十七条　国家保证为每位大会代表创造顺利、有效执行其职权，保护代表们的权利、自由、生存权、荣誉和尊严，以及不侵犯权；

第六十八条　人民代表大会代表的代表权只能由大会在超过代表总人数三分之二的投票后表决通过。代表未经代表大会同意，不能被刑事起诉，逮捕或其他方式限制其自由。

第六十九条　大会代表不能同时成为内阁成员、州长、市长、法官和检察官。

第七十条 代表由无记名投票方式选举产生。代表们受代表大会管辖，在大会投票人数超过代表总数三分之二后方可解除其代表资格。大会副主席由公开投票产生，由大会主席分配工作任务。在大会主席缺席或不能行使其权利时，由大会副主席代理其职权。

第七十一条 代表大会以及分委员会、代表们的活动程序，功能权限由相关法律制定。

其次，在地方上，地方行政权力机关的规定第七十七条改为由代表机构和执行机构组成，并在第七十八条、第七十九条、第八十条规定地方行政权力机关的各项职能。

第三，检察长权力限制。

第一百一十二条、第一百一十三条、第一百一十四条限制了检察长的职权，规定检察长只能在法律规定的范围内行使权力。

2008年土库曼斯坦宪法的修订，更加细化和完善了国内民主化的进程，特别是在保障人权、增加民主制度的内容上，包括国家全面废除死刑，增加公民的自然资源权利，并且加强了顶层人民代表大会的民主设计，细化了人民参与国家政治生活的方式方法。以上是自2007年土库曼斯坦总统别尔德穆罕穆多夫民主改革的一个进程，其实现民主化、倡导民众参政议政，扩大社会共识的提议也由此次修宪一一实现。

第七节 2016年土库曼斯坦宪法

2016年土库曼斯坦对本国宪法进行了修订，为2017年2月总统大选做好准备。在2016年土库曼斯坦高层人士调整较为频繁，能源管理机构体系出现变动。全年国内生产总值增幅6.2%，增长有所放缓。2016年2月15日，在土库曼斯坦官方媒体刊登了新版宪法草案，在9月14日召开的长老会上，总统别尔德穆罕穆多夫签署法令，宪法修正案正式生效。

2016年土库曼斯坦修宪的主要内容有：

第一，关于宪法基本制度修改。

第二条　固定了土库曼斯坦作为永久中立国的地位，第五条规定土库曼斯坦是保障每一个人社会权益的共和国，并在第十三条至十七条规定国家经社文等方面的改革政策，其中第十七条规定了承认多元政治和多党制，是吸收西方政治后的重要改变。

第二，关于基本权利修改。

2016年土库曼斯坦修宪对国家公民基本权利进行了大幅度的完善，主要包括在公民的人身权利、财产权利、宗教、政治、文化、获得救济等方面都进行了规定。

第二十六条　居民的权力和自由是不可侵犯的，也是不可剥夺的。在宪法与法律规定范围内，任何人都不能限制居民的权利和自由。宪法和法律中所列举的居民和公民的权利和自由不能被用以否定或贬低其他权利和自由。

第二十七条　居民和公民的权利和自由是现行法律规定的。其权利和自由确定法律的含义、应用和内容，立法与执法权力、地方自治内容；并受司法保护。

第三十一条　每个人的名誉和尊严都受到保护。任何理由都不能成为尊严受到屈辱的理由。

第三十三条　任何人不能被定罪或超出法律范围外的惩罚。任何人不得被加以酷刑，暴力，残忍，不人道或有辱人格的待遇或处罚，以及未经本人同意就被进行医学实验、科学实验或其他实验。

第三十四条　如果没有证实公民有犯罪事实或被法院判决犯罪，公民被认为无罪。任何人没有义务证明无罪。出现犯罪事实有疑义情况时，判决应有利于被告。

第三十五条　每个人都有自由权和人身不受侵犯权。根据法律规定，公民被认定罪行并被法庭宣判情况下，公民才可被执行刑事处罚。

第三十六条　任何人不得加以重新起诉和为同样罪行被定罪。

第四十条　家庭、母亲、父亲、儿童权益受法律保护。

男人和女人在达到适婚年龄,在互相同意前提下可结为夫妻、建立家庭。夫妻在家庭关系中的权利平等。

第四十一条 每个人自行决定宗教的态度,有权单独或与他人信奉任何宗教或不信仰宗教,表达和传播与对宗教的态度和信仰,并参加宗教仪式。

第四十二条 每个人有思想和言论自由。任何人都不能在法律规定范围内禁止他人的表达和传播意见的权利。任何人不能强迫他人对自己观点的信仰或放弃自己观点。每个人都有权寻求自由,在法律允许(包括受法律约束的国家或其他秘密)下接受和传递信息。

第四十五条 土库曼斯坦公民有参与或选举代表参与社会与国家事务管理的权利。

第四十六条 土库曼斯坦公民有权选举或被选举进入到国家权力机关和地方自治机关。土库曼斯坦公民在国家公务机关任职权力是平等的,主要取决于自己能力和职业素质。土库曼斯坦公民有参与司法的权利。

第四十七条 在法律允许情况下,每个公民有权自由通过自己能力和自身财富来从事商业和其他经济活动。

第四十八条 公民的私有财产受法律保护。每个公民有权拥有私人财富,对私人财富可自己、也可自愿与他人享有拥有权、使用权和分配权。私人财富的继承权受保护。

第六十三条 每个国家公民有权获取法律援助。在法律规定范围内,法律援助为无偿帮助。

第三,总统制度修改。

在总统部分为本次修宪最为重要的内容,即将总统任期由5年延长至7年,取消了70岁的上限规定,实际上已为总统终身执政做好了准备。

第六十九条 土库曼斯坦总统应为出生在土库曼斯坦的土库曼斯坦公民,年龄不低于40岁,掌握国语,在近十五年内长期居住在土库曼斯坦。

第七十条　总统由土库曼斯坦人民直接选举产生，任期七年，并在人民会议的会议上宣誓之后立即就职。总统的选举及其就职程序由法律规定。

此外，针对总统的职权，加强了对军队，国家重大事项决定权的一系列规定。

第四，国家权力机关修改。

土库曼斯坦在2008年修宪时加入了人民代表大会制度，并在2016年修宪重新细化完善了该制度，主要在选举程序及任期职权上加以完善。

第七十七条　土库曼斯坦人民代表大会是最高立法权力机构。

第七十八条　人民代表大会由地方等票选举的125位代表组成，被选举代表任期为五年。

第七十九条　人民代表大会代表可以提前解散。解散的具体条件包括，全民公决所作决定；或者，由大会代表投票，同意人数超过总人数的三分之二后自行解散；或者土库曼斯坦总统在六个月之内无法确认代表大会主席时。

第五，司法制度及地方机关修改。

为达到国家的司法公正，本次修宪在一百零五条至一百零七条规定了司法程序的改动，第一百零五条双方对土库曼斯坦各级法院的裁定、判决及其他司法决议都有申诉权。第一百零六条法庭宣判的结果、判决和其他结论必须在土库曼斯坦境内执行。第一百零七条在诉讼阶段，有权享有法律援助。法律援助由律师和其他有能力进行帮助的自然人和法人完成。

在地方机关方面，对地方人民议会的职权做了重新设计，包括制定本地区的经社文计划、保障公民权利、实施预算等具体内容。

第六，金融制度修改。

本部分为全部新设，由第一百三十四条至一百三十九条组成，是土库曼斯坦决心发展经济的一次重大修改，包括经济模式、货币政策、预算体系等，具体如下：

第一百三十四条　土库曼斯坦经济基于市场经济原则；国家提倡和支持经营活动，鼓励中小型经营发展。

第一百三十五条　税收、收费和国家其他强制性付款，支付义务基础和纳税人权益保护由相关法律规定。

第一百三十六条　土库曼斯坦金融—信贷体系包括预算体系、银行体系、金融机构以及企业、组织、机构和公民的金融工具。土库曼斯坦境内坚持单一金融—信贷、税收、货币和信贷政策。

第一百三十七条　土库曼斯坦预算体系由土库曼斯坦国家预算分支机构的各级预算综合而成。土库曼斯坦的预算体系形成与运作原则，以及土库曼斯坦预算基础和预算机构间关系由相关法律规定。

第一百三十八条　土库曼斯坦银行体系包括中央银行和土库曼斯坦的信贷机构。土库曼斯坦中央银行保障单一的国家货币—信贷策略，现金流的组织，支付系统运作，维护信贷机构借贷双方的权益以及土库曼斯坦国际储备管理和其他法律规定的职责。

第一百三十九条　土库曼斯坦国家货币名称为马纳特。

土库曼斯坦境内的外币流通由相关法律规定。

2016年土库曼斯坦宪法修改的特点，一是修改幅度最大，基本上宪法制度的每一个方面都有修改。二是强权政治回归，推行总统终身制。根据新宪法修正案，土库曼斯坦总统候选人应当在本国出生、年龄不低于40周岁、掌握土语、在过去15年内在国内常驻和工作，其取消总统任职年龄上限即意味着总统可以终身连任。三是基本制度完善，增加了有关经济和外交方面的内容。主要包括将马纳特确定为国家货币，确定外币在境内流通规范等。在外交上互不干涉内政，与其他国家保持友好互利。四是重视对中国政治制度和政权设计模式的借鉴，无论是国家权力机关的设计，基本宪法原则和基本制度的运行，还是具体的宪法立法技术，都能够看到中国政治的影响。

第十章

乌兹别克斯坦宪法文本分析

第一节 2003年乌兹别克斯坦宪法

1994年12月25日乌兹别克斯坦举行新一届议会选举，将最高苏维埃更名为最高会议，并产生新一届最高会议。最高会议为一院制。2002年1月27日，乌兹别克斯坦举行全民公决，决定将乌兹别克斯坦最高会议由一院制改为两院制。同年12月12日，最高会议二届十次会议通过有关建立两院制议会的法律，规定新一届最高会议由参议院和立法院组成。

2002年议会改革的主要目的之一，就是削弱地方势力派别在国家政治生活中的影响。乌兹别克斯坦历史上形成的地方势力集团（政治帮派）主要有北部的"塔什干-吉扎克"帮、东部的"费尔干纳"帮、中部和南部的"撒马尔罕-布哈拉"帮、东南部的卡什卡达里亚帮、西南部的花剌子模帮、西部的卡拉卡尔帕克帮。苏联时期基本上采取塔什干和撒马尔罕这两个势力最大帮派"轮流执政"的方式，平衡各派政治力量。议会实行两院制和党团制后，议员的代表性更广泛。参议院是"地区和行业"院，议员来自全国各地方和各行业，代表地方和行业利益，立法院则是"民众代表"院，议员来自各选区，代表不同群体和集团的利益。由此，整个议会既可照顾同一地区内部不同团体的利益，也可兼顾不同地区和行业间的利益差异。通过加强政党在国家政治生活中的作用，增加行业色彩，打破地域分割，削弱地方色彩，从而维护国家政治稳定。

2003年宪法修正案最重要的一项内容是建立两院制议会。议会改革是2002年1月27日乌兹别克斯坦共和国举行全民公决的结果。按照公民投票的结果，三项宪法性法律被通过——《全民公决的结果和组织国家政权的基本原则》《乌兹别克斯坦共和国议会参议院》《乌兹别克斯坦共和国议会立法院》，这三项法律成为修改和补充乌兹别克斯坦《宪法》的法律基础。修订工作涉及《宪法》的两个部分（第5部分和第6部分），共6章（第18—23章）、30条，最终将该制度加入宪法中。

此次修宪的主要内容为：

1. 规定了最高代表机关的构成是立法院与参议院，同时规定了二者的任期各为5年。这一条是关于国家政权组织的修改，确立了最高议会作为国家最高代表机关的地位。

2. 将参议院人数定为120人，修改了过去未将最高议会分为上院和下院时规定的150人。在参议院成员的资格及选举程序上制定了详细的规定；参议院成员的组成流程由卡拉卡尔帕克斯坦共和国、各州和塔什干市按照每地六名的相同人数选出，卡拉卡尔帕克斯坦共和国议会及各州、区、市国家政权代表机关分别举行议员联席会议通过秘密投票确定这些议员人选。乌兹别克斯坦共和国最高会议参议院16名成员由乌兹别克斯坦共和国总统从科学、艺术、文学、生产及国家和社会生活其他领域中最具权威、拥有丰富实际经验和特殊贡献的公民中任命。成员的资格限定在截至选举日年满25岁、在乌兹别克斯坦共和国境内常住不少于5年的乌兹别克斯坦公民。并且规定一个人不能同时兼任参议院与立法院的成员。这一条文的修改是关于国家政权组织成员组成的规定，也是对议会改革制度的规范和细化，在人员组成上确保了制度的合宪性。

3. 在设立参议院与立法院后对于原宪法文本中最高议会的权力进行了重新分配。由于议会实行两院制和党团制后，议员的代表性更广泛，参议院是"地区和行业"院，议员来自全国各地方和各行业，代表地方和行业利益，立法院则是"民众代表"院，议员来自各选区，代表不同群体和集团的利益。为了平衡权力以及遵照权力制衡原则，在各独立权力确立之时又明确了其共同拥有的权力。共有权限包括：关于宪法与法律的制定与修改、国家大政方针的制定与审议、对外政策及外交活动、国家政权体系的变更、财税性规则的制定、行政区划及国界问题的决定、国家重要组织机构成员的选举、批准、确认权力、国家紧急状态及战争状态的宣布、国际条约的批准与废止。对于相关问题的审议顺序由立法会现行审议，后交参议会审议。共有权力的特点突出了国家性、全局性，在关于这类问题的处理上为防止偏颇，乌兹别克斯坦宪法将其确定由上院和下院共同审议。立法会的独有权力包括：对于立法会内部组成的选举及议事议程的决定权、根据总检察长的提议讨论取消最高议会成员的不可侵犯权、对国家一些经社文问题的决议。参议会的独有权力包括：选举乌兹别克斯坦共和国最高会议参议院主席和副主席，各委员会主席和副主席、根据总统的提名，选举国家各最高法院、任命和解除国家各行政机关首长、通过大赦，听取部门报告、参与参议院内部决议，对国家一些经济、社会和文化问题的决议。同时，此次修改还对参议院根据总统提议任命的机关予以明确和修改，取消了对副检察长的任命，增加了国家安全总局、驻外代表、央行行长的任命，改自然保护委员会主席为环境保护委员会主席。

4.在乌兹别克斯坦议会改革的大环境下对议会的组成和议事规则进行了细化与明确。修改后的宪法对参议院与立法院会议时间与议事规则作了具体规定，其中规定了参议院与立法院举行会议的时间、参会的人员组成、对决议通过的要求。这些条款的增加标志乌兹别克斯坦国议会民主制度的精细化、完善化、使议会制度在时间形式上得以固定下来，减少议会的随意性，增加了议会会议的效率。

5.对乌兹别克斯坦共和国议会通过法律、决议和其他文件的程序进行了细化。首先，保留了原条文中关于对决议应有多数人通过的原则；其次，增加了立法动议制度，明确了动议主体；再次，规定了法律制定并公布的详细程序，明确了乌兹别克斯坦最高议会中立法会与参议会的立法职权分工；最后，规定了两院对立法意见不一致时的解决办法。宪法规定，法律经由立法院通过、参议院批准、乌兹别克斯坦共和国总统签署并根据法律规定的程序在官方出版物上公布后具有法律效力。法律由最高会议立法院通过后十日内提交最高会议参议院。法律应在最高会议参议院批准后10日内提交总统签署和公布。总统应在30日内签署并公布法律。最高会议参议院拒绝批准的法律应退回最高会议立法院。被最高会议参议院拒绝批准的法律，如果在重审时得到立法院三分之二多数议员再度批准，即获最高会议通过，并由立法院提交总统签署和公布。对于被最高会议参议院拒绝批准的法律，立法院和参议院可按照平均分配原则，由相同人数的立法院议员和参议院成员组成调解委员会解决产生的分歧。两院接受调解委员会的建议后，法律应按通常程序审议。总统有权将法律和自己的反对意见一并退回最高会议。如果法律仍以原先批准的案文在最高会议立法院和参议院分别以不少于三分之二的多数票获得批准，总统应在14日内签署并公布。

6. 对乌兹别克斯坦最高议会内部选举与权限做了具体规定，这也是相对于原宪法中新增的内容。在立法院中，明确了议长与副议长的选举程序，规定了议长的职权，包括召集并主持立法院会议；对准备提交立法院讨论的问题实现总的领导；协调立法院各委员会和专门委员会的活动；对乌兹别克斯坦共和国法律和立法院决议的执行情况实行监督；领导实现跨议会联系的工作和立法院从事国际议会组织工作小组的活动；在与乌兹别克斯坦共和国最高会议参议院、其他国家机关、外国、国际和其他组织的关系中代表立法院；签署立法院决议；实施现行宪法和立法规定的其他权限。同时规定了立法会委员会的组成和职权，是立法会的监督执行机关。在参议院中，同样规定了参议院主席与副主席的选举程序，延续了原宪法中关于对卡拉卡尔帕克斯坦共和国须有副主席的规定，职权上包括：召集并主持参议院会议；对准备提交参议院讨论的问题实现总的领导；协调参议院各委员会和专门委员会的活动；对法律和参议院决议的执行情况实行监督；领导实现跨议会联系的工作和参议院从事国际议会组织工作小组的活动；在与最高会议立法院、其他国家机关、外国、国际和其他组织的关系中代表参议院；签署参议院决议；实施现行宪法和参议规定的其他权限。同时规定了参议会委员会的组成和职权。

7. 新增了对议员人身财产权利的保障性规定，包括因公报销与补贴，值得注意的是规定了议员的不可侵犯权利，类似于我国人大代表的豁免权。其规定未经立法会或参议会同意，不得对议员的人身进行限制。

8. 对总统的职权进行了调整。此次修宪沿用了自1992年宪法以来对总统的规定，对其中因为议会改革而带来的权限变更以及分权制度设置给总统所造成的影响进行了修改。与1992宪法相比，总统职权进行了改动，增加了对参议院主席的提名权、对新设国家机关首长的任命和解除权，修改了对原最高议会的表述，变为对参议院与立法院的表述。

9. 进一步强化了总统权力，加强了总统对内阁的控制。乌兹别克斯坦自独立以来，实施强有力的总统集权制，乌兹别克斯坦宪法规定总统既是国家元首又是政府首脑，直接领导政府的内外活动。这就为卡里莫夫总统的集权统治提供了法律依据。同时，卡里莫夫总统在议会利用人民民主党和地方政权机关中的党团代表控制了大多数席位，另外他还掌握着任免司法机关领导人的大权。1995年，乌兹别克斯坦通过全民公决自动延长总统任期。此次修宪强化了总统对内阁的控制：明确了内阁作为行政执行机关的性质，规定了内阁的组成人员。规定了内阁由总统进行组建，内阁总理由总统提名，内阁组其他成员由总统批准，加强了总统对内阁的控制。内阁应当履行总统的命令、决议，对总统和最高议会负责。内阁的内部问题总统有权进行决议。

10. 对选举制度做了完善。修改过的宪法规定，总统、最高会议立法院、卡拉卡尔帕克斯坦共和国议会以及各州、区、市国家权力代表机关的选举在其由宪法规定的任期届满当年12月下旬的第一个星期日举行。最高会议参议院成员在卡拉卡尔帕克斯坦共和国议会及各州、区、市国家权力代表机关代表分别举行的联席会议上通过秘密投票选出，应不晚于上述代表机关产生后1个月。进一步完善了议会组成人员的选举程序，完成议会改革相应的选举制度法条完善与修改。

总的来讲，乌兹别克斯坦2003年宪法修改是针对2002年议会改革之后对最高议会改制的文本修订，通过宪法保证议会的合法性，确定了国家政体，完善了政权组织形式。在2003宪法中，对原有最高议会的规定进行了大量的修改和增添，一系列与议会改革配套的规定如组织程序、选举程序、议事规则、权限归属等被写进了宪法，从而将两院制议会从宪法上予以固定，其次进一步加强了总统的权力，保证总统在处理国家事务上的核心地位，最后设置立法院加强了立法的作用。

第二节　2007年乌兹别克斯坦宪法

乌兹别克斯坦宪法规定总统的任期为5年，2002年全民公投将总统任期改为7年。乌兹别克斯坦原总统卡里莫夫在2000年高票当选，2007年面临总统改选，由于乌兹别克斯坦的高度总统集权制，为了在新一届总统任期内更好地完善总统职权，巩固总统地位，稳定国内政治局势，进行了此次修宪。

此次修宪的主要内容为：

1. 强化总统地位。修改后的宪法改变了原宪法中对总统是权力执行者的表述，突出了总统作为国家元首所具有的责任是负责在国家政权机关内的协调者与中枢，强化了总统的职权，明确了总统在国家政权组织内的地位。宪法规定，总统是国家元首，保证国家政权机关协调运转和相互配合。

2. 加强总统与总理的配合。修改后的宪法规定，由总理任命和解除州长和塔什干市长职务。当区长和市长违反宪法、法律或从事有损区长和市长荣誉与尊严的行为时，总统有权根据自己的决定解除其职务。这一规定修改了原宪法中总统对州长和塔什干市长的职务的任免，改由总理对其进行任命和解除，但仍保留了总统的特别解除权。将原总统的独有权力划为总理与总统配合，彰显了国家权力制约原则，使国家管理更加民主化而非趋向于总统独裁。这一项的修改也是迫于当时紧张的地方局势，使中央不得不寻求权力转变，缓解冲突发展。

通过此次修宪，进一步使国家管理民主化，提高了立法机构和行政部门、政府及地方政府机关在行使宪法赋予其权力的过程中所发挥的作用和责任，利用法律框架明确界定乌兹别克斯坦共和国总统职能，加强了政党在国家改革和开放中所起的作用和影响。

第三节 2008年乌兹别克斯坦宪法

乌总统卡里莫夫2008年12月25日签署有关修改和补充《选举法》的法律，将下院席位由120个增至150个，其中135个根据地域原则在多党制基础上选举产生，其余15个由"乌兹别克斯坦生态运动"推举。这一修改于2009年7月1日生效。"生态运动"既不是政治组织，也不是政党，其成员主要来自个人、非政府或非商业性组织，口号是"健康的环境——健康的人类"。吸收他们进入议会的主要原因，是他们的政治倾向弱，主要致力于生态安全和环境保护问题。

2008年11月19日，该修正案在立法院获得通过；2008年12月4日经参议院批准。

根据该项修正案，2008年修宪对原宪法第七十七条内容进行了修改，修改后的宪法第七十七条规定为："乌兹别克斯坦共和国议会立法院由依法选举产生的150名议员组成"。

此次修宪通过对议员人数的增加，进一步使议会在国家政治生活中发挥更大作用，也有利于更好地发挥政党、地方和行业代表的积极性。

第四节 2011年乌兹别克斯坦宪法

2011年乌兹别克斯坦共修宪2次，分别是4月的宪法修正案与同年12月的宪法修正案。

2011年4月修宪目的是：进一步深化民主改革和建立公民社会；国家政权及管理的民主化；保障三个国家权力主体——总统（国家元首）、立法机构和行政部门之间更均衡的权力分配；加强政党在国家实施社会、经济、政治和法律各领域的改革和现代化中的作用和影响。

2011年12月修宪只有一条即将原总统任期由7年改为5年，这项修正案是由现任总统卡里莫夫提出的。他说，考虑到国家管理民主原则，以及议会在社会、经济和政治变革过程中发挥越来越大的作用，建议缩短总统任期。

2011年修宪明显扩大议会权力，主要内容有：

1. 将任命总理的提名权，从总统手中转移到立法院中拥有2/3以上席位（单独或联合）的政党。此前，乌政府内阁总理的任命由总统提名，议会两院批准，内阁成员的任命由总理提名，总统批准。此后，政府总理由立法院中拥有2/3以上席位（单独或联合）的政党提名，总统在10日内据此提名提请议会审议，议会两院分别以半数通过即视为批准。如果总理人选两次未获议会通过，总统需任命看守总理并解散议会。

2. 取消了总统对总理职务的解除权。此前，政府总理的解职可由总统直接决定，无须议会批准。此后，总统无权解除总理职务。总理只能被弹劾。立法院1/3及以上议员可对总理提出不信任案。不信任案需得到议会两院分别不少于2/3议席支持才能获得通过。议会通过不信任案后，总统应解除总理职位并解散政府。

3. 限制了总统对地方领导人职务的解除权。此前，总理有权依法任命和解除各州州长和塔什干市长职务；当区长和市长（即地市级负责人）违反宪法和法律，或从事有损区长和市长荣誉与尊严的行为时，总统有权自主解除其职务。此后，总统只能根据总理提请才可解除上述地方领导人的职务。

纵观乌兹别克斯坦在2011年这一年对宪法的修改，主要体现出的是议会权力的扩大和总统权力的限缩，在一定程度上改变了原有的"强总统、弱议会"的政治生态，更加体现出民主化、制度化优势，使国家能够以集体决策代替个人独断，促进了三权分立制度的成型，为各项行政改革奠定了基础。

第五节 2014年乌兹别克斯坦宪法

2014年4月，为"从强大的国家向强大的公民社会"转变，乌兹别克斯坦再一次修改宪法。此次修宪力图扩大议会对政府的监督职能，规定在审议和批准新政府总理人选时，候选人必须向议会提交政府今后近期和长期行动规划；政府每年除向总统报告工作外，还要向议会提交关于社会经济发展的年度工作报告，地方的州长、市长、区长都要向同级议会报告工作。另外，中央选举委员会由选举期间的临时机构变成常设机构。

此次修宪的主要内容为：

1. 强调公民有权通过民主选举组成国家机关行使国家权力外，也有权通过自治、全民公决直接行使国家权力。修改后的宪法第三十二条规定，乌兹别克斯坦公民有权直接或通过自己的代表参加管理社会和国家事务。这种参与通过自治、实行公决和民主地组成国家机关来实现，也可通过公众监督来完善国家机关活动。公众对国家机关活动的监督过程由相关法律制定。

2. 加强了议会监督政府的职能。修改后的宪法规定，最高会议立法院和参议院有权根据总统的提名审议和批准总理人选，同时对总理对国家社会经济发展热点问题报告进行听证和讨论；有权行使议会监督和其他权限。

3. 强调了地方行政机关负责人实行首长负责制（一长制）。修改后的宪法规定，州长、区长和市长根据一长制原则行使其职权，并对其所领导的机关的决定和行为承担个人责任。州长、区长和市长应向地方人民代表会议做出地方人民代表会议管辖范围的州、区和市的重大社会经济发展问题做出总结汇报。

4. 设立常设的中央选举委员会，以保障公民的选举权和全民公决权行使的合法性和公平性。修改后的宪法规定，公民有权选举和被选入国家权力机关代表。每个选民拥有一票。投票权、平等和意志表达自由由法律保证。为组织、进行乌兹别克斯坦共和国总统选举和全民公决时，组织成立乌兹别克斯坦共和国中央选举委员会，以保障其独立性、合法性、组织性、透明性与公平性。中央选举委员会为长期机构，中央选举委员会委员由卡拉卡尔帕克斯坦共和国议会，州议会和塔什干市议会推荐，并由最高会议立法院和参议院选举。中央选举委员会主席由中央选举委员会委员中选举产生，并由总统宣布。

根据2014年的宪法修正案，总统部分权限将转交总理，明确了议会提交和确定总理候选人的程序。经议会审核和确认的总理职位候选人提交内阁近期和长期工作规划。总统可以终止或取消国家管理机关或各地政府法案的唯一情况是如果这些法案违背法律。国家管理机关及负责人的为所作决定要承担的责任也大幅加强，尤其是关乎人民切身利益的决定。同时，加强了对中央选举委员会民主形成机制独立性和原则性的机制保障。所作修改和补充旨在深化国内正在进行的宪法改革，进一步扩大议会的权力和权限，增强内阁和执行机构的责任，以及对国家机关工作的社会监督和议会监督。

参考文献

一　图书文献

A

［吉］阿斯卡尔·阿卡耶夫:《难忘的十年》,武柳等译,世界知识出版社2002年版。

［哈］奥莉加·维多娃:《中亚铁腕:纳扎尔巴耶夫》,韩霞译,新华出版社2002年版。

艾依提·托洪巴依主编:《新疆与中亚跨界民族研究》,民族出版社2012年版。

C

陈之骅、吴恩远、马龙闪主编:《苏联兴亡史纲》,中国社会科学出版社2004年版。

D

丁宏:《俄罗斯对中亚民族发展的影响》,中国社会科学出版社2008年版。

丁笃本:《中亚通史(现代卷)》,新疆人民出版社2007年版。

H

韩大元:《比较宪法》,中国人民大学出版社2009年版。

郝文明:《中国周边国家民族状况与政策》,民族出版社2000年版。

胡振华编:《中亚五国志》,中央民族大学出版社2006年版。

J

姜士林等主编:《世界宪法大全》,青岛出版社1997年版。

焦一强:《从"民主岛"到"郁金香革命":吉尔吉斯斯坦政治转型研究》,兰州大学出版社2010年版。

K

［乌］卡里莫夫:《临近21世纪的乌兹别克斯坦》,国际文化出版公司1997年版。

L

李慎明主编,《十月革命与当代社会主义》,社会科学文献出版社2008年版。

厉声:《"东突厥斯坦"分裂主义的由来与发展》,新疆人民出版社2007年版。

［俄］罗伊·麦德维杰夫:《无可替代的总统纳扎尔巴耶夫:哈萨克斯坦腾飞的组织者和欧亚方案的倡导人》,王敏俭等译,社会科学文献出版社2009年版。

刘启芸:《列国志——塔吉克斯坦》,社会科学文献出版社2006年版。

刘晔:《知识分子与中国革命——近代中国国家建设研究》,天津人民出版社2004年版。

M

马大正、冯锡时主编:《中亚五国史纲》,新疆人民出版社2005年版。

［美］玛莎·布瑞尔·奥卡特:《中亚的第二次机会》,李维建译,时事出版社2007年版。

N

[土]尼亚佐夫:《永久中立,世代安宁》,东方出版社 1996 年版。

[哈]努·纳扎尔巴耶夫:《时代命运个人》,陆兵、王沛译,人民文学出版社 2003 年版。

P

潘德礼主编:《俄罗斯东欧中亚政治概论》,中国社会科学出版社 2008 年版。

潘志平:《民族自决还是民族分裂》,新疆人民出版社 1999 年版。

潘志平:《中南亚的民族宗教冲突》,新疆人民出版社 2003 年版。

潘志平:《中亚的民族关系:历史、现状与前景》,新疆人民出版社 2003 年版。

潘志平主编:《中亚政局走势微妙》,新疆人民出版社 2005 年版。

Q

齐光裕:《中亚五国宪政发展析论》,台湾文笙出版社 2009 年版。

R

任允正、于洪君:《独联体国家宪法比较研究》,中国社会科学出版社 2001 年版。

S

[美]乔万尼·萨托利:《民主新论》,冯克利、阎克文译,上海人民出版社 2009 年版。

施玉宇:《列国志——土库曼斯坦》,社会科学文献出版社 2005 年版。

施玉宇:《列国志》,社会科学文献出版社 2010 年版。

孙力主编:《中亚国家发展报告(2012)》,社会科学文献出版社 2012 年版。

孙壮志、苏畅、吴宏伟:《列国志——乌兹别克斯坦》,社会科学文献出版社2004年版。

T

Tadeusz Bodio, Tadeusz Moldawa, *Constitutional reforms in Central Asian States*, Warszawa: Dom Wydawniczy "ELIPSA", 2009.

W

汪金国:《多种文化力量作用下的现代中亚社会》,武汉大学出版社2006年版。

汪金国:《全球文化力量消长与中亚政局变化研究》,兰州大学出版社2010年版。

王世杰、钱端升:《比较宪法》,中国政法大学出版社2004年版。

吴宏伟:《中亚地区发展与国际合作机制》,社会科学文献出版社2011年版。

X

《新疆三区革命大事记》,新疆人民出版社1994年版。

邢广程:《2006年:俄罗斯东欧中亚国家发展报告》,社会科学文献出版社2007年版。

徐亚清:《中亚五国转型研究》,民族出版社2003年版。

Y

杨丽、马彩英:《转型时期的中亚五国》,甘肃人民出版社2003年版。

杨恕:《转型的中亚和中国》,北京大学出版社2005年版。

[乌]伊斯拉姆·卡里莫夫著:《临近21世纪的乌兹别克斯坦:安全的威胁、进步的条件和保障》,王英杰等译,国际文化出版公司1997年版。

Z

赵常庆等:《苏联民族—国家建设史（上）》,商务印书馆1997年版。

赵常庆:《中亚五国概论》,经济日报出版社1999年版。

赵常庆:《十年巨变:中亚和外高加索卷》,中共党史出版社2004年版。

赵常庆:《列国志——哈萨克斯坦》,社会科学文献出版社2004年版。

郑永年:《中国模式》,浙江人民出版社2010年版。

中国社会科学院:《纪念中国社会科学院建院三十周年学术论文集——俄罗斯东欧中亚研究所卷》,经济管理出版社2007年版。

周建新:《中越中老跨国民族及其族群关系研究》,民族出版社2002年版。

朱听昌主编:《中国周边安全环境与安全战略》,时事出版社2002年版。

［美］兹比格纽·布热津斯基:《大棋局:美国的首要地位及其地缘战略》,中国国际问题研究所译,上海人民出版社2007年版。

二 文章文献

B

包毅:《简析中亚国家总统制及其发展趋势》,《俄罗斯中亚东欧研究》2007年第6期。

C

常玢:《中亚国家社会发展进程中的宗教因素》,《东欧中亚研究》2000年第5期。

常庆:《中亚五国独立以来政治经济述评》,《东欧中亚研究》1996年第6期。

D

丁建伟:《苏联解体后中亚五国的治政特征及其走向》,《西北成人教育学报》2000年第1期。

丁佩华:《西式民主成"鸡肋"——吉尔吉斯斯坦政权变更的警示》,《决策镜鉴》2010年第7期。

G

高永久:《独立后的中亚五国政治体制》,《西北师大学报》(社会科学版)2003年第9期。

葛公尚:《试析跨界民族的相关理论问题》,《民族研究》1999年第6期。

H

[英]霍布斯鲍姆:《世界最危险的八大观念:传播民主》,顾信文、顾目译,《国外社会科学文摘》2005年第1期。

L

雷勇:《论跨界民族的社会认同》,《青海民族研究》2009年第1期。

李淑云:《中亚五国政治民主初探》,《俄罗斯中亚东欧研究》2003年第1期。

李学保:《跨界民族问题与中国国家安全——建国60年来的探索与实践》,《中南民族大学学报》2010年第1期。

刘向文:《独联体中亚国家宪法的比较研究》,《法学家》1996年第3期。

M

马晨、罗锡政:《苏东剧变以来哈萨克斯坦共产主义》,《新疆师范大学学报:哲学社会科学版》2011年第3期。

孟赵:《中亚总统制度:权威主义视角下的变迁》,硕士研究生学位论文,兰州大学,2008年。

N

牛文展:《俄罗斯与中亚五国总统制比较》,《俄罗斯研究》2003年第2期。

P

潘志平:《中亚国家政治体制的选择:世俗、民主、威权、无政府》,《俄罗斯中亚东欧研究》2011年第1期。

S

沈翼鹏:《中亚五国的宗教问题及其对政局的影响》,《东欧中亚研究》1994年第3期。

孙力:《当前中亚形势主要特点及发展前景》,《新疆师范大学学报》(哲学社会科学版)2013年第1期。

W

王沛:《哈萨克斯坦的移民潮问题》,《中亚研究》1995年第1—2期合刊。

吴宏伟:《中亚地区宗教的复兴与发展》,《东欧中亚研究》2000年第1期。

吴宏伟:《中亚国家政党体制的形成与发展》,《俄罗斯中亚东欧研究》2006年第4期。

吴茜:《论苏联解体后中亚五国的左翼政党》,《国际论坛》2009年第1期。

X

许涛:《中亚五国发展回顾与跨世纪展望》,《现代国际关系》2001年第1期。

Y

杨雷、孔春雨:《中亚五国议会制度比较》,《新疆大学学报》2009年第3期。

俞邃《分析中亚局势的两个向度》,《现代国际关系》2005年第2期。

Z

张泽星:《民族地区群体性事件原因及应对措施的研究》,《内蒙古工业大学学报》2011年第2期。

赵常庆:《评中亚五国独立十年》,《兰州大学学报》(社会科学版)2001年第3期。

朱冬传:《吉尔吉斯斯坦:走向议会制道路并不平坦》,《法制日报》2010年7月6日。

附录

一　中亚五国宪法制定与修改简表
二　哈萨克斯坦共和国宪法
三　吉尔吉斯斯坦共和国宪法
四　土库曼斯坦共和国宪法
五　乌兹别克斯坦共和国宪法
六　塔吉克斯坦共和国宪法

附录一

中亚五国宪法制定与修改简表

国别	宪法通过日期	宪法生效日期	宪法修正日期
哈萨克斯坦共和国	1995年8月30日	1995年9月5日	1998年10月7日 2007年5月21日 2011年2月2日
乌兹别克斯坦共和国	1992年12月8日	1992年12月8日	1993年12月28日 2003年4月24日 2007年4月11日 2008年12月25日 2011年4月18日 2011年12月12日 2014年4月16日
土库曼斯坦共和国	1992年5月18日	1992年5月18日	1995年12月27日 1999年12月29日 2003年8月15日 2005年10月25日 （2006年12月26日） 2008年9月26日 2016年9月14日
吉尔吉斯坦共和国	1993年5月5日	1993年5月5日	1993年5月5日 1994年10月22日 1996年2月16日 1998年10月21日 2003年2月18日 2007年10月23日 2010年6月27日 2016年12月28日
塔吉克斯坦共和国	1994年11月6日	1994年11月6日	1999年9月26日 2003年6月22日 2016年5月22日

附录二

哈萨克斯坦共和国宪法[①]

(1995年8月30经全民公决通过,1998年10月7日、2007年5月21日、2011年2月2日修正)

我们——哈萨克斯坦人民,由共同的历史命运联系起来,在世代居住的哈萨克土地上建立自己的国家体制,承认自己是热爱和平的公民社会,忠于自由、平等与和睦的理想,希望在国际社会中占据体面的位置,意识到自己对当代和子孙后代所肩负的重大责任,凭借拥有的主权,通过本宪法。

第一章 总则

第一条

1.哈萨克斯坦共和国是民主的、世俗的、法制的和社会的国家,其最高价值为人、人的生命、人的权利和自由。

2.共和国的基本原则是:社会和睦和政治稳定、发展经济造福全民、哈萨克斯坦爱国主义、通过民主方式包括通过共和国全民公决或者通过议会表决解决国家生活中的最重大的问题。

第二条

1.哈萨克斯坦共和国是单一制国家,实行总统制。

[①] 本宪法文本来自哈萨克斯坦共和国宪法网,http://www.constitution.kz/,原文为俄文。

2.共和国在其全部领土上享有主权。国家保障自己领土的完整、不可侵犯和不可分割。

3.共和国的行政区划、首都的设置及其地位由法律规定。

4.哈萨克斯坦共和国和哈萨克斯坦两种名称含义相同。

第三条

1.人民是国家权力的唯一源泉。

2.人民直接通过共和国全民公决和自由选举行使权力，同时也可以通过授权国家机关行使自己的权力。

3.任何人不得攫取哈萨克斯坦共和国的权力。攫取权力行为将受到法律追究。总统以及在宪法权限内的共和国议会有权代表人民和国家。

4.共和国的国家权力是统一的，并在宪法和法律的基础上，根据宪法规定的立法、行政和司法三权分立、相互制衡的原则实施。

第四条

1.宪法、与之相关的法律、其他规范法令、国际条约和共和国其他义务以及共和国宪法委员会和最高法院的规范决定为哈萨克斯坦的现行法律。

2.宪法具有最高的法律效力，在共和国全境必须执行。

3.共和国批准的国际条约优先于共和国的法律并直接生效，但为实施国际条约需另行颁布法律的情况除外。

4.一切法律和共和国参加的国际条约都应公布。正式公布涉及公民权利、自由和义务的规范法令是贯彻的必要条件。

第五条

1.哈萨克斯坦共和国承认意识形态和政治的多元化。但不允许将社会制度和国家制度混同，国家机关中不得建立政党组织。

2.社会组织在法律面前一律平等。国家不得非法干涉社会组织的事务，社会组织也不得非法干涉国家事务，不得将国家机关的职能赋予社会组织，国家也不得向社会组织提供拨款。

3. 禁止建立旨在以暴力改变宪法制度、破坏共和国的完整、危害国家安全以及挑起社会、种族、民族、宗教、阶层和民族仇视的社会组织及其活动,也禁止成立未经法律规定的军事武装。

4. 在共和国内禁止其他国家的政党、工会和建立在宗教基础上的政党的活动,也禁止外国法人和公民、其他国家和国际组织对政党和工会组织提供资助。

5. 外国宗教组织在共和国境内的活动以及外国宗教中心对共和国内宗教组织领导人的任命,需经共和国有关国家机关同意。

第六条

1. 哈萨克斯坦共和国承认国有制和私有制,并同样保护它们。

2. 财产及其使用应造福于社会。产权的主体与客体、财产所有者行使自身权利的范围与限度及其权利维护的保障由法律规定。

3. 土地、矿藏、水资源、植物界和动物界以及其他自然资源均系国家财产。在法律规定的原则、程序和范围内,土地也可以私有。

第七条

1. 哈萨克语为哈萨克斯坦共和国的国语。

2. 在国家组织和地方自治机构中,俄语与哈萨克语一样,平等地正式使用。

3. 国家要努力为学习和发展哈萨克斯坦人民的各种语言创造条件。

第八条

哈萨克斯坦共和国尊重国际法的原则和准则,奉行各国之间合作和睦邻友好关系、平等和互不干涉内政、和平解决国际争端,不首先使用武力的政策。

第九条

哈萨克斯坦共和国拥有国家的象征:国旗、国徽和国歌。它们的制定和正式使用程序由宪法法律规定。

第二章 人和公民

第十条

1.哈萨克斯坦共和国国籍的获得和终止须依法进行。国籍是统一和平等的，不论其获得的依据如何。

2.共和国公民在任何条件下都不得被剥夺国籍，不得剥夺改变自己国籍的权利，也不得被驱逐到哈萨克斯坦境外。

3.共和国公民具有的其他国家的国籍不予承认。

第十一条

1.哈萨克斯坦共和国公民不得被引渡到外国，如果共和国国际条约没有做出另行规定。

2.共和国保证其公民在境外受到保护和监护。

第十二条

1.哈萨克斯坦共和国承认并保证根据宪法人应拥有的权利和自由。

2.人的权利和自由为天赋的，是绝对的和不可剥夺的，它们决定着法律和其他规范法令的内容和运用。

3.共和国公民因为具有国籍而享受权利并承担义务。

4.外国人和无国籍者在共和国内享有为公民规定的权利和自由并承担义务，如果宪法、法律和国际条约没有另外作出规定。

5.实施人和公民的权利和自由不应损害他人的权利和自由、践踏宪法制度和社会公德。

第十三条

1.每个人都享有被确认为法律主体的权利，有权以任何不违背法律的方式保护自己的权利和自由，包括必要的自卫。

2.每个人都有为自己的权利和自由进行诉讼辩护的权利。

3.每个人都有得到专业司法协助的权利。在法律规定的情况下，可无偿得到司法协助。

第十四条

1. 在法律和法院面前人人平等。

2. 任何人都不应由于出身、社会、职务和财产状况、性别、种族、民族、语言、宗教、信仰、居住地点等原因或因任何其他情况而受到歧视。

第十五条

1. 每个人都有生存权。

2. 任何人都无权随意剥夺他人生命。死刑规定是依法对犯有特别严重罪行的人采用的一项极端措施，同时向被判决者提供请求赦免的权利。

第十六条

1. 每个人都享有人身自由的权利。

2. 只有在法律规定的情况下并经法院或检察官批准方可进行逮捕和拘留，但需向被捕者提供司法申诉权利。未经检察官批准，拘留时间不得超过72小时。

3. 每个被拘留、逮捕和被指控犯罪的人，都有权自相应的被拘留、逮捕和指控之日起得到律师（辩护人）的帮助。

第十七条

1. 人的尊严不受侵犯。

2. 任何人不应遭受刑讯、暴力以及其他残酷的或有损人的尊严的对待或惩罚。

第十八条

1. 每个人都享有个人生活不受侵犯、保护个人和家庭隐私、维护自己荣誉和尊严的权利。

2. 每个人都享有保守个人储蓄和存款、通信、电话交谈、邮政、电报及其他通信秘密的权利。只能在法律直接规定的情况下并按法律程序方可限制这种权利。

3. 国家机关、社会团体、公职人员和大众传播媒体应保障每个公民都能了解涉及其权利和利益的文件、决议和信息来源。

第十九条

1. 每个人都有权决定和是否说出自己的民族、党派和宗教属性。

2. 每个人都有使用本族语和文化以及自由选择交际、教育、学习和创作的语言的权利。

第二十条

1. 保障言论和创作自由。禁止进行书刊检查。

2. 每个人都享有自由获取和以不为法律禁止的手段传播信息的权利。属于哈萨克斯坦共和国国家机密范畴的情报类别由法律规定。

3. 禁止宣传或鼓动用暴力改变宪法制度、破坏共和国的完整、危害国家安全，也禁止宣传或鼓动战争以及社会、种族、民族、宗教、阶层、氏族的优越感和崇尚残酷与暴力。

第二十一条

1. 每个在哈萨克斯坦共和国领土上合法居住的人，都享有在其领土上自由迁徙和自由选择居住地的权利，法律另有规定的除外。

2. 每个人都享有出国的权利。共和国公民也享有不受阻碍返回共和国的权利。

第二十二条

1. 每个人都享有信仰自由的权利。

2. 信仰自由权利的运用不应影响或限制普通人和公民的权利以及公民应尽的义务。

第二十三条

1. 哈萨克斯坦共和国公民享有自由结社的权利。社会团体的活动由法律加以调节。

2. 军人、国家安全机构和护法机构的工作人员以及法官不得加入政党和工会，也不得支持某个政党。

第二十四条

1. 每个人都享有劳动自由以及自由选择工作和职业类别的权利。强制劳动只有在法院作出判决或处于非常状态和军事状态时方可实施。

2. 每个人都有选择符合安全和卫生要求的劳动条件、不受任何歧视地获取劳动报酬和因失业获得社会保护的权利。

3. 承认个人和集体有权以合法的方式包括罢工来解决劳动纠纷。

4. 每个人都有休息权。对按劳动合同工作的人员，须保证他们的工作时间、休息日、节假日和带薪年度休假。

第二十五条

1. 住宅不受侵犯。不得剥夺住宅，法院判决除外。只有在法律规定的情况下并按法律程序，方可潜入、检查和搜查住宅。

2. 哈萨克斯坦共和国要不断创造条件，以保证居民享有住房。对于法律中规定的需要住房的公民，根据法律规定的标准从国家住房基金中拨款，按可接受的价格为其提供住房。

第二十六条

1. 哈萨克斯坦共和国公民可以拥有任何合法取得的私人财产。

2. 产权，其中包括继承权，受到法律保证。

3. 任何人都不得被剥夺自己的财产，法院判决的除外。在法律规定的特殊情况下，国家根据需要可将财产强制收归国有，但须等价补偿。

4. 每个人都有权自由从事经营活动并可为任何合法的经营活动自由使用自己的财产。垄断活动由法律加以调节和限制。禁止不正当竞争。

第二十七条

1. 婚姻和家庭、母亲、父亲和儿童受到国家保护。

2. 关心和教育子女是父母的天生应有的权利和义务。

3. 有劳动能力的成年子女应关心丧失劳动能力的父母。

第二十八条

1.哈萨克斯坦共和国保证其公民的最低工资和退休金，并在他们年老、患病、残废、失去赡养者和法律规定的其他情况下提供社会保障。

2.鼓励自愿参加社会保险，建立社会保障的补充形式和慈善事业。

第二十九条

1.哈萨克斯坦共和国公民享有保护健康的权利。

2.共和国公民有权获得法律规定数额的有保证的无偿医疗救助。

3.在国家和私立医疗机构以及个体医生处的收费治疗，须在法律规定的条件和办法下进行。

第三十条

1.国家保证公民在公立学校免费接受中等教育。中等教育为义务教育。

2.公民有权通过竞争在公立高等学校接受免费高等教育。

3.在私立学校中接受收费教育的条件和办法由法律规定。

4.国家规定必须执行的教育标准。任何学校的活动都应符合该标准。

第三十一条

1.国家致力于保护环境，以有益于人的生命与健康。

2.对于隐瞒危害人们生命和健康的事实及情况的公职人员，应依法追究其责任。

第三十二条

哈萨克斯坦共和国公民有权举行和平的不带武器的聚会、集会、游行、示威和布置纠察。为了国家安全、社会秩序、保护健康和维护他人的权利和自由，可根据法律对这种权利进行限制。

第三十三条

1.哈萨克斯坦共和国公民有权直接和通过自己的代表参加管理国家事务，也有权亲自提出看法以及将个人和集体的意见递交国家机关和地方自治机关。

2. 共和国公民有权选举和被选举进入国家机关和地方自治机关，有权参加共和国全民公决。

3. 被法院认定为无行为能力和根据法院判决被监禁的公民没有选举权和被选举权，也无权参加共和国全民公决。

4. 共和国公民享有担任国家公职的平等权利。对担任国家公职候选人的要求，只能按职务的性质决定并由法律规定。

第三十四条

1. 每个人都有遵守哈萨克斯坦共和国宪法和法律，尊重他人的权利、自由、荣誉和尊严的义务。

2. 每个人都有尊重共和国国家象征的义务。

第三十五条

依法缴纳规定的税费和其他应支付的款项是每个人的义务和责任。

第三十六条

1. 保卫哈萨克斯坦共和国是每个公民的神圣义务和职责。

2. 共和国公民根据法律规定的程序和类别服兵役。

第三十七条

哈萨克斯坦共和国公民有关心保护历史文化遗产，爱护历史文化古迹的义务。

第三十八条

哈萨克斯坦共和国公民有保护自然环境并珍惜自然资源的义务。

第三十九条

1. 限制人和公民的权利与自由，只能由法律做出并仅限于为保卫宪法制度，维护社会秩序、人的权利与自由、居民的健康与道德所必需的程度。

2. 任何破坏民族和谐的行为都被认为是违宪的。

3. 不得因政治动机以任何形式限制公民的权利与自由。在任何情况下，宪法第十条、第十一条、第十三至第十五条、第十六条第一款、第十七条、第十九条、第二十二条、第二十六条第二款规定的权利和自由都不受限制。

第三章　总统

第四十条

1. 哈萨克斯坦共和国总统是国家元首，是决定国家内外政策基本方针并在国内和国际关系中代表哈萨克斯坦的最高公职人员。

2. 共和国总统是人民和国家政权的统一、宪法的不可动摇性、人和公民的权利和自由的象征和保证。

3. 共和国总统保障国家所有政权机构协调一致地发挥作用并使政权机构对人民负责。

第四十一条

1. 哈萨克斯坦共和国总统根据宪法法律并按普遍、平等和直接选举权的原则以秘密投票方式从共和国成年公民中选举产生，任期七年。

2. 凡在共和国出生的公民，不小于四十岁、能熟练掌握国语且在哈萨克斯坦居住十五年以上者，皆可当选共和国总统。

3.1. 共和国总统的非例行选举由共和国总统决议宣布，需根据宪法法律规定选举的日期和流程。

3.2. 共和国总统的例行选举在12月份的第一个星期天进行，但不能与共和国的新一届议会的选举同时举行。

4. 获得参加投票的选民中百分之五十以上票数的候选人即当选。如果候选人中无人获得规定的票数，就对两名获得票数较多的候选人进行第二轮投票。获得参加投票的选民中多数票的候选人当选。

第四十二条

1. 哈萨克斯坦共和国总统自向人民宣誓之时起开始就职，誓词为："我庄严宣誓：忠实地为哈萨克斯坦人民服务，严格遵守哈萨克斯坦共和国宪法和法律，保障公民的权利和自由，认真履行赋予我的哈萨克斯坦共和国总统的神圣职责"。

2.宣誓在1月份的第二个星期三，在有议会议员、宪法委员会委员、最高法院法官以及共和国历任总统参加的庄严气氛中进行。根据本宪法第四十八条规定，获得哈萨克斯坦共和国总统权限的公民从获得共和国总统职权之日起一个月内进行总统宣誓。

3.共和国总统的全权自新当选的共和国总统就职之时起，以及在本人被提前解除或被罢免总统职务，或亡故的情况下终止。所有的共和国前任总统都拥有哈萨克斯坦共和国前总统的称号，但被罢免者除外。

4.同一个人担任总统不能连续超过两届。

第四十三条

哈萨克斯坦共和国总统不得成为代表机构的代表，不得担任其他有偿职务和从事经营活动。

第四十四条

哈萨克斯坦共和国总统：

1.向哈萨克斯坦人民提出关于共和国国情和内外政策基本方针的年度咨文；

2.决定例行和非例行的共和国议会选举；召开议会的第一次会议并接受议员向哈萨克斯坦人民的宣誓；召集非例行的议会两院联席会议；在十五个工作日内签署议会参议院呈送的法律，颁布或退回整个法律或其中的个别条款令议会进行重新讨论和表决；

3.经议会同意，任免共和国总理；根据总理的呈报，确定共和国政府机构，任免政府成员，以及组建、撤销和改组不列入政府成员的共和国中央执行机构；接受政府成员的宣誓，主持政府就特别重要问题召开的会议；责成政府向议会众议院提交法律草案；取消或完全或部分中止政府和州、共和国直辖市及首都长官颁布的法令；

4.经议会同意，任免哈萨克斯坦共和国国家银行行长；

5.经议会参议院，决定任免共和国总检察长和国家安全委员会主席；

6.任命和召回共和国外交代表机构首席代表；

7. 任命共和国预算执行情况财务检查委员会主席和两位成员，任期五年；

8. 批准共和国国家纲要；

9. 根据共和国总理的呈报，确定由共和国国家预算拨款的所有机构的财政拨款和工作人员劳动报酬的统一办法；

10. 决定举行共和国全民公决；

11. 主持会谈和签署共和国的国际条约；签署已批准的证书；接受外国派驻的外交和其他代表的到任和离任证书；

12. 担任共和国武装力量最高统帅，任免武装力量高级指挥人员；

13. 颁布共和国国家奖励，授予荣誉称号、高级军衔和其他称号、官衔等级、外交官衔和专业技术级别；

14. 决定有关共和国国籍和提供政治避难的问题；

15. 实施大赦；

16. 在共和国的民主制度、独立和领土完整、政治稳定、公民安全受到严重和直接威协以及国家宪法机构无法正常行使职能时，经与共和国总理和议会两院议长正式研究后，采取因上述情况而被迫采取的措施，其中包括在哈萨克斯坦全境或个别地方实施紧急状态和动用共和国武装力量，并应立即将此情况通报共和国议会；

17. 在共和国受到侵犯或其安全遭到直接的外来威胁时，在共和国全境或其个别地方实行军事状态宣布部分动员或总动员，并立即将此情况通报共和国议会；

18. 组建隶属于总统的共和国总统卫队和共和国近卫军；

19. 任免哈萨克斯坦共和国国务秘书，确定其地位和权力；组建共和国总统办公厅；

20. 组建安全会议、最高司法委员会和其他协商咨询机构；

21. 根据共和国宪法和法律行使其他权力。

第四十五条

1. 哈萨克斯坦共和国总统根据并为履行宪法和法律，颁布对共和国全境必须执行的命令和决定。

2. 共和国总统在宪法第五十三条第四款规定的情况下颁布法律；在宪法第六十一条第二款规定的情况下颁布具有共和国法律效力的命令。

3. 共和国总统签署的议会决定以及根据政府倡议颁布的总统决定，应事先相应地经过议会两院议长或总理签字确认，因为他们对上述决定的合法性承担法律责任。

第四十六条

1. 哈萨克斯坦共和国总统及其荣誉和尊严不可侵犯。
2. 共和国总统及其家庭的保障、服务和保卫的费用由国家负担。
3. 本条规定亦适用于共和国前总统。

第四十七条

1. 哈萨克斯坦共和国总统因病确实无法行使职能时可被提前解职。在此情况下，议会成立由两院同等数量的议员和有关医学专家组成的委员会。根据委员会结论和宪法委员会关于符合宪法规定程序的结论，在议会两院联席会议上，以不少于每院议员总数四分之三的多数票，方可通过提前解除总统职务的决定。

2. 共和国总统在履行职责时对其从事的行动负责，只有在叛国时方可被议会罢免。在众议院三分之一以上议员提议并经该院多数议员赞同时，可通过关于对总统提出起诉和进行调查的决定。起诉调查由参议院组织进行并经该院多数议员赞同将调查结果提交议会两院联席会议审议。在议会两院联席会议上，经议会各院议员总数四分之三以上多数票赞同，并有最高法院关于起诉理由充足的结论和宪法委员会关于符合宪法规定的程序的结论时，方可通过关于该问题的最后决定。自提出起诉之后的两个月内未通过最后决定，则认为对共和国总统的起诉被驳回。对共和国总统叛国的起诉在任何阶段被驳回，都将导致对调查该问题提出动议的众议院议员的权力被提前终止。

3. 在总统审理提前终止共和国议会权力问题期间，不得提出关于罢免共和国总统职务的问题。

第四十八条

1.在哈萨克斯坦共和国总统被提前解职或罢免以及总统亡故时，由议会参议院议长在该任期内剩余期限暂时行使总统职能；参议院议长不能行使总统职能时，由共和国众议院议长行使总统职能；众议院议长不能行使总统职能时，由共和国总理行使总统职能。行使总统职能的参议院议长、众议院议长、共和国总理将放弃原在参议院议长、众议院议长和总理职务。在此情况下，空缺的国家职务由宪法规定补缺。

2.因本宪法本条第一项原因行使哈萨克斯坦共和国总统权限的公民无权修改和补充哈萨克斯共和国宪法。

第四章 议会

第四十九条

1.哈萨克斯坦共和国议会是共和国行使立法职能的最高代表机关。

2.议会的权力从召开第一次会议时起到新一届议会的第一次会议工作开始时止。

3.议会的权力可根据宪法规定的情况和程序被提前终止。

4.议会的组织和活动及其议员的法律地位由宪法法律规定。

第五十条

1.议会由参议院和众议院组成，它们为常设机构。

2.参议院由每个州、共和国直辖市和首都各出两名代表组成。这些代表须在相应州、共和国直辖市和首都全体代表机构代表联席会议上选举产生。共和国总统任命七名参议院议员，其任期与议会相同。

3.众议院由七十七名代表组成。六十七名代表由共和国行政区划和选民人数大体相等的原则成立的选区选举产生，每个选区选举一人。十名代表由根据政党名单，按照对应比例和全民族选区地域选举。

4.议会议员不得同时担任两个议院的议员。

5.参议院议员职权期——六年。众议院议员职权期——五年。

第五十一条

1. 众议院议员的选举根据普遍、平等和直接选举权的原则通过秘密投标票进行。众议院议员的例行选举应在本届议会届满前的两个月之前进行。

2. 参议院议员的选举根据间接选举权的原则通过秘密投票进行。参议院的半数议员每三年改选一次。参议院议员的例行选举在其任期结束前的两个月之前进行。

3. 议会议员的非例行选举在议会议员权力提前终止后的两个月内进行。

4. 凡具有五年以上国籍、年满三十岁、具有高等文化程度、工龄不少于五年、在有关州、共和国直辖市或首都常住不少于三年的哈萨克斯坦共和国公民均可当选参议院议员。年满二十五岁的共和国公民可以当选众议院议员。

5. 获得本选区超过百分之五十的选民选票或者在本选区内作为唯一参选人,则被认为是相关州、国家及城市和共和国首都所有代表机构议员联席会议候选人。如果没有人获得规定票数,则在相关选区将获得票数最多两人间进行二次选举。获票数多的参选人成为候选人。议员席位按照众议院选举结果,并参照获得7%以上参加投票公民的政党名单分配。参议院选举在选民投票人数超过应投票人数的百分之五十方有效。共和国众议院议员选举按照宪法法律进行。

6. 议会议员须向哈萨克斯坦人民宣誓。

第五十二条

1. 议会议员不受任何绝对委托权的约束。

2. 议会议员应参加议会工作。议会表决时议员本人须亲自参加投票。议员无正当理由三次以上不出席议院及其机构的会议,如同转让表决权一样,将对其采取法律规定的处罚措施。

3. 议会议员不得成为其他代表机构的代表,不得担任除教学、科研或其他创造性活动以外的其他有偿职务,不得从事经营活动,不得成为商业组织领导机构或监事会的成员。违反本规定者,将终止其议员权力。

4. 未经有关议院同意，议会议员在任期内不得被逮捕、传讯，免受法律程序给予的行政处罚措施，不被追究刑事责任，但在犯罪现场被抓获或严重犯罪的情况除外。

5. 议会议员的权力在本人提出辞职、被认为无行为能力、议会解散以及宪法规定的其他情况下方可被终止。在法院对议会议员做出认定其有罪的判决生效以及他长期定居哈萨克斯坦共和国境外的情况下，取消其议员资格。

6. 与对议员采取处罚措施、议员应遵守本条第3款的要求和议员道德准则、终止议员权力以及剥夺议员权力与不可侵犯性等有关问题的准备事宜，由哈萨克斯坦共和国中央选举委员会负责。

第五十三条

议会须经两院联席会议通过的有：

1. 根据哈萨克斯坦共和国总统的建议，对宪法进行修改和补充；通过宪法法律，对宪法法律进行修改和补充；

2. 批准共和国预算、政府和共和国预算执行情况财务检查委员会关于预算执行情况的报告，对预算进行修改和补充；

3. 在共和国总统对法律或法律条文提出异议后的一个月内，应对其进行复议和表决。超过该期限，则意味总统的反对意见已被接受。如果议会以各院议员总数三分之二以上的多数票再次肯定业已通过的决定，总统应在七日内签署法律。如果总统的反对意见未被推翻，法律即被认定为未获通过或以总统提出的方案通过；

4. 在总统提议并经各院议员总数三分之二以上多数票数通过时，可授予总统不超过一年期限的立法权；

5. 批准总统对共和国总理、共和国国家银行行长的任命；

6. 听取总理关于政府施政纲领的报告，通过或驳回该纲领。对政府施政纲领的再次驳回须经各院议员总数三分之二以上的多数赞成方能生效，并意味着对政府通过不信任案。如果未达到多数赞同票，则表示政府施政纲领被通过；

7. 经议会议员五分之一以上的人提议或在宪法规定的其他情况下，经各院议员总数三分之二以上的多数即可通过对政府的不信任案；

8. 决定战争与和平问题；

9. 根据共和国总统提议，通过动用共和国武装力量的决议，以履行维护和平与安全的国际义务；

10. 提出关于举行共和国全民公决的动议；

11. 听取共和国宪法委员会关于共和国宪法法制状况的年度咨文；

12. 组建两院联合委员会，选举委员会主席和解除其职务，听取关于委员会活动情况的报告；

13. 行使宪法赋予的其他权力。

第五十四条

议会按照先在众议院后在参议院的顺序，分别在两院会议上审议的问题：

1. 通过法律；

2. 讨论共和国的预算及其执行情况的报告，讨论对预算的修改和补充，规定和取消国家税收；

3. 规定解决哈萨克斯坦共和国行政区划问题的程序；

4. 设立国家奖励，确定荣誉称号、军衔和其他称号、官衔等级、共和国外交官衔，确定共和国国家象征；

5. 决定国家公债问题以及由共和国提供经济援助和其他援助的问题；

6. 颁布公民大赦令；

7. 批准和废止共和国的国际条约。

第五十五条

参议院专用的管辖权是：

1. 根据哈萨克斯坦共和国总统的建议，选举最高法院院长、共和国最高法院审判庭庭长和最高法院法官和解除他们的职务，接受他们的宣誓；

2. 批准共和国总统对共和国总检察长和国家安全委员会主席的任命；

3. 剥夺共和国总检察长、最高法院院长和法官的不可侵犯性；

4. 派遣两名议员参加哈萨克斯坦共和国最高司法委员会；

5. 审议众议院提出的关于罢免共和国总统职务的问题，并将审议结果提交两院联席会议审议。

第五十六条

众议院专有管辖权是：

1. 批准审议和审议法律草案；

2. 就哈萨克斯坦共和国总统驳回议会通过的法律准备建议；

3. 根据共和国总统提议，选举共和国中央选举委员会主席、副主席、秘书和委员和解除其职务；

4. 宣布共和国总统的例行选举；

5. 派遣两名议员参加司法鉴定委员会；

6. 对共和国总统的叛国行为提出起诉。

第五十七条

议会各院独立地、在无他院参与的情况下分管下列事务：

1. 任命三名共和国预算执行情况财务检查委员会委员，任期五年；

2. 派遣议会在宪法第四十七条第一款规定的情况下成立的委员会中的半数成员；

3. 选举两院各联合委员会的半数成员；

4. 终止两院议员的权力，以及根据哈萨克斯坦共和国总检察长的意见决定剥夺议员不可侵犯性的问题；

5. 就自己权限内的问题举行议会听证；

6. 有权在两院三分之一以上议员提议时听取共和国政府成员关于其活动情况的报告，并经一个议院三分之二以上多数议员赞同，通过因政府成员不执行共和国法律而解除其职务的致共和国总统意见书。如果共和国总统拒绝该意见书，超过议员总人数三分之二的多数议员有权在六个月后再次提请政府成员职务解除意见书。该情况下总统解除政府成员职务；

7. 成立两院协调机构和工作机构；

8. 通过两院活动的议事规则及其他有关两院组成和内部规章制度问题的决议。

第五十八条

1. 议会两院由参议院和众议院从熟练掌握国语的议员中以秘密投票的方式，并经议员多数赞同面选举产生的议长主持。参议院议长由哈萨克斯坦共和国总统提出候选人。众议院议长由本院议员提出候选人；

2. 经两院议员多数赞同，两院议长可被解职和自行辞职；

3. 议会两院议长负责：

（1）召集并主持本院会议；

（2）对提交本院审议的问题的准备工作实施总的领导；

（3）向两院提出两院副议长候选人；

（4）保障遵守两院活动的议事规则；

（5）领导两院协调机构的活动；

（6）签署两院颁布的法令；

（7）各任命两名哈萨克斯坦共和国宪法委员会委员；

（8）履行议会议事规则赋予的其他义务。

4. 众议院议长负责：

（1）召开议会例会；

（2）召集例行的两院联席会议，主持例行和非例行的两院联席会议。

5. 两院议长就自己权限内问题颁布命令。

第五十九条

1. 议会例会以两院联席会议和各院单独会议的方式进行。

2. 议会的第一次例会由哈萨克斯坦共和国总统在选举结果公布后的三十天之内召开。

3. 议会例会每年召开一次，从9月份第一个工作日至6月份最后一个工作日期间召开。

4. 议会例会由共和国总统在参议院和众议院联席会议上召开和结束。在议会的两次例会之间，共和国总统可自行动议，根据两院议长和议会三分之一以上议员的建议召开非例行的两院联席会议。在此会议上只能审议召开该会议的理由问题。

5. 两院联席会议和单独会议须在各院三分之二以上多数议员出席的情况下举行。

6. 两院联席会议和单独会议公开举行。在议事规则规定的情况下，亦可秘密进行。共和国总统、总理和政府成员、国家银行行长、总检察长、国家安全委员会主席有权出席任何会议和列席旁听。

第六十条

1. 两院成立常务委员会，由各院不超过七人组成。

2. 为解决有关两院共同活动的问题，参议院和众议院有权按对等的原则成立联合委员会。

3. 常务委员会和联合委员会就自己权限内问题颁布决议。

4. 常务委员会和联合委员会的组成办法、权力和活动组织工作由法律规定。

第六十一条

1. 立法动议权属于哈萨克斯坦共和国议员、共和国政府，并只在众议院中实施这种动议权。

2. 共和国总统有权决定审议法律草案的优先顺序，并有权宣布对法律草案进行紧急审议，这意味着，议会应在该草案提交之后的一个月内加以审议。如果议会未按此要求办理，则共和国总统有权颁布具有法律效力的法令，直到议会按宪法规定的程序通过新的法律。

3. 议会有权颁布调整最重要的社会关系的法律，规定涉及以下问题的基本原则和规范：

（1）自然人和法人的法律主体地位、公民的权利和自由、法人和自然人的义务和责任；

（2）所有制和其他产权；

（3）国家机关和地方自治机关、公务和兵役的组织与活动的原则；

（4）征税以及确定规费和其他必须交纳的款项；

（5）共和国预算；

（6）法院设置和诉讼程序问题；

（7）教育、卫生和社会保障；

（8）企业及其资产的私有化；

（9）环境保护；

（10）共和国的行政区划；

（11）国防和国家安全的保障。

所有其他关系由法令予以调节。

4.经众议院多数议员审议和通过的法律草案转交参议院须在六十天内审议。经参议院多数议员通过的草案即为法律，并在十天内提交总统签署。被参议院多数议员驳回的草案退回众议院。如果众议院以议员总数三分之二多数票再次通过草案，则转交参议院复议和表决。被再次否决的法律草案在该例会期间不得再次提交审议。

5.参议院经多数议员通过对法律草案做出修改和补充后，转交众议院审议。如果众议院以多数票通过参议院提出的修改和补充，则认为法律已被通过。如果众议院同样以多数票反对参议院提出的修改和补充，两院之间的意见分歧通过调节方式解决。

6.有关减少国家收入或增加国家支出的法律草案仅在共和国政府同意时方可提出。

7.如果政府提交的法律草案未被通过，总理有权在议会两院联席会议上提出关于对政府的信任问题。对该问题的表决应在提出信任问题四十八小时之后进行。如果提出不信任案的建议未获得宪法规定的票数，则法律草案无须表决即已通过。但政府使用这种权利，在一年之中不得超过两次。

第六十二条

1. 议会以哈萨克斯坦共和国法律、议会决议以及参议院和众议院决议的形式通过的法令，在共和国全境必须执行。

2. 共和国的法律在共和国总统签署之后生效。

3. 经各院四分之三以上的议员赞同方能对宪法进行修改和补充。

4. 关于对宪法中规定问题的宪法法律应经各院三分之二以上多数议员的赞同方能通过。

5. 如果宪法无另外规定，议会及其两院的法令须经两院多数议员赞同方能通过。

6. 对有关修改和补充宪法、通过宪法法令或对其进行修改和补充的问题，必须经过二读以上通过。

7. 共和国法律、议会及其两院决议不得违背宪法。议会两院决议不得违背宪法。

8. 共和国立法和其他规范法令的制定、提出、讨论、生效和颁布的程序，由专门的法律和议会及其两院议事规则作详细规定。

第六十三条

1. 哈萨克斯坦共和国总统可在下列情况下解散议会：议会通过对政府不信任案；议会两次否决对总理的任命；因议会两院之间或议会与其他国家政权之间不可克服的分歧而引发政治危机。

2. 在实施紧急状态或军事状态期间、总统任期的最后六个月内以及上届议会解散后的一年之内，不得解散议会。

第五章 政府

第六十四条

1. 政府行使哈萨克斯坦共和国的行政权，领导执行机关系统并对其活动实施领导。

2. 政府的全部活动对共和国总统负责；在宪法第五十三条第六分款规定的情况下，向共和国议会报告工作。

3. 在宪法第五十七条第六分款规定的情况下，政府成员应向议会两院汇报工作。

4. 政府的权限、组织和活动程序由宪法法律规定。

第六十五条

1. 政府由哈萨克斯坦共和国总统按宪法规定的程序组建。

2. 共和国总理在被任命的十天之内向共和国总统提出关于政府机构和组成的意见。

3. 政府成员须向哈萨克斯坦人民和总统宣誓。

第六十六条

哈萨克斯坦共和国政府：

1. 制定关于国家社会经济政策、国防、安全和保障社会秩序的基本方向并组织实施；

2. 向议会提交共和国预算和决算，保障预算的执行；

3. 向众议院提交法律草案并保障法律的施行；

4. 组织管理国家财产；

5. 制定实行共和国对外政策的措施；

6. 领导各部委以及其他中央和地方执行机构的活动；

7. 取消和完全或部分地暂时停止共和国各部委以及其他中央和地方执行机构的法令生效；

8. 任免未列入政府成员的中央执行机构领导人；

9. 履行宪法、法律和总统法令赋予的其他职能。

第六十七条

哈萨克斯坦共和国总理：

1. 组织和领导政府活动，对政府工作负个人责任；

2. 签署政府决议；

3. 向总统报告政府活动的主要方面和所有的最重要决定；

4. 履行其他的与政府活动的组织和领导有关的职能。

第六十八条

1. 政府成员在自身权限范围内独立通过相关决议，并对政府总理就自身国家机关职务承担工作责任。政府成员如不同意政府采用政策或不执行时，影响政府提交辞呈或被解除职务。

2. 政府成员不得成为代表机构的代表，不得担任除教学、科研或其他创造性活动以外的有偿职务，不得从事经营活动和成为商业组织的领导机构或监事会的成员。

第六十九条

1. 哈萨克斯坦共和国政府就自己权限问题颁布决议，在共和国全境必须执行。

2. 共和国总理颁布命令不得违背宪法、法令和共和国总统令。

第七十条

1. 政府应向新当选的哈萨克斯坦共和国总统交出权力。

2. 在认为无法继续行使所赋予的职能时，政府及其每个成员都有权向共和国总统递交辞呈。

3. 在议会通过对政府的不信任案时，政府须向共和国总统递交辞呈。

4. 共和国总统在十日内审议接受或驳回辞职要求问题。

5. 接受辞呈意味着政府或其有关成员的权力被终止。总理的辞呈被接受，则意味着整个政府的权力被终止。

6. 在政府或其成员的辞呈被驳回时，总统责成其继续履行自己的职责。因议会通过对政府的不信任案，政府因此递交的辞呈被驳回时，总统有权解散议会。

7. 共和国总统有权动议通过关于终止政府权力的决定和罢免政府任何成员的职务。解除总理职务则意味着整个政府的权力被终止。

第六章　宪法委员会

第七十一条

1. 哈萨克斯坦共和国宪法委员会由七名委员组成，任期六年。共和国前总统为宪法委员会的终身成员。

2. 宪法委员会主席由共和国总统任命,在表决票数相等时,宪法委员会主席的意见起决定性作用。

3. 宪法委员会中的两名委员由共和国总统任命,两名由参议院议长任命,两名由众议院议长任命。宪法委员会的半数委员每三年更换一次。

4. 宪法委员会主席及委员不得兼任人民代表,不得担任除教学、科研或其他创造性活动之外的有偿职务,不得从事经营活动,不能成为商业组织的领导机构和监事会的成员。

5. 未经议会同意,宪法委员会主席及委员在任期内不得被逮捕、传讯,不得按司法程序予以行政处分,不被追究刑事责任,但在犯罪现场被抓获或严重犯罪的情况除外。

6. 宪法委员会的组织和活动由宪法法律进行调节。

第七十二条

1. 宪法委员会根据哈萨克斯坦共和国总统、参议院议长、众议院议长、议会五分之一以上议员以及总理的请求:

(1) 在有争议的情况下,决定关于共和国总统和议会议员选举以及共和国全民公决是否正确的问题;

(2) 在总统签署之前审议议会通过的法律是否符合共和国宪法;

(3) 在共和国准备加入的国际条约批准之前审议其是否符合宪法;

(4) 对宪法准则做出正式解释;

(5) 在宪法第四十七条第一款和第二款规定的情况做出结论。

2. 宪法委员会在宪法第七十八条规定的情况下审议法院的请求。

第七十三条

1. 在宪法委员会收到有关宪法第七十二条第一款第一分款中所列问题的请求时,暂停总统就职、议会当选议员的登记或对共和国全民公决作总结。

2. 在宪法委员会收到有关宪法第七十二条第一款第二和第三分款

中所列问题的请求时，暂停有关法令的签署或批准期限。

3. 宪法委员会须在收到请求后的一个月内做出裁决。如果问题非常紧急，该期限可根据共和国总统的要求缩短至十天以内。

4. 共和国总统对宪法委员会的裁决可全部或部分反对，但总统的反对意见也可被宪法委员会以其三分之二以上多数票数否决。如果总统的反对意见未被否决，则宪法委员会的裁决被认为未获得通过。

第七十四条

1. 凡被认定为不符合哈萨克斯坦共和国宪法的法律和国际条约，不得签署或相应地不得批准和生效。

2. 凡被认定为限制了宪法确认的人和公民的权利和自由的法律和其他规范和法令，应废除并不得适用。

3. 宪法委员会的裁决自通过之日起生效，在共和国全境必须执行，而且是终审裁定，不得上诉。

第七章　法院和审判工作

第七十五条

1. 在哈萨克斯坦共和国，审判工作只由法院执行。

2. 司法权通过民事、刑事和法律所规定的其他诉讼程序的形式实施。根据法律，刑事诉讼在陪审员参与下进行。

3. 共和国最高法院和依法成立的共和国地方法院是共和国的法院。

4. 共和国的司法制度由共和国宪法和宪法法律规定。不允许建立任何形式的特别法院和非常法院。

第七十六条

1. 司法权以哈萨克斯坦共和国的名义实施，其使命是维护公民和组织的权利、自由和合法利益；保障宪法、法律、其他规范法令和共和国国际条约的执行。

2. 司法权适用于根据共和国宪法、法律、其他规范法令和国际条约而产生的一切诉讼案件和纠纷。

3. 法院的民事裁决、刑事判决和其他的决议在共和国全境必须执行。

第七十七条

1. 法官独立审判，只服从于宪法和法律。

2. 不允许任何干涉法院行使审判权的活动，否则追究法律责任。法官无须就具体办案工作进行请示。

3. 在执法时，法官应遵循以下原则：

（1）被指控犯罪的人在其罪名未被法院判决认定之前，应视为无罪；

（2）任何人都不应对同一违法事实重复承担刑事或行政责任；

（3）未经本人同意，任何人都不得改变法律为其规定的所属法院；

（4）每个人都有权在法院中被听取意见；

（5）规定或加重责任、赋予公民新义务或造成其状况恶化的法律不具有回溯效力。如果违法后须依法撤消或减轻其犯罪的责任，应适用新法律；

（6）被告人不必证明自己无罪；

（7）任何人都没有提供反对自己、配偶和法律规定的近亲的供词的义务。神职人员也没有为反对本教教民做证的义务；

（8）任何对被告犯罪的怀疑，都应从有利于被告方面解释；

（9）通过非法途径获取的证据不具备法律效力。任何人都不得仅靠本人供词而定罪；

（10）适用刑法不得采用类推法。

4. 宪法规定的审讯原则对于共和国所有的法院和法官都是共同的和一致的。

第七十八条

法院无权运用限制宪法所确认的人和公民的权利和自由的法律和其他规范法令。如果法院认为，适用的法律或其他规范法令限制了宪法所确认的人和公民的权利和自由，应暂时中止案件诉讼程序并将该法令违宪情况上报宪法委员会。

第七十九条

1. 法院由常设法官组成，法官的独立性受宪法和法律保护。法官权力的终止或暂停只能根据法律规定进行。

2. 未经哈萨克斯坦共和国总统根据共和国最高司法委员会的结论表示同意，或在宪法第五十五条第三分款规定的情况下未经参议院同意，法官不得被逮捕、传讯，不得按司法程序予以行政处分，不被追究刑事责任，但在犯罪现场被抓获或严重犯罪的情况除外。

3. 法官由年满二十五岁、受过高等法律教育、从事法律工作的工龄不少于二年并通过专业资格考试的共和国公民担任。对共和国法院法官的补充要求可由法律规定。

4. 法官不得兼任人民代表，不得担任除教学、科研或其他创造性活动以外的有偿职务，不得从事经营活动，不得成为商业组织的领导机构或监事会的成员。

第八十条

法院的财政拨款和法官的住房保障，由共和国的预算经费解决，并应保障法官能够完全和独立地行使审判职能。

第八十一条

哈萨克斯坦共和国最高法院是负责民事、刑事和其他案件以及所辖法院事务的最高审判机构。它从法律规定的诉讼程式上对下级法院的活动进行监督，并对司法实践中的问题做出解释。

第八十二条

1. 哈萨克斯坦共和国最高法院院长、最高法院审判庭庭长及法官，在共和国最高司法委员会推荐的基础上，由共和国总统提名，经参议院选举产生。

2. 州和相当于州的法院院长、州和相当于州的法院审判庭庭长及法官，由共和国总统根据共和国最高司法委员会的推荐任命。

3. 共和国其他法院的院长和法官，在司法鉴定委员会推荐的基础上经司法部长提名，由共和国总统任命。

4. 最高司法委员会由共和国总统领导,并被指定为主席。由宪法委员会主席、最高法院院长、总检察长、司法部长、参议院议员、法官以及共和国总统任命的其他人员组成。司法鉴定委员会是由众议院议员、法官、检察官、法学教员和法律学者、司法机关工作人员组成的独立自主的机关。

5. 最高司法委员会和司法鉴定委员会的地位、组成办法和工作的组织由法律规定。

第八十三条

1. 检察机关以国家的名义对在共和国境内准确一致地执行法律、哈萨克斯坦共和国总统令和其他规范法令的情况以及对案件侦查活动、调查或侦查、办案的行政和执行过程的合法性执行监督,采取措施查处一切违法行为,并对与共和国宪法和法律相违背的法律和其他法令提出异议。检察机关在法院中代表国家的利益,并按法律规定的情况、程序和范围实施刑事追究。

2. 共和国检察机关组成统一的高度集中的体系。下级检察官应服从于上级检察官和共和国总检察长。检察机关独立于国家其他机构和公职人员行使职权,只向共和国总统报告工作。

3. 未经参议院同意,共和国总检察长在其任期内不得被逮捕、传讯,不得被按法律程序施以行政处罚措施,不得被追究刑事责任,但在犯罪现场被抓获和严重犯罪的情况除外。总检察长任期五年。

4. 共和国检察机关的职能、组织和活动的程序由法律规定。

第八十四条(2007年宪法修正案取消该条款)

1. 刑事案件的预审工作由专门机构进行,与法院和检察机关分开。

2. 在哈萨克斯坦共和国,预审机构的权力、组织和活动程序以及案件侦查活动问题由法律调节。

第八章 国家的地方管理与地方自治

第八十五条

国家的地方管理由地方代表机构和执行机构实施。它们对相应区域的状况负责。

第八十六条

1. 地方代表机构马斯里哈特（人民代表会议——译者注）。表达有关行政区域单位的居民的意志，并考虑全国利益，决定实现人民意志所必需的措施并监督其实施。

2. 马斯里哈特由居民按普遍、平等和直接选举权的原则，以秘密投票的方式选举产生，任期四年。

3. 凡年满二十岁的哈萨克斯坦共和国公民均可当选马斯里哈特的代表。

4. 马斯里哈特负责：

（1）批准本地区计划和社会经济发展纲要、地方预算和决算；

（2）决定其权限范围内的地方行政区划问题；

（3）审议地方执行机构领导人就法律确认属于马斯里哈特权限之内的问题所作的报告；

（4）组建马斯里哈特常务委员会和其他工作机构，听取其活动的报告，解决其他与马斯里哈特工作的组织有关的问题；

（5）根据共和国立法，行使保障公民权利和合法利益的其他权力。

5. 马斯里哈特权力的提前终止，由参议院根据法律规定的理由和程序实施，也可通过自行解散的决议来实现。

6. 马斯里哈特的权限、组织和活动的程序以及马斯里哈特代表的法律地位由法律规定。

第八十七条

1. 地方执行机构属于哈萨克斯坦共和国执行机构的统一体系，它保障行政当局能结合本地区的利益和发展需求贯彻执行全国性政策。

2.地方执行机构负责：

（1）执行本地区计划和社会经济发展纲要，制定地方预算并保证其实施；

（2）管理公共财产；

（3）任免地方执行机构的领导人，决定其他有关地方执行机构的工作安排问题；

（4）从有利于国家的地方管理出发，行使共和国立法赋予地方执行机构的其他权力。

3.地方执行机构由该行政区域单位的长官领导，他是共和国总统和政府的代表。

4.州、直辖市和首都的长官由共和国总统根据总理提名任命。其他行政区域单位的长官由相应的上级长官任命或由哈萨克斯坦共和国总统制定的选举法令选举产生。共和国总统有权根据自己的意愿解除长官的职务。

5.在获得三分之二以上代表赞同的情况下，马斯里哈特有权对长官提出不信任并相应地向共和国总统或上级长官提出免除其职务的问题。州、直辖市和首都长官的权力在新当选的共和国总统就职时终止。

6.地方执行机构的权限、组织及其活动程序由法律规定。

第八十八条

1.马斯里哈特就自己权限内问题通过决议；而长官就自己权限内问题发布命令和决定，它们在该行政区域单位内必须执行。

2.马斯里哈特有关减少地方预算收入或增加地方预算支出的决议草案，只有在长官同意时才能提交审议。

3.马斯里哈特做出的与哈萨克斯坦共和国宪法和法律不符的决议，可以按法律程序予以废除。

4.长官的决定和命令可相应地由总统、哈萨克斯坦共和国政府或上级长官，同样按照法律程序予以废除。

第八十九条

1. 哈萨克斯坦共和国承认地方自治，以保障居民独立解决地方性问题。

2. 在乡村和城市某些人口集团的聚居区，居民直接通过选举以及选举机构和其他的地方自治机关实现地方自治。

3. 地方自治机构的组织和活动程序，由公民在法律规定的范围内自行决定。

4. 在法律规定的权力范围内，地方自治机构的独立性得到保证。

第九章　最后和过渡性条款

第九十条

1. 经共和国全民公决通过的哈萨克斯坦共和国宪法，自公决结果正式公布之日起生效，此前通过的哈萨克斯坦共和国宪法同时失效。

2. 共和国全民公决通过宪法之日为国家的节日——哈萨克斯坦共和国宪法节。

第九十一条

1. 哈萨克斯坦共和国宪法可由共和国总统动议、议会或政府建议并由总统决定举行的共和国全民公决进行修改和补充。如果总统决定将宪法的修改和补充方案交给议会审议，则无须提交共和国全民公决。在此情况下，议会可按宪法规定的程序通过决议。如果共和国总统否决议会就举行修改宪法的全民公决提议书，议会在超过议会总人数五分之四投票通过的话可对宪法进行修正。这种情况下，总统签署该法律或进行全民公投。如果参加公投人数超过应投票人数半数以上，全民公投则被认为是合法的。如果全民公投超过半数以上通过公投中宪法修改与补充，则该宪法的修改与补充被认为有效。

2. 宪法规定的国家单一制、领土完整和共和国政体不可改变。

第九十二条

1. 宪法法律应在宪法生效后的一年内通过。如果在宪法中被称为宪法性的法律或有此效力的法令在宪法生效前通过，则应使其与宪法一致并可认为是哈萨克斯坦共和国宪法法律。

2. 宪法中提到的其他法律应按议会规定的程序和期限通过，但不得迟于宪法生效后两年。

3. 共和国总统在根据1993年12月10日颁布的哈萨克斯坦共和国《关于临时授予哈萨克斯坦共和国总统和地方长官补充权力》的法律而行使补充权力期间颁发的具有法律效力的共和国总统令，只能按共和国规定的法律修改、补充或废除的程序予以修改、补充或废除。共和国总统在行使补充权力期间就1993年1月28日通过的哈萨克斯坦共和国宪法第六十四条第十二至十五、十八和第二十条中规定的有关问题所颁布的共和国总统令，无须共和国议会批准。

4. 对于在宪法生效时适用的哈萨克斯坦共和国法律，其中不违背宪法的部分仍可继续适用；在宪法通过之后的两年内，应使其与宪法一致。

第九十三条
为实现宪法第七条规定，政府、地方代表机构和执行机构应根据专门的法律为所有公民自愿地和无偿地掌握哈萨克斯坦共和国国语创造一切必要的组织条件、物质条件和技术条件。

第九十四条
1. 根据宪法生效时正在适用的哈萨克斯坦共和国立法而选举产生的哈萨克斯坦共和国总统，获得宪法规定的哈萨克斯坦共和国总统的权力，并在1995年4月29日共和国全民公决通过的决议中所规定的期限内行使权力。经哈萨克斯坦共和国总统同意，现任总统任期，在举行议会联席会议超过多数同意后，由议会颁发法令可被终止。该情况下众议院宣布在一个月之内进行哈萨克斯坦共和国总统选举。选举后的共和国总统在公布选举结果后一个月内宣誓，并开始行使共和国总统权力，下次总统选举日期为七年后12月的第一个星期日。

2. 根据宪法生效时正在适用的哈萨克斯坦共和国法律选举产生的

副总统，其权力保留到当选时任期届满。

第九十四条（一）

宪法四十一条第一款对共和国总统任期的规定，适用于因七年总统到期而于2005年12月4日选举的共和国总统。

第九十五条

1.第一届参议院的半数议员按宪法法律规定的程序选出，任期四年，另外半数议员任期两年。

2.哈萨克斯坦共和国宪法关于众议院议员在政党名单产生的规定在第二届众议院议员选举时生效。

第九十六条

哈萨克斯坦共和国政府自宪法生效之日起获得宪法规定的哈萨克斯坦共和国政府的权利、义务和责任。

第九十七条

哈萨克斯坦共和国宪法委员会的第一任组成办法为：共和国总统、议会参议院议长和众议院议长各任命任期三年的宪法委员会委员一名、任期六年的委员一名，宪法委员会主席由共和国总统任命，任期六年。

第九十八条

1.宪法规定的司法和侦查机关按照有关法律规定的程序和期限组建。在其成立之前，现行的司法和侦查机关仍保留自己的权力。

2.哈萨克斯坦共和国最高法院、最高仲裁法院和地方法院的法官，在宪法规定的法院组成之前仍保留自己的权力。空缺法官职务按宪法规定的程序予以补充。

附录三

吉尔吉斯斯坦共和国宪法[①]

（1993年5月5日通过，1994年10月22日、1996年2月16日、1998年10月21日、2003年2月16日、2007年10月23日、2010年6月27日、2016年12月28日修正）

我们吉尔吉斯斯坦人民，

永远记着为人民自由献出生命的英雄们；

重申致力于建设一个自由和民主的国家，信奉尊重和保护人权的目标的承诺；

表示坚定不移的信念和坚强的意志，以发展和加强吉尔吉斯国家地位，维护国家主权和人民的统一为目的；

努力确保法治、社会公正，经济繁荣和人民的精神发展；

基于我们祖先的戒律生活团结，和平与和谐的原则采用本宪法。

第一章 宪法制度基础

第一条

1. 吉尔吉斯共和国（吉尔吉斯斯坦）是主权的、民主的、法制的、精神的、单一的、社会的国家，国家的最高价值是：

[①] 原文为俄文，摘于吉尔吉斯共和国政府官网，http://www.gov.kg/?page_id=30199&lang=ru。

（1）人类，生命，追求幸福，健康，人权和自由，热爱祖国，安全，教育，荣誉和尊严；

（2）独立，国家主权，吉尔吉斯共和国国家利益；

（3）吉尔吉斯共和国的领土完整；

（4）吉尔吉斯斯坦人民统一，在全国的和平与和谐；

（5）法律面前的公正、权益、平等；

（6）保护语言和民族文化，尊重历史；

（7）道德，家庭，童年，父亲，母亲，照顾父母，尊重长辈，传统与进步的组合；

（8）创造了良好的经济，社会和其他条件；

（9）良好的自然环境。

2.吉尔吉斯共和国在国境范围内有完全的国家权力，自主实施内外政治。

3.最高价值确定了吉尔吉斯共和国的法律以及其他规范性法律，是所有国家机关、地方自治机关以及官员活动的异议和内容，而且呼吁公民和法人协助保护，并推进这些价值。

4.任何思想都不能颠覆吉尔吉斯共和国最高价值。

第二条

1.吉尔吉斯斯坦人民是吉尔吉斯共和国主权的代表者和国家权力唯一根源。

2.依照本宪法和吉尔吉斯共和国法律，吉尔吉斯斯坦人民通过选举和公投，同时通过国家机关体系行使其权力。

3.法律与其他国家重要问题可以进行公决（全民投票）。进行公决程序和公决中需要决定的问题由宪法法律规定。

4.选举自由。

最高议会议员、总统、地方自治机关议员代表的选举以平等、直接和无记名投票形式进行。

年满18岁的吉尔吉斯共和国公民有权参加选举。

5. 国家创造由法律确定的不同社会阶层的代表参与国家机关和地方自治机关的条件，包括去进行相关决议。

第三条
吉尔吉斯共和国国家权力建立在以下原则基础上：
1. 由选举出的最高议会和总统代表最高人民权力；
2. 国家权力分派；
3. 为人民利益实施的国家机关、地方自治机关权限的开放性和责任性；
4. 国家机关与地方自治机关权限与职能的限制。

第四条
1. 吉尔吉斯共和国承认政治多元化与多党体制。
2. 政党、工会和其他社会团体可以通过公民的自由意志和共同利益建立。建立的基础是追求和保护公民权利和自由以及对政治、经济、社会、劳动、文化和其他利益的满意程度。
3. 政党以表达公民政治意愿为目的，参加最高议会、总统和地方自治机关代表的选举。
4. 吉尔吉斯共和国禁止：
（1）州，市和党的机构的合并；政党组织在国家和市政机构和组织的活动；在政党活动不影响其公务情况下，国家与市政机关公务人员可以从事党务工作；
（2）军人、司法机构与法院工作人员参加政党或者支持某个政党；
（3）建立在宗教与民族基础上的政党，以及对族裔进行迫害的政党存在；
（4）建立军事性质的社会团体；
（5）政党，社会和宗教协会活动以及其代表办事处和分支机构以追求政治目标，进行向宪法秩序的动摇行动和破坏国家安全，煽动社会，种族，民族，种族和宗教仇恨行动。

第五条

1. 国家及其机关为全社会，而不是为它的某一部分服务。

2. 任何一部分人、任何团体和任何个人均无权攫取国家权力。篡夺国家权力是最严重的犯罪。

3. 国家、国家机关、地方自治机关以及官员不能超出本宪法和法律范畴行使职权。

4. 国家机关、地方自治机关以及官员根据法律对违法行为承担责任。

第六条

1. 宪法是最高法律依据，在吉尔吉斯共和国境内直接使用。

2. 在宪法基础上通过宪法法律、法律以及其他规范性法律文本。

3. 由吉尔吉斯共和国加入的国际条约以及国际法范畴内的被广义认可原则的程序和使用条件由法律规定。关于人权的国际条约有直接效力，与其他国际条约执行时有优先权。

4. 法律和其他规范性法律条令官方公布是法律有效性的基本条件。

5. 有新规定或履行责任增加的法律和其他规范性法律条令不溯及既往。

第七条

1. 吉尔吉斯共和国没有任何宗教被定为国家的或者必须的。

2. 宗教和所有文化都与国家分离。

3. 禁止宗教团体和文化传承者对国家机关事务的干涉。

第八条

1. 吉尔吉斯共和国领土完整、不容侵犯。

2. 为组织国家与地方自治管理，吉尔吉斯共和国领土按照行政区域法律来划分。

3. 比什凯克市和奥什市是共和型城市，其地位由法律规定。

第九条

1. 吉尔吉斯共和国制订创建人类良好生活条件和人类自由发展以

及就业的社会计划。

2. 吉尔吉斯共和国保证帮助社会上没有保障的公民，对其最低劳动工资、劳动保护和健康给予保障。

3. 吉尔吉斯共和国发展社会工作体系、医疗服务，设立国家退休金、优惠和其他社会保障。

第十条

1. 吉尔吉斯语是吉尔吉斯共和国的国语。

2. 吉尔吉斯共和国境内俄语可作为官方语言使用。

3. 吉尔吉斯共和国保证保留、平等而自由地发展共和国居民所使用其他一切语言，并保证使其发挥功能作用。

第十一条

1. 吉尔吉斯共和国具有国家标志——国旗、国徽和国歌。吉尔吉斯共和国的货币单位是索姆。

2. 比什凯克市是吉尔吉斯共和国的首都。

3. 吉尔吉斯共和国货币为索姆。

第十二条

1. 吉尔吉斯共和国承认并保护国家财产、市政财产、私人财产和其他形式的财产方式。

2. 私有财产不容侵犯。任何人的财产不得被任意剥夺。

只有法庭判决才能在本人不同意情况下获取财产。

强制性、未经法庭允许获取他人财物只能在法律范围内，为保护民族安全、社会秩序、人口身体健康、维护他人人权和自由为目的方可占有。该类型的占有必须通过法庭的允许。

特殊情况下为了社会需要，根据法律占取他人财产时，需提前、等价补偿占取财产。

3. 对于在个人私有财产的公有化应按照法律按照财产价值和其他损失进行补偿。

4. 吉尔吉斯共和国保护自己国家公民和法人的私有财产，也包括他们在其他国家的私有财产。

5.吉尔吉斯共和国境内的土地、地下资源、空中资源、水资源、森林、动植物界和一切自然财富在吉尔吉斯共和国作为吉尔吉斯共和国人民生存与生活的主要基础,并受国家保护。

除牧场应为国有财产外,土地可以是多形式所有制形式:国有、市属、私人或其他形式。

6.财产拥有者的权利以及被保护的保障界限和程序由法律规定。

第十三条

1.吉尔吉斯共和国的国家预算由共和国预算和地方预算组成,包括国家的支出和收入。

2.共和国与地方预算的形成、通过和实施以及对其实施的审计由法律规定。共和国预算每年通过并形成法律。

3.在吉尔吉斯共和国境内,实行统一的税收制度。规定税收的权力属吉尔吉斯共和国最高议会。新的税收或降低纳税人状况的法律不具有追溯效力。

第十四条

1.吉尔吉斯共和国不通过武力扩张、侵略和区域占领,拒绝军事化公共生活,以战争为目的的国家从属。吉尔吉斯斯坦武装部队是建立自卫和防御原则基础上。

2.除吉尔吉斯斯坦或其他有战略防御缔约国受到侵犯情况外,不允许宣战。吉尔吉斯斯坦境外的吉尔吉斯共和国武装部队分支部队的行为指令受到最高议会不少于总数三分之二人数投票后决议约束。

3.禁止使用吉尔吉斯共和国的武装部队来解决国内政治问题。

4.吉尔吉斯共和国争取普遍、公正和平,互利合作的原则,通过和平方式解决全球和地区问题争端。

第十五条

吉尔吉斯共和国的紧急状态和战争状态可以根据本宪法和宪法法律执行。

第二章 公民自由和人权

第一节 主要人权与自由

第十六条

1. 人权与自由是不可剥夺的。人权和自由是最高价值产物。人权和自由直接决定了国家机关,地方自治机关以及官员的意义和内容。

2. 吉尔吉斯共和国尊重和保障所有在吉尔吉斯共和国境内所有人,并在其管辖下人权和自由受到保护。

任何人都不能因为出身、性别、种族、民族、语言、政治和宗教信仰或者其他任何个人或社会性质的条件和情况而受到任何歧视以及权利和自由受到侵害。

依照国际义务对不同社会阶层的社会报保障平等性的法律不是对特殊群体的歧视。

3. 吉尔吉斯共和国在法律和法庭面前人人平等。

4. 吉尔吉斯共和国男性与女性享有同等自由权利。

5. 吉尔吉斯共和国遵循最优儿童权利保障原则。

第十七条

本宪法规定的人权和自由并非详尽无遗,不应该被作为否定或轻视其他普遍公认人权和自由的解释理由。

第十八条

除宪法和法律规定外,每个人都有权做出任何行动和活动。

第十九条

1. 除相关法律和吉尔吉斯共和国参加的国际条约规定外,吉尔吉斯共和国外国公民以及无国籍居民享有与吉尔吉斯共和国公民同等权益。

2. 吉尔吉斯共和国根据国际义务对政治原因和违反人权与自由流亡的外国公民和无国籍公民进行保护。

第二十条

1.吉尔吉斯共和国不能通过、更改或默认违反人权和自由的法律。

2.公民的人权和自由局限于宪法规定、并用于保护民族安全、社会秩序、人类健康与信仰、保障人权和自由范围内。这些局限也可以因战争或其他国家公务特殊性引入。所有的局限性都应理性遵循上述目的。

禁止通过局限公民人权和自由的法规与条令。

3.制定的关于人权和自由的法律不能超出宪法范畴。

4.在宪法基础对以下内容进行限制：

5.不能使用死刑，以及其他非人类、残酷或诋毁人类尊严形式的行动和惩罚；

6.在被实验者没有以适当方式表示和证明确实自愿同意的情况下，禁止对人体进行医学、生物学和心理学实验。

7.奴隶或贩卖人口；

8.使用童工；

9.只能在无法完成条约义务的基础上才可剥夺公民自由；

10.对信息传播，诋毁名誉和个人尊严进行刑事起诉；

11.强制与拒绝表达，宗教和其他信仰；

12.强制参加和平集会；

13.对其民族确定和标注进行胁迫；

14.任意剥夺其住宅。

15.不能对本宪法确立的以下权利进行限制：

（1）人道待遇和尊重其尊严；

（2）请求赦免或减轻判决；

（3）向上一级法院申诉；

（4）表达思想和意见的自由；

（5）自由选择宗教和其他信仰；

（6）自由决定，并标注其民族；

（7）对因国家主管部门、地方政府及其官员履行职责官员的非法

行为未造成的个人损害申请国家赔偿;

（8）获取司法保护；

（9）免费获得国家教育机构的基础教育和中等教育；

（10）公民可自由返回吉尔吉斯共和国。

第二节　人权与自由

第二十一条

每个人在吉尔吉斯共和国都有生存权。任何人不得任意剥夺他人的生存权。禁止死刑。

第二十二条

1.任何人都不能遭受刑讯、残酷折磨或者违反人道的、侮辱人格的惩罚。

2.任何人都有权享有人道待遇和人格尊严。

3.在被实验者没有自愿同意的情况下，禁止对人体进行医学、生物学和心理学实验。

第二十三条

1.吉尔吉斯共和国境内禁止奴役和贩卖人口。

2.不允许使用童工。

3.除战争、排除灾难和险情以及其他紧急情况，或根据法庭判决情况外，禁止强迫劳动。

军事，替代性（非军事）服务不被认为是强迫劳动。

第二十四条

1.每个人都享有自由权和私人物品不被侵犯权。

2.只能在无法完成某些条约义务基础上才可被剥夺公民自由权。

3.除相关法律规定外，任何人不能被拘留，逮捕或限制自由。

4.除法庭相关决议外，任何人不得被扣留超过48小时。

在法庭决定每个被扣留的人从被扣留起48小时内应当向法庭申诉

扣留的合法性。

在法律允许的特殊情况下,可以被短期扣留。

所有被扣留的人有权验证其在法律权限内被扣留的合法性。如没有被扣留的合法理由,则应及时释放。

5.每个被扣留的人应当被通知被扣留的原因,对他所享有的权利进行说明,其中包括体检和医救。

从实际被剥夺其自由权开始,应对其安全负责。从被扣留之时起可以自辩,也可以获取专业律师的法律援助和辩护人。

第二十五条

1.在吉尔吉斯共和国境内每个人享有自由迁徙,选择停留和居住地方的权利。

2.每个人有权自由从吉尔吉斯共和国离境。

第二十六条

1.在没有依据法律证明和法庭宣判之前,任何人不能被认为犯罪。如有违反,则可向法庭提请物质和精神的补偿。

2.任何人无须证明自己清白。任何指控的疑义都将以被告有利条件下被解释。

3.任何人不能因为自己认罪而被判刑。

4.在刑事案件中由检察官负责有罪举证。非法取得的证据,不能用来证明指控和司法行为。

5.任何人没有义务自证或证明其配偶、法律范畴的家人有罪性。法律可制定免于出证条件以及其他情况的条令。

6.除相关法律规定外,每个人都有一同与陪审团出席法庭的权利。

7.对以前很长时间完成的刑事犯罪的责任豁免可以由法律规定。刑事责任时效只能由法院确认。在任何情况下,无论是否在诉讼时效发生前后,完成在调查中犯罪案件移送到法院被认为犯罪行为结束。

第二十七条

1.每个人因刑事罪行判决的人有权根据法律规定向上一级法庭

上诉。

2. 任何人有权申请特赦或减刑。

3. 任何人不为同样罪行承担两次法律责任。

第二十八条

1. 新法律的建立或加重情况下，当事人责任不溯及既往。任何人不在造成刑事犯罪当时没有相关法律涉及其刑事处罚承担责任。如果在已发生的刑事犯罪被赦免或减轻，则适用于新法律条款。

2. 如发生以上情况，刑法规定的责任同样不适用。

第二十九条

1. 每个人有权保护自己私人生活，荣誉和尊严不受侵犯。

2. 每个人享有书信，电话交谈，电报，邮政等通讯隐私权。对这些权限的限制只能通过法律裁决执行。

3. 除法律规定外，在未得到本人允许情况下，不得对他人的隐私信息进行收集，存储，使用和传播；

4. 每个人都应得到以下保护：司法，未经授权的收集、储存和机密信息和私人生活信息传播，以因非法行动造成的物质和精神损害申请赔偿的权利。

第三十条

1. 每个人拥有住宅和其名下私有产权的不侵犯权。任何人不得背叛所有者意愿而跨越其住宅和私人产权地。

2. 任何形式的搜查、扣押、检查或进入权力机关代表的住所和其他私人产权地等行为只能依照法律规定执行。

注意：2010年6月27日宪法法律第二章第三十条规定自2011年1月1日起开始实施。

3. 法规规定范围内的搜查、扣押、检查或进入权力机关代表的住所和其他私人产权地等行为可以在没有法庭裁决书下执行。该行动的合法性和依据性由法庭裁决。

4. 本条款的保障性和局限性同样适用于法人。

第三十一条

1. 每个人有思想，言论权。

2. 每个人有权表达思想、言论和书写的自由权利。

3. 每个人不能强迫或发对他人的观点。

4. 宣传国家、民族、种族宗教仇恨、敌对或暴力，以及性别歧视和其他社会优势。

第三十二条

1. 良心和宗教自由受到保护。

2. 每个人有权一个人或与他人信仰或不信仰宗教。

3. 每个人有权自由选择，并拥有宗教或其他信仰。

4. 每个人不得被强迫信仰或不信仰宗教。

第三十三条

1. 每个人有权自由收集，存储，使用信息，并口头、书面或以任何其他方式传播；

2. 每个人都有在国家权力机关，地方政府，机构和组织审查与有关自己的信息的权利。

3. 每个人都有获得国家权力机关，地方政府及其官员，与国家机关和地方自治机构的执政活动以及由共和国和地方预算支持组织机关活动信息的权利。

4. 每个人有权获取国家权力机关，地方政府及其官员信息。该信息获取程序由法律决定。

5. 任何人不得因传播诋毁或羞辱个人荣誉和尊严信息而被起诉。

第三十四条

1. 每个人有和平集会的自由权。任何人不得被强迫参加集会。

2. 为保障和平集会进行，集会者应通知相关机关。

不能对和平集会进行禁止和限制，同时以未及时通知其集会举行以及集会内容、时间为理由禁止集会进行。

3. 和平集会的组织者和参与者不对未通知集会举行、未遵守通知方式、内容和时间承担责任。

第三十五条
每个人有权组成团体。

第三十六条
1. 家庭是社会的根源。家庭父亲、母亲、儿童是整个社会应保障的对象。
2. 每个儿童有权获得其人身、智力、精神、信仰和社会发展的权利。
3. 对儿童的生活条件的保障由父母或监护人根据自身能力和经济可能性来承担。
4. 国家保障孤儿、失去监护人儿童的学习、培养和养护。
5. 已达到婚龄年龄的男女在双方自愿的情况下有权结婚，并成立家庭。任何婚姻不能在双方不同意的情况下建立。婚姻在国家机关登记。夫妻在婚姻和家庭中享有同等权益。

第三十七条
1. 在吉尔吉斯共和国，民间习俗和不侵犯人权和自由的传统由国家支持。
2. 照顾老人，照顾亲戚和朋友，是每个人的责任。

第三十八条
每个人都有自由决定，并标注其种族的权利。任何人都不应强制他人确定并标注其种族。

第三十九条
每个人都有权对因国家机关，地方政府及其官员的非法行为而造成的损失申请赔偿的权利。

第四十条
1. 每个人都享有本宪法、国际条约和吉尔吉斯共和国公认的国际法原则和准则规定内的人权和自由的司法保护。

国家应确保司法外部和预审方法、形式以及保护公民人权和自由的方式。

2. 每个人都有通过法律手段来捍卫自己的权利和自由的权利。

3. 每个人都有权获取专业的法律援助。在法律规定情况下，法律援助由国家提供。

第四十一条

1. 人都有呼吁国家权力机关，地方政府及其官员，在法定期限内必须说收到理由回应的权利。

2. 每个人有权按照国际条约呼吁国际人权机构来对侵犯人权和自由行为进行保护。

第四十二条

1. 人拥有、使用和分配自有财产、自身活动成果的权利；

2. 在法律权限内，每个人享有经济自由权，自由使用用于任何经济活动的自身能力和财富权。

3. 每个人享有劳动自由权，可按照安全和性别要求，根据自己能力选择职业和从事类型的权利，同时有权获取不低于最低生活标准法律规定的劳动薪金。

第四十三条

每个人有罢工权。

第四十四条

1. 每个人都有休息的权利。

2. 最多工作时间，最低每周休息和带薪年假，以及权利由法律规定。

第四十五条

1. 每个人都有受教育的权利。

2. 普通基础教育应属义务性质。

每个人都有获得免费的政府普通和中等教育的权利。

3. 国家应对从学前教育到普通教育结束期间，国家语言、官方语言和一门外语的学习给予保障，并提供条件。

4.国家应为国立，市立和私立教育机构的发展创造条件。

5.国家应当为体育运动的发展创造条件。

第四十六条

1.每个人有住房的权利。

2.任何人不得被任意剥夺住房。

3.国家权力和地方自治政府机构应鼓励住房建设并为实施住房权创造条件。

4.对贫困和其他迫切需要住房的公民，国家应无偿或从国家、市政和其他住房基金里拨付可承担缴费或从根据法律从社会机构来提供其居住场所。

第四十七条

1.每个人都有健康权。

2.国家应建立各医疗保健条件，并采取措施来发展国家、市政和私营医疗机构。

3.免费医疗服务以及优惠医疗服务由法律规定的国家担保进行。

4.对危及人们的生命和健康的隐瞒官员事实和情况的将承担法律责任。

第四十八条

1.每个人都有享受健康生活和健康环境的权利。

2.每个人都有在使用自然环境中对其健康和财产造成的损失申请赔偿的权利。

3.每个人应慎重保护自然环境、世界的动植物资源。

第四十九条

1.每个人应享有文学、艺术、科学、技术和其他类型的创作活动和教学自由的权利。

2.每个人都有参与文化生活和享受文化的权利。

国家应对历史古迹和其他文化遗产进行保护。

3. 知识产权受法律保护。

第三节　国籍。公民权利和义务

第五十条

1. 对自己国籍有享有权,并对其负责。

2. 宪法法律规定范围内,任何人无权解除和改变他人国籍,但不包括依照法律和吉尔吉斯共和国国际协议被确认为他国国籍的吉尔吉斯共和国公民。

3. 外居住的吉尔吉斯人,不论是否是其他国家公民有权简化手续获取吉尔吉斯共和国公民身份。

成为吉尔吉斯共和国公民的条件和程序由法律规定。

4. 公民不得从共和国驱逐或引渡到另一个国家。

5. 吉斯共和国对其公民在国外实施保护。

第五十一条

公民有自由返回吉尔吉斯共和国的权利。

第五十二条

1. 公民有权利:

(1)参加共和国和地方法律与决议的讨论和通过;

(2)根据本宪法和法律规定,选举和被选举为国家权力机关、地方自治机关的人员;

(3)根据宪法法律参加公投。

2. 公民就国家机关和地方自治机关活动问题召开吉尔吉斯人民部落代表会议。

人民部落代表会议决定会给相关机关作为建议。

人民部落代表会议的程序由法律规定。

3. 公民有权参与国家和地方预算草案制订,以及获取预算实际款项支出信息的权利。

4.公民依法在竞选国家和市政机构官员时，享有平等权利和平等机会。

5.有他国国籍的吉尔吉斯共和国公民，不得担任国家公职和法官职务。这种限制可能会规定的其他公共职务。

第五十三条

1.公民在法律规定下在老年、疾病和丧失劳动能力、失去喂养时享有社会保障。

2.养老金，国家给予的社会救助不应低于法定最低工资标准。

3.提倡自愿参加社会保险，建立社会保障和慈善事业等其他形式。

4.国家社会活动不应采取保守或限制自由经济活动以及公民为改善个人和家庭的经济状况的其他活动形式。

第五十四条

国家提倡公民在法律规定的方式提升专业水平。

第五十五条

每个人都有义务按照法律缴纳税费。

第五十六条

1.国家—吉尔吉斯共和国公民神圣的义务和责任。

2.或替代服兵役的理由和程序由相关法律规定。

第五十七条

律师的组织与活动可以独立管理、专业律师团体形式完成，律师的职责和义务由法律规定。

第五十八条

民事纠纷的庭外解决可以通过仲裁法院完成。仲裁法院的权限、形成程序和活动由法律确定。

第五十九条

在吉尔吉斯共和国公民有权通过长老法院申诉。长老法院建立程序，权限和活动由法律规定。

第三章 吉尔吉斯共和国总统

第六十条

1. 吉尔吉斯共和国总统是国家元首。

2. 吉尔吉斯共和国总统是国家权力和人民的统一象征。

第六十一条

1. 吉尔吉斯共和国总统任期为六年。

2. 不能两次任职两次。

第六十二条

1. 年龄不低于35岁和不高于70岁、通晓国语、在吉尔吉斯共和国居住累计不低于15年的吉尔吉斯共和国公民可被选举为吉尔吉斯共和国总统。

2. 总统候选人人数没有限制。总统候选人必须有30000选民签名同意参选方可。

总统选举的过程由法律规定。

第六十三条

1. 总统就职时向吉尔吉斯斯坦人民宣誓。

2. 总统的职权从新当选总统就职之时起停止行使。

3. 总统在实施自己职权期间停止政党与组织活动，直到新一任总统选举出为止。

第六十四条

1. 总统：

（1）根据本宪法宣布最高议会选举；

（2）根据本宪法对提前进行最高议会做出决定；

2. 根据地方议会解散法律，宣布举行地方议会。

（1）签署和颁布的法律；以反对意见返回法律到最高议会；

（2）在适当情况下召集最高议会特别会议，并确定需要解决问题内容；

（3）有权在最高议会会议上发言。

3. 总统：

（1）根据司法评选委员会建议向最高议会提交最高法院和宪法法庭法官候选人选举名单；

（2）根据法官委员会专业评估委员会或本宪法和宪法法律规定下的法官委员会提议向最高议会提交最高法院和宪法法庭法官解除职位名单；

（3）根据司法评选委员会建议任命地方法院法官职务；

（4）在宪法法律范畴内，根据法官委员会专业评估委员会或本宪法和宪法法律规定下的法官委员会提议解除地方法院法官职务。

4. 总统：

（1）根据法律，经最高议会同意，任命吉尔吉斯共和国总检察长职务；经最高议会议员总数半数同意或由议员总数三分之一提议、经议员总数三分之二同意后解除总检察长职务；根据总检察长提名任命和解除副总检察长职务。

（2）任命和解除政府成员—国家机关、国防机构，安全机构领导以及其副职人员职务。

5. 总统：

（1）向最高议会提交国家银行行长候选人选举名单；根据国家银行行长提议任命国家银行副行长和管理层成员职务，根据相关法律解除其职务；

（2）向最高议会提名三分之一的选举与公决中央委员会成员选举和解除职务名单；

（3）向最高议会提名三分之一的审计院成员选举和解除职务名单；

（4）从最高议会任命的审计院中任命审计院主席，并根据法律规定内容解除其职务。

6. 总统：

（1）代表吉尔吉斯共和国在国内和国际方面；

（2）与政府总理协商并进行谈判和签署国际条约；有权将该权限转与总理，政府成员和其他官员；

（3）签署批准令和加入令；

（4）与政府总理协商后，任命吉尔吉斯共和国驻外国和国际组织的外交代表机构首脑并召回；接受驻吉尔吉斯斯坦的外国外交代表和国际组织代表呈递的国书和卸任书。

7. 总统决定吉尔吉斯共和国公民的入籍和退籍问题。

8. 吉尔吉斯共和国总统是武装力量总司令，任命和撤换吉尔吉斯共和国武装力量的高级指挥人员。

9. 总统：

（1）领导由法律规定组建的安全委员会；

（2）在具备法定理由的情况下，吉尔吉斯共和国总统可预先通知实行紧急状态的可能性，而在必要时也可不预先声明就在某些地区实行紧急状态，并立即向最高议会通报此事；

（3）在吉尔吉斯共和国遭受军事进攻时，吉尔吉斯共和国总统可宣布总动员或者局部动员，宣布战争状态，并立即将此问题提交最高议会审理；

（4）为了保卫国家及其公民的安全，宣布战时状态，并立即将此问题提交最高议会审理。

10. 总统：

（1）颁发吉尔吉斯共和国勋章和奖章。

（2）授予吉尔吉斯共和国的荣誉称号。

（3）授予最高军衔、外交人员衔级、法官官衔及其他社会称号。

（4）颁布赦免令。

（5）确定总统办公厅结构，确认其工作并任命办公厅主任。

11. 总统本剧本宪法执行其他权力。

第六十五条

总统通过颁布的法令和命令来实现自己权限，并在吉尔吉斯共和国全境内执行。

第六十六条

1. 在总统向最高议会提出辞职、因病不能履行属于他的职权、死亡以及在本宪法规定的情况下被解职时，其职权遂即停止。

2. 在吉尔吉斯共和国总统因病不能履行其职责的情况下，最高议会根据由它成立的独立的医疗委员会的结论，以不少于最高议会代表总数三分之二的票数做出提前解除吉尔吉斯共和国总统职务的决定。

第六十七条

1. 吉尔吉斯共和国总统在被解除职务后方可被提出刑事诉讼。

2. 吉尔吉斯共和国总统只能在最高议会提出由总检察长对总统犯罪事实确认决议的情况下被解除总统职务。

3. 最高议会对吉尔吉斯共和国总统的弹劾案必须经不少于代表总数三分之一的多数票通过，并在最高议会委派的特殊委员会结论基础上方可通过。

4. 吉尔吉斯共和国最高议会关于总统解职问题裁决在递交总统弹劾案之日起三个月内，如有总数不少于三分之二议员投票同意，则总统被解职。如这个期限内最高议会没有通过该议案，则弹劾宣布作废。

第六十八条

1. 如果吉尔吉斯共和国总统由于本宪法规定原因不能继续履行其职责，那么在吉尔吉斯共和国新总统选出前，他的权力将移交给最高议会。如最高议会不能行使总统权力，则总统权力转交给总理。

吉尔吉斯共和国新一任总统选举应在总统转交权力之日起三个月内举行。

2. 代理吉尔吉斯共和国总统权力官员无权提前进行最高议会选举、终止政府职权，可以成为提前总统选举的候选人。

第六十九条

1. 除被解职的总统外，所有吉尔吉斯共和国总统按照本宪法第 67

条享有前吉尔吉斯共和国总统称号。

2. 前吉尔吉斯共和国总统地位由法律规定。

第四章　吉尔吉斯共和国立法权力

第一节　最高议会

第七十条

1. 吉尔吉斯共和国最高议会是实施立法权力代表机关，并在其权限范围内具有监督职能。

2. 最高议会由120位按政党名单规则选举的议员组成，任期5年。

根据政党选举结果可以在最高议会获得不高于65位的议会席位。

吉尔吉斯共和国最高议会的议员应是年满21岁，有被选举权的吉尔吉斯共和国公民。

吉尔吉斯共和国最高议会议员的选举过程由相关法律规定。

3. 最高议会议员在议会中结为联盟。

议会多数派将被认为在议会正式宣布，有超过一半的席位派系组成的联盟或派系联盟。

议会反对党将被认为是非议会多数派成员，而正式成多数派的反对方。

退出议会多数派联盟的决议由该联盟不少于三分之二议员同意方有效。联盟决议由联盟颁布的法令体现，并由每一位投票同意其退出联盟的成员签字。

第七十一条

1. 最高议会召开第一次全体会议应在正式公布其选举结果后15日之内举行。

2. 最高议会召开第一次会议由本院最年长议员开幕。

3. 自新一届最高议会开始运行之日起，上一届最高议会职权被终止。

4. 最高议会议员的权限从宣誓之日起生效。

第七十二条

1. 最高议会议员不能由于因为议员的言论和在最高议会投票而被起诉。除严重触犯刑法外，对最高议会议员进行刑事诉讼必须获得最高议会议员总数多数以上同意方可进行。

2. 除本条款第三部分情况外，最高议会议员不能在国家或市政机关兼职，不能从事任何商业活动。不能进入商业机构的领导层或董事会。

最高议会议员可以从事科学，教育和其他艺术活动。

3. 最高议会议员可以被任命为总理或副总理，并保留其在最高议会大会的席位和投票权。对被任命的总理或副总理议员其他权限的局限、实施的程序和条件由法规规定。

在总理或副总理被解职或终止其政府权力后，其最高议会议员身份完全恢复。

第七十三条

1. 最高议会议员不得蛮横行使权力，不允许对议员进行召回。

2. 最高议会议员的权限与最高议会活动的有效期同步。

3. 最高议会议员的权限根据本条款的第二部分，在以下情况下将被终止：

（1）在书面递交辞呈或退出联盟；

（2）退出吉尔吉斯共和国国籍或加入其他国籍；

（3）转职或现有职务不能完成其议员或代表职能；

（4）选举无效；

（5）长期居住在吉尔吉斯共和国境外、被法庭判决其无能力行使议员职责；

（6）法庭对其宣判，并生效；

（7）无理由30天内没有参加最高议会会议；

（8）法庭宣判其失踪或无生命迹象，并生效；

（9）议员死亡。

中央选举与公决委员会在以上原因出现后30个工作日内做出决议，最高议会议员权限提前终止。

4. 由于议员权限提前被终止，而出现议员席位空缺的填补程序应由宪法确定。

第二节　最高议会权限

第七十四条

1. 最高议会：

（1）通过举行公决法律；

（2）宣布总统选举。

2. 最高会议：

（1）对本宪法进行修改；

（2）通过法律；

（3）批准并谴责在法律规定内的国际条约；

（4）对吉尔吉斯共和国边界进行修正；

（5）批准共和国预算和执行预算的报告；

（6）解决共和国的行政区域设置问题；

（7）颁布特赦令。

3. 最高议会：

（1）确认政府活动计划，确定除国防和国家安全部门外其他政府结构和组成；

（2）批准吉尔吉斯共和国政府提出的社会经济发展全国计划；

（3）通过政府信任案；

（4）通过政府不信任案；

4. 最高议会：

（1）由总统提名选举最高法院和宪法法庭法官职务，在宪法和宪法法律规定下由总统提出解除其职务；

（2）根据法律，确认法官选举委员会组成；

（3）由总统提名选举国家银行行长职务，在法律规定下解除其职务；

（4）选举中央选举与公投委员会成员：三分之一成员由总统提名，三分之一成员由议会多数派提名以及剩余三分之一成员由议会反对派提名；根据法律解除相关职务；

（5）选举审计院成员：三分之一成员由总统提名，三分之成员由议会多数派提名以及剩余三分之一成员由议会反对派提名；根据法律解除相关职务；

（6）根据法律解除监察院主席职务，并同意对其进行刑事诉讼；

（7）根据法律由监察院主席提名解除监察院副主席职务，并同意对其进行刑事诉讼；

（8）对吉尔吉斯共和国总检察长任命给予同意；对关于总检察长被法庭判处刑事责任给予同意；在最高议会议员总数不少于半数同意情况下同意解除其职务；

（9）对最高议会议员总数不少于三分之二同意情况下可根据法律解除总检察长职务。

5. 最高议会：

（1）实施紧急状态，确认或否决吉尔吉斯共和国总统关于该问题的法令；

（2）解决战争与和平问题；实行战时状态，宣布战争状态，确认或否决吉尔吉斯共和国总统关于该问题的命令；

（3）在必须履行维护和平与安全的国际条约义务的情况下，做出关于动用共和国武装力量的决定；

（4）规定吉尔吉斯共和国军衔、外交人员衔级、法官官衔和其他专门衔级；

（5）规定吉尔吉斯共和国国家奖赏和荣誉称号。

6. 最高议会：

（1）听取吉尔吉斯共和国总统听证和声明，外国和国际组织领导和其他代表的报告；

（2）听取监察院年度报告；

（3）听取吉尔吉斯共和国总理、吉尔吉斯共和国总检察长、吉尔吉斯共和国国家银行行长、吉尔吉斯共和国审议院主席年度报告。

7. 最高议会根据本宪法对总统弹劾做出提案，对吉尔吉斯共和国总统职务解除。

8.遵循本宪法内容和国家机关及其官员自主性和独立性法律,听取本条款指定官员的年度报告。

第七十五条

1.最高议会从其组成成员中选举出主席、副主席。

最高议会副主席根据法律应从议会反对派中选举出。

2.最高议会主席:

(1)主持最高议会会议;

(2)主持准备最高议会会议需要通过法案工作;

(3)签署最高议会通过的法规;

(4)在吉尔吉斯共和国境内和境外代表最高议会;保障最高议会与总统、总理、执行机关和国家权力机关司法部门、地方自治机关的相互关系;

(5)对最高议会的日常工作进行管理和监督;

(6)实施对最高议会的活动内容方面的其他权限。

3.最高议会主席由最高议会议员采取无记名形式、多数投票通过的原则选举出。

最高议会主席隶属于最高议会,可以根据最高议会总数不少于三分之二投票通过后解除其主席职务。

议会多数派联盟地位失去后,最高议会议长须辞职。

第七十六条

1.最高议会从其议员中组建成立分委员会和临时专门委员会。

2.议会主席主持议会,对需要投票的提案进行准备和管理,并且按照议会内部规定并签署议会的决议。

3.最高议会的法律,规范性法律条令在最高议会分委员会预审后由最高议会通过。

4.在最高议会权限范围内任命和选举领导,在最高议会分委员会给出结论后同意对国家官员的任命和解除职务。

第七十七条

1. 最高议会的日常工作是以大会形式体现。最高议会大会从每年 9 月第一个工作到次年 6 月最后一个工作起内每年召开一次。

2. 如果讨论问题没有封闭性质，最高议会会议公开举行。

3. 最高议会非常规会议由最高议会主席根据总统、总理或三分之一以上议员提议召集。

4. 最高议会会议在到场人数占总人数的多数以上方被认为有效。

5. 最高会议决定由会议投票形式通过。

第七十八条

1. 最高议会可根据确定自行解散。

2. 自行解散决定由议员总数不少于三分之二投票后通过；

3. 在最高议会解散情况下，吉尔吉斯共和国总统宣布重新选举日期。从宣布重新选举之日起，45 天之内必须进行最高议会重新选举。

第三节　立法活动

第七十九条

立法倡议权属于：

（1）不少于一万名选民（人民倡议者）；

（2）最高议会议员；

（3）政府

第八十条

1. 法律草案呈交给最高议会。

2. 由总统或政府确定的紧急草案由最高议会紧急讨论。

3. 关于国家支出增多、并由国家财政承担的修正草案只能由经政府同意，并确定财政来源后方可通过。

4. 法律在最高议会三次通过。

如果本宪法中未涉及部分而需要由最高议会通过决议的法律在到场议员人数多数以上投票，而且必须超过最高议会总数半数以上通过方有效。

5. 关于宪法、宪法法令修正与补充法律，吉尔吉斯共和国边界修正法律，宪法和宪法法令的解释的提案由不少于三次的最高议会投票，分别不少于最高议会总数三分之二的多数票方可通过。

6. 不允许在紧急状态和战争期间对宪法和宪法法律进行修正与补充。

第八十一条

1. 通过的法律在14日内提交吉尔吉斯共和国总统签署。

2. 吉尔吉斯共和国总统在收到需要签署的法律后，一个月内应签署或提出自己的意见并返回。该向法律将进行二次投票。除总理对相关法律不签署的情况外，关于共和国预算、税收法律必须签署。

3. 对吉尔吉斯共和国总统退回的宪法法律和其他法律经最高议会总数超过三分之二以上二次投票同意情况下，总统必须在14日内签署该法律。如在规定日期内未签署通过的该宪法法律和其他法律，则该宪法法律和其他法律由最高议会主席签署，并在10日内公布。

第八十二条

如果该法律关于使其生效程序决议未另作规定，则法律自其正式印刷部门正式公布之日起10天后生效。

第五章　吉尔吉斯共和国执行权力

第八十三条

1. 吉尔吉斯共和国的执行权力归属于政府，其下属各部委、行政机构、其他执行权力机关和地方自治机关。

2. 政府是吉尔吉斯共和国国家权力执行最高机关。

3. 政府工作由总理领导。政府由总理、副总理、部长和其他委员会领导。

政府结构由吉尔吉斯共和国总理，包括各委。政府结构由最高议会确认。

第八十四条

1. 获得最高议会议席超过 50% 政党议员联盟向总统进行总理提名。

总理候选人必须在举行新一届最高议会第一次会议后 25 日内提交。

总理候选人向最高议会提交政府计划、结构以及成员。

2. 如果在规定期限内最高议会没有确定政府计划、结构和组成或根据选举结果没有一个政党获得半数以上席位，总统提请某个政党在 15 日内组建半数以上席位的政党联盟，并推选总理候选人。

总理候选人在以上期限结束前向最高议会提交政府计划、结构和成员。

3. 如果在以上期限内最高议会没有确认政府计划、结构和组成，总统提请第二个政党在 25 日内组建半数以上席位的政党联盟，并推选总理候选人。

总理候选人在以上期限结束前向最高议会提交政府计划、结构和成员。

4. 如果在以上期限内最高议会没有确认政府计划、结构和组成，则由最高议会自行在 25 日内组建半数以上席位的政党联盟，并推选总理候选人。

总理候选人在以上期限结束前向最高议会提交政府计划、结构和成员。

5. 总统在三日内颁布总理以及其他政府成员的任命令。

如果总统在上述期限内没有颁布总理和政府成员的任命令，则总理和其他政府承认被认为已任命。

6. 如果根据宪法，在以上期限内没有确认政府计划、结构和组成，则由总统宣布提前解散最高议会。这种情况下政府到新一届最高议会成立前执行其宪法规定的职权。

最高议会自行在 15 日内组建半数以上席位的政党联盟，并推选总理候选人。

7. 如果政党联盟在最高议会失去议会多数派，政府则根据本条款的程序的期限组建。在新政府组建成立前，总理和政府成员继续行使其职权。

第八十五条

1. 根据本宪法，政府对其工作负责，并归属于最高议会领导。

2. 总理向最高议会做政府年度工作报告。

3. 最高议会根据总理的政府年度工作报告结果，如有三分之一议员提议，则可形成对政府不信任案提案。

4. 对政府或单独的政府成员不信任提案由最高议会议员不少于三分之二投票表决。

5. 对政府不信任案不能在总统任期到期前 6 个月内表决。

6. 提出对政府不信任后总统有权决定政府集体辞职或对最高议会决定表达不同意态度。

7. 如果最高议会在三个月内第二次提出对政府不信任案，总统解散政府或宣布提前最高议会选举。

第八十六条

1. 总理可以向最高议会提交政府信任案。如最高议会拒绝政府信任案，则由总统在 5 日内决定政府解散或对宣布提前进行最高议会选举。

2. 在政府解散情况下，根据本宪法政府继续工作至新一届政府成立。

第八十七条

1. 总理、政府或政府成员有权递交辞呈，吉尔吉斯共和国总统可以接受也可以拒绝。

从新一届最高议会的第一次会议起，政府解散。议会多数派联盟地位失去意味着政府辞职。

2. 接受总理辞呈意味着政府全部辞职。

3. 在新一届政府成立前，总理和政府成员继续行使其职权。

4. 新政府在政府解散情况下应按照本宪法如期组建。向总统提交总理候选人的报告从总统接收总理或政府解散之日起计算。

5. 除负责国防和国家安全的国家机关领导外，政府成员可以由总理解职。如果在收到提交后 5 个工作日内，总统不签发政府成员的解职令，总理在与最高议会多数派讨论后，可根据最终意见解除该政府成员职位。

政府成员在被解职或离职情况下，总理应在 5 个工作日内向最高议会提交该职位的新候选人。经最高议会同意由总统任命该职位。如经最高议会通过后该候选人任命后三日内总统未签署其任命令，则该候选人任命依然成立。

第八十八条

1. 政府：

（1）保证宪法法律和法律的执行；

（2）完成国家内外政治的实施；

（3）对遵守法律、人权和自由、社会秩序和打击犯罪等进行监管；

（4）确保国家主权，领土完整和宪法秩序，以及国家安全和法治的防御能力的执行情况加强措施；

（5）执行预算金融、价格、定价、投资和税务政策；

（6）制定共和国预算；将预算提交最高议会并保证其执行；向最高议会进行政府预算完成报告；

（7）采取措施来保证各种形式财产的等同发展条件以及国有财产的管理；

（8）保障统一的关于社会经济和文化范畴的国家政策实施；

（9）制订和完成全国经济、社会、科技和文化的发展计划；

（10）组织和保障对外经济活动的实施；

（11）保障与社会团体的相互影响；

（12）实施其他宪法、法律以及总统法令权限内容。

2. 政府工作由政府办公室保障，其工作的组织和程序根据宪法内容执行。

第八十九条

总理：

1. 对最高议会在政府工作完成方面负责；

2. 保障宪法与所有执行权力机关法律的实施；

3. 进行国际会谈并签署国际条约；

4. 主持政府会议；

5. 签署政府规定与条令，并保证其实施；

6. 任命和解除行政机构领导职务；

7. 任命和解除地方国家行政长官职务；

8. 享有其他本宪法和法律规定的权限。

第九十条

1. 在执行宪法和政府法律的基础上政府颁布法规和法令，并保障其实施。

2. 政府的法规和法令必须在吉尔吉斯共和国境内执行。

3. 吉尔吉斯共和国政府领导各部、国家委员会、行政主管部门以及地方国家行政机关。

4. 政府有权取消各部委和行政机构颁布的文件。

第九十一条

1. 在各行政区域单位的执行权力为地方国家行政机关。

地方国家行政长官的任命和解职由法律规定。

2. 地方国家行政机关的组织和活动由法律规定。

第九十二条

1. 地方国家行政机关应遵循宪法，法律，政府规范性法律。

2. 在地方国家行政机关权限内通过的应在本管辖区域内实施。

第六章　吉尔吉斯共和国司法权力

第九十三条

1. 吉尔吉斯共和国的司法机构为法庭。

根据相关法律吉尔吉斯共和国公民有权参与到司法过程中。

2. 司法权是通过宪法，民事，刑事，行政等多种形式法律诉讼手段行使的。

3. 吉尔吉斯共和国的司法体系建立在宪法和法律基础上，并由宪法法庭对宪法执行进行监督。吉尔吉斯共和国的司法体系以宪法和法律作为依据，由最高法院和地方法院组成，并由宪法法庭对宪法执行进行监督。

宪法法庭在最高法院的组成中。

法律可以允许成立专门法院。

禁止成立紧急法庭。

4. 法院的组织和程序由法律规定。

第九十四条

1. 法官独立，只服从于宪法和法律。

2. 法官享有不受侵犯权。除已经触犯法律情况下，不能被扣留或逮捕，不能进行搜查和搜身。

3. 任何人无权向法官索要具体案件的报告书。

禁止对法官活动进行干涉。根据法律，对法官工作造成影响的人承担责任。

4. 法官的社会地位、物质与其他独立保障权益受到保护。

5. 年龄在四十岁以上、七十岁以下、受过高等法学教育、专业工龄至少十年的吉尔吉斯共和国公民方可成为吉尔吉斯共和国宪法法院法官。

6. 最高法院法官有效期到限制年龄。

7. 从最高法院法官中选出最高法院院长和三位副院长，任期为三年。

8. 年龄在三十五岁以上、六十五岁以下、受过高等法学教育、专业工龄至少五年的吉尔吉斯共和国公民方可成为吉尔吉斯共和国地方法院法官。

地方法院法官由法官选举委员会提名后，由总统任命。第一届任期为5年，以后任期有效期到法律限制年龄。地方法院法官选举和任命程序由宪法法律规定。

从地方法院法官中总统根据国家法官事务委员会提名任命院长和副院长。任期为三年。

9.申请法官职位人员必须以书面形式承诺放弃对自己信件、电话谈话、邮政，电报等通信隐私权。在不提交承诺书的情况下，该人员不得被任命或选举为法官。

对通话的监听、记录，调取视频以及使用和保障信息的安全性，包括法官私人生活信息均由宪法法律规定。

10.吉尔吉斯共和国法官地位由包括最高法院和地方法院法官人选的补充条款的宪法法律规定。

第九十五条

1.吉尔吉斯斯坦共和国所有法院的法官继续任职，并应继续留任，任期有效期到法律限制年龄。对于法官的失职或违法行为由宪法法律规定处理。

2.在法官违反法官的职责要求情况下，由法官委员会专业委员会根据宪法法律对该法官进行免职。

除本条款第三部分情况外，最高法院和宪法法庭法官可以被最高议会总数的不少于三分之二在投票同意后免职。

因违反法官职责要求被解除职务的法官无权担任国家机关职务，并不享有对于法官和前法官的任何优惠政策。

3.如法官身故、到达任职年限、转到其他工作岗位、宣布其死亡、无民事能力、不能行使其法官职责、失去国籍、退出国籍或加入其他国籍，其被任命机构的法官权限根据宪法法律将被终止。同时根据最高议会当场人数半数以上，但投同意票总人数不应低于最高议会总数半数的情况下，可解除最高法院和宪法法庭法官职务。

4.法官按照诉讼程序，临时离职，被刑事或民事起诉必须依照宪法法律，经法官委员会同意后方可执行。

5.地方法院法官的职位候选人的选拔应由法官选举委员会依照宪法法律执行。

6.根据宪法法律有法官委员提议对法官的调任（回调）由总统任命。

7.吉尔吉斯共和国所有法官根据宪法法律和程序进行刑事或民事诉讼必须取得法官委员会同意方可执行。

8.法官选举委员会由立法、执行、司法权力机关和社会团体代表组成。

法官委员会、议会多数派和反对派分别选举三分之一的成员来组成法官选举委员会。

9.法官选举委员会的组织和程序工作由法律规定。

第九十六条

1.最高法院是民事，刑事，经济，行政等案件的最高司法机构，根据法律规定的诉讼程序可由当事人对案件重新审理进行上诉。

2.最高法院全会对法律程序有解释权，并适用于吉尔吉斯共和国的所有法院和法官。

第九十七条

1.最高法院宪法法庭是对宪法监督的执行机关。

2.最高法院宪法法庭法官可以是吉尔吉斯共和国，年龄不低于40岁，不超过70岁，拥有至少15年高等法律教育和法律从业经验的公民。

3.从最高法院宪法法庭法官中选举主席和副主席，任期为三年。

4.同一人不能连续两届当选为最高法院宪法法庭主席或副主席。

5.最高法院宪法法庭：

（1）确认非宪法性法律和其他规范性法律违宪；

（2）提供吉尔吉斯共和国未进入国际条约的合宪性意见；

（3）对本宪法的更正草案做出结论。

6.每个人如认为宪法规定的个人人权和自由受到破坏，都有对法律和其他规范性法律行为合宪性质疑的权利。

7.最高法院宪法法庭的决定是最终的，不可上诉。

8.宪法法庭对在法律的违宪决定是基于提前的违宪结论上做出的。

9.宪法法庭就违宪的提前结论将传送给总统和最高议会进行讨论。

如果总统与最高议会在收到结论三个月内表示同意或不存在异议，则对该结论由宪法法庭法官总数超过半数同意后通过。

如果总统或最高议会在收到结论三个月内表示不同意或存在异议，则对该结论由宪法法庭法官总数不少于三分之二同意后通过。

如果总统与最高议会在收到结论三个月内均表示不同意或存在异议，则对该结论由宪法法庭法官总数超过四分之三同意后通过。

10.宪法法庭的决定是最终的，不得上诉。

在吉尔吉斯共和国境内由宪法法庭通过的违宪的法律与法规不被通过。

违宪的法律规范司法行为对公民的权利和自由造成影响时，应对每种投诉情况下分别审查。

第九十八条

1.国家保障法院运作和法官工作的必要条件，并拨付款项支持。

法院的财政由共和国财政支出，并保证司法的独立性和完整性。

2.司法系统预算由司法权力独立，获得执行权利和立法权力同意后划入共和国财政预算中。

第九十九条

1.所有法庭的争议事件都是公开的。庭审时不公开情况由法律规定。法庭决议须公开。

2.除法律规定的情况外，法庭上缺席的审判刑事或其他案件是不允许的。

3.司法程是建立在双方平等和无竞争力的基础上进行的。

4.取消，修改或中止的司法行为可由法院依法进行。

5.司法过程中的公民诉讼权，包括对决定，判决的上诉权。相关实施是由法律决定。

第一百条

1.当吉尔吉斯共和国司法有法律效力后，适用于所有国家机关，企业实体，社会团体，官员和公民并在全国范围内执行。

2. 任何不执行，不正确执行或司法行为的执行受阻以及干涉法院的活动将根据法律规定承担责任。

第一百零一条

1. 法庭无权使用于本宪法相矛盾的规范性法律行为。

2. 如果在任何法庭诉讼发生与宪法法律或其他规范性法律行为相关问题，而该法律或法律行为会决定案件决议，法院应将该事物发送到宪法法院。

第一百零二条

1. 对解决法庭内部问题由法院自治权决定。

2. 吉尔吉斯共和国法院自治权机构是法官代表大会和法官委员会。

法官委员会对法官的合法权益进行保护，对法院预算的执行和形成进行监督，组织把关的培训和进修。

3. 法院自治权机构的组织和程序由法律规定。

第一百零三条

根据法律司法程序是免费的。在任何情况下参与诉讼的人可提出自己无法资金维护的证据。

第七章　其他国家机关

第一百零四条

检察院由统一体系组成，其中：

（1）监督行政机关，地方政府及其官员对法律和宪法法律的严格遵守；

（2）监督从事搜索调查活动对法律遵守情况；

（3）监督在刑事案件中司法判决，以及有关对个人自由限制采取强制措施的执法遵守；

（4）在法律规定下，代表公民或国家利益；

(5）支持法庭上公诉；

(6）对国家机关的官员刑事诉讼，包括宪法范围内案件移交调查给有关当局，以及军事人员的起诉决定。

第一百零五条

吉尔吉斯共和国国家银行对银行体系进行监管，在吉尔吉斯共和国境内确定和进行货币—信贷政策，制定并实施单一外汇政策，具有货币发行专用权，进行不同银行融资形式和原则。

第一百零六条

中央选举和公投委员会确保在吉尔吉斯共和国选举和公投的筹备和进行。

第一百零七条

审计院审核国家与地方财政、预算外资金完成以及对国家和市政资产的使用情况。

第一百零八条

对吉尔吉斯共和国公民人权和自由的议会监督由监察院进行。

第一百零九条

本节中提到的国家机关的组织和程序以及其独立性的保障由法律规定。

第八章　地方自治机关

第一百一十条

1.吉尔吉斯共和国地方自治是在法律范畴内，地方社会采取对地方事务负责的态度实施完成的。

2.吉尔吉斯共和国地方自治由相对应的行政区域的地方社团完成。

3.地方自治是通过公民自行成立组织或地方自治机关来管理的。

4.地方自治财政由地方预算和共和国预算组成。

5.地方预算的形成和执行根据透明、公开、地方自治机关隶属于地方社团的原则。

第一百一十一条

1. 地方自治机关体系包括：

（1）地方议会—地方自治代表机关；

（2）村委会、市政府—地方自治执行机关。

2. 地方自治行政机关及其官员的活动隶属于地方议会。

第一百一十二条

1. 根据法律，地方议会议员由当地居民遵守依法平等机会选举出。

2. 地方自治行政机构长官依照法律规定选出。

3. 地方议会依照法律：

（1）批准地方预算，监督实施；

（2）批准的当地社区和社会保障社会经济发展的方案；

（3）引进地方税费，以及建立其利益；

（4）解决当地重要性等问题。

第一百一十三条

1. 国家机关无权干涉当地政府法定权力。

2. 地方自治机构可获取国家权限内转交的物力、财力和所需的其他资源。国家权限可通过法律或合约转给地方自治机构。对地方自治机构授予的权力隶属于国家机关。

3. 地方自治机关对国家和机关在执法方面负责，对地方社会在其工作活动中负责。

4. 地方自治机关有权以维护自身权益来获取司法保护。

第九章　对本宪法修正程序

第一百一十四条

1. 本宪法的修正案可通过最高议会宣布的全民公决通过。

2. 对本宪法第三章、第四章、第五章、第六章、第七章、第八章和第九章的修正可由最高议会多数议员投票或不低于 30 万选民倡议完成。

注意：2010 年 6 月 27 日宪法的第一百一十四条第二部分内容从 2020 年 9 月 1 日起正式生效。

3.最高议会通过本宪法修正案不迟于其提交日期 6 个月内审议。

本宪法修正案有最高议会议员总数不少于三分之二投票同意，并经过间隔期不少于两个月的三次审议后通过。

由最高议会议员总数不少于三分之二投票建议后可进行全民公决。

4.禁止紧急状态和戒严状态中修改现有宪法。

5.本宪法的修正案通过后须由总统签署。

附录四

土库曼斯坦共和国宪法[①]

（1992年5月18日通过，1995年12月27日、1999年12月29日、2003年8月15日、2005年10月25日（2006年12月26日）、2008年9月26日、2016年9月14日修正）

我们土库曼斯坦人民，

根据自己不可剥夺的自决权，

从对祖国的现在和未来负责出发，

对祖先的戒律表示忠诚，遵循团结、和平与和谐，致力于人类社会，

以国家的价值和利益为目的，加强受国际社会认可的主权、独立和土库曼斯坦永久中立地位保护，

为保障每个公民的权利和自由，竭力保证公民和睦与民族和谐，确立人民政权和法制国家的准则，

通过本宪法——土库曼斯坦的根本法。

第一章 宪法制度原则

第一条 土库曼斯坦是民主的、法制和鲜明的国家，以总统制共和国的形式进行国家管理。

[①] 原文为俄文，摘于独联体法律网，http://base.spinform.ru/show_doc.fwx?rgn=89543。

土库曼斯坦在本国领土上拥有统治地位和全部权力，独立自主地执行对内、对外政策。土库曼斯坦的主权和领土是统一完整和不可分割的。

第二条　土库曼斯坦在国际社会被认可，并依据法律为永久中立地位。

1995年12月12日联合国大会关于土库曼斯坦的声明中阐述永久中立地位，2015年6月3日承认并认可土库曼斯坦为永久中立地位；提请联合成员国尊重土库曼斯坦的这一地位，尊重其独立性、主权性和领土完整性。

被国际社会认可的永久中立地位是国家内外政策的基础。

第三条　人民是土库曼斯坦主权的代表者和国家权力的唯一源泉。土库曼斯坦人民直接地或者通过代表机关行使自己的权力。

任何一部分人、任何组织或者个人均无权攫取国家政权。

第四条　在土库曼斯坦，人是社会和国家的最高价值。

国家对公民负责并保证为人的自由发展创造条件。它保护公民的生命、荣誉、尊严和自由，保护公民人身不受侵犯以及理所当然的和不可剥夺的权利。

公民对国家负有履行宪法和法律所赋予的义务的责任。

第五条　土库曼斯坦是保障每一个人社会权益的共和国。

第六条　国家权力分为：人民会议、立法机构、行政机构和司法机构。各机构间在互相制约和平衡的条件下独立行使各自权力。

第七条　在土库曼斯坦承认并保障地方自治。地方自治在全县范围内自主。地方自治机关不归属于国家权力机关体系。

第八条　土库曼斯坦制定最高法律。

国家、机关和公职人员均受法律和宪法制度的约束。

土库曼斯坦宪法是国家的最高法律，载入其中的准则和原则具有直接作用。凡同宪法相抵触的法律及其他文件不具有法律效力。

国家机关的法律文件应公布于众，或以其他方式公布。而包含有国家机密或受法律保护的其他机密的文件除外。涉及公民权利和自由的、未公布于众的法律文件自其通过之时起即无效。

第九条　土库曼斯坦作为国际社会中享有充分权利的主体，奉行永久中立和不干涉别国内部事务的外交政策，拒绝使用武力并不参加加入军事组织和联盟，坚持和平、友好、互惠原则与世界其他国家和地区相处。

土库曼斯坦承认国际法标准的优先权。

第十条　土库曼斯坦拥有自己的国籍。国籍依法获得、保留和丧失。

土库曼斯坦公民的其他国家国籍不被认可。

任何人都不能被剥夺国籍或被剥夺改变国籍的权利。土库曼斯坦公民不得被交给其他国家进行惩罚或者被驱逐出土库曼斯坦，或者在回归祖国的权利方面受到限制。

土库曼斯坦公民在本国或境外均受国家保护和庇护。

第十一条　根据土库曼斯坦法律与国际协议规定，外国公民和无国籍者均享有土库曼斯坦公民的权利和自由。

土库曼斯坦向那些因政治、民族或宗教信仰而在本国遭受迫害的外国公民提供避难权。

第十二条　财产不容侵犯。土库曼斯坦依法确认生产工具、土地及其他物质、精神财富的私有权。它们既可属于公民联合组织，也可属于国家。属于国家特有的客体由相关法律规定。国家对所有类型和形式财产给予同样保护和同等条件。

除法律所禁止的手段获得的财产，不允许没收财产。

只有在法律规定的情况下，才允许强制的惩罚性的没收财产。

第十三条 土库曼斯坦对公民与社会的经济活动进行调控，保障全民经济的稳定发展。

第十四条 土地、矿藏、水资源、动植物以及其他自然财富均属于土库曼斯坦全民财富，由国家进行保护，并进行合理开采。

第十五条 国家负责保护民族历史、文化遗产和自然环境，保证各社会、民族共同体之间平等。

鼓励科学、艺术创造及其成果的推广。

促进文化、教育、体育和旅游方面国际联系的发展。

第十六条 国家积极促进科学、技术和工艺的发展，并支持这些方向的国际合作。

国家科学技术政策是为维护社会与公民的利益。

国家积极倡导科学技术成果生产转化。

第十七条 土库曼斯坦承认政治多元化和多党制。

国家对公民团体的发展提供必要条件。社会团体在法律面前平等。

第十八条 国家保证宗教及宗教信仰自由，并保证其在法律面前一律平等。宗教组织同国家相分离，且不得干涉国家事务，行使国家职权。

国家教育系统同宗教组织相分离，并具有世俗性。

第十九条 政党、宗教组织、社会团体和其他机构的理念不能对公民有强迫性。

第二十条 土库曼斯坦拥有自己的武装力量,以捍卫国家主权和安全。

第二十一条 土库曼语是土库曼斯坦的国语。确保全体公民享有使用本民族语言的权利。

第二十二条 土库曼斯坦作为主权国家的标志是:国旗、国徽和国歌。

国旗、国徽和国歌由法律规定并受法律保护。

第二十三条 土库曼斯坦按照行政区域划分为:州、区、市以及其他行政区域单位。行政区域单元的组件和变更由法律规定。

第二十四条 土库曼斯坦的首都是阿什哈巴德市。

第二章 居民和公民的基本权利、自由和义务

第二十五条 土库曼斯坦居民和公民的权利和自由被国际法律认可,并与宪法与相关法律保护。

第二十六条 居民的权力和自由是不可侵犯的,也是不可剥夺的。

在宪法与法律规定范围内,任何人都不能限制居民的权利和自由。

宪法和法律中所列举的居民和公民的权利和自由不能被用以否定或贬低其他权利和自由。

第二十七条 居民和公民的权利和自由是现行法律规定的。其权利和自由确定法律的含义、应用和内容，立法与执法权力、地方自治内容；并受司法保护。

第二十八条 土库曼斯坦保证公民的权利和自由平等，也保证公民在法律面前一律平等，不论其民族、出身、财产和职位状况、住所、语言以及对宗教的态度、政治信仰和所属党派如何。

第二十九条 在土库曼斯坦，男女都具有平等的公民权。根据性别而侵犯平等权利将依法追究责任。

第三十条 行使权利和自由不应侵犯他人的权利和自由，不应违反道德准则和社会秩序，也不能损害国家安全。

第三十一条 每个人的名誉和尊严都受到保护。
任何理由都不能成为尊严受到的屈辱理由。

第三十二条 每个人都享有生存权和自由权。任何人都不能被剥夺生命权。公民的生存权由国家在法律基础上保护。土库曼斯坦的死刑被全面废除。

第三十三条 任何人不能被定罪或超出法律范围外的惩罚。任何人不得被加以酷刑，暴力，残忍，不人道或有辱人格的待遇或处罚，以及未经本人同意就被进行医学实验、科学实验或其他实验。
只有具备法律明文指出的理由，根据法院判决或者经检察长批准，公民方可被逮捕。在不容迟缓和法律明确规定的情况下，被授权的国家机关有权暂时拘留公民。

第三十四条 如果没有证实公民有犯罪事实或被法院判决犯罪，公民被认为无罪。

任何人没有义务证明无罪。

出现犯罪事实有疑义情况时，判决应有利于被告。

第三十五条　每个人都有自由权和人身不受侵犯权。根据法律规定，公民被认定罪行并被法庭宣判情况下，公民才可被执行刑事处罚。

第三十六条　任何人不得加以重新起诉和为同样罪行被定罪。

第三十七条　每个公民都有权阻止对其私生活的随便干预，以及对通信、电话及其他联络的秘密、对人格和名誉的侵犯。

第三十八条　未经他人同意，不允许对其个人私生活信息进行收集，储存，使用和传播。

第三十九条　在土库曼斯坦境内，每个人都有权自由迁徙和选择住址。

在某些地区或对某些人限制迁徙只能依法规定。

第四十条　家庭、母亲、父亲、儿童权益受法律保护。

男人和女人在达到适婚年龄，在互相同意前提下可结为夫妻、建立家庭。夫妻在家庭关系中的权利平等。

父母或者代替父母的人有权利有义务教育子女，关心其身体健康和发育成长及学习，培养其劳动能力，使他们养成讲究文明和尊重法律、历史和民族传统的习惯。

成年子女应该关心父母并帮助他们。

国家应为青年自由和权利的实施提供条件，并保障其全面发展。

第四十一条　每个人自行决定宗教的态度，有权单独或与他人信奉任何宗教或不信仰宗教，表达和传播与对宗教的态度和信仰，并参加宗教仪式。

第四十二条 每个人有思想和言论自由。任何人都不能在法律规定范围内禁止他人的表达和传播意见的权利。

任何人不能强迫他人对自己观点的信仰或放弃自己观点。

每个人都有权寻求自由，在法律允许（包括受法律约束的国家或其他秘密）下接受和传递信息。

第四十三条 在法律规定范围内，公民有集会、召开大会和游行示威的自由。

第四十四条 公民有权建立在宪法和法律规定的范围内建立政党和其他社会团体。

禁止建立以暴力改变宪法制度，在自己的活动中允许使用暴力，反对公民的由宪法规定的权利和自由，宣传鼓动战争以及种族、民族、社会和宗教仇视情绪，企图损害人的身体健康和道德品质为目的的政党和其他社会团体，并禁止开展相关活动；也禁止政党具有民族或宗教色彩。

第四十五条 土库曼斯坦公民有参与或选举代表参与社会与国家事务管理的权利。

第四十六条 土库曼斯坦公民有权选举或被选举进入国家权力机关和地方自治机关。

土库曼斯坦公民在国家公务机关任职权力是平等的，主要取决于自己能力和职业素质。

土库曼斯坦公民有参与司法的权利。

第四十七条 在法律允许情况下，每个公民有权自由通过自己能

329

力和自身财富来从事商业和其他经济活动。

第四十八条 公民的私有财产受法律保护。
每个公民有权拥有私人财富，对私人财富可自己、也可自愿与他人享有拥有权、使用权和分配权。
私人财富的继承权受保护。

第四十九条 每个公民都有劳动权和经自己斟酌考虑选择职业、职业种类和工作地点的权利以及要求维护健康和安全劳动条件的权利。不允许强制劳动和儿童用工。
从事雇佣劳动的人有权要求给予符合其劳动数量和质量的报酬。这种酬金不得低于国家规定的最低生活费用。

第五十条 劳动者有休息权。对于雇佣劳动者来说，这种权利表现于：规定有限时间的工作周，保证每年享受带薪休假和每周享有休息日。
国家在居民点为休息和合理利用自由时间创造有利条件。

第五十一条 每个公民在获得设备完善的住房，并获得国家在个人住房领取和建设方面的帮助。住宅不容侵犯。任何人都无权进入住宅或者以其他方式违背居住者的意志或无合法理由破坏住宅的不可侵犯性。保护住宅免遭非法侵犯是公民的权利。
除相关法律特殊规定外，任何人都不能被剥夺住房。

第五十二条 每个公民有健康保护权，其中包括免费享用国家保健机构网。允许根据法律和法律规定的程序实行有偿医疗和非传统医疗服务。

第五十三条 公民有权享有生活与健康的优越自然环境，获取自然环境状况的信息。有权对自然被破坏或发生灾难情况下，给人造成的健康损害得到赔偿。

国家以保护和改善人类环境、生态和稳定的自然环境为目的，对自然资源的有效使用实行监管。

每个公民有责任保护自然环境、谨慎对待自然环境和自然财富。

第五十四条　公民在年长、患病、残废、丧失劳动能力、失去供养和失业的情况下，享有社会保障权。

青年家庭、多子女家庭、失去双亲的孩子、战争参加者及因保卫国家或社会利益而丧失健康者都能从社会资金中得到额外帮助和优惠。

第五十五条　每个公民都有受教育权。

普通中等教育是义务制，每个人都有权在国家教育机关中免费接受这种教育。

国家根据每个人的能力保证使所有人都能接受职业教育。

根据法律和法律规定，组织团体和公民都有权建立收费学校。

国家制定对各类教学机构必须遵循的教育标准。

第五十六条　每个公民拥有文化、艺术、科学及技术创造自由权。公民在科学、技术创造、艺术、文学和文化活动领域的著作权与合法利益受法律保护。

国家促进科学、文化、艺术、民间创作、体育运动和旅游事业的发展。

第五十七条　在土库曼斯坦境内居住或暂居的每个人有责任遵守土库曼斯坦的宪法和法律，尊重民族传统，历史、文化和自然遗产。

第五十八条　保卫土库曼斯坦是每个人的神圣义务。对于土库曼斯坦的男性公民实行全国义务兵役制。

第五十九条 土库曼斯坦公民必须按照法律规定的方式和额度缴纳国税和其他税款。

第六十条 公民对其声誉和尊严以及宪法和法律规定的人和公民的个人政治权利和自由的司法保护具有保障。

对于国家机关和社会团体、地方自治、高级官员的违法、越权及限制公民权利和自由的行为可上诉法院。

第六十一条 公民有权按司法程序要求赔偿由于国家机关、其他组织及其工作人员以及个别人的不法行为给他们所造成的物质、精神损失。

第六十二条 任何人都不能被迫提供反对自己和亲属的证词及说明材料。

在对心理或肉体进行折磨的情况下以及通过其他非法手段取得的证据被认为是不具有法律效力的。

第六十三条 每个国家公民有权获取法律援助。在法律规定范围内，法律援助为无偿帮助。

第六十四条 使公民状况恶化的法律没有回溯效力。任何人都不能对发生时并不被认为违法的行为负责。

第六十五条 公民的部分权利和自由，依据宪法只有在实行紧急状态或者战时状态的情况下可暂时中止执行。

第三章 土库曼斯坦国家权力机关体系
第一部分 基本条款

第六十六条 土库曼斯坦国家最高权力和管理由土库曼斯坦总统、

土库曼斯坦人民会议、土库曼斯坦内阁和土库曼斯坦最高法院组成。

第六十七条　根据土库曼斯坦宪法和法律规定，国家权力在地方设有地方和执行机关。

第二部分　土库曼斯坦总统

第六十八条　土库曼斯坦总统是土库曼斯坦国家、执行机关的最高元首。总统保证国家独立性、中立性、领土完整，公民权利和自由、遵循宪法并完成国际责任。

第六十九条　土库曼斯坦总统应该出生在土库曼斯坦的土库曼斯坦公民，年龄不低于40岁，掌握国语，在近十五年内长期居住在土库曼斯坦。

第七十条　总统由土库曼斯坦人民直接选举产生，任期七年，并在人民会议的会议上宣誓之后立即就职。

总统的选举及其就职程序由法律规定。

第七十一条　土库曼斯坦总统：

1. 贯彻宪法和法律；
2. 领导实施对外政策，在同别国的关系中代表土库曼斯坦，任命和召回大使及土库曼斯坦驻外国、国家间组织和国际组织的其他外交代表，接受外国外交代表的就任国书和离任国书；
3. 组建土库曼斯坦总统机构；
4. 是武装力量的最高统帅。下达关于总动员或部分动员及动用武装力量（随后由人民会议批准这些行动）的命令。任命武装力量的高级指挥人员；
5. 确认土库曼斯坦军事学说；
6. 任命或解除土库曼斯坦最高武装力量、其他军种和军事机构官员职务；

7. 根据相关法律组建并领导国家安全委员会；

8. 确认国家内外政主要方向和国家政治、经济、社会和文化发展计划；

9. 就国家预算及其执行情况的报告提交人民代表大会审理和批准；

10. 签署法律，并有权在至迟两周之内将法律连同自己的异议退回人民会议，让对其重新讨论和表决。

如人民会议以三分之二多数票批准原来由它通过的决议，则总统签署法律。总统对于有关修改和补充宪法的法律没有拖延否决权；

11. 向人民会议提交关于国家情况的年度报告，通报关于对内、对外政策的最重要问题；

12. 组建举行选举和公投的中央选举委员会，有权更改委员会成员组成；

13. 宣布举行公决的日期，有权提前召集人民代表大会；

14. 解决关于准入土库曼斯坦国籍和提供避难的问题；

15. 奖给土库曼斯坦勋章和其他奖赏，授予光荣称号、军衔和其他专门的国家称号和奖章；

16. 在事先征得人民代表大会同意的情况下，任命和罢免最高法院院长、总检察长、内务部部长、司法部部长的职务；

17. 向人民代表大会提名土库曼斯坦人权委员会主席选举人选；

18. 实行赦免和大赦；

19. 宣布进入紧急状态和战争状态；

20. 解决依照宪法和法律规定属于总统负责管理的其他问题。

第七十二条　总统发布在土库曼斯坦全境都具有约束力的命令、决定和指示。

第七十三条　总统不能是人民会议成员。

第七十四条 总统具有不可侵犯权，并受法律保护。

土库曼斯坦总统及其家庭的安全保护与服务由国家承担。

第七十五条 总统在因病而不能履行其职责的情况下可被提前解职。人民会议根据由它组成的独立的医疗委员会的结论以不少于人民会议成员法定人数三分之二票数通过关于提前解除总统职务的决议。

在总统违反宪法和人民会议法律的情况下，人民会议可对总统表示不信任，并把罢免他的问题提交人民表决。关于对总统不信任问题可根据不少于人民会议成员法定人数三分之二的人要求进行审理。关于对总统不信任的决议以不少于人民会议成员法定人数四分之三票数通过。

第七十六条 除宪法第七十一条第2款、第15款、第18款所规定的可转交给代表大会主席职权外，总统无权把自己的职权转交其他机关或公职人员执行。

如果总统由于某种原因不能履行其职责，那么在选出新总统之前，总统职权移交给人民代表大会主席。这样，新总统的选举至迟应在总统职权转交给主席之日起60天内进行。

代行总统职责的人不能被推举为总统候选人。该期间不能对土库曼斯坦宪法进行更正。

第三部分 土库曼斯坦人民代表大会

第七十七条 土库曼斯坦人民代表大会是最高立法权力机构。

第七十八条 人民代表大会由地方等票选举的125位代表组成，被选举代表任期为五年。

第七十九条 人民代表大会代表可以提前解散，如果出现以下情况：

1. 全民公决所作决定；

2. 由大会代表投票，同意人数超过总人数的三分之二后（自行解散）；

3. 土库曼斯坦总统在六个月之内无法确认代表大会主席时。

第八十条　人民代表大会自行制定代表的权限，选举大会主席、副主席，成立相关委员会和专业委员会。

上届人民代表大会代表资格保留至新一届人民代表大会第一次会议。

第八十一条　人民代表大会：

1. 通过土库曼斯坦宪法、宪法法律，并对其进行修正和补充，监督其执行和解释；

2. 对内阁日常活动进行确认；

3. 确认土库曼斯坦国家预算和预算执行报告；

4. 确认国家内外政策主要方向和政治、经济、社会与文化发展计划；

5. 解决提前全民公决问题；

6. 指定土库曼斯坦总统、人民代表大会代表及各州市人民会议的选举；

7. 根据土库曼斯坦总统提议任命或解除最高法院院长，总检察长，内务部长和司法部长职务；

8. 由土库曼斯坦总统提名选举土库曼斯坦人权委员会主席；

9. 确认国家奖励，颁发总统国家奖项，授予军衔和奖章；

10. 确认国家权力法律法规在宪法基础上的合法性；

11. 批准和宣布废除关于国家间联盟及其他构成体的条约；

12. 对土库曼斯坦国界以及各行政区域划分的变更；

13. 对和平与安全事宜进行决策；

14. 按照宪法和其他法律规定的人民代表大会权限来解决其他问题。

第八十二条　人民代表大会可以将某些问题转交给土库曼斯坦总

统处理，并由人民代表大会通过。

人民代表大会不能将以下立法权交给任何个人或机构：

1. 修改宪法；
2. 刑法与民法；
3. 诉讼法。

第八十三条　立法权属于土库曼斯坦总统，人民代表大会代表，内阁和最高法院。

第八十四条　人民代表大会代表有权向内阁，部长以及其他国家机关领导进行询问、口头或书面的问题阐述。

第八十五条　国家保证为每位大会代表创造顺利、有效执行其职权，保护代表们的权利、自由、生存权、荣誉和尊严，以及不侵犯权；

第八十六条　人民代表大会代表的代表权只能由大会在超过代表总人数三分之二的投票后表决通过。

代表未经过代表大会同意，不能被刑事起诉，逮捕或其他方式限制其自由。

第八十七条　大会代表不能同时成为内阁成员、州长、市长、法官和检察官。

第八十八条　代表有无记名投票方式选举产生。代表们受代表大会管辖，在大会投票人数超过代表总数三分之二后方可解除其代表资格。

大会副主席由公开投票产生，由大会主席分配工作任务。在大会主席缺席或不能行使其权利时，由大会副主席代理其职权。

第八十九条　代表大会常务委员会负责人民代表大会的组织工作。代表大会常务委员会由大会主席、副主席、分委员会主席和专门委员会主席组成。

第九十条　代表大会、常务委员会、分委员会、专门委员会、代表的功能和权限由县官法律制定。

第四部分　土库曼斯坦内阁

第九十一条　内阁（政府）是执行、管理机关，内阁由总统领导。

第九十二条　内阁成员包括内阁副主席和部长。

总统可在内阁加入其他执行权力的中央机关官员。内阁由总统在其就职后一个月内组建，并向新任总统让权。

第九十三条　内阁会议由总统主持，或者受他的委托由一名内阁副主席主持。

内阁在其职权范围内通过决议，颁布必须执行的决定和命令。

第九十四条　内阁：

1. 组织执行土库曼斯坦法律、土库曼斯坦总统签署的法律文件和人民会议决议；

2. 采取措施，以保证和维护公民的权利和自由，维护财产和社会秩序及国家安全；

3. 制定并提交到人民代表大会关于国家内政外交活动基本方针，国家政治、经济、社会和文化发展计划；

4. 对国家经济、社会和文化发展实行管理；

5. 组织国有企业、社团和机构的管理；

6. 保证合理使用与保护自然资源；

7. 采取措施，以加强货币、信贷制度；

8. 必要时组建内阁直属委员会、管理总局及其他主管部门；

9. 执行对外经济政策，保证同外国的文化以及其他方面的联系；

10. 领导政府机关、国营企业和组织的活动。有权撤销部和主管部门以及地方执行机关的决议；

11. 履行依照法律和其他规范性文件划归它负责管理的其他职责。

第九十五条 内阁的职权，它的活动程序及它同其他国家机关的关系由法律规定。

第五部分 司法权力

第九十六条 土库曼斯坦的司法权只属于法院。

司法权的使命是捍卫公民的权利和自由，以及捍卫受法律保护的国家、社会利益。

第九十七条 司法权由依照法律规定的土库曼斯坦最高法院和其他法院行使。

不允许设立特别及其他同法院分庭抗礼的机构。

第九十八条 法官独立，只服从法律和遵循内部信条。无论来自哪个方面对法官活动的干预都是不能容许的，要依法追究责任。法官不受侵犯，由法律加以保障。

第九十九条 法官的不被侵犯权受法律保护。

第一百条 所有法院的法官都由总统任命。法官的任命、解职程序、任期由法律规定。

第一百零一条 除教学、创作和科研工作外，法官不能从事任何有偿工作。

第一百零二条 法院的诉讼案件由法官集体审理,而在法律规定的情况下,也可由法官单独审理。

第一百零三条 各法院案件的审理均公开进行,只有在法律规定的和遵守诉讼程序各项规则的情况下,才允许在非公开会议上旁听诉讼案件。

司法程序是在平等和辩论的基础上进行。

第一百零四条 诉讼程序用国语进行。对于那参与案件又不通晓诉讼程序语言的人,保证他们有权通过翻译人员了解案情,参与司法活动,同时保证他们有权在法庭上用本民族语言陈述。

第一百零五条 双方对土库曼斯坦各级法院的裁定、判决及其他司法决议都有申诉权。

第一百零六条 法庭宣判的结果、判决和其他结论必须在土库曼斯坦境内执行。

第一百零七条 在诉讼阶段,有权享有法律援助。法律援助由律师和其他有能力进行帮助的自然人和法人完成。

第一百零八条 法院的职权及组建和活动的程序由法律规定。

第六部分 国家权力的地方机关

第一百零九条 在州、区、市根据法律形成地方代表机关——人民议会。其成员由所居住行政区域土库曼斯坦公民选举产生。

第一百一十条 人民议会在所辖关区域:
1. 参与经济、社会和文化发展计划完成的组织工作;

2. 确定地方预算及其完成报告；

3. 对公民法律遵守，社会保障和公民权益维护进行监督；

4. 听取地方执行机关负责人对地区经济、社会和文化发展所做工作的相关信息；

5. 解决土库曼斯坦法律范围下地方权限内的各种问题。

人民议会通过的决议必须在本地区实行。

人民议会的功能、权限、工作内容及其成员由相关法律制定。

第一百一十一条　地方执行权力为：在州境内—州长，在区境内—区长，在市境内—市长。

第一百一十二条　各级行政长官职务由总统任命或解除，由总统管理。

第一百一十三条　各级行政长官对地方管理机关的活动实行领导，保证宪法、法律及总统和内阁的命令的执行。行政长官在其职权范围内作出在他所辖地区必须执行的决定。

第一百一十四条　各级行政长官的职能、权限和工作内容由相关法律规定。

第四章　地方自治

第一百一十五条　地方自治体系由地方会议和地方社会自治机关构成。

地方议会是代表机关。其成员由居住在行政区域的土库曼斯坦公民选举产生。

第一百一十六条　地方议会：

1. 确定自己辖区经济、社会和文化发展的基本方针；

2. 批准地方预算和预算执行情况的报告；

3. 规定地方税收和收费及其征收程序；

4. 管理地方所拥有财产；

5. 规定关于合理使用自然资源和保护周围环境的措施；

6. 协助公共秩序管理；

7. 依照法律规定属于地方会议负责管理的其他问题。

地方会议在其职权范围内作出在自己辖区内必须执行的决定。

地方议会可以依照国家法律扣除部分上缴实物和财政，以用于维持本区域发展。对扣除部分的使用由国家监督。

第一百一十七条 地方议会从其成员中选出议长，并由议长对地方议会进行管理。

议长负责执行地方议会决议、国家权力机关文件，并在地方范畴内解决其他问题。

第一百一十八条 地方议会和地方社会自治机关的组件和运作，以及与国家权力机关的相互关系由相关法律确定。

第五章 选举制度，全民公决

第一百一十九条 总统、人民代表、地方议会议员以及地方行政长官的选举是普遍的和平等的。凡年满十八岁的土库曼斯坦公民都有选举权。每个选民只有一张选票。

被法院认定为无行为能力的患精神病的公民和根据法院判决在失去自由的场所关押的人员不能参加选举。而在其他情况下。任何直接或间接限制公民选举权都是不允许的和被依法惩处的。

第一百二十条 到选举日年满二十五岁的土库曼斯坦，并在近十年内在土库曼斯坦居住，人民代表大会代表。对人民代表大会代表、地方议会议员、地方行政长官的要求由法律规定。

第一百二十一条 选举是直接的，议员及其他人员由公民直接选举。

第一百二十二条 选举中的投票表决是秘密的。在投票过程中，不允许对选民意志的表示进行监督。

第一百二十三条 候选人提名权力由相关法律规定。

第一百二十四条 为了解决国家、社会生活中的最重要问题，可进行全民公决和地区性公决。

关于废除公决所通过的决定问题只能以全民投票来解决。

第一百二十五条 决定全民公决权属于土库曼斯坦人民代表大会。如有超过三分之二的代表投票同意或不少于二十五万名有选举权公民的提议通过，可确定全民公决。

第一百二十六条 地方会议有权根据自己的倡议或根据不少于居住在有关地区四分之一选民的提议确定地区性公决。

第一百二十七条 公决采用普遍、平等、直接选举制和无记名投票的方式进行。

有选举权的土库曼斯坦公民可参加公决。

第一百二十八条 进行选举、全民公决和地区性公决的程序由法律规定。

在实行紧急状期间不进行选举和公决。

第六章 检察机关

第一百二十九条 对于土库曼斯坦法律、土库曼斯坦总统和内阁颁发法令、人民代表大会决议的监督工作由土库曼斯坦总检察长及受他领导的各级检察长承担。

检察长根据法律和法律规定的程序参与法院案件的审理。

第一百三十条 检察机关对业务调查活动的合法性以及对刑事案件和材料的侦查实行监督。

第一百三十一条 总检察长采用统一中央制度来领导检察机关。所有检察长的任命、解职与期限由相关法律制定。

第一百三十二条 土库曼斯坦总检察长以及下级检察机关的检察长只能在法律权限下行使权力。

第一百三十三条 检察机关运行、组建流程和权限由相关法律制定。

第七章 经济与金融信贷体系

第一百三十四条 土库曼斯坦经济基于市场经济原则；

国家提倡和支持经营活动，鼓励中小型经营发展。

第一百三十五条 税收、收费和国家其他强制性付款，支付义务基础和纳税人权益保护由相关法律规定。

第一百三十六条 土库曼斯坦金融—信贷体系包括预算体系、银行体系、金融机构以及企业、组织、机构和公民的金融工具。

土库曼斯坦境内坚持单一金融—信贷、税收、货币和信贷政策。

第一百三十七条 土库曼斯坦预算体系由土库曼斯坦国家预算分支机构的各级预算综合而成。

土库曼斯坦的预算体系形成与运作原则，以及土库曼斯坦预算基础和预算机构间关系由相关法律规定。

第一百三十八条 土库曼斯坦银行体系包括中央银行和土库曼斯坦的信贷机构。

土库曼斯坦中央银行保障单一的国家货币—信贷策略，现金流的组织，支付系统运作，维护信贷机构借贷双方的权益以及土库曼斯坦国际储备管理和其他法律规定的职责。

第一百三十九条 土库曼斯坦国家货币名称为马纳特。

土库曼斯坦境内的外币流通由相关法律规定。

第八章 最后条款

第一百四十条 土库曼斯坦的法律和国家机关的其他法令的颁布应以宪法为基础并与宪法相适应。

在宪法与法律存在差异时，则宪法有效。

第一百四十一条 宪法规定的国家管理体制为总统共和国的条款不得更改。

第一百四十二条 如果在议会议员或举行有半数以上公民参加全民公决，并有三分之二的议员或公民投票赞同关于修改宪法的法律，则此项法律可被认为通过。

附录五

乌兹别克斯坦共和国宪法[①]

（1992年12月8日通过，1993年12月28日、2003年4月24日、2007年4月11日、2008年12月25日、2011年4月18日、2011年12月12日、2014年4月16日修改）

目 录

序言
第一篇　基本原则
第一章　国家主权
第二章　人民政权
第三章　宪法和法律至高无上
第四章　对外政策
第二篇　人和公民的基本权利、自由和义务
第五章　总则
第六章　国籍
第七章　个人权利和自由
第八章　政治权利

[①] 原文为俄文，摘于乌兹别克斯坦共和国信息网，http://uzbekistan.lv/v-konstituciyu-respubliki-uzbekistan-vneseny-izmeneniya-i-dopolneniya-14-04-2014/。

第九章　经济和社会权利

第十章　保障人的权利和自由

第十一章　公民的义务

第三篇　社会与个人

第十二章　社会的经济基础

第十三章　社会团体

第十四章　家庭

第十五章　舆论工具

第四篇　行政区域结构与国家结构

第十六章　乌兹别克斯坦共和国的行政区域结构

第十七章　卡拉卡尔帕克斯坦共和国

第五篇　国家政权组织

第十八章　乌兹别克斯坦共和国最高会议

第十九章　乌兹别克斯坦共和国总统

第二十章　内阁

第二十一章　地方的国家权力基础

第二十二章　乌兹别克斯坦共和国的司法机关

第二十三章　选举制度

第二十四章　检察机关

第二十五章　财政与信贷

第二十六章　国防与安全

第六篇　宪法修改的程序

序言

乌兹别克斯坦人民，

庄严宣布忠于人权和国家主权原则，

意识到对当代和后代的崇高责任，

依靠乌兹别克国家制度发展的历史经验，

确认自己对民主和社会正义理想的忠诚；

承认公认的国际法准则优先，

力求保证共和国公民当之无愧的生活，

以建立人道的民主的法治国家为己任，

为保证国内和平与民族和谐，

由自己的全权代表通过本部乌兹别克斯坦共和国宪法。

第一篇　基本原则

第一章　国家主权

第一条　乌兹别克斯坦是主权的民主共和国。国名"乌兹别克斯坦共和国"和"乌兹别克斯坦"意义相同。

第二条　国家反映人民意志，为人民利益服务。国家机关和公职人员对社会和公民负责。

第三条　乌兹别克斯坦共和国确定国家民族和行政区域结构、国家权力和管理机关系统，执行自己的国内政策和对外政策。

乌兹别克斯坦国家边界和领土不可侵犯和分割。

第四条　乌兹别克语是乌兹别克斯坦共和国国语。

乌兹别克斯坦共和国保证尊重居住在其领土上的各民族的语言、风俗和传统，并为其发展创造条件。

第五条　乌兹别克斯坦共和国拥有自己的国家象征——法律确认的国旗、国徽和国歌。

第六条　乌兹别克斯坦共和国首都是塔什干市。

第二章　人民政权

第七条　人民是国家权力的唯一源泉。

乌兹别克斯坦共和国的国家权力只能由乌兹别克斯坦共和国宪法和以此为基础而通过的立法文件授权的机关根据人民的利益来行使。

采用宪法未规定的程序，攫取国家权力、中止或停止权力机关的活动，成立新的平等的权利结构是违反宪法的并将依法追究责任。

第八条 乌兹别克斯坦共和国公民而不论其民族属性构成乌兹别克斯坦人民。

第九条 最重要的社会和国家生活问题交付人民讨论和提交全民表决（公决）。实行公决的程序由法律规定。

第十条 只有人民选举的共和国最高会议和总统可以代表人民行事。

社会的任何部分、任何政党、社会团体、运动或个人都不得以乌兹别克斯坦人民的名义行事。

第十一条 乌兹别克斯坦共和国的国家权力系统建立在立法、执行和司法三权分立的原则之上。

第十二条 乌兹别克斯坦共和国社会生活的发展以政治设置、意识形态和舆论多样化为基础。

任何意识形态均不得被定为国家意识形态。

第十三条 乌兹别克斯坦共和国的民主以全人类原则为基础。根据这些原则，人、人的生命、自由、荣誉、尊严和其他不可让与的权利是最高价值。

民主权利和自由受宪法和法律保护。

第十四条 国家根据社会公正和法制原则组织自己的活动以造福于人和社会。

第三章 宪法和法律至高无上

第十五条 乌兹别克斯坦共和国宪法和法律在乌兹别克斯坦共和国绝对至高无上。

国家、国家机关、公职人员、社会团体和公民根据宪法和法律行事。

第十六条 现行宪法的任何一个条款都不得做出损害乌兹别克斯坦共和国权力和利益的解释。

任何一项法律或其他规范性法律文件都不得违背宪法的规范和准则。

第四章　对外政策

第十七条　乌兹别克斯坦共和国是国际关系的全权主体。其对外政策基于国家主权平等、不使用武力或以武力相威胁、不破坏边界、和平调解争端、不干涉别国内政的原则和其他公认的国际法原则和准则。

共和国可以缔结联盟、加入共同体和其他国际组织，也可以根据国家、人民、人民的幸福与安全的最高利益退出。

第二篇　人和公民的基本权利、自由和义务

第五章　总则

第十八条　乌兹别克斯坦共和国全体公民拥有同等权利和自由，在法律面前一律平等，不分性别、种族、民族、语言、宗教、社会出身、信念、个人地位和社会地位。

优待只能由法律予以规定并应符合社会公正原则。

第十九条　乌兹别克斯坦共和国公民和国家通过相互权利和相互责任而联结在一起。宪法和法律中所载明的公民权利和自由是不可动摇的，任何人无权不经法庭而予以剥夺或限制。

第二十条　实现公民权利和自由不应破坏他人、国家和社会的合法利益、权利和自由。

第六章　国籍

第二十一条　在乌兹别克斯坦共和国为共和国全境规定统一的国籍。

乌兹别克斯坦共和国国籍对所有人平等而不论其获得的理由如何。卡拉卡尔帕克斯坦共和国公民同时是乌兹别克斯坦共和国公民。

获得和丧失国籍的理由和程序由法律规定。

第二十二条　乌兹别克斯坦共和国保证既在乌兹别克斯坦共和国境内也在其境外为自己的公民提供法律保护和庇护。

第二十三条 处在乌兹别克斯坦共和国境内的外国公民和无国籍者的权利和自由根据国际法准则予以保障。他们承担乌兹别克斯坦共和国宪法、法律和国际条约规定的义务。

第七章 个人权利和自由

第二十四条 生命权是每个人不可分割的权利。侵犯生命权是最严重的犯罪。

第二十五条 每个人都拥有自由和人身不可侵犯的权利。

任何人不得在没有法律根据的情况下遭到逮捕或拘禁。

第二十六条 被控犯罪的每个人在其罪名未经法律程序和公开的法庭审理确认以前均被认为无罪，在法庭审理过程中要保证其辩护的全部可能性。

任何人不得遭受刑讯、暴力、其他残酷的或诋毁人格的虐待。

任何人未经其同意不得遭受医学或科学试验。

第二十七条 每个人都拥有维护其荣誉和尊严不受侵犯、其私生活不受干涉以及住宅不受滋扰的权利。

任何人无权进入住宅进行搜查或检查、破坏通讯和电话谈话秘密，通过法律所规定的程序和情况除外。

第二十八条 乌兹别克斯坦共和国公民拥有在共和国领土上自由迁徙、进入和离开乌兹别克斯坦共和国的权利，法律规定的限制除外。

第二十九条 每个人都拥有思想、言论和信仰自由的权利。每个人都拥有搜集、获取和传播任何信息的权利，旨在反对现行宪法制度的信息和法律载明的其他限制除外。

意见及其表达自由，可因保守国家或其他机密的理由而由法律予以限制。

第三十条 乌兹别克斯坦共和国所有国家机关、社会团体和公职人员必须保证公民有可能熟悉涉及其权利和利益的文件、决定和其他材料。

第三十一条 为所有人保障信仰自由。每个人都有权信仰或者不信仰任何宗教。不得强行灌输宗教观点。

第八章　政治权利

第三十二条　乌兹别克斯坦公民有权直接或通过自己的代表参加管理社会和国家事务。这种参与通过自治、实行公决和民主地组成国家机关来实现，也可通过公众监督来完善国家机关活动。公众对国家机关活动的监督过程由相关法律制定。（2014年宪法修正案补充）

第三十三条　公民有权依据乌兹别克斯坦共和国法律通过集会、会议和游行来实现自己的社会积极性。权力机关有权中止或禁止这些活动的举行，但只能出于有根据的安全考虑。

第三十四条　乌兹别克斯坦共和国公民有权联合成工会、政党和其他社会团体，参加群众运动。

任何人不得损害在政党、社会团体、群众运动以及代表权力机关中持反对立场的构成少数的人的权利、自由和尊严。

第三十五条　每个人都有权单独地或同他人一起向主管国家机关、机构或人民代表提出申请、建议和投诉。

申请、建议或投诉应该在法律规定的程序和期限内进行审议。

第九章　经济和社会权利

第三十六条　每个人都拥有财产权。银行储蓄秘密和继承权由法律保障。

第三十七条　每个人拥有劳动、自由选择工作、获得公平劳动条件、通过法律规定的程序获得失业保护的权利。

禁止强制劳动，根据法庭判决执行处罚或法律规定的其他情况除外。

第三十八条　雇佣劳动者拥有带薪休假权。工作时间和带薪劳动假期的长度由法律规定。

第三十九条　每个人有权在年老、丧失劳动能力以及失去供养人和法律规定的其他情况下获得社会保障。

退休金、补助金、其他各种社会救济不能低于官方规定的最低生活线。

第四十条 每个人有权获得高水平的医疗服务。

第四十一条 每个人拥有受教育权。

国家保障获得免费的普通教育。

学校事务受国家监督。

第四十二条 保证每个人拥有从事科学和技术创造的自由，保障拥有利用文化成就的权利。

国家关心社会的文化、教育和技术发展。

第十章 保障人的权利和自由

第四十三条 国家保障宪法和法律所确认的公民权利与自由。

第四十四条 为每个人的权利和自由以及向法院控诉国家机关、公职人员和社会团体的非法行为的权利提供司法保护。

第四十五条 未成年人、丧失劳动能力者和孤寡都从的权利受国家保护。

第四十六条 男女拥有平等权利。

第十一章 公民的义务

第四十七条 所有公民都要承担宪法中为其规定的义务。

第四十八条 公民必须遵守宪法和法律，尊重他人的权利、自由、荣誉和尊严。

第四十九条 公民必须爱护乌兹别克斯坦人民的历史、精神和文化遗产。

文化古迹由国家保护。

第五十条 公民必须爱护自然环境。

第五十一条 公民必须缴纳法律规定的税款和地方性的纳金。

第五十二条 捍卫乌兹别克斯坦共和国是乌兹别克斯坦共和国每个公民的义务。公民必须按照法律规定的程序服兵役或替代性的义务。

第三篇　社会与个人

第十二章　社会的经济基础

第五十三条　各种所有制形式是旨在发展市场关系的乌兹别克斯坦经济的基础。国家在考虑到消费者权利优先的情况下保障经济活动、企业经营与劳动的自由，保障各种所有制形式权利平等并提供法律保护。

私有制同其他所有制一样不可侵犯并由国家保护。所有者只有在法律规定的情况下并通过法律规定的程序才能被剥夺财产。

第五十四条　所有者根据自己的意愿拥有、使用和支配属于他的财产。财产的使用不得损害生态环境，破坏公民、法人和国家的权利及法律所保护的利益。

第五十五条　土地、矿藏、水源、植物、动物和其他自然资源是全国的财富，应由国家合理使用和保护。

第十三章　社会团体

第五十六条　乌兹别克斯坦共和国的社会团体系指工会、政党、学会、妇女组织、老战士和青年组织、创作协会、群众运动和根据法律规定的程序登记的其他公民团体。

第五十七条　禁止成立以暴力改变宪法制度为目标、反对共和国主权、完整和安全以及公民的宪法权利和自由，宣扬战争以及社会、民族、种族和宗教敌视，侵害人民的健康和道德的政党和社会团体以及按民族和宗教特征建立起来的军事化团体和政党，禁止其活动。

禁止成立秘密协会和社团。

第五十八条　国家为维护社会团体的权利与合法利益提供保障，为它们参与社会生活创造平等的法律条件。

不允许国家机关和公职人员干预社会团体的活动，也不允许社会团体干预国家机关和公职人员的活动。

第五十九条　工会反映并维护职工的社会经济权利和利益。工会组织的会籍是自愿的。

第六十条　政党反映各社会阶层和集团的政治意志并通过其民主选举的代表参加组织国家政权。政党必须按规定程序，向最高会议或其授权的机关提供关于其活动的财政来源的公开报告。

第六十一条　团体与国家分离并在法律面前平等。国家不干预宗教团体的活动。

第六十二条　解散、禁止或限制社会团体的活动只能以法院决定为根据。

第十四章　家庭

第六十三条　家庭是社会的基本单位，拥有捍卫社会和国家的权利。婚姻以自由同意和男女双方平等为基础。

第六十四条　父母有供养和培养子女直至成年的义务。

国家和社会保证收养、抚育和培养孤儿和失去双亲监护的儿童，鼓励针对他们的福利活动。

第六十五条　儿童在法律面前平等，无论出身和父母的国籍状况如何。

母亲和儿童受国家保护。

第六十六条　有劳动能力的成年子女必须关怀其父母。

第十五章　舆论工具

第六十七条　舆论工具是自由的，根据法律开展活动。它们按规定程序就新闻的可信性承担责任。

不允许新闻检查。

第四篇　行政区域结构与国家结构

第十六章　乌兹别克斯坦共和国的行政区域结构

第六十八条　乌兹别克斯坦共和国由州、区、市、镇、乡、村以及卡拉卡尔帕克斯坦共和国组成。

第六十九条 卡拉卡尔帕克斯坦共和国、各州、塔什干市的边界变动以及各州、市、区的设立和撤销须经乌兹别克斯坦共和国最高会议同意。

第十七章 卡拉卡尔帕克斯坦共和国

第七十条 主权的卡拉卡尔帕克斯坦共和国是乌兹别克斯坦共和国的组成部分。

卡拉卡尔帕克斯坦共和国主权由乌兹别克斯坦共和国来保护。

第七十一条 卡拉卡尔帕克斯坦共和国拥有自己的宪法。

卡拉卡尔帕克斯坦共和国宪法不得违背乌兹别克斯坦共和国宪法。

第七十二条 乌兹别克斯坦共和国法律在卡拉卡尔帕克斯坦共和国境内具有约束力。

第七十三条 卡拉卡尔帕克斯坦共和国的领土和边界未经其同意不能改变。卡拉卡尔帕克斯坦共和国独立解决其行政区域结构问题。

第七十四条 卡拉卡尔帕克斯坦共和国有权根据卡拉卡尔帕克斯坦共和国人民的全民公决退出乌兹别克斯坦共和国。

第七十五条 乌兹别克斯坦共和国与卡拉卡尔帕克斯坦共和国的相互关系在乌兹别克斯坦共和国宪法范围内由乌兹别克斯坦共和国和卡拉卡尔帕克斯坦共和国签署的条约和协定来调解。

乌兹别克斯坦共和国和卡拉卡尔帕克斯坦共和国之间的争议通过协商程序解决。

第五篇 国家政权组织

第十八章 乌兹别克斯坦共和国最高会议

第七十六条 行使立法权的乌兹别克斯坦共和国最高会议是最高国家代表机关。

乌兹别克斯坦共和国最高会议由两院组成——立法院（下院）和

参议院（上院）。

乌兹别克斯坦共和国最高会议立法院和参议院的任期为五年。

第七十七条　乌兹别克斯坦共和国最高会议立法院由依法选举的一百五十名议员组成。

乌兹别克斯坦共和国最高会议参议院是地区代表院，由参议院成员（参议员）组成。

乌兹别克斯坦共和国最高会议参议院成员由卡拉卡尔帕克斯坦共和国、各州和塔什干市按照每地六名的相同人数选出，卡拉卡尔帕克斯坦共和国议会及各州、区、市国家政权代表机关分别举行议员联席会议通过秘密投票确定这些议员人选。乌兹别克斯坦共和国最高会议参议院十六名成员由乌兹别克斯坦共和国总统从科学、艺术、文学、生产及国家和社会生活其他领域中最具权威、拥有丰富实际经验和特殊贡献的公民中任命。

乌兹别克斯坦共和国最高会议立法院议员，以及乌兹别克斯坦共和国最高会议参议院成员，应为截至选举日年满二十五岁、在乌兹别克斯坦共和国境内常住不少于五年的乌兹别克斯坦公民。对议员候选人的要求由法律确定。

同一个人不能同时担任乌兹别克斯坦共和国最高会议立法院议员和参议院成员。

第七十八条　乌兹别克斯坦共和国最高会议立法院和参议院共有的权限包括：

（一）通过乌兹别克斯坦宪法并对其进行修改和补充；

（二）通过乌兹别克斯坦宪法性法律和法律并对其进行修改和补充；

（三）通过关于举行通过乌兹别克斯坦共和国全民公决的决定并确定其举行日期；

（四）规定乌兹别克斯坦共和国内外政策的基本方向并通过战略性的国家纲要；

（五）规定乌兹别克斯坦共和国立法、执行和司法权力机关的体系与权限；

（六）接收新的国家实体加入乌兹别克斯坦共和国和批准它们退出乌兹别克斯坦共和国的决定；

（七）对海关、货币和信贷事务进行立法调整；

（八）根据乌兹别克斯坦共和国内阁的提案通过乌兹别克斯坦共和国国家预算并监督其执行；

（九）确定税收和其他义务性纳金；

（十）对乌兹别克斯坦共和国的行政区域结构和边界变动做出立法调整；

（十一）成立、撤销区、市、州，更改其名称，改变其边界；

（十二）设立国家奖赏和称号；

（十三）批准乌兹别克斯坦共和国总统关于成立和撤销部、国家委员会和其他国家管理机关的命令；

（十四）成立乌兹别克斯坦共和国中央选举委员会；

（十五）根据乌兹别克斯坦共和国总统的提名审议和批准乌兹别克斯坦共和国总理人选，同时对总理对国家社会经济发展热点问题报告进行听证和讨论（2014年宪法修正案修改）；

（十六）选举乌兹别克斯坦共和国最高会议人权全权代表及其副职；

（十七）审议乌兹别克斯坦共和国审计院报告；

（十八）在乌兹别克斯坦共和国遭受进攻，或必须履行相互防御的条约义务以免遭侵略的情况下，批准乌兹别克斯坦共和国总统关于宣布战争状态的命令；

（十九）批准乌兹别克斯坦共和国总统关于宣布总动员或局部动员，实行、延长和停止紧急状态行动的命令；

（二十）批准和废除国际条约；

（二十一）行使议会监督和其他权限。根据现行宪法，在需要两院共同决策事物时，首先需通过立法院，然后再通过乌兹别克斯坦共和国参议院。（2014年宪法修正案修改）

与两院共有权限有关的问题一般先在乌兹别克斯坦共和国最高会议立法院审议，然后在参议院审议。

第七十九条 乌兹别克斯坦共和国最高会议立法院独有的权限包括：

（一）选举乌兹别克斯坦共和国最高会议立法院议长和副议长，各委员会主席和副主席；

（二）根据乌兹别克斯坦共和国总检察长提案，决定是否取消乌兹别克斯坦共和国最高会议议员的不可侵犯权；

（三）就立法院自身活动组织和内部程序问题做出决定；

（四）就政治和社会经济生活，以及国家内外政策有关问题通过决议。

第八十条 乌兹别克斯坦共和国最高会议参议院独有的权限包括：

（一）选举乌兹别克斯坦共和国最高会议参议院主席和副主席，各委员会主席和副主席；

（二）根据乌兹别克斯坦共和国总统提名，选举乌兹别克斯坦共和国宪法法院；

（三）根据乌兹别克斯坦共和国总统提名，选举乌兹别克斯坦共和国最高法院；

（四）根据乌兹别克斯坦共和国总统提名，选举乌兹别克斯坦共和国高等经济法院；

（五）根据乌兹别克斯坦共和国总统提名，任命和解除乌兹别克斯坦共和国国家环境保护委员会主席职务；

（六）批准乌兹别克斯坦共和国总统关于任命和解除乌兹别克斯坦共和国总检察长职务的命令；

（七）批准乌兹别克斯坦共和国总统关于任命和解除乌兹别克斯坦共和国国家安全总局局长职务的命令；

（八）根据乌兹别克斯坦共和国总统提名，任命和解除乌兹别克斯坦共和国驻外国外交代表及其他代表职务；

（九）根据乌兹别克斯坦共和国总统提名，任命和解除乌兹别克斯坦共和国中央银行行长职务；

（十）根据乌兹别克斯坦共和国总统提案，通过大赦令；

（十一）根据乌兹别克斯坦共和国总检察长提案，决定是否取消乌兹别克斯坦共和国最高会议参议院成员的不可侵犯权；

（十二）听取乌兹别克斯坦共和国总检察长、乌兹别克斯坦共和国国家环境保护委员会主席、乌兹别克斯坦共和国中央银行行长的报告；

（十三）就参议院自身活动组织和内部程序问题做出决定；

（十四）就政治和社会经济生活，以及国家内外政策有关问题通过决议。

第八十一条 乌兹别克斯坦共和国最高会议立法院和参议院在其届满后可分别继续自己的活动直至新一届立法院和参议院开始工作为止。

乌兹别克斯坦共和国最高会议立法院第一次会议不晚于选举后两个月，参议院不晚于组成后一个月，由中央选举委员会召集。

乌兹别克斯坦共和国最高会议立法院在会期期间举行会议。会期一般从九月第一个工作日开始，次年六月最后一个工作日结束。

乌兹别克斯坦共和国最高会议参议院根据需要举行会议，但不少于每年三次。

出席乌兹别克斯坦共和国最高会议两院会议的议员、参议员不少于总数的一半时，会议被认为合法有效。

通过宪法性法律时，必须有不少于总数三分之二的议员、参议员出席。

乌兹别克斯坦共和国总统、总理、内阁成员以及宪法法院、最高法院、高等经济法院院长、共和国总检察长、中央银行行长可以参加乌兹别克斯坦共和国最高会议立法院、参议院的会议及其机构的会议。乌兹别克斯坦共和国最高会议参议院主席可以参加立法院及其机构的会议，乌兹别克斯坦共和国最高会议立法院议长可以参加参议院及其机构的会议。

乌兹别克斯坦共和国最高会议立法院和参议院的会议分开举行。

乌兹别克斯坦共和国总统宣誓、乌兹别克斯坦共和国总统就国家社会经济生活、内外政策重大问题发表讲话、外国领导人发表讲话时，乌兹别克斯坦共和国最高会议立法院和参议院举行联席会议。两院也可经过协商，就其他问题举行联席会议。

第八十二条 乌兹别克斯坦共和国最高会议立法院和参议院就属于其权限的问题通过决议。

乌兹别克斯坦共和国最高会议立法院和参议院法令由立法院议员或参议员多数成员投票通过，现行宪法规定的情况除外。

第八十三条 立法动议权属于乌兹别克斯坦共和国总统、卡拉卡尔帕克斯坦共和国即它的最高国家权力机关、乌兹别克斯坦共和国最高会议立法院议员、乌兹别克斯坦共和国内阁、乌兹别克斯坦共和国宪法法院、最高法院、高等经济法院、总检察长，并通过立法动议权主体向乌兹别克斯坦共和国最高会议立法院提交法律草案而得以实施。

第八十四条 法律经由立法院通过、参议院批准、乌兹别克斯坦共和国总统签署并根据法律规定的程序在官方出版物上公布后具有法律效力。

法律应在乌兹别克斯坦共和国最高会议立法院通过后十日内提交乌兹别克斯坦共和国最高会议参议院。

法律应在乌兹别克斯坦共和国最高会议参议院批准后十日内提交乌兹别克共和国总统签署和公布。

乌兹别克斯坦共和国总统应在三十日内签署并公布法律。

乌兹别克斯坦共和国最高会议参议院拒绝批准的法律应退回乌兹别克斯坦共和国最高会议立法院。

被乌兹别克斯坦共和国最高会议参议院拒绝批准的法律，如果在重审时得到立法院三分之二多数议员再度批准，即获乌兹别克斯坦最高会议通过，并由立法院提交乌兹别克斯坦共和国总统签署和公布。

对于被乌兹别克斯坦共和国最高会议参议院拒绝批准的法律，立法院和参议院可按照平均分配原则，由相同人数的立法院议员和参议院成员组成调解委员会解决产生的分歧。两院接受调解委员会的建议后，法律应按通常程序审议。

乌兹别克斯坦共和国总统有权将法律和自己的反对意见一并退回乌兹别克斯坦共和国最高会议。

如果法律仍以原先批准的案文在乌兹别克斯坦共和国最高会议立法院和参议院分别以不少于三分之二的多数票获得批准，乌兹别克斯坦共和国总统应在十四日内签署并公布。

法律和其他规范性文件的公布是其实施的必不可少的条件。

第八十五条　乌兹别克斯坦共和国最高会议立法院从自己的议员中选举立法院议长和副议长。

乌兹别克斯坦共和国最高会议立法院议长和副议长经秘密投票按多数原则选出，任期与立法院相同。

乌兹别克斯坦共和国最高会议立法院议长可根据立法院决定提前解职，这一决定须由立法院三分之二以上的议员秘密投票通过。

乌兹别克斯坦共和国最高会议立法院议长：

（一）召集并主持立法院会议；

（二）对准备提交立法院讨论的问题实现总的领导；

（三）协调立法院各委员会和专门委员会的活动；

（四）对乌兹别克斯坦共和国法律和立法院决议的执行情况实行监督；

（五）领导实现跨议会联系的工作和立法院从事国际议会组织工作小组的活动；

（六）在与乌兹别克斯坦共和国最高会议参议院、其他国家机关、外国、国际和其他组织的关系中代表立法院；

（七）签署立法院决议；

（八）实施现行宪法和立法规定的其他权限。

乌兹别克斯坦共和国最高会议立法院议长可发布指示。

第八十六条　乌兹别克斯坦共和国最高会议参议院根据乌兹别克斯坦共和国总统提名，从自己的成员中选举参议院主席和副主席。

乌兹别克斯坦共和国最高会议参议院应有一名副主席为卡拉卡尔帕克斯坦共和国代表。

乌兹别克斯坦共和国最高会议参议院主席和副主席经秘密投票按多数原则选出，任期与参议院相同。

乌兹别克斯坦共和国最高会议参议院主席可根据参议院决定提前解职，这一决定须由三分之二以上的参议员秘密投票通过。

乌兹别克斯坦共和国最高会议参议院主席：

（一）召集并主持参议院会议；

（二）对准备提交参议院讨论的问题实现总的领导；

（三）协调参议院各委员会和专门委员会的活动；

（四）对乌兹别克斯坦共和国法律和参议院决议的执行情况实行监督；

（五）领导实现跨议会联系的工作和参议院从事国际议会组织工作小组的活动；

（六）在与乌兹别克斯坦共和国最高会议立法院、其他国家机关、外国、国际和其他组织的关系中代表参议院；

（七）签署参议院决议；

（八）实施现行宪法和参议规定的其他权限。

乌兹别克斯坦共和国最高会议参议院主席可发布指示。

第八十七条　乌兹别克斯坦共和国最高会议立法院在自己任期内从立法院议员中选出委员会，以便进行制定法案工作，预先审议并准备提交立法院讨论的问题，监督乌兹别克斯坦共和国法律和立法院通过的决定的执行。

乌兹别克斯坦共和国最高会议参议院在自己任期内从参议员中选出委员会，以便预先审议并准备提交参议院讨论的问题，监督乌兹别克斯坦共和国法律和参议院通过的决定的执行。

乌兹别克斯坦共和国最高会议立法院和参议院在必要情况下为完成具体任务可组成由议员和参议员参加的专门委员会。

第八十八条　乌兹别克斯坦共和国最高会议立法院议员和参议院成员与议员或参议员活动有关的开销按规定程序予以补贴。

立法院议员和长期在参议院工作的参议院成员在其任期内不得从事其他有偿活动，科学和教学活动除外。

乌兹别克斯坦共和国最高会议立法院议员和参议院成员享有不可

侵犯权。未经立法院或参议院同意，他们不得被追究刑事责任、逮捕、扣押或按司法程序予以行政处罚。

第十九章　乌兹别克斯坦共和国总统

第八十九条　乌兹别克斯坦共和国总统是国家元首，保证国家政权机关协调运转和相互配合。

第九十条　年满三十五岁、熟练掌握国语、选举前在乌兹别克斯坦领土常住不少于十年的乌兹别克斯坦共和国公民，均可当选为乌兹别克斯坦共和国总统。同一个人不得担任乌兹别克斯坦共和国总统两届以上。

乌兹别克斯坦共和国总统由乌兹别克斯坦公民根据普遍、平等和直接选举制采用秘密投票方式选举产生，任期七年。总统选举程序由乌兹别克斯坦共和国法律规定。

第九十一条　总统在履行其职责期间不得担任其他有酬职务、成为代表机关的代表、从事企业活动。

总统个人不受侵犯并受法律保护。

第九十二条　总统在乌兹别克斯坦共和国最高会议会议上宣读下列誓词时即为就职：

"我庄严宣誓：忠诚地服务于乌兹别克斯坦人民，严格遵守共和国宪法和法律，保障公民的权利和自由，认真履行乌兹别克斯坦共和国总统所承担的职责。"

第九十三条　乌兹别克斯坦共和国总统：

（一）是维护公民权利与自由、乌兹别克斯坦共和国宪法和法律的保障者；

（二）为捍卫乌兹别克斯坦共和国主权、安全、领土完整、实现有关民族国家结构问题的决议而采取必要措施；

（三）在国内和国际关系中代表乌兹别克斯坦共和国；

（四）进行谈判并签署乌兹别克斯坦共和国的条约、协定，保证共和国缔结的条约、协定和它所承担的义务得到遵守；

（五）接受派驻共和国的外交和其他代表的国书与召回国书；

（六）向乌兹别克斯坦共和国最高会议参议院提出乌兹别克斯坦共和国驻外国的外交代表和其他代表人选；

（七）有权向乌兹别克斯坦共和国最高会议提交关于内外政策的咨文；

（八）组成并领导执行权力机关；保证共和国高级权力和管理机关相互配合；成立和撤销部、国家委员会和其他国家管理机关，并随后将有关这些问题的命令提交乌兹别克斯坦共和国最高会议参议院批准；

（九）向乌兹别克斯坦共和国最高会议参议院提出参议院主席职务人选；

（十）提出乌兹别克斯坦共和国总理人选供乌兹别克斯坦共和国最高会议参议院审议和批准，并在出现对总理不信任或其他相关法律规定时，由乌兹别克斯坦共和国最高会议参议院通过弹劾案，可解除其职务；

（十一）根据乌兹别克斯坦共和国总理提名，批准乌兹别克斯坦共和国内阁成员和解除其职务；

（十二）任命和解除乌兹别克斯坦共和国总检察长、审计院主席职务并随后提交乌兹别克斯坦共和国最高会议参议院批准；

（十三）向乌兹别克斯坦共和国最高会议参议院提出宪法法院主席和法官、最高法院主席和法官、高等经济法院主席和法官、乌兹别克斯坦共和国中央银行行长、乌兹别克斯坦共和国国家环境保护委员会主席职务人选；

（十四）任命和解除州、跨区、区、市法院以及军事法院和经济法院法官职务；

（十五）依法任命和解除州长和塔什干市长职务。当区长和市长违反宪法、法律或从事有损区长和市长荣誉与尊严的行为时，总统有权根据自己的决定解除其职务；

（十六）如违反现行法律或与其不相符时，有权中止、撤销共和国国家管理机关以及地方行政长官的文件；享有主持乌兹别克斯坦共和国内阁会议的权利。

（十七）签署和公布乌兹别克斯坦共和国法律；有权根据自己的意愿将法律驳回乌兹别克斯坦共和国最高会议重新审议和投票。

（十八）在乌兹别克斯坦共和国遭受进攻的情况下，或在必须履行相互防御的条约义务以免遭受侵略的情况下，宣布战争状态，并在三天之内将业已做出的决定提交乌兹别克斯坦共和国最高会议参议院批准；

（十九）在非常情况下（现实的外来威胁、大规模混乱、重大惨祸、自然灾害、流行病），为保证公民安全，在乌兹别克斯坦共和国全境或部分地方实行紧急状态，并在三天之内将已做出的决定提交乌兹别克斯坦共和国最高会议参议院批准。实施紧急状态的条件和程序由法律调整；

（二十）是乌兹别克斯坦共和国武装力量最高统帅，任命和解除武装力量高级指挥官的职务，授予高级军衔；

（二十一）颁发乌兹别克斯坦共和国勋章、奖章和证书，授予乌兹别克斯坦共和国技能称号和荣誉称号；

（二十二）决定乌兹别克斯坦共和国的国籍问题和提供政治避难问题；

（二十三）向乌兹别克斯坦共和国最高会议参议院提交关于发布特赦令的建议，对被乌兹别克斯坦共和国法院判刑的人员实行赦免；

（二十四）成立乌兹别克斯坦共和国国家安全总局，任命和解除国家安全总局局长的职务，并随后将关于这些问题的命令提交乌兹别克斯坦共和国最高会议参议院批准；

（二十五）实施乌兹别克斯坦共和国现行宪法和法律规定的其他权限。

总统无权将其职权转交给国家机关或公职人员履行。

第九十四条　乌兹别克斯坦共和国总统根据并为执行乌兹别克斯坦共和国宪法和法律，颁布在共和国全境具有绝对约束力的命令、决议和指示。

第九十五条　当乌兹别克斯坦共和国最高会议立法院或参议院成

员中产生威胁其正常职能作用的不可消除的分歧，或者屡次通过违背乌兹别克斯坦共和国宪法的决定，以及在立法院和参议院之间产生威胁其正常职能作用的不可消除的分歧时，乌兹别克斯坦共和国总统可根据与乌兹别克斯坦共和国宪法法院协商后做出的决定解散乌兹别克斯坦共和国最高会议立法院、参议院。

在乌兹别克斯坦共和国最高会议立法院、参议院解散的情况下，新的选举应在三个月内举行。

乌兹别克斯坦共和国最高会议立法院、参议院在实行紧急状态时间不得解散。

第九十六条　如果乌兹别克斯坦共和国总统由于两院共同决定成立的国家医疗委员会结论所确认的健康状况而不能履行其职责时，应于十日内在最高会议议员和参议员参加的两院紧急联席会议上选出任期三个月的乌兹别克斯坦共和国代理总统。在这种情况下，应在三个月内举行乌兹别克斯坦共和国总统的全民选举。

第九十七条　由于任届期满而离职的总统终身担任参议院成员职务。

第二十章　内阁

第九十八条　乌兹别克斯坦共和国内阁实施执行权力。乌兹别克斯坦共和国内阁由乌兹别克斯坦共和国总理、副总理、部长、国家委员会主席组成。卡拉卡尔帕克斯坦共和国政府首脑因职务关系参加内阁。

内阁：

（一）保证对经济、社会、金融、货币信贷政策的有效运作，建立并实施科学、文化、教育、卫生以及其他经济社会领域的发展计划；

（二）保护公民在经济、社会及其他法律规定下的合法权益；

（三）协调和指导政府和经济管理工作，并确保在法律规定下对相关活动的监督；

（四）确保乌兹别克斯坦共和国法律、乌兹别克斯坦共和国最高议会参议院决定、乌兹别克斯坦共和国总统签署的法令、决议与命令的实施；

（五）每年向乌兹别克斯坦共和国最高会议提交社会经济重要报告；

（六）享有其他的现有宪法和其他国家法律规定权限。

内阁在宪法以及现行法律规定下出版适用于乌兹别克斯坦共和国所有机关，企业，机构，组织，官员和公民的决议和法令。内阁对乌兹别克斯坦共和国最高会议和总统负责。现行内阁在新选举的最高会议上辞职，但有义务在总统签署新内阁前继续机构运作。

总理：

（一）组织并管理内阁机构运作，对其工作有效性负责；

（二）作为内阁代表参加内阁会议，签署相关决议；

（三）在国际关系中代表乌兹别克斯坦共和国内阁；

（四）履行乌兹别克斯坦共和国法律的各种职责。

乌兹别克斯坦共和国总理的候选人由乌兹别克斯坦最高会议立法院的多数席位政党提名，或由多个获取多数席位政党联名提名。

乌兹别克斯坦共和国总统在提名后十日内交于乌兹别克斯坦共和国最高会议审议和批准。

总理候选人在乌兹别克斯坦共和国最高会议审议和批准时，应提交做出内阁短期和长期工作计划。

总理候选人在乌兹别克斯坦共和国最高会议立法院和参议院总人数投票同意过半的情况下，被认为通过。

如果总理和乌兹别克斯坦共和国最高会议立法院之间出现长期矛盾状态，最高会议立法院人数超过总人数的三分之一，并向总统提出不信任案，由最高会议两院讨论该提案。

如果乌兹别克斯坦共和国最高会议立法院和参议院总人数投票同意超过三分之二的情况下，该提案被认为通过。总统签署总理解除职务文件，该内阁被宣布解散。

提交到乌兹别克斯坦共和国最高会议的新总理人选由总统与乌兹别克斯坦共和国最高会议立法院各政党代表商讨后提出。

如果两次被最高会议否决总理提名人选，总统委任代理总理，并解散乌兹别克斯坦共和国最高会议。

内阁组织活动的程序和职责由法律规定。

第二十一章 地方的国家权力基础

第九十九条 由行政长官领导的人民代表会议是州、区、市（除区直辖市以及作为市组成部分的区而外）的代表权力机关，行政长官根据国家和公民利益解决属于其职责范围的问题。

第一百条 地方权力机关的权限包括：

保证法制、法纪和公民安全；

地区的经济、社会和文化发展问题；

形成和执行地方预算，设立地方税收、集资、形成预算外基金；

领导地方公共事务；

保护环境；

保证户籍登记；

通过规范性文件和不违背乌兹别克斯坦共和国宪法和立法的其他权限。

第一百零一条 地方权力机关执行乌兹别克斯坦共和国法律、乌兹别克斯坦共和国总统命令、上级国家权力机关的决定，参加讨论具有全国和地方意义的问题。

第一百零二条 州长、区长和市长领导相应区域内的代表机关和行政机关。

州长和塔什干市长由乌兹别克斯坦共和国总统依法任命和解除职务。

区长和市长由相应的州长任命和解除职务并经同级人民代表会议批准。

市的区长由相应的市长任命和解除职务并由市人民代表会议批准。

区直辖市的市长由区长任命和解除职务并由区人民代表会议批准。

第一百零三条 州长、区长和市长根据一长制原则行使其职权，并对其所领导的机关的决定和行为承担个人责任。

州长、区长和市长应向地方人民代表会议做出地方人民代表会议管辖范围的州、区和市的重大社会经济发展问题做出总结汇报。（2014年宪法修正案修正）

第一百零四条 行政长官在其授权范围内做出对相应区域内的所有企业、机关、组织、团体以及公职人员和公民均必须执行的决定。

第一百零五条 公民大会和选举产生的任期二年半的主席（会长）及其副手是镇、乡、村以及市、镇、乡和村居民点中的自治机关。

自治机关的选举程序、活动的组织与权限范围由法律调整。

第二十二章 乌兹别克斯坦共和国的司法机关

第一百零六条 乌兹别克斯坦共和国的司法权的行使独立于立法权、执行权、政党和其他社会团体。

第一百零七条 乌兹别克斯坦共和国司法系统的构成：乌兹别克斯坦共和国宪法法院、乌兹别克斯坦共和国最高法院、乌兹别克斯坦共和国高等经济法院、卡拉卡尔帕克斯坦共和国最高民事和刑事法院、卡拉卡尔帕克斯坦共和国经济法院，选举产生并任期五年；任命同样任期的塔什干市民事和刑事法院，跨区、区、市民事和刑事法院，军事法院和经济法院。

法院活动的组织与程序由法律调整。

不许成立特别法庭。

第一百零八条 乌兹别克斯坦共和国宪法法院审理立法机关和执行机关的文件是否合宪的案件。

宪法法院从政治和法学领域的专家中选举产生，由宪法法院院长、副院长和法官组成，包括卡拉卡尔帕克斯坦共和国的代表。

宪法法院院长和法官不得兼任议员。

宪法法院院长和法官不得成为政党和运动的成员并担任任何其他有酬职务。

宪法法院的法官享有不可侵犯权。

宪法法院法官在其活动中是独立的，只服从乌兹别克斯坦共和国宪法。

第一百零九条　乌兹别克斯坦共和国宪法法院：

（一）确定乌兹别克斯坦共和国法律和乌兹别克斯坦共和国最高会议两院所通过的决议、乌兹别克斯坦共和国总统命令、政府和地方国家权力机关的决议、乌兹别克斯坦共和国的国家间条约义务和其他义务是否符合乌兹别克斯坦共和国宪法；

（二）就卡拉卡尔帕克斯坦共和国宪法是否符合乌兹别克斯坦共和国宪法、卡拉卡尔帕克斯坦共和国法律是否符合乌兹别克斯坦共和国法律做出结论；

（三）对乌兹别克斯坦共和国宪法和法律的规范做出解释；

（四）审理根据乌兹别克斯坦共和国宪法和法律属于其职权的其他案件。

宪法法院的决定自公布时起生效。它们是终审裁定并且不能上诉。

宪法法院活动的组织和程序由法律规定。

第一百一十条　乌兹别克斯坦共和国最高法院是民事、刑事和行政诉讼领域最高审判机关。

它所做出的文件是终审裁定，在乌兹别克斯坦共和国全境必须执行。

乌兹别克斯坦共和国最高法院有权对卡拉卡尔帕克斯坦共和国最高法院、各州、市、跨区、区法院和军事法院的活动实行审判监督。

第一百一十一条　高等经济法院和经济法院在其权限内裁决各种所有制形式的企业、机关、组织之间以及企业家之间在经济领域和管理过程中产生的经济纠纷。

第一百一十二条　法官独立，只服从法律。对法官履行审判职责的活动所作的任何干涉均不允许并要依法追究责任。

法官不受侵犯由法律保障。

法官不得成为国家权力代表机关的参议员、议员。

法官不得成为政党成员、参加政治运动，不得从事任何其他有酬活动，科学和教学活动除外。

法官在其届满前被解除职务只能根据法律规定的理由。

第一百一十三条 所有法院审理案件一律公开进行。只有在法律规定的情况下允许秘密开庭听取案件。

第一百一十四条 司法机关的文件对所有国家机关、社会团体、企业、机构、组织、公职人员和公民都必须执行。

第一百一十五条 乌兹别克斯坦共和国的诉讼活动使用乌兹别克语、卡拉卡尔帕克斯坦语或该地区多数居民的语言进行。应保证不懂得诉讼使用语言的案件当事人有权充分了解案情资料、通过翻译人员参加诉讼并有权在法庭上使用母语发言。

第一百一十六条 保证被告有权辩护。

在侦查和诉讼任何阶段都要保证获得职业性法律援助的权利。为向公民、企业、机关和组织提供法律援助而开展律师事务。律师活动的组织和程序由法律规定。

第二十三章 选举制度

第一百一十七条 乌兹别克斯坦共和国公民有权选举和被选入国家权力机关代表。每个选民拥有一票。投票权、平等和意志表达自由由法律保证。

乌兹别克斯坦共和国总统、乌兹别克斯坦共和国最高会议立法院、卡拉卡尔帕克斯坦共和国议会以及各州、区、市国家权力代表机关的选举在其由宪法规定的任期届满当年12月下旬的第一个星期日举行。选举按普遍、平等和直接选举制通过秘密投票来进行。年满十八岁的乌兹别克斯坦共和国公民均有选举权。

乌兹别克斯坦共和国最高会议参议院成员在卡拉卡尔帕克斯坦共和国议会及各州、区、市国家权力代表机关代表分别举行的联席会议上通过秘密投票选出，应不晚于上述代表机关产生后一个月。

经法院确认为无行为能力的公民以及根据法院判决被关押在剥夺自由场所的人不能被选举也不能参加选举。在其他任何情况下均不许直接或间接限制公民的选举权。

乌兹别克斯坦共和国公民不得同时成为两个以上国家权力机关的代表。

为组织、进行乌兹别克斯坦共和国总统选举和全民公决时，组织成立乌兹别克斯坦共和国中央选举委员会，以保障其独立性、合法性、组织性、透明性与公平性。

乌兹别克斯坦中央选举委员会为长期机构，并遵循受乌兹别克斯坦共和国宪法，选举法，乌兹别克斯坦共和国公民投票法和其他法律法规。

乌兹别克斯坦共和国中央选举委员会委员由卡拉卡尔帕克斯坦共和国议会，州议会和塔什干市议会推荐，并由乌兹别克斯坦最高会议立法院和参议院选举。

乌兹别克斯坦共和国中央选举委员会主席由中央选举委员会委员中选举产生，并由乌兹别克斯坦共和国总统宣布。（2014年宪法修正案修正）

举行选举的程序由法律规定。

第二十四章　检察机关

第一百一十八条　乌兹别克斯坦共和国总检察长和隶属于他的检察官对乌兹别克斯坦境内准确而又统一地执行法律实施监督。

第一百一十九条　乌兹别克斯坦共和国总检察长领导统一和集中的检察机关系统。

卡拉卡尔帕克斯坦共和国检察长由卡拉卡尔帕克斯坦共和国最高代表机关同乌兹别克斯坦共和国总检察长协商任命。

各州、区和市的检察长由乌兹别克斯坦共和国总检察长任命。

乌兹别克斯坦共和国总检察长、卡拉卡尔帕克斯坦共和国检察长、各州、区、市的检察长任职期限均为5年。

第一百二十条　乌兹别克斯坦共和国检察机关行使其职权独立于任何国家机关、社会团体和公职人员，仅仅服从法律。

检察长在其任期内中止政党和追求政治目的的其他社会团体的成

员资格。

检察机关的组织、权限和活动程序由法律规定。

第一百二十一条　禁止在乌兹别克斯坦共和国境内成立独立行使侦查、调查和其他特有的反犯罪职能的私立的和合作的组织、社会团体及其分支机构，禁止其活动。

社会团体和公民可协助护法机关维护法制、法纪和公民权利与自由。

第二十五章　财政与信贷

第一百二十二条　乌兹别克斯坦共和国拥有自己的财政和货币信贷体系。

乌兹别克斯坦共和国预算包括共和国预算、卡拉卡尔帕克斯坦共和国预算和地方预算。

第一百二十三条　乌兹别克斯坦共和国境内实行统一税制。确定税收的权利属于乌兹别克斯坦共和国最高会议。

第一百二十四条　共和国中央银行领导乌兹别克斯坦共和国银行系统。

第二十六章　国防与安全

第一百二十五条　乌兹别克斯坦武装力量是为捍卫乌兹别克斯坦共和国国家主权与领土完整、捍卫其居民的和平生活与安全而建立。

武装力量的结构与组织由法律规定。

第一百二十六条　乌兹别克斯坦共和国将武装力量保持在保证其安全的必要足够的水平上。

第六篇　宪法修改的程序

第一百二十七条　乌兹别克斯坦共和国宪法根据乌兹别克斯坦共和国最高会议立法院和参议员不少于各自成员三分之二的多数所通过的法律，或通过乌兹别克斯坦共和国公民公决进行修改。

第一百二十八条 乌兹别克斯坦共和国最高会议在相应议案提出后六个月内，在考虑对该议案所作的广泛讨论的情况下通过修改和修正宪法的法律。如果乌兹别克斯坦共和国最高会议否决了宪法修正案，该案应在至少一年以后重新提出。

附录六

塔吉克斯坦共和国宪法[①]

（1994年11月6日通过，1999年9月26日、2003年6月22日、2016年5月22日修正）

我们塔吉克斯坦人民，

是国际社会不可分割的一部分，

意识到自己对上一代人、本代人和下一代人的义务和责任，

懂得保证自己国家的主权和发展的重要意义，

承认人的自由和权利是不可动摇的，

尊重各大小民族的平等权利和友谊，

提出建立公正社会的任务，

通过和颁布本宪法。

第一章 宪法制度的基础

第一条 塔吉克斯坦共和国是主权的、民主的、法制的、非宗教的单一制国家。

塔吉克斯坦共和国管理形式是总统制国家。

---

① 原文为俄文，摘于塔吉克斯坦共和国总统网，http://www.president.tj/ru/taxonomy/term/5/112。

塔吉克斯坦是社会性国家，国家政策是为了保证人的应有生活和自由发展创造条件。

"塔吉克斯坦共和国"与"塔吉克斯坦"意思相同。

第二条 塔吉克语是塔吉克斯坦的国语。

俄语是族际间交际的语言。

居住在共和国境内的各大小民族都有权自由使用本族语。

第三条 国旗、国徽和国歌是塔台克斯坦共和国的国家象征。

第四条 塔吉克斯坦首都是杜尚别市。

第五条 人以及其权利和自由是最高价值。

人的生存、人格、尊严和其他合理的权利是不可侵犯的。

国家承认、遵守和维护人和公民的权利和自由。

第六条 塔吉克斯坦人民是国家主权的体现者和直接或者通过自己的代表行使国家权力的唯一源泉。

人民权力的最高直接表达是全民公决和选举。

塔吉克斯坦共和国公民不分民族都是塔吉克斯坦人民。

任何一个社会团体、政党、集团或个人都无权攫取国家权力。

篡夺权力是最严重的犯罪行为。

只有塔吉克斯坦共和国总统和最高议会民族院和代表会议的联席会议有权以塔吉克斯坦全体人民的名义行事。

第七条 塔吉克斯坦领土是不可分割的和不可侵犯的。

塔吉克斯坦划分为：戈尔诺—巴达赫尚自治州、各州、市、区、镇和村。

国家保证共和国的主权、独立和领土完整。

禁止以分离统一国家为目的的宣传和行动。

行政区域单位的建置和变更程序由宪法性法律规定。

第八条 塔吉克斯坦社会政治生活的发展以政治结构和意识形态多元化为原则。

无论是政党、社会团体、宗教、运动组织或集合体都不能被认可为规定为国家意识形态。

社会组织要在宪法和法律范围内建立和活动。国家对它们的活动提供平等条件。

宗教组织与国家分离，不得干预国家事务。

禁止以挑起种族、民族、社会和宗教冲突为目的，或者煽动暴力推翻宪法制度和组织武装集团的社会团体建立及活动。

塔吉克斯坦共和国境内禁止其他国家政党活动，禁止建立民族和宗教性质的政党，禁止对外国政党和组织以及外国法人或自然人组成的政党的经费支持

第九条 国家权力的确立以其划分为立法权、行政权和司法权为原则。

第十条 塔吉克斯坦宪法具有最高法律效力，它的准则具有直接作用。一切同宪法相抵触的法律和其他法规文件都无法律效力。

国家和一切国家机关、公职人员、公民及其团体都必须遵守和执行共和国宪法和法律。

塔吉克斯坦承认的国际法规是共和国法律体系组成部分。在共和国法律同所承认的国际法规相抵触的情况下，要适用国际法规。

塔吉克斯坦法律及其承认的国际法规正式公布以后生效。

第十一条 塔吉克斯坦奉行爱好和平的政策，尊重其他国家的主权和独立，根据国际准则确定自己的外交政策。

禁止煽动战争。

遵循人民的最高利益，塔吉克斯坦可以加入联合体和其他国际组织，以及退出这些机构，可以同外国建立联系。

国家要与国外的同胞进行合作。

第十二条 各种形式所有制是塔吉克斯坦经济的基础。

国家保障经济活动和企业家经营活动的自由，包括私人在内的各种形式所有制权利平等，并且依法加以保护。

第十三条 土地、矿藏、水资源、领空、动物界和植物界以及其他自然资源是国家的专有财产，并由国家为了人民利益有效地利用。

第二章 人和公民的权利、自由和基本义务

第十四条 人和公民的权利和自由受到共和国宪法、法律以及塔吉克斯坦承认的国际法规的调节和保护。

公民的权利和自由之实现，其目的、内容、法律适用和立法由国家权力机关和地方自治机关和司法权力确定。

只有为了保证其他公民的权利和自由、社会秩序、捍卫共和国宪法制度、国家安全、国防、社会秩序、人民健康和领土完整，才允许限制公民的权利和自由。

第十五条 在宪法通过之日为塔吉克斯坦共和国公民的人或根据塔吉克斯坦共和国法制，或根据塔吉克斯坦共和国国际条约获得的塔吉克斯坦共和国国籍的公民才被视为塔吉克斯坦公民。

不允许塔吉克斯坦公民具有其他国家的公民身份，但是塔吉克斯坦法律或国家间条约规定的情况除外。

塔吉克斯坦共和国国籍的获得和丧失程序由宪法性法律规定。

第十六条 在国外的塔吉克斯坦公民得到国家的保护。任何一个共和国公民都不能被引渡到外国。向外国引渡罪犯，根据双边协定来解决。

外国公民和无国籍者享受所宣布的权利和自由，并履行同塔吉克斯坦公民一样的义务和责任，但是法律规定的情况除外。

塔吉克斯坦对人权受侵犯者的外国公民提供政治避难。

第十七条 所有人在法律和法庭面前一律平等。国家保障每个人的权利和自由，不论其民族、种族、性别、语言、信仰、政治观点、教育程度、社会地位和财产状况如何。

男女平等。

第十八条 每个人享有生存权。

任何人都不应被剥夺生存权，但是因最严重犯罪法院判决的除外。

国家保障人身自由不受侵犯。任何人都不受刑讯、残酷折磨和惨无人道的虐待。禁止对人进行强制性医学和科学试验。

第十九条 每个人都应得到诉讼辩护的保障。

每个人都有权要求权威的、独立的、公正的主管法院依照法律审理其案件。

无法律根据任何人都不应遭到拘留、逮捕。从拘留时间起当事人可请律师服务。

第二十条 任何人在法院判决生效之前都不能被认为有罪。

刑事追诉期满以后，以及所实施的活动又不认为是犯罪行为时，对当事人就不应追究责任。对当事人同一犯罪行为不应重复判罪。

当事人所实施的违法行为以后所通过的并且对其行为和加重了处罚的法律无追溯效力。如果在实施的违法行为以后，对该行为应负的责任被解除或减轻，则适用新法律。

禁止全部没收被判决有罪人的财产。

第二十一条　法律保护受害人的权利。国家保证受害人的诉讼辩护和对其所受损失的赔偿。

第二十二条　住宅不受侵犯。
禁止侵入或者剥夺人的住宅，但是法律规定的情况除外。

第二十三条　个人通信、电话谈话、电报和其他来往的秘密受到保护，但是法律规定的情况除外。
未经本人同意，不得搜集、保留、利用和传播有关个人私生活的信息。

第二十四条　公民拥有自由来往、迁移、选择居住地点、离开和返回共和国的权利。

第二十五条　国家机关、社会团体和公职人员都必须保证每个人有可能获得和了解涉及其权利和利益的有关文件，但是法律规定的情况除外。

第二十六条　每个人都有权自由地确定自己对宗教的态度，单独地或者同其他人一起信仰任何宗教，或者不信仰任何宗教，有权参加各种宗教祭祀、仪式和典礼。

第二十七条　公民享有直接或者通过代表参加政治生活和管理国家事务的权利。
公民享有就任国家机关职务的平等权利。
凡年满十八岁的公民都有权参加公决，根据宪法、宪法法律和法律享有选举权和被选举权。

法院鉴定无行为能力的公民或者法院判决关押被剥夺自由的公民人没有参加选举和全民公决的权利。

选举进行程序由宪法法律和法律规定。全民公决根据宪法法律进行。

第二十八条 公民享有结社权。公民有权参加组建政党、工会和其他社会组织，并且可自愿加入或者退出这些组织。

政党在政治多元化和参与政治基础上，帮助人民的意志的形成和表达。其结构和活动必须符合民主法律规范。

第二十九条 公民有权参加法律规定的会议、群众集会、游行示威与和平游行。谁也不应被迫去参加这些活动。

第三十条 保证每个人的言论、出版自由，以及使用舆论工具的权利。

禁止宣传鼓动煽动社会，种族，民族，宗教和语言的敌意和仇恨被禁止。

禁止实行国家书刊检查制度和对批评实行打击报复。

构成国家机密文件目录由法律规定。

第三十一条 公民有权单独地或者同其他人一起向国家机关提出质询。

第三十二条 每个人享有财产权和继承权。

任何人都无权剥夺和限制公民财产权。为了社会需要国家依照法律、得到所有者同意并全部赔偿财产价值，方可征收私有财产。

由于国家机关、社会团体、政党、其他法人或某些人员的非法行为结果而使个人所受到的物质和精神损失将依照法律规定由他们负担赔偿费用。

第三十三条 家庭作为社会基础组织受国家的保护。

每个人都有建立家庭的权利。达到婚龄的男女有自愿结婚的权利。在家庭关系和解除婚姻的情况下，夫妻双方权利平等。禁止一夫多妻制。

第三十四条 母亲和儿童受国家的特殊保护。

父母有抚养和教育子女的义务，成年和有劳动能力的成年子女必须照顾或对其父母提供社会保障。

国家保护孤儿和残疾人，并使他们得到抚养和教育。

第三十五条 每个人享有劳动、选择职业、工作、劳动保护和失业社会保障的权利。工资不少于法定的最低劳动报酬。

劳动关系方面不得有任何限制。同工同酬。

任何人都不应被强迫劳动，但是法律规定的情况除外。

禁止使用妇女和未成年人从事繁重作业和地下作业以及劳动条件有害健康的工作。

第三十六条 每个人享有住房权。这一权利将通过实现国家、社会、合作社和个人的住宅建设来保证。

第三十七条 每个人享有休息权。这一权利要通过法定的工作日和工作周、每年享受的带薪休假、每周休息日，以及法律规定的其他条件来保证。

第三十八条 每个人都有享受保健的权利。每一个人享受国立医疗机构的免费医疗帮助。国家保证改善生态环境措施、创办和开展群众性体育运动、发展体育事业和旅游业。

其他形式的医疗救护由法律规定。

第三十九条 每个人在年老、患病、致残、丧失劳动能力、失去赡养者以及法律规定的其他情况下，获得社会保障。

第四十条　每个人都有自由参加社会文化生活，参加艺术、学术和技术创造活动的权利和享用其成就的权利。
国家保护历史文物和精神财富。
知识产权受法律保护。

第四十一条　每个人都有受教育权。接受普及的基础教育是义务。国家保证在国立学校中接受免费教育。每个人剧照法律享有普通中等、初等教育、职业、中等职业和高等职业教育的权利。
其他形式的教育由法律规定。

第四十二条　塔吉克斯坦境内的每个人必须遵守国家宪法和法律，尊重他人的权利、自由、人格和尊严。
不能因不知道法律而推卸责任。

第四十三条　保卫祖国、维护国家利益、巩固国家独立、安全和国防力量是公民的神圣责任。
依照法律规定服兵役。

第四十四条　保护自然环境、历史与文化遗产是每个人的义务。

第四十五条　依照法律缴纳税款是每个人的必须义务。
规定设置新税的法律或者使公民经济状况恶化的法律都没有回溯效力。

第四十六条　由于公民的权利和自由、国家独立和领土完整受到实际威胁，以及发生自然灾害，共和国宪法确定的机关不能正常执行职能；为了保证公民和国家安全，宣布紧急状态作为临时措施。

紧急状态期限规定为三个月。必要时塔吉克斯坦共和国总统可宣布延长时间。

第四十七条 在紧急状态情况下，宪法第十六、十七、十八、十九、二十、二十二、二十五和二十八条规定的权利和自由不受限制。

实行紧急状态期间，最高议会不能解散。

紧急状态的法律程序依照宪法性法律规定。

第三章 最高议会

第四十八条 最高议会是塔吉克斯坦共和国最高代表机关和立法机关。

最高议会由两类代表组成：民族院和代表会议

最高议会选举产生，任期五年。

民族院和代表会议的权限从新一届最高议会的民族院和代表会议正式开始其智能之日起被终止。

最高议会的组织和活动由宪法规定。

第四十九条

代表会议代表在普遍、平等和直接选举权的基础上以无记名投票选举产生。代表会议在长期、专业的基础上进行。凡年满三十岁，受过高等教育、并只拥有塔吉克斯坦共和国国籍的公民都可被选入最高议会的代表会议。代表会议代表的四分之三席位在戈尔诺—巴达赫尚自治州、各州、杜尚别市、市和区通过无记名投票形式产生。戈尔诺—巴达赫尚自治州、各州、杜尚别市、市和区在民族院的代表人数与代表会议席位相同。

四分之一的民族院代表由塔吉克斯坦共和国总统任命。

民族院工作形式建立在召集制度基础上。

凡年满三十岁、受过高等教育、并只拥有塔吉克斯坦共和国国籍的公民都可被选入最高议会的民族院。

除自己放弃情况下，每位前塔吉克斯坦共和国总统都将永久成为民族院代表。

民族院代表和代表会议代表在被选举出或被任命后应向塔吉克斯坦共和国人民进行宣誓。

最高议会民族院和代表会议代表的数量、选举获任命程序由宪法法律规定。

第五十条

政府，法官，执法人员，军事人员和根据宪法规定的其他人员不能成为最高议会民族院代表。

公民不能同时为民族院和代表会议代表。最高议会民族院代表不能兼任两个机构以上的职务。

除科学研究和艺术创作外，最高议会代表会议代表不能在任何其他机关兼职，也不能从事任何商业活动。

第五十一条

最高议会民族院和代表会议代表不取决于选民意愿，有权自由表达自己的言论，并根据自己意愿投票。

最高议会民族院和代表会议代表享有不被侵犯权。除在犯罪现场被现场抓获外，代表不能被逮捕、扣留，搜查等。

除依照法律为保障他人安全外，最高议会民族院和代表会议代表不能被进行搜身。对于解除最高议会民族院和代表会议代表的不被侵犯权问题应由总检察长向最高议会提交讨论。

最高议会民族院和代表会议代表的权限在以下情况下将被终止：代表死亡、解职、被法庭宣布无能力执行其权利、被法庭宣布有罪、国籍终止、获得他国国籍、长期居住国外、从事法律不允许的兼职活动，以及最高议会民族院和代表会议被解散。

最高议会民族院和代表会议代表的法律权限由宪法法律规定。

第五十二条

最高议会民族院和代表会议的第一次会议由塔吉克斯坦共和国总统在选举后一个月内召集。

最高议会民族院和代表会议代表第一次会议由代表中最年长代表主持，直到选举出最高议会民族院和代表会议代表主席后，其职权终止。

最高议会民族院活动以会议形式开展。最高议会民族院会议由最高议会民族院主席召集，每年会议不少于四次。

最高议会代表会议活动以会议形式开展。

最高议会代表会议例行会议每年召开一次，召开时间应在10月的第一个工作日到次年6月的最后一个工作日之间。

在最高议会民族院和代表会议召开会议之间，如有需要塔吉克斯坦共和国总统召集紧急会议。紧急会议上只对召开紧急会议的议题进行决议。

第五十三条

从最高议会民族院和代表会议代表中选举最高议会民族院和代表会议主席和副主席。一位民族院副主席应从戈尔诺—巴达赫尚自治州代表中产生。

最高议会民族院主席和代表会议主席通过无记名投票产生。最高议会民族院和代表会议副主席选举程序由最高议会决定。

最高议会民族院主席和代表会议主席对最高议会负责，可以由三分之二以上代表通过后被解除职务。

最高议会民族院主席、代表会议主席以及第一副主席可以主持会议，并解决相关问题。

最高议会民族院和代表会议自主组建协调与工作机关，同时组建分委会和特委会，进行代表提案的议会审议。

最高议会民族院和代表会议的协调机关分别进行其活动，并分别通过其权限范围内的决议。

第五十四条

最高议会民族院和代表会议分别召开会议。在不低于总数三分之二到场代表时，其会议召开具有合法性。最高议会民族院和代表会议的会议公开举行。在特殊情况下，最高议会民族院和代表会议可在不公开状态下进行。

最高议会民族院和代表会议根据宪法规定可召开联席会议。

第五十五条

最高议会民族院和代表会议在以下情况下进行联席会议：

1. 确认人民和解除总理和政府成员的总统令；

2. 确认宣布战争和紧急状态的总统令；

3. 对塔吉克斯坦共和国为完成国际义务在境外使用武装力量给予同意；

4. 宣布总统选举；

5. 通过总统辞职；

6. 授予总统国家奖励和最高军事衔位；

7. 根据最高议会民族院和代表会议权限，除宪法对总统不受侵犯权问题外的审议须经最高议会民族院和代表会议代表分别投票，并多数通过后方有效。

最高议会民族院和代表会议联席会议上总统将宣誓，并确定共和国内外政策主要方向。

第五十六条 最高议会民族院权限为：

1. 确定行政区域单位的结构、设置、撤销和变更；

2. 由总统提名，选举或解除宪法法院、最高法院、最高经济法院的主席和副主席职务；

3. 对解除宪法法院、最高法院、最高经济法院的主席和副主席不受侵犯权进行决议；

4. 同意人名和解除总检察长和副总检察长的职务；

5. 在宪法范畴内的其他权限。

最高议会民族院在其权限内通过相关法规。在宪法法律范畴内外，最高议会民族院的法规颁布须经代表总数多数以上通过方有效。

第五十七条 最高议会代表会议权限为：

1. 组建塔吉克斯坦共和国中央选举与公投委员会，由总统提名，选举和解除其主席，副主席和成员职务；
2. 对全民法律草案和其他国家与社会重要问题进行相关提案；
3. 确认社会经济计划；
4. 同意给予和获取国家贷款；
5. 批准和宣布废除国际条约；
6. 宣布公投；
7. 组建法庭；
8. 批准国家象征；
9. 批准国际奖励；
10. 批准关于中央银行行长和副行长任命和解职的总统令；
11. 规定军人、外交人员的衔级制度和其他专门衔级制度；
12. 规定总统的薪金；
13. 行使宪法和法律规定的其他职权。

最高议会代表会议在其权限内通过相关法规。在宪法法律范畴内外，最高议会代表的法规颁布须经代表总数多数以上通过方有效。

外国领导在最高议会代表会议上作报告。

第五十八条

立法权属于最高议会民族院代表，代表会议代表，塔吉克斯坦共和国总统，塔吉克斯坦共和国政府，戈尔诺—巴达赫尚自治州人民会议代表。

第五十九条

法案由代表会议提出。

特赦法律草案由塔吉克斯坦共和国总统提交代表会议通过。

预算草案，增加和取消税务法律草案由塔吉克斯坦共和国政府提交代表会议通过。

第六十条

法律由代表会议通过。如果宪法没有特殊规定，则由代表会议多数投票通过方有效。

除国家预算和特赦法律外，代表会议通过的法律提交民族院。

如果民族院多数投票通过，则该法律生效。如该法律未通过，则返到代表会议进行二次投票。

如代表会议对民族院的决定有异议，则在代表会议二次投票后，有不少于三分之二的代表投票通过后生效。

国家预算和特赦法律只能由代表会议通过。代表会议对国家预算的执行有监督权。

第六十一条

宪法法律在宪法规定范畴内的问题进行通过。宪法法律在代表会议和民族院代表总数分别不少于四分之三代表投票通过情况下方有效。

如代表会议对民族院的决议持有异议，则在代表会议投票后，有不少于三分之二的代表同意通过后方有效。

宪法的解释权由最高议会代表会议依照程序进行解释，并由民族院依照宪法法律进行确认。

第六十二条

塔吉克斯坦共和国总统对法律进行签署并宣布有效。如塔吉克斯坦共和国总统对法律或其中部分章节持有异议，则由总统在15日内将法律返到代表会议。最高议会的民族院和代表会议根据宪法举行联席会议二次投票。如二次投票后，有民族院代表和代表会议代表分别不少于三分之二人数投票同意，则总统须在10日内签署该法律并宣布生效。

对总统返还的、之前有三分之二代表会议代表投票通过的法律将进行二次投票，必须有民族院和代表会议代表分别在不少于三分之二人数投票同意后方有效。

如总统返还宪法法律，根据宪法民族院和代表会议进行二次投票。如二次投票后，有民族院代表和代表会议代表分别不少于四分之三人数投票同意，则总统须在 10 日内签署该法律并宣布生效。

第六十三条　最高议会民族院和代表会议根据不少于三分之二的人民代表同意可以提前自行解散。

在战争和紧急情况下，最高议会民族院和代表会议不能被解散。

第四章　总统

第六十四条　塔吉克斯坦共和国总统是国家元首和执行权力机关（政府）首脑。

总统是宪法和法律、人与公民权利和自由、民族独立、国家统一和领土完整、国家继承发展和长治久安，国家机关协调一致地发挥作用和互相配合，遵守塔吉克斯坦国际条约的保证人。

第六十五条　总统由塔吉克斯坦公民在普遍、平等和直接选举权的基础上以无记名投票选举产生，任期七年。

凡年满三十岁、只拥有塔吉克斯坦共和国国籍、受过高等教育、通晓国语，在塔吉克斯坦境内近期居住不少于十年的公民都可被提名为共和国总统职位候选人。

凡征集到不少于百分之五选民签字同意提名为候选人者均可登记作为总统候选人。

同一个人连续担任总统不得超过两届。

上一条规定的局限性不适用于和平和民族统一的创建人—民族领袖。和平和民族统一的创建人的法律性和权限由宪法性法律规定。

第六十六条 如果二分之一以上选民参加选举,总统选举即为举行。

获得参加投票选举的选民总数二分之一以上投票赞成的总统职位候选人被认为当选。

总统选举程序由宪法性法律规定。

第六十七条 总统要在最高议会民族院和代表会议上宣誓就职:"我以总统身份宣誓:维护共和国宪法和法律。保障公民权利和自由、人格和尊严,捍卫塔吉克斯坦领土完整、政治、经济和文化独立,忠诚地为人民服务。"

总统职权从新选出的总统宣誓时起停止行使。

第六十八条 总统无权担任其他职务,不得是代表机关代表,不能从事企业家经营活动。

总统工资由最高议会确定。

第六十九条 塔吉克斯坦共和国总统:

1. 确定塔吉克斯坦共和国的内外政策;
2. 经最高议会民族院和代表会议同意,建立和撤销各部和国家委员会;
3. 任命和解除政府和国家委员会;
4. 任命和解除政府总理和其他政府成员职务;签署最高议会民族院和代表会议联席会议通过后的政府总理和其他政府成员的任命令和解职令;
5. 任命和解除戈尔诺—巴达赫尚自治州、各州、杜尚别市、市和区主席,并把上述命令提交相应的人民代表议会批准;
6. 取消或中止执行机关违背宪法和法律通过的法令;
7. 任命和解除国家银行主席和副主席,并把该命令提交最高议会批准;

8. 向最高议会民族院和代表会议提名选举宪法法院院长、副院长和审判员，最高法院院长、副院长和审判员，最高经济法院院长、副院长和审判员职务候选人和召回他们的建议；

9. 经最高议会民族院和代表会议同意，任命和解除总检察长和副总检察长；

10. 建立总统执行机关；

11. 建立安全委员会并对其进行领导；

12. 任命和解除军事法院、戈尔诺—巴达赫尚自治州、各州、杜尚别市、市和区法院的审判员；

13. 宣布公投、最高议会民族院和代表会议以及地方代表机关的选举；

14. 签署法律；

15. 确定货币系统，并向最高议会民族院和代表会议提交报告；

16. 支配库存基金；

17. 管理对外政策的实施，签署国际条约，并提交给代表会议进行确认；

18. 经最高议会民族院和代表会议主席团同意，任命驻外国的外交代表机构首长和在国际组织的共和国代表；

19. 接受外国外交代表机构首长的国书；

20. 就任塔吉克斯坦武装力量最高统帅，任命和解除塔吉克斯坦武装力量各部队司令员；

21. 在国家安全受到实际威胁时宣布戒严，并把该命令提请最高议会民族院和代表会议联席会议批准；

22. 经最高议会民族院和代表会议联席会议通过后，在塔吉克斯坦共和国境外根据国际条约使用武装力量；

23. 宣布共和国全境或者某些地区实行紧急状态，并把该命令提请最高议会民族院和代表会议批准，同时通报联合国；

24. 决定国籍问题；

25. 提供政治避难；

26. 决定赦免罪犯问题;
27. 授予高级军衔、外交人员衔级和其他专门衔级;
28. 授予公民国家奖赏、国家奖金和塔吉克斯坦荣誉称号;
29. 行使宪法和法律规定的其他职权。

第七十条 总统在其职权范围内发布命令和指示,向最高议会民族院和代表会议报告国内局势,把重要而紧迫的问题提交最高议会民族院和代表会议联席会议审议。

第七十一条 如果总统因死亡、辞职、确定无法实施其权力时,在新总统选举出之前,总统权力转交给最高会议民族院主席,最高议会民族院主席权力转交给第一副主席。

这种情况下,三个月内应进行总统选举。总统权限根据其个人辞职声明,并由最高议会民族院和代表会议联席会议分别投票,并有多数同意方有效。

在总统因病不能执行其权力时,须由两院进行联席会议成立国家医学委员会,在得到确认结论后,并经最高议会议员和人民代表大会代表分别以不少于三分之二的人民代表投票赞成,方可解除总统职务。

塔吉克斯坦共和国总统的社会保障、服务与安保由宪法法律规定。

第七十二条 总统拥有不可侵犯的权利。

如果总统背叛国家或者实施犯罪行为时,最高议会根据最高议会议员和人民代表大会代表分别以不少于三分之二的人民代表投票赞成,才可解除总统职务。

第五章 政府

第七十三条 共和国政府由总理、第一副总理、副总理、部长和国家委员会主席组成。

政府保证使经济、社会和精神领域有效地发挥作用，保证执行法律、最高议会民族院和代表会议联席会议决议、民族院决议、代表会议决议。

政府成员在被塔吉克斯坦共和国总统任命，并获得最高议会民族院和代表会议联席会议通过后应向塔吉克斯坦共和国总统进行宣誓。

除从事科学研究、艺术创作和教学工作外，政府成员必须只拥有塔吉克斯坦共和国国籍，而且无权担任其他职务，不得是代表机关代表，不能从事企业家经营活动。

第七十四条　根据共和国宪法和法律，公布塔吉克斯坦境内必须执行的决定和指示。

政府应向新当选的总统卸任。

在政府认为自己没有能力正常发挥作用的情况下，它可向总统提出辞职。政府每个成员都拥有辞职的权利。

政府组织，活动程序和权限由宪法性法律规定。

第七十五条　政府把社会经济计划、国家贷款发放与回收、对其他国家的经济援助、国家预算及国家预算赤字的可能数额和抵补赤字的来源草案等提请最高议会审核。

第六章　国家权力地方和自治机关

第七十六条　国家权力地方机关由代表机关和行政机关组成，它们在其职权范围内发挥作用。地方权力机关保证执行宪法和法律、最高议会民族院和代表会议联席会议决议、民族院决议、代表会议决议和总统的法令和命令的执行。

第七十七条　由主席主持的人民代表议会是各　州、市和区的地方代表权力机关。地方议会的代表选举产生，任期 5 年。

人民代表议会批准地方预算及其执行情况报告，决定地方社会经济发展方向、地方税收和依法缴款，规定地方财产管理和占有的方式，行使宪法和法律规定的其他职权。

第七十八条　国家权力地方执行机关权由总统代表——州主席、市主席和区主席行使。

主席领导相应行政区域的代表权力机关和行政机关。

戈尔诺—巴达赫尚自治州、各州、杜尚别市、市和区主席职务由总统任命和解除，并把各职务候选人提交相应的人民代表议会批准。

主席对上级行政机关和相应的人民代表议会负责。

国家权力地方机关的设置、职权和活动程序由宪法性法律调节。

村镇自治机构是公民大会，其组建，权限和活动内容有宪法性法律调节。

第七十九条　代表权力机关和主席在其职权范围内做出的决定在相应地区内必须执行。

如果代表权力机关和主席的决定同宪法和法律相抵触时，上级机关和上级法院可将其废除。

第八十条　如果戈尔诺—巴达赫尚自治州、各州、杜尚别市、市和区的人民代表议会惯性不执行宪法和法律，最高议会有权解散它并规定新的选举。

第七章　戈尔诺—巴达赫尚自治州

第八十一条　戈尔诺—巴达赫尚自治州是塔吉克斯坦共和国不可分割的组成部分。

非经人民代表议会同意不得改变戈尔诺—巴达赫尚自治州界线。

第八十二条　戈尔诺—巴达赫尚自治州的人民代表议会享有自己

立法权。

第八十三条 戈尔诺—巴达赫尚自治州在社会经济、文化生活方面的职权，以及其他职权由宪法性法律规定。

第八章 法院

第八十四条 司法权是独立的，它维护人的权利和自由，国家、团体和机关和利益，法制和公正。

宪法法院、最高法院、最高经济法院、军事法院、戈尔诺—巴达赫尚自治州、各州、杜尚别市、市和区法院、戈尔诺—巴达赫尚自治州经济法院、各州和杜尚别市经济法院行使司法权。

法院的建立、组织和活动程序由宪法性法律规定。法官任期为10年。禁止设立特殊法院。

第八十五条 年龄在三十岁以上、只拥有塔吉克斯坦共和国国籍、具有法官资格工龄不少于五年的法官可被选举和任命为最高法院、最高经济法院、戈尔诺—巴达赫尚自治州法院、各州法院和杜尚别市法院的法官。

年龄在二十五岁、只拥有塔吉克斯坦共和国国籍、具有专业工龄不少于三年的人可被任命为市法院、区法院、军事法院、戈尔诺—巴达赫尚自治州经济法院、杜尚别市的法官职务。

法官职务的极限期限由宪法法律规定。

首次被任命的法官的应在正式场合进行宣誓。

第八十六条 军事法院、戈尔诺—巴达赫尚自治州、各州、杜尚别市、市和区法院法官，由总统依照宪法法律进行任命和解职。

第八十七条 法官在其活动中是独立的、只服从宪法和法律。他们的活动不受干涉。

第八十八条　法官以会议制与一长制原则审理案件。

诉讼程序要按双方问辩论和平等原则进行。

所有法院审理案件除法律规定的情况外，一律公开进行。

诉讼程序使用国语或者本地区多数居民使用的语言进行。应为不掌握诉讼程序所使用语言的当事人提供翻译服务。

第八十九条　宪法法院七人组成，其中一人为戈尔诺—巴达赫尚自治州代表。

宪法法院法官由年龄在三十岁以上、只拥有塔吉克斯坦共和国国籍、受过高等专业法律教育、专业工龄不少于七年的法律工作者选举产生。

首次被任命的宪法法院法官的应在民族院会议进行宣誓。

宪法法院职权：

（一）确定法律、最高议会民族院、最高议会代表会议、总统、政府、最高法院、最高经济法院和其他国家和社会团体的命令和决定以及塔吉克斯坦的未发生法律效力的协议等是否符合宪法；

（二）解决国家机关间有关管辖范围的争端；

（三）执行宪法和法律规定的其他职权。

宪法法院的判决定是终审判决。

第九十条　法官不得担任其他职务，不得是代表机关代表、政党和团体成员，不能从事企业家经营活动，但是从事学术、创作、教育活动除外。

第九十一条　法官享有不受侵犯权。

法官未经选举或者任命他的机关同意，不受逮捕和追究刑事责任。

法官也不受拘留，但在实施犯罪现场被拘留除外。

第九十二条 在侦查和审判的各个阶段都要保证提供司法帮助。

律师组织和活动程序和给予司法帮助的其他形式由宪法性法律规定。

第九章 检察院

第九十三条 总检察长及其下属的检察长在其职权范围内对在塔吉克斯坦境内法律的执行是否准确和统一实行监督。

第九十四条 总检察长领导塔吉克斯坦统一集中的检察机关系统。总检察长对最高议会和总统负责。

第九十五条 被任命的塔吉克斯坦总检察长，任期5年。

总检察长任命和解除其下属的检察长职务，检察长任期5年。

检察院机关的活动、职权和构成由法律规定。

第九十六条 总检察长及其下属的检察长独立行使自己的职权，不管其他国家机关和公职人员如何。只服从法律。

第九十七条 检察长不得担任其他职务，不得是代表机关代表，政党和团体成员，不能从事企业家经营活动，但是从事学术、教育和创作活动除外。

第十章 宪法修改的程序

第九十八条 宪法的修改和补充通过全民公决进行。

全民公决由总统或三分之二的代表会议代表投票赞成后可进行。

第九十九条 宪法修改和补充的建议由总统或者不少于三分之一的塔吉克斯坦人民代表提出。

全民公决前三个月在报刊上公布宪法修改和补充的建议。

第一百条 共和国政体、领土完整、国家的民主、法制、非宗教和社会的性质是不可改变的。